JN433022

제주특별자치도의 이해

제주특별자치도의 이해

양영철 · 민 기 · 남진열 · 황경수
오승은 · 허향진 · 하승수 · 김효명
지음

도서출판 대영문화사

머 리 말

제주특별자치도는 이름처럼 특별한 의미를 가지고 출범하였다. 제주특별자치도는 지방화와 개방화의 최대화라는 임무 수행을 설치 목적으로 하고 있다. 제주특별자치도는 오랜 중앙집권의 병폐를 근본적으로 치유하고, 교육을 비롯한 의료산업의 개방화를 통하여 국제경쟁력 향상을 위한 시범자치도로 출발하였다. 제주특별자치도 출범으로 과거 정부에서 볼 수 없었던 대대적인 분권작업이 제주지역에서 이루어졌고, 개방화를 저해하는 장벽들이 하나둘 제거되기 시작하였다. 정책결정과 집행, 그리고 평가에 대한 자율권이 부여되었고, 자치경찰, 특별지방행정기관 이관, 감사위원회의 설치 등 분권의 최대 숙제들이 하나둘씩 해결되기 시작하였다. 개방화의 마지막 보루라고 인식하던 교육과 의료가 개방되고, 심지어 영리법인 설립이 가능해졌다.

이 과정에서 개방화에 반대하는 일부 정치권과 단체들의 격렬한 반대에 직면도 했지만 특별자치도의 특별한 임무를 수행하기 위한 특별한 진행이 급속하게 이루어지고 있다.

그러나 이러한 급속한 진전에도 불구하고 내외의 평가는 그리 밝지 않다. 건국 이래 최대의 분권작업이 이루어졌지만 시간과 경험의 부족, 행·재정 능력의 한계로 인한 실적의 부족, 주민자치 의식의 불비, 지역개발에 필수적인 권한 이양에 대한 여전한 중앙정부의 저항과 비협조 등이 제주특별자치도의 행보에 커다란 걸림돌로 작용하고 있는 것이 사실이다. 더군다나 특별자치도 창업자인 노무현 정부가 퇴장하고 경쟁과 시장 중심의 국정 운영을 선언한 이명박 정부에서 제주특별자치도의 취지와 방향을 계승할 수 있을지 확신을 장담하기에는 어려운 분위기다. 비관은 비관을 낳아 제주특별자치도의 운명론에 대한 성급한 걱정을 하는 이들도 있다.

그러나 제주특별자치도는 성공할 것이며 반드시 성공하여야 하는 시대적 소명을 띠고 있다. 결과론적으로 제주특별자치도가 수행하는 분권과 개방화 정책이 몇 년 후 전국적으로 일반화되지 않고서는 한국의 미래는 불투명하다는 점에 대하여 누구도 이의를 달지 않는다. 제주특별자치도의 성공은 더 이상 늦출 수 없는 분권과 개방화의 방향을 전국에 제시해 주는 등대의 역할을 수행할 것이기 때문이다. 이를 위해서는 중앙정부의 적극적인 지지는 물론이고 전국 자치단체와 주민들의 지지와 성원이 절대적으로 필요하다 할 것이다.

이 책은 이러한 인식 하에 현재 제주특별자치도의 진행 과정을 학계와 정책결정자, 그리고 국민들에게 올바르게 알리기 위하여 출판 계획을 세워 진행하였다. 제주특별자치도가 출범 2주년을 맞이하고 있지만 전공 서적 하나 없다는 점도 이 책을 출간케 한 동인이 되었다. 제주특별자치도가 출범한 지 2년밖에 되지 않았기 때문에 실적과 자료의 부족으로 집필의 의의를 살릴 수 있을까 하는 우려도 집필자들 간에 있었다. 그럼에도 불구하고 제주특별자치도의 상황을 정확하게 알리는 것이 무엇보다 중요함과 아울러 시급성 및 의의성 차원에서 출판하게 되었다.

이 책은 총 13장으로 되어 있다. 제1장은 제주특별자치도의 출범 목적과 추진 과정을 다루었으며, 제2장은 제주특별자치도 추진조직을 다루고 있다. 제3장에서 5장까지는 지방자치단체의 주요 구성 요소인 주민, 지방의회, 집행기관에 대해서 다른 자치단체의 권한과 책임 차원에서의 비교·고찰을 통하여 제주특별자치도의 차별화 수준을 기술하였다. 제6장은 교육자치의 구성과 운영 현황에 대해서, 제7장은 재정 권한의 특별한 권한과 운영 기제에 대해서 기술하였다. 제8장에서 10장까지는 제주특별자치도에서만 실시되고 있는 이관된 특별지방행정기관의 운영, 전국에서 처음으로 실시되고 있는 자치경찰과 감사위원회의 운영 현황에 대해서 살펴보았다. 그리고 제11장에서는 제주특별자치도 복지정책의 내용을 살펴보았고, 제12장은 제주특별자치도가 중점적으로 추진하는 산업의 선정과 추진 과정을 다루고 있다. 마지막 장인 제13장에서는 요약과 함께 제주특별자치도의 성공을 위한 제언을 제시하였다.

이 책의 집필은 제주대학교 행정학과 교수회의에서 출발하였다. 제주대학교 행정학과 교수들은 거의 대부분 제주특별자치도의 출범 전·후 과정에 직·간접으로 참여하였으며, 그간 이 분야에 많은 연구 업적을 가지고 있다. 이러한 경험은 기록의 필요성을 절감하게 하였고, 이 책을 집필하는 계기가 되었다. 이 책은 기술한 바와 같이 제주특별자치도의 현황을 중심으로 작성되었기 때문에 이론보다 경험적 측면을 강조하고 있다. 따라서 이론의 부족으로 인한 독자들의 불편함에 대해서는 다음을 기약하기로 한다. 집필진과 행정학과 교수들은 이번을 기점으로 하여 제주특별자치도에 대한 연구서를 총론과 각론으로 계속 출판해 나갈 것이다.

이 책을 출판하는 데는 예상치 못한 어려움이 있었다. 『제주특별자치도의 이해』는 아직은 지역에 관한 책이라는 인식 때문에 출판사들이 쉽게 출판을 받아 주지 않았기 때문이다. 이런 사정에도 불구하고 쾌히 출판을 허락해 준 대영문화사 임춘환 사장님의 용단에 깊이 감사드린다.

또한 이 책을 저술하는 동안 지속적으로 지지와 관심을 표명해 준 제주특별자치도 김태환 지사님, 제주발전연구원 허향진 원장님, 김창희 국장님에게 집필진 모두의 진심을 모아 감사의 말씀을 드린다. 그리고 짧은 시간임에도 불구하고 옥고를 쓰느라 애쓰신 집필진에게 감사와 존경의 말씀을 드리며, 특히 공직에 바쁘심에도 불구하고 좋은 원고를 써 주신 국무총리실 김효명 국장의 제주 사랑에 대해서 진심으로 감사드린다.

이 책을 집필하는 데 사정이 여의치 않아 이번 집필진에 참석하지 못한 행정학과 교수님들의 격려가 큰 힘이 되었음을 밝혀 두며 감사의 말씀을 드린다. 원고 편집과 교정에 정성을 다 해 준 박사과정의 임정현 원생에게도 고마운 마음을 전하고자 한다. 집필진들은 "첫술에 배부르랴"라는 말을 큰 위안으로 삼으면서 다음의 『제주특별자치도의 이해』 개정판에서는 더 알찬 내용으로 채워질 것이라고 다짐해 본다.

2008년 6월

대표 집필자 양영철

차 례

제 5 장 집행기관의 구성과 운영 오승은

제 6 장 지방교육자치기관의 구성과 운영 황경수

제 8 장 특별지방행정기관의 이관과 운영 양영철

제 9 장 자치경찰의 운영 양영철

제 10 장 감사위원회 황경수

제 11 장 제주특별자치도 복지정책의 운영 남진열

제12장 제주특별자치도 중점산업 허향진

제 1 장 제주특별자치도의 추진

1 제주도의 행정과 개발의 역사

가. 제주 행정체제의 변천

오늘의 제주는 제주의 지난 역사를 바탕으로 이루어졌기 때문에 제주특별자치도의 이해를 위하여 제주의 역사를 간략히 살펴보고자 한다. 제주의 명칭은 시대에 따라 동영주, 탐모라, 탐라 등 다양한 이름으로 불려 왔으나, 후세에 보편화된 명칭은 탐라(耽羅)다. 제주지역에 들어선 탐라왕국은 한반도 및 일본 등과 교류를 유지하면서 독사적인 제제와 문화를 발전시켜왔다. 그러나 서기 1105년 고려 숙종 10년에 탐라군(郡)으로 고려에 편입되면서 공식적으로 한반도의 역사와 그 운명을 함께하게 된다.

이후 제주도는 삼별초의 최후 항쟁지가 되었다가 평정되고, 탐라총관부라는 이름으로 원(元)에 예속되었다 다시 환원되는 등 외세의 영향을 직접적으로 받으면서 국가 체제 속의 한 지역으로의 편입이 가속화되었다. 그러나 조선시대에 들어와서 비로소 탐라국 전통인 "성주"가 폐지된 것을 볼 때 제주 토속국가인 탐라의 영향은 내륙 지방에 비하여 오래 지속된 것으로 보인다. 이후 1416년 조신 태종 때 제주목(牧)을 설치하였고, 1906년에 제주군(郡)으로 개편하였으며, 1915년에는 일제 치하 아래에서 제주도(島)제가 실시되었다. 광복 이후인 1946년 8월 1일에 제주지역 행정체제가 제주도(道)제로 변경되었다.

제주도는 1946년 전라남도에서 분리되면서 비로소 우리나라 9도로 편입되어 광역자치단체로서의 지위를 갖게 된다. 이 당시에 제주도는 1도 2군(북제주군, 남제주군)으로 구성되었다. 1955년에는 북제주군에서 제주시가, 1981년에는 남제주군에서 서귀포시가 분리 승격되면서 1도 · 2시 · 2군 43개 읍 · 면 · 동의 행정체제가 확립되었다. 이후 행정구조 개편을 통하여 2006년 7월 1일 제주특별자치도 출범과 함께 1특별자치도 2행정시 43개 읍 · 면 · 동으로 개편되어 오늘에 이르고 있다.

제주도는 이처럼 한반도와 그 운명을 같이하면서도, 내륙지방과는 다른 독특한 역사와 그로부터 파생된 생활양식 · 경제 · 언어 등의 문화를 가꾸어 왔고, 이들은 지금까지도 제주도민의 생활과 의식 저변에서 여러가지 형태로 표출되고 있다. 중국 · 일본에 근접한 지리적 특수성으로 인한 잦은 침략과 지배, 이에 대한 저항의 역사는 때로는 제주도민에게서 외부인에 대한 피해 의식, 배타적 특성으로 표현되기도 하였다. 제주도민은 이 역사를 통하여, 자급자족만으로는 살 수 없다는 사실과 내륙과의 소통을 통하여 생존과 더 큰 번영이 가능한 것을 알게 되었다. 이러한 역사적 인식이 제주도민으로 하여금 21세기를 맞아 국내를 넘어 세계와 교류하는 국제자유도시의 비전을 설정하게 하였다.[1)]

나. 제주 개발의 역사

제주도는 1960년대 전반까지만 하더라도 한국에서 가장 뒤진 지역으로 남아 있었다. 제주도가 육지에서 멀리 떨어져 있다는 자연적 고립성 때문에 정부는 실질적으로 제주도를 국가정책의 주류에서 배제시켜 왔다. 이렇게 배제시키게 된 배경을 살펴보면, 제주도는 서기 938년까지 탐라라고 불리는 독립국가였으나 뒤이어 거의 100년간(1276~1375년) 몽골에 의하여 무력 점령되었다. 이후 고려와 조선시대에는 제주도를 정치적 유배지로 이용하였다. 고대 · 중세사 내지는 근대사에서 나타나는 제주도의 모습은 궁핍과 질병, 착취 등이었으며, 해방 직후에는 7여 년간이나 좌 · 우 이데올로기에 의한 소위 4 · 3 사건으로 인하여 제주도 인구의 10분의 1 이상 사상

---

1) 제주특별자치도(2007), 제주특별자치도 추진백서, pp.31-32.

자가 발생하는 불행한 역사를 경험하였다.

외침과 수난의 상징이었던 제주도가 국가정책의 본류에 들어가게 된 것은 1960년대부터라고 볼 수 있다. 5·16쿠데타 이후인 1963년에 군사정부(박정희)의 지시에 의하여 국무총리 직속하에 '제주도개발연구위원회'가 조직됨으로써 소외의 지역이었던 제주도가 비로소 관심과 보호를 받는 특별지역(specialized region)으로 인정받기 시작하였다(양영철, 1991: 65-67).

1960년대부터 본격적으로 전개된 국토 개발 과정을 살펴보면, 제주도는 천혜의 자연환경과 지정학적 이점, 내륙지방과는 다른 독특한 문화로 인하여 중앙정부의 꾸준한 관심 아래 특화지역으로 개발되어 왔음을 알 수 있다. 이렇게 특화된 모습은 2002년 제주국제자유도시 추진, 2006년 제주특별자치도 출범에 이르기까지 계속되고 있다. 다만 특화의 초점과 범위는 시대에 따라 달리 나타나는데, <표 1-1>에서 볼 수 있는 바와 같이, 초기에는 제주지역의 자연자원에 전적으로 의존한 감귤산업 및 관광산업 분야에의 지원, 또는 특정 지역 관광단지 조성 등 부분적·제한적인 특례가 중심이 되었다. 그러나 1990년대에 이르기까지 제주지역 발전에 대한 종합 구상 시도가 번번이 불발에 그치면서 좀더 실질적이고 종합적인 비전의 수립과 전략 마련이 요구되었다.[2)]

〈표 1-1〉 제주도 개발계획 및 결과

연도별	구상 내용	추진 결과
1963	○ 제주도자유지역 실징 구상 (건설부) - 외국인 투자 유인 방안으로 제주도 전 지역 또는 제주시(제주항)에 국한된 자유지역 설정 검토	○ 국무총리 소속하에 유관기관, 기획관리실장으로 구성된 '제주도건설개발연구위원회' 설치 ○ 홍콩과 경쟁면에서 불리하고 세계 각국의 자유항이 적자 운영되고 있어 경제적 이익을 기대하기 어려우며, ○ 출입국·토지 소유·통관 등에서 광범위한 자유는 국가안보상 손실이 크다는 판단 하에 자유항에 대하여 부정적 결론을 내림.
1966	○ 제주도 특정 지역 지정	○ 1963년 10월의 국토건설종합계획에 의거, 30년간(1966~1996) 개발

2) 위 백서, pp.32-34.

연도별	구상 내용	추진 결과
		특정 지역으로 지정 ○ 잠재자원을 대상으로 기초조사만 실시
1975	○ 특정자유지역 개발 구상을 위한 기초조사(건설부) - 제주 자유항지구(10만 평) - 서귀 자유항지구(7.4만 평) - 화순비축기지 자유항지구(40만 평) - 성산원목기지 자유항지구(180만 평)	○ 무역·관광·금융·수출 가공·비축기지 기능 등을 검토 ○ 정책적 지원을 얻지 못하여 실제적 효과를 거두지 못함.
1980	○ 자유항 구상(건설부)	○ '경제과학심의회'가 중심이 되어 자유항 설치 검토 - 중국과의 경제 교류 접근이 시도될 가능성이 있어, 제주자유항 설치를 장기간에 걸쳐 추진하면 한국을 대외적으로 부각시키는 데 크게 기여할 것으로 판단하였으나, - '경제기획원'은 성공 가능성이 불투명하고 투자소요액이 막대하다는 점들을 들어 자유항 설치 유보
1983	○ 국제자유지역 조성계획 수립 ('특정 지역 제주도종합개발계획'[3]중) - 계획 기간 : 1982~2001(20년) - 투자 규모 : 2조 8,650억 원 - 구역 범위 : 64.75㎢(1,960만 평) - 배치 구상 • 배후도시 : 중문 및 화순지구 • 자 유 항 : 화순항 • 국제공항 : 대정, 무릉 북측(1안) 안덕, 남송악 북측(2안)	○ 1984 경제장관회의에서 국제자유지역 조성은 발전가능성이 불투명하고 투자재원이 과다하며 투자효과가 불확실하다는 등 이유로 유보 ※ 1985 특정지역 제주도종합개발계획 확정 - 건설부 주관 하에 1985년에서 1991년까지 총 6,353억 원을 투자하여 제주도를 국민관광을 기반으로 한 국제관광지로 조성 - 중문 등 3개 관광단지와 서귀포 등 14개 관광지구 개발
1991	○ 제주도개발특별법 제정	○ 특정 지역계획과 도종합계획의 이원적 추진 체계의 한계를 극복하여 최초의 장기적·종합적 개발계획 수립 및 추진
1998 ~ 2001	○ 제주국제자유도시 계획 - 계획 기간 : 2002~2011 - 구역 범위 : 제주도 전역 - 관광·휴양·첨단·비즈니스 중심지로 육성	○ 국무총리실, 새천년민주당 정책기획단, 건교부, 제주도가 공동으로 추진하여 특별법을 제정함으로써 그간 구상으로만 그치던 국제자유도시를 출범시킴.

자료: 제주특별자치도(2007), 제주특별자치도 추진백서, pp 33-34.

전국적·획일적 기준에서 벗어나 제주를 독자적인 개발 모델로 보았던 첫 번째 시도는 1991년 제정된 '제주도개발특별법'이라 할 수 있다. 이 법은 도민이 개발의 주체가 되고 개발 이익이 도민에게 돌아올 수 있는 제도를 만든다는 취지에서 제정되었다. 법의 내용은 제주지역 특성에 맞는 산업 육성 및 자연경관 보전을 위한 장기적이며 종합적인 개발계획의 수립, 그 추진 과정을 제도적으로 보장하기 위한 내용을 규정하였다.

1998년 국민의 정부 출범을 전후하여 제주도와 중앙정부에서는 21세기의 개방화·세계화에 대비하여 제주를 외자 유치와 국가경쟁력 강화를 위한 거점도시로 육성하기 위하여 제주도를 국제자유도시로 개발할 필요성이 제기되기 시작하였다. 이에 따라 건설교통부에서는 1999년 미국의 존스 랑 라살(Jones Lang LaSalle)사에 용역을 의뢰하여, 국제적 시각에서의 제주 국제자유도시 개발의 타당성을 연구하였다. 2001년부터는 중앙 차원의 추진기구가 설치되어 제주도와 당시 여당인 새천년민주당, 정부가 공동으로 용역 내용을 바탕으로 세부적 논의를 시작하였다. 그 결과 2002년 '제주국제자유도시특별법'이 제정되고 이에 근거한 '제주국제자유도시종합계획(2002~2011)'이 2003년 2월 수립·확정되기에 이르렀다.

제주국제자유도시특별법과 종합계획은 그간 여건 미성숙 등을 이유로 구상에만 그쳐 온 국제자유도시 추진을 처음으로 실현한 것이었다. 이 계획의 의의는 국가적 측면에서는 지정학적 위치 등 제주의 장점을 활용하여 개방화·지식산업화 등 세계적 흐름에 부응하는 선도적 국제 개발의 거점을 마련한 것이고, 지역적 측면에서는 그간 관광 및 1차 산업에 고착화된 제주의 산업구조를 지역의 잠재력을 살릴 수 있는 고부가가치 서비스업 육

3) 특정 지역 제주도종합개발계획(1983)은 제주도 전역을 대상으로 한 1982년부터 2001년까지 20년간의 계획안으로 지역개발계획, 관광개발계획, 국제자유지역 조성계획 등 3개 부문으로 구성되었으며, 그 주요 내용은 다음과 같다.

- 지역개발계획 : 제주도 5대 생활권 정주 체계 구성을 내용으로, 산업 진흥 및 교통·유통·환경 보존 등 과제 설정
- 관광개발계획 : 국제 수준의 관광지 조성과 국민관광을 기반으로 한 국제관광객 유치를 목표로 대규모 관광지 조성 과제
- 국제자유지역 조성계획 : 국가계획 차원에서 제주도에 관광 외 국제교육 및 R&D 기능, 중계무역 및 금융 기능 등 유치

이후 1984 경제장관협의회에서 국제자유지역 조성계획이 유보된 후 국민관광을 중심으로 하는 국제관광지의 조성만이 결정되었고 계획 기간도 1991년까지 단축하여 확정되었다.

성 등으로 재편하여 좀더 다양화된 산업구조를 갖춘 장기적 제주 발전 방향과 그 실천전략을 제시하였다는 데 있다.[4)]

이러한 목표를 가지고 출발한 제주국제자유도시는 제도적인 한계 때문에 진전되지 못하였다. 제주국제자유도시특별법을 흡수한 형태의 '제주특별자치도 설치 및 국제자유도시 조성을 위한 특별법'이 제정됨으로써 이 법이 국제자유도시특별법을 대체하기에 이르렀다. 이러한 변화는 중앙정부의 입장에서 국가 발전전략인 동시에 지역 발전전략인 국제자유도시 개발전략이 기존의 국제자유도시 특별법에 의하여 성공적으로 추진되기에는 제주도의 자치권 및 자체적인 역량도 미흡하고 법·제도적 지원 체계에도 문제가 많다는 사실을 자각한 결과로서 나타난 것이라고 할 수 있다.

제주특별자치도는 자치입법권과 지방자치단체로서의 선진적 지방자치제도를 구현하고 이를 통하여 국제자유도시의 조성을 촉진할 수 있도록 제도화하기 위한 목적으로 추진된 것이다(김부찬, 2006: 22-26). 이런 점에서 제주특별자치도는 바로 국제자유도시 실현을 위한 체제와 권한을 구비하는 제도인 것이다. 제주특별자치도의 기본 방향을 간단히 표시하면 [그림 1-1]과 같다.[5)]

제주특별자치도의 비전은 국제자유도시의 실현에 있다. 국제자유도시의 모습은 고도의 자치권과 최소한의 규제를 바탕으로 동북아 경제권의 대표적인 관광지와 비즈니스 중심지가 되는 것이다. 따라서 제주특별자치도는 이러한 국제자유도시 실현을 위하여 자치 영역의 확대, 행·재정 시스템 정비, 국제화 여건 조성 등 체제를 갖추는 것이다.

제주특별자치도를 다른 지방자치단체 혹은 특별한 권한을 부여받은 도시와 비교해 볼 때 권한과 기능 등에서 서로 차이가 나타난다. 국제자유도시 실현의 비전을 가진 제주특별자치도는 장기적으로 대한민국 내에서 1국 2체제에 근접한 독립적이고 자율적인 지방정부로 발전하여야 할 것이다. 그러나 단기적인 차원에서는 중앙정부로부터 분권의 특례를 부여받고 제주도민의 참여와 자치의 기반 아래에서 책임행정을 수행하는 시범적·선도적·모범적 특례를 가진 지방자치단체로 생각할 수 있다. 즉, 여타의 일반

4) 제주특별자치도(2007), p.34. 국제자유도시의 추진 과정, 목표 등에 대해서는 위 백서 참조.
5) 위 백서, p.105.

[그림 1-1] 제주특별자치도의 기본 방향

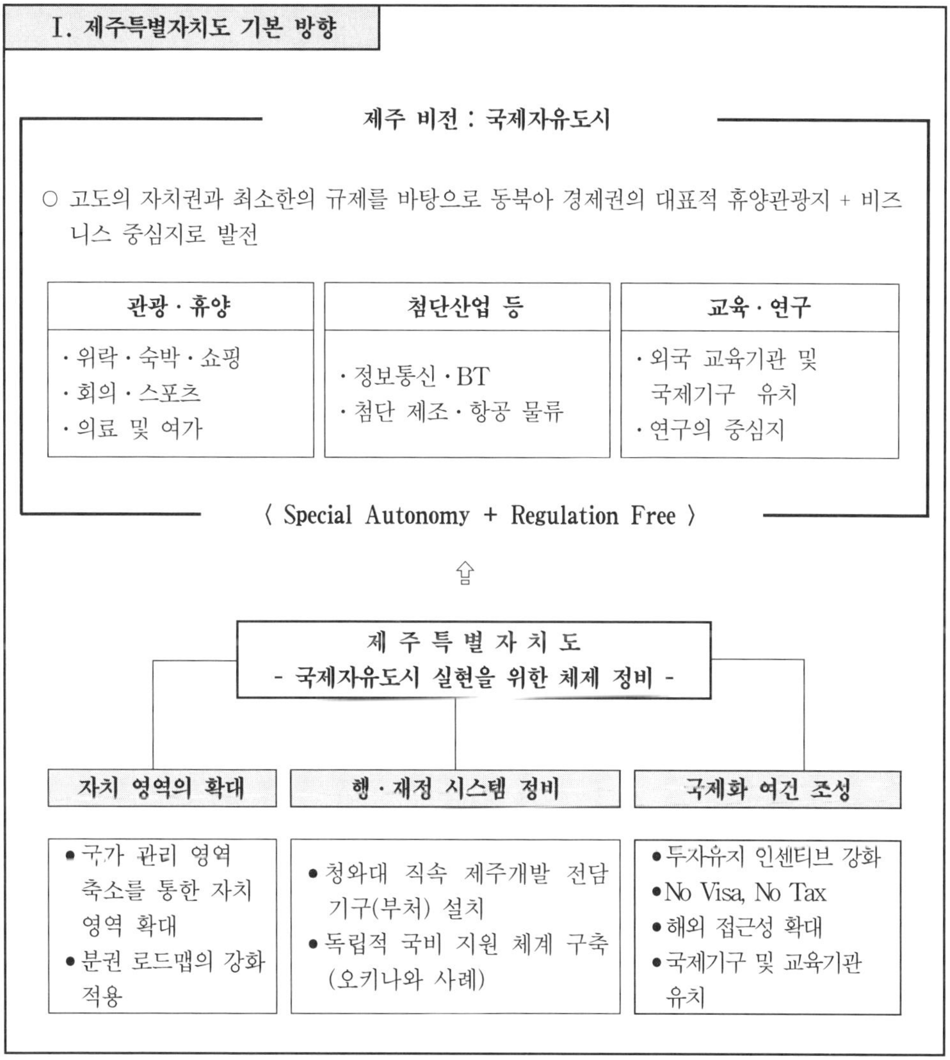

자료: 제주특별자치도(2007), 제주특별자치도 추진백서, p 105.

자치단체보다 더 많은 자치권을 확보하고, 자치행정 역량과 책임성이 부여된 특별한 지자체 형태라고 할 수 있다. <표 1-2>에서 보는 바와 같이 제주특별자치도는 특별지방자치단체, 미국의 주 정부, 홍콩특별행정지구, 서울특별시에 비해서도 큰 차이가 있음을 알 수 있다.

〈표 1-2〉 특별자치도와 유사 제도의 비교

구 분		특별자치도	특별자치단체	주정부	홍콩특별행정구	서울특별시
근 거		특례법 또는 특별법	지방자치법	연방헌법	Basic Law	특례규정
담당 기능		종합적 기능	특정 기능	종합적 기능	종합적 기능	종합적 기능
자치권	입법	○	○	○	○	○
	조직	○	○	○	○	○
	재정	○	○	○	○	○
	사법	×	×	○	○	×
	국방	×	×	○	×	×
	외교	×	×	×	×	×
독자적 헌법		×	×	○	×	×
권한 특례		○	×	×	×	○
시범자치		○	×	×	×	×

자료 : 제주발전연구원(2004), 제주특별자치도 기본 방향 및 실천전략. p.59.

2 제주특별자치도 추진 과정

가. 추진 배경

2006년 7월 1일, 제주도는 대한민국 지방자치 역사상 가장 앞선 분권의 새로운 실험을 시작하는 '특별자치도'로 태어났다. 정부는 제주특별자치도를 출범시키기 위하여 이전에 없던 '특별자치도'를 광역자치단체의 종류 중 하나로 규정하였다.[6] 정부가 제주도를 '특별자치단체'로 정한 것은 '일반자치단체'와는 다른 행・재정 시스템을 제주도에 적용하고자 한 것이다. 이렇게 제주도가 다른 지역보다 특별한 지역으로 지정된 것은 제주의 특성과 잠재력을 극대화하여 제주를 한국의 새로운 성장 동력으로 활용하고자 하는 국가의 의도와 제주의 역사성이 반영된 내생적 발전 역량을 극대화하려

6) 지방자치법 제2조(지방자치단체의 종류) ① 지방자치단체는 다음의 두 가지 종류로 구분한다(일부 개정 2006. 2. 21). 1. 특별시, 광역시, 도, 특별자치도 2. 시, 군, 구.

는 지역의 의지가 상호 작용한 것이다.[7)]

2003년 출범한 참여정부[8)]는 우리 사회가 중앙집권 및 수도권 중심 체제, 지식기반 경제로 전환되지 못한 제조업 기반 경제, 개방사회로 진행되는 과도기적 사회 등의 문제에 직면해 저성장의 딜레마에 빠져 있다는 진단을 하였다. 이를 타결하기 위하여 지방분권정책과 서비스산업 육성정책을 포함한 새로운 국가전략을 제시하였다. 특히 참여정부는 제주도를 분권과 자율을 통하여 국가의 성장을 이루어 낼 수 있는 지역으로 보았고, 제주도가 다른 지역과 달리 국민의 정부[9)]에 의하여 2002년 국제자유도시특별법에 따라 사람・상품・자본의 국제적 이동과 기업 활동의 편의를 보장할 수 있는 국제자유도시로서의 특례적 지위(special status)를 갖추고 있었기 때문에 시범적 자치를 시행하는 데 적절하다고 판단하였다. 이와 함께 제주도는 인구 55만 명, 도전역(道全域) 한 시간 생활권, 행정수요의 균일성 등을 고려하여 1도(제주도) 2시(제주시, 서귀포시) 2군(북제주군, 남제주군) 체제를 1 특별도 체제로 전환하는 행정체제를 전국 최초의 주민투표(2005. 7. 27)를 통하여 개편하였다. 단일 광역체제로의 개편은 정책의 효율성과 실험적 정책의 효과성을 극대화할 수 있는 여건과 함께, 섬이라는 제주도의 지리적 특수성은 개방정책이 가져올 수 있는 외부불경제의 전국적 파급을 최소화할 수 있는 환경을 제공함으로써 국가는 제주도를 특별자치도로 지정할 수 있었다.

제주도가 주도권을 가지고 지역 개발을 추진한 것은 '제주도개발특별법' 제정에서부터 시작되었다.[10)] 1991년 제정된 이 법은 전국적 획일적 기준의 개발전략에서 벗어나 '도민이 개발의 주체가 되고 개발 이익이 도민에게 돌아올 수 있는 제도'를 만든다는 취지에서 제정되었다. 이 법은 제주지역 특성에 맞는 산업 육성 및 자연경관 보전을 위한 종합개발계획의 수립과 추진 과정을 제도적으로 보장하는 내용을 포함하고 있다. 이후 1998년 국

7) 위 백서, p.29.
8) '참여정부'는 제6공화국의 네 번째 정부인 노무현 정부를 말한다. 참여정부는 4대 국정원리 중 하나로 '분권과 자율', 12대 국정과제 중 하나로 '지방분권과 국가 균형 발전'을 선정하였다.
9) '국민의 정부'는 제6공화국의 세 번째 정부인 김대중 정부를 말한다.
10) 이 법 이전의 제주도 개발계획은 국토개발계획의 일환으로 제주도자유지역 설정 구상(1963), 국토건설종합계획에 의거 제주도 특정 지역 지정(1966), 성공 가능성이 희박한 것으로 판단되어 유보된 건교부의 자유항 구상(1980)과 국제자유지역 조성(1983) 등이 있다.

민의 정부 출범과 함께 21세기의 개방화와 세계화에 대비하여 제주도를 국가 경쟁력 강화를 위한 국제자유도시로 발전시켜야 한다는 필요성이 제기되어 '제주도개발특별법'은 2002년 '제주국제자유도시특별법'으로 흡수되었다. 제주국제자유도시는 국가적 관점에서는 개방화 등 세계적 흐름에 능동적으로 대처하기 위한 정책의 일환으로, 지역적 관점에서는 감귤 중심의 1차 산업과 내국인 위주의 관광산업을 고부가가치 서비스 산업으로 육성할 수 있는 계기로 추진되었다. 그러나 국제자유도시는 정부적 차원의 국정 과제로 발전되지 못하고 다른 지역과의 형평성 유지와 같은 논리에 매몰되어 개별적 특례 중심의 제한적 접근을 벗어나지 못하였다. 이러한 한계성을 극복하기 위하여 제주도는 참여정부의 국가발전 전략의 일환인 지방분권화를 제주도의 지역 발전과 연계하여 현행 지방자치와 확실하게 다른 선진국 수준의 개방성과 자율성을 가진 연방국가 수준의 특별자치도를 추진하게 되었다.

2005년 5월 20일 정부혁신지방분권위원회가 발표한 '제주특별자치도 기본 구상'의 추진 배경에 따르면 '이상적 분권 모델의 구체화'와 '국제자유도시의 지속적 발전을 위한 토대 구축'을 위하여 정부는 특별자치도를 추진한다고 밝히고 있다.[11] 정부는 <표 1-3>에 나타난 것과 같이 지식정보사회와 세계화 현상에 효과적으로 대응하기 위해서는 획기적이고 선진적인 분권 모델이 필요하다는 점을 인식하고, 사회 · 경제 · 문화적 특수성을 가지고 독자성이 가장 강한 제주 지역이 이상적 분권 모델의 선도지역으로 가장 적합하다고 밝혔다.

이상의 논의를 바탕으로 제주특별자치도가 출범하게 된 배경을 정리해보면 다음과 같다. 첫 번째 배경은 지식정보사회의 세계화 현상에 효과적으로 대응하기 위한 선진적인 분권 모델의 도입 필요성에 대한 국가의 인식이며, 두 번째는 제주의 지경학적(地經學的, geo-economics)[12] 위치가 가진 잠재력을 최대한 활용해 제주도의 발전을 국가 성장 동력으로 활용하려 하였던 국제자유도시 도입과 같은 정책적 노력들이 발전적으로 확대된 것이며,

---

11) 정부혁신지방분권위원회(2005. 5. 20). 제주특별자치도 기본 구상안.

12) 지경학(geo-economics)은 경제, 자원 등이 한 지역의 지리적 환경과의 결합하는 현상을 연구하는 지정학(geo-politics) 연구의 한 분야다. 미국의 경제학자 러트왁(Edward N. Luttwak, 1990: 17-23)은 냉전시대의 국제관계는 지정학이 가장 중요 요인 중 하나였으나, 세계화 시대에서는 지경학에 의해서 국제관계가 좌우될 것이라고 주장하고 있다.

〈표 1-3〉 제주특별자치도 추진 배경

□ 이상적 분권 모델의 구체화

- ㅇ 지식정보사회의 세계화 현상에 효과적으로 대응하기 위해서는 획기적이고 선진적인 분권 모델 필요
  - 자율과 책임, 창의성과 다양성이 존중되고 지방과 주민이 중심이 되는 선도적 지방자치의 검증 요구
  - 획기적인 분권 모델의 실험을 통하여 검증을 거친 후 전국적으로 확산시켜 분권형 선진 국가를 만드는 인큐베이터 역할 수행
- ㅇ 사회·경제·문화적 특수성을 가지고 독자성이 가장 강한 제주도가 이상적 분권 모델의 선도지역으로 가장 적합
  - 지속적으로 추진해 온 제주도 발전 모델은 많은 부분에서 다른 지방정부와 차별화된 법적 지위와 권한 필요
    - ※ 일본, 미국, 영국 등 선진 각국에서도 다양한 형태의 시범자치 및 차등적 분권을 통하여 지방자치 제도의 발전 모색

□ 국제자유도시의 지속적 발전 토대 구축

- ㅇ 제주가 싱가포르나 홍콩처럼 경쟁력 있는 국제자유도시로 발전하기 위해서는 내생적 발전 역량의 극대화 필요
  - 사람·상품·자본의 국제적 이동과 기업활동의 편의가 최대한 보장되도록 규제 완화 및 핵심산업 육성
- ㅇ 제주발전 전략을 뒷받침하기 위한 권한과 자율권을 부여하여 지역 특성에 부합하는 분권 모델 실현

자료: 정부혁신지방분권위원회(2005. 5. 20)

세 번째는 국가의 제한적인 행·재정 지원에 의한 지역 발전의 한계를 개방을 통하여 극복하려는 제주도민의 도전 정신이 특별자치도를 추진하게 한 것이다.

나. 특별자치도의 개념 및 목표

특별자치도에 대한 법률·학문상 정립된 개념은 없으나 정부혁신지방분권위원회의 기본 구상안(2005. 5. 20)에서는 "특별자치도란 일반적인 도에 부여된 권한과는 달리 고도의 자치권이 부여된 도, 선도적인 지방분권을 시범적으로 시행하고 지역의 여건과 특성에 부합하는 특례가 인정되는 지역"이라고 규정하고 있다. 이와 같은 개념과 함께 '제주특별자치도 설치 및 국제자유도시 조성을 위한 특별법'(이하 "특별법")에는 특별자치도가 가진

권리나 지위 등을 많은 부분에서 규정하고 있어 이를 통하여 특별자치도의 개념을 유추할 수 있다. 특별법 제1조는 "……고도의 자치권이 보장되는 제주특별자치도를 설치하여 실질적인 지방분권을 보장하고, 행정규제의 폭넓은 완화 및 국제적 기준의 적용 등을 통하여 국제자유도시를 조성함을 목적"으로 한다고 규정하고 있다. 이 조문을 통하여 특별자치도는 "고도의 자치권이 부여된 특별한 지역임과 동시에 규제의 완화를 통하여 국제적 기준이 적용되는 지역"이라는 것을 알 수 있다. 특별법 제4조 제2항에서는 "……제주특별자치도의 선진적인 지방분권의 실현"을 국가의 책무로 규정하고 있다. 또, 특별법 제12조 제1항은 "……외교, 국방, 사법 등 국가 존립 사무를 제외한 사무에 대하여 제주자치도의 지역 여건, 역량 및 재정 능력 등을 고려하여 단계별로 제주자치도에 이양……"하도록 규정하고 있어 "고도의 자치권과 선진적인 지방분권"의 형태를 좀더 상세히 나타내고 있다. 이런 점을 종합적으로 고려해 볼 때, "특별자치도는 외교, 국방, 사법 등 국가 존립 사무를 제외한 모든 사무에 대하여 자치단체 스스로 결정권을 가진 고도의 자치권이 부여된 지역"이라고 할 수 있다.

그러나 이와 같은 특별자치도는 각 나라의 제도와 지방분권의 정도에 따라 특별자치도가 가진 권한의 범위가 각각 달라질 수 있기 때문에 특별자치도는 국가에 따라 상이하게 규정될 수 있다. 이것은 제주특별자치도가 국내 수준에서 특별한 것이 될 수 있으나 국가 간 비교를 하였을 경우 특별한 것이 아닐 수 있다는 의미다. 특별자치도를 외국의 자치단체나 특별행정구역에 부여된 권한을 비교해 보면 쉽게 알 수 있다. 미국의 연방 주(State)는 자치입법, 자치조직, 자치재정권뿐만 아니라 사법과 제한적 국방 등의 권리도 가지고 있으며, 홍콩특별행정구(Special Administrative Region)는 자치입법, 자치조직, 자치재정권뿐만 아니라 중국정부와 다른 사법 체계를 가지고 있지만 국방과 외교는 중국정부의 직접 관할에 있다.[13] 미국과 홍콩이 비교적 폭넓은 자치권을 가진 것과 달리, 도시국가인 싱가포르는 지방자치라는 개념조차 찾기 어려울 정도로 중앙정부의 통제력이 절대적이다. 이런 점에서는 제주특별자치도는 자치 권한의 범위가 가장 넓은 미국 '연방주' 수준[14]의 자치권 확대를 목표로 하고 있다.

---

13) <표 1-2> 참조.

단계적 자치권 확대와 자치 역량 강화를 통하여 조성한 이상적인 분권 모델을 가진 제주특별자치도가 지향하는 목표는 사람·상품·자본의 이동이 자유롭고 기업활동의 편의가 최대한 보장되는 이상적 자유시장 경제 모델이 작동하는 국제자유도시를 만드는 것이다. 일정한 지역 내로 사람·상품·자본의 이동을 자유스럽게 하기 위해서는 입국사증 면제(No Visa), 관세 면제(Duty Free), 규제 철폐(Regulation Free)가 되고 세계어인 영어의 통용(With English)이 자유스러운 곳이 되어야 한다.[15] 이러한 국제자유도시 개념과 유사한 곳으로는 홍콩과 싱가포르를 들 수 있으며, 정부도 특별자치도 기본 구상에서 특별자치도 프로젝트를 '홍가포르 프로젝트(Hongapore Project)'[16]라고 불렀다. 이상의 논의를 종합해 볼 때, 제주특별자치도는 고도의 자치권과 자유시장 경제 시스템에 의해서 운영되는 국제자유도시 모습을 가진 자치정부라고 할 수 있다.

다. 주요 추진 과정

1) 특별자치도 기본 구상 단계(2003. 2~2005. 5)

2003년 2월 12일 제주도를 방문한 노무현 대통령 당선자는 제주도민과의 대화를 통하여 "……제주도가 지방분권과 자치권 증대에 관하여 강한 의욕을 보인다면 제주도에서부터 획기적인 분권 제도를 출발시켰으면 한다. 지금까지 자기 지역 발전에 대한 비전을 세우고 의사를 잘 통합해서 중앙정부와 국회 등에 요구하여 체계적으로 비전전략을 입법화하는 면에서 제주도가 타지역보다 가장 앞서 있는 것으로 판단한다. 제주도를 분권의 시범도, 자치도의 시범도로 육성했으면 좋겠다……"라는 구상을 표명하였다. 제주도는 2003년 3월 7일 특별자치도 구상을 실현하기 위한 지방분권 총괄, 자치행정, 자치재정, 국제자유도시를 총괄하는 전담조직을 만들어 특별자치도 기본 방향 설정과 기본계획의 수립, 특별법 제정 등 일련의 과정을 진행하였다.

---

14) 노무현 대통령은 2005년 8월 31일 지방언론사 편집국장단과의 간담회에서 제주특별자치도의 모습을 "연방주에 가까운 자치도"라고 밝혔다(한라일보, 2005. 8. 24).

15) 정부혁신지방분권위원회는 기본 구상안(2005. 5. 20)에서 장기적으로 제주특별자치도는 No Visa, Duty Free, Zero Regulation with English를 지향한다고 밝혔다.

16) 제주특별자치도(2007), p.50.

2003년 10월 30일 제주평화 포럼에 참석한 노대통령은 "……제주 스스로 자기 발전 방향을 제시하면 임기 안에 제주도를 '특별자치도'로 한번 지원했으면 하는 생각을 갖고 있으며, 도민 의견을 모아 창의적인 방향을 설정한다면, 중앙정부의 간섭을 배제할 수 있고 집중적인 지원도 가능하다. ……제주특별자치도는 제주 발전만을 위한 것이 아니라 우리나라 지방자치 수준을 높이는 모델 케이스가 될 수 있을 것이며, 권한도 대강 넘겨 주는 것이 아니라 세금 부과 및 감면, 행정규제도 스스로 판단할 수 있는 대폭적인 권한 이양을 포함하는 등 '자치도'라는 이름을 가질 수 있는 만큼의 복안을 갖고 있다……"는 의지를 다시 밝힘으로써 '제주특별자치도' 구상이 가시화되기 시작하였다. 대통령의 이러한 구상을 구체화하기 위하여 2004년 3월부터 제주발전연구원을 중심으로 '제주특별자치도 기본 방향 및 실천전략' 연구를 진행하여, 그 해 11월 30일 제주도는 '제주특별자치도 추진계획(안)'을 정부혁신지방분권위원회와 행정자치부에 제출하였다. 이 계획안은 자치입법, 조직, 인사, 재정권 확대, 지방의회 의정활동 강화, 주민 참여 확대, 중앙 권한 및 특별행정기관의 이양 등 제주도의 자치권 확대에 중점을 두었다. 이와 같은 계획안을 실천에 옮기기 위하여 제주도는 가칭 '제주특별자치도 설치 및 운영에 관한 법률' 제정을 정부에 건의하였다. 제주도가 정부에 제출한 계획(안)은 자치 분야에 중점을 두고 있어 전체적인 관점에서 제주도 발전을 위한 방안이 필요하다고 중앙정부는 인식하였다. 이에 따라 제주도는 2002년부터 추진하던 국제자유도시 분야를 추가한 보완계획을 12월 22일 제출하였다.[17)]

제주특별자치도를 추진하기 위하여 중앙정부는 2004년 9월 24일 정부혁신지방분권위원회[18)] 내에 제주특별자치도 지원 특별위원회[19)](이하 "제주특위")를 구성하여 특별자치도 기본 방향 설정을 논의하였으며, 실무를 담당할 제주특별자치도 추진지원단을 11월 15일 행정자치부에 설치하였다. 제주도의 계획(안)을 바탕으로 제주특위는 제주도와 함께 제주도와 유사한

17) 제주특별자치도(2007), p.49.
18) 정부혁신지방분권위원회는 참여정부가 정부혁신과 지방분권에 관한 사항을 종합적·체계적으로 심의하여 국정 전반에 걸친 혁신과 국가 발전을 이룩할 목적으로 2003년 4월 7일 발족한 대통령 소속 국가기관이다.
19) 위원장 1인과 도외 전문가 6인, 도내 전문가 3인으로 구성되었다.

환경을 가진 포르투갈의 마데이라 및 아조레스 섬의 제도와 싱가포르・홍콩 등의 사례를 조사・연구하였다. 이와 함께 계획(안)에 대한 제주도민 공청회를 개최하여 의견을 수렴한 뒤, 2005년 5월 20일 정부혁신지방분권위원회 윤성식 위원장은 '제주특별자치도 기본 구상'을 발표하였다.

정부가 발표한 <표 1-4>의 기본 구상안에 따르면, 정부는 제주도를 입법・재정・조직 및 인사 등 자치행정 모든 분야에 걸쳐 파격적인 자치권을 갖는 '자치 파라다이스'로 육성하고 규제 완화와 글로벌 스탠더드의 도입을 통해서 사람・상품・자본의 이동이 자유롭고 기업 활동의 편의가 최대한 보장되는 '이상적 자유시장 경제 모델'을 구축할 계획이라고 하였다.

〈표 1-4〉 제주특별자치도 기본 구상안

제주특별자치도 기본 구상안
-고도의 자치권이 인정되는 친환경적 동북아 중심도시로 육성-

□ 제주도가 자치입법, 자치재정, 자치조직 및 인사 등 자치행정 모든 분야에 걸쳐 파격적인 자치권을 갖게 되는 '자치 파라다이스(paradise)'로 육성된다.

□ 정부혁신분권위원회(위원장 윤성식)는 5월 20일 제주도를 국제자유도시로 육성하고 이상적인 분권 모델로 발전시킨다는 내용을 담은 '제주특별자치도 기본 구상안'을 확정, 발표하였다.
- ○ 제주특별자치도는 대통령이 당선자 시절부터 지속적인 관심을 표명해 온 사안으로, 전국에서 경세・사회・문화적 득수성과 독자성이 가장 강한 제수도에 대하여 차별화된 법적 지위와 권한을 부여함으로써 홍콩, 싱가포르와 경쟁할 수 있는 '분권의 시범도', '명실상부한 국제자유도시'로 발전시키는 것이다.

□ 검토 중인 내용을 살펴보면, 제주도에 일반적인 도에 부여된 권한과 달리 고도의 자치권을 부여하는 선도적인 지방분권을 시행한다.

□ 이를 위하여 제주특별자치도 특례에 관한 특별법을 제정, 규제 완화 조치가 필요한 법률을 열거하고 그 사항에 대해서는 조례로 규제를 폐지 또는 완화할 수 있도록 자치입법권을 강화한다.
- ○ 제주지역 주요 특별지방행정기관의 제주도 이양을 검토하고,
- ○ 제주특별자치도의 실현을 위하여 관련 법률의 제・개정 및 폐지가 필요한 경우 관계 부처에 법률안 제출 요구권을 부여한다.

□ 또한 제주지역에서 징수되는 국세 일부의 지방세 이양을 검토하고 지방교부세 등 이전재원의 특례를 부여해 자치재정권을 대폭 강화한다.

□ 이와 함께 교육자치 제도, 지방경찰 제도를 최대한 조례로 위임하여 다른 자치단체

와는 차별적으로 먼저 제도를 도입할 수 있도록 자치조직권과 인사권을 강화한다.

○ 모든 기구 및 정원과 관련된 사항에 대한 자율권 확대 및 외국인 채용 등에 있어 특례를 인정하고,

○ 스위스 등에서 운영 중인 재정주민투표제 및 주민발안투표제 도입을 검토하는 등 주민 참여 수단을 대폭 확대한다.

□ 또한 규제 완화와 글로벌 스탠더드의 도입을 통하여 사람・상품・자본의 이동이 자유롭고 기업활동의 편의가 최대한 보장되는 '이상적 자유시장 경제 모델'을 구축할 계획이다.

○ 모든 규제를 Negative System으로 전환하고 법제・관행・문화 등 각종 제도에 글로벌 스탠더드를 지향하며, 각종 조세 감면 범위와 무비자 입국을 확대하고 영어공용화 기반을 구축한다.

○ 장기적으로 No Visa, Duty Free, Zero Regulation, With English를 지향하여 홍콩이나 싱가포르 같은 명실상부한 국제자유도시를 만들어 나간다(일명 '홍가포르 프로젝트')

□ 아울러 제주지역 특성에 적합한 3대 핵심산업(관광・교육・의료)과 이에 기반한 IT, BT, ET 등 첨단산업이 발전된 '친환경적 동북아 중심도시'로 육성해 나간다 (이른바 3+1 핵심산업 육성).

○ 국제회의 및 스포츠 산업 기반을 구축하고, 체험형 종합관광・휴양지 조성 등 세계적 수준의 관광산업을 육성하고,

○ 국제적 교육환경 조성에 필요한 최대한의 선택권을 부여하여 국제적 교육산업의 메카로 육성한다(해외로 가는 유학생들을 제주도로 유도).

※ 2004년도 우리나라 해외 유학생 40만 명, 실제 유학 경비 8조 원 추정

○ 선진 의료 제도의 도입에 필요한 자율권을 최대한 부여

- 고소득 노인층을 겨냥한 실버타운 설립과 세계적인 전문병원 유치 등을 위하여 법적・제도적 기반 구축을 통한 선진 의료산업을 육성

※ 싱가포르의 경우 과감한 규제 완화를 통하여 의료산업 2배 이상 급성장

□ 이상의 기본 방향과 검토 사항에 대하여 앞으로 당정 협의를 거친 후, 국무총리실에 설치될 전담추진기구(단장: 국무조정실 기획차장, 부단장: 상근 1급)에서 관계부처 협의 등을 거쳐 세부 추진계획을 마련할 예정. 이어 (가칭)'제주특별자치도 특례에 관한 특별법'을 올해 안에 제정한다는 목표를 수립하고 범정부적 차원에서 추진해 나갈 계획이다.

○ 제주도의 혁신 프로그램과 연계 추진

- 제주도에 부여되는 고도의 자치권을 효과적으로 수행할 수 있는 역량을 갖추도록 인적・물적・제도적 혁신을 유도

○ 개발 기대에 따른 가수요 차단을 위한 부동산 투기 대책도 병행 추진

자료: 정부혁신지방분권위원회 보도자료(2005. 5. 20).

2) 기본 계획 수립 및 입법 등 출범 준비 단계(2005. 5.~2006. 7.)

제주특별자치도 기본 구상안이 발표된 이후 정부와 제주도는 기본 구상을 구체화하기 위하여 분야별, 주제별 전문가의 의견과 도민 의견을 수렴하였다. 제주도민 사회에서는 기본 구상에서 제시된 특별자치도의 '3+1' 핵심산업에 제주지역의 특성을 반영한 '청정 1차 산업'을 추가하여야 한다는 의견을 제시하여, 정부는 '청정 1차 산업'을 '4+1'[20] 핵심산업에 추가하였다. 제주도는 정부의 기본 구상안이 발표되자 이를 구체화하여 특별법을 제정하기 위하여 2005년 6월 7일 '제주특별자치도 추진기획단'을 신설하고 제주도 차원의 기본계획 수립에 착수하였다. 제주도가 마련한 기본계획은 세 개의 추진전략 -'특별자치 시행', '제주 프로젝트 실행', '여건의 조성'- 으로 구성되었다. '특별자치 시행' 분야에는 '자치입법', '자치조직·인사', '지방의회 제도', '주민 참여의 확대', ' 자치재정', '교육자치제', ' 자치경찰제', '특별행정기관'으로 세분되었고, '제주 프로젝트 실행'에는 '관광산업의 육성', '국제적 교육중심지화', '국제의료 중심지화', '청정 1차 산업의 육성', '첨단산업의 육성'. '규제자유지역화'가 포함되었다. 특별자치도 추진 기반을 위한 '여건의 조성'에는 '세계 평화의 섬 조성', '사회협약의 체결', '환경·보건·안전의 강화', '지하수 수자원 공수화(公水化) 추진', '전통문화 및 영상문화의 발전', '외국어 사용 및 도민 의식', '사회간접자본시설의 확충'과 같은 세부 전략이 들어 있었다.

그러나 2005년 8월 30일 제주도가 마련한 '제주특별자치도 기본 계획(안)'이 발표되자 교육·의료·노동 시장의 개방과 한국공항공사 및 한국관광공사 제주지사의 현지법인화 등에 대하여 도민 사회에서 많은 반대 의견들이 제기되었다. 교육 분야의 경우 제주교원단체총연합회와 전교조 제주지부는 도내 4,600여 명 교사 중 3,075명의 교육개방 반대 서명을 주도하고, '교육 개방에 앞서 공교육 정상화를 위한 사전 조치 마련', '경제특구 수준의 교육개방 반대', '영리법인 설립·외국 교육기관 내국인 입학·과실송금 허용 반대' 의견을 제시하였다. 전국보건의료산업노조 및 '제주특별자치도 공공성 강화를 위한 공동대책위원회'(이하 "공동대책위")에서도 의료 개방에 따른 의료비 상승으로 인한 도민 부담 가중, 도내병원 경영 악화, 외국

---

20) 핵심산업 4+1의 '4'는 관광, 교육, 의료, 청정 1차산업, '1'은 IT, BT, ET를 말한다.

병원 설립시 도내 병원에 대한 역차별을 시정할 수 있는 대책들을 요구하였다. 노동계에서도 외국인 경영환경 개선 방안으로 제시된 노동 개방과 관련하여 '도내 노동 조건 악화 초래', '노동권 침해', '노동시장 혼란' 등을 우려하며 계획의 전면 수정을 요구하였다.

도민의 의견을 수렴한 제주도는 2005년 9월 21일 수정된 '제주특별자치도 기본 계획(안)'을 정부에 제출하였다. 수정된 기본 계획안은 외교·국방 등을[21] 제외한 모든 사무는 원칙적으로 특별자치도 사무로 한다는 원칙을 담고 있었다. 제주도는 제주도로 이양할 사무를 지속적으로 발굴·심사하기 위하여 정부에 상설 '특별자치위원회' 설치를 요구하였다. 이와 함께 제주도의 기본 계획안에는 자치조직·인사권의 대폭적 자율화, 독립적 성격의 감사위원회 설치, 행정구조 개편[22]에 따른 주민대표성을 보완하기 위하여 광역의회를 확대하는 방안, 주민소환제 도입, 특별자치도세 신설 및 국비 지원 시스템 법정률로 전환, 특별행정기관 이관, 핵심산업 육성을 위한 제도 개선 사항 등이 포함되었다. 또, 제주도는 중앙정부의 모든 규제를 원점에서 검토한 후 꼭 필요한 규제목록을 열거하고 이외 사항은 관련 법률을 적용 배제하도록 하는 네거티브 시스템에 기반을 둔 법령 정비를 위하여 2005년 말까지 '제주특별자치도기본법'을 제정하고 2006년 하반기부터 시행하는 방안을 건의하였다.

중앙정부는 2005년 7월 25일 국무총리를 비롯한 각 부처 장관들로 이루어진 제주특별자치도 추진위원회를 구성하였으며, 종전 행정자치부에 설치하였던 기획단을 폐지하고 국무총리실 소속의 제주특별자치도 추진기획단을 신설하여 중앙정부 차원의 추진 체제를 정비하였다. 정부는 제주도가 제출한 기본 계획(안)을 토대로 관계 부처 협의와 제주도의 공동 워크숍을 통하여 각 과제별 협의·조정[23]을 거쳐 2005년 10월 14일 국무총리가 주재

---

21) 최종 확정된 '제주특별자치도 설치 및 국제자유도시 조성을 위한 특별법' 제12조는 "……외교, 국방, 사법 등 국가 존립사무를 제외한 사무에 대하여……"라고 규정하고 있다.

22) 제주도는 2005년 7월 27일 기초자치단체인 시·군을 폐지하고 단일광역 체제로 전환하는 전국 최초의 주민투표를 실시하였다. 전체 유권자 중 36.7%가 참여한 투표에서 제주도민은 단일광역 체제로 전환하는 혁신안에 57.0%, 현행 체제를 유지하는 점진안에 43.0%가 찬성하였다.

23) 협의·조정 과정은 관계 부처 과장급, 국장급, 차관회의를 거친 후, 국무총리 주재 추진위원회에서 최종 안건을 심의한 후 정부계획을 확정한다.

하는 추진위원회에서 정부 차원의 계획을 확정・발표하였다. 중앙정부 차원의 계획이 확정되어 가는 과정에서 다수의 시민사회단체들이 쟁점 사안에 대해서 많은 의견들을 개진하였다. 특히 2005년 9월 7일 제주도 내 시민사회단체가 중심이 된 '공동대책위'는 교육・의료・노동 분야의 개방을 반대하였고 한국공항공사와 한국관광공사의 제주지사를 별도 법인화하자는 방안에 대해서도 해당 공기업의 반발이 확산되었다.[24] 한편 기본 계획(안)을 정부에 제출한 제주도와 제주도의회에서는 청와대・국회・국무총리실 등 중앙부처를 방문하여 제주특별자치도에 대한 적극적인 지원을 요청하였다.[25] 정부는 특별자치도를 실현하기 위하여 2005년 11월 4일 '제주특별자치도 설치 및 국제자유도시 조성을 위한 특별법(안)', '제주도 행정체제 등에 관한 특별법(안)', '지방자치법 일부개정법률(안)'을 입법 예고하였다.

특별법을 비롯해 입법 예고된 법률안에 대하여 정부는 11월 7일 국회에서 여당인 열린우리당과 당・정회의를, 11월 9일 제주시와 서귀포시에서 1차 공청회를 개최하였다. 제주시에서 개최된 공청회는 일부 시민단체가 단상을 점거하여 진행되지 못하였으며, 서귀포시 공청회도 발제와 일부 토론이 진행된 상태에서 단상이 점거되어 공청회를 제대로 진행하지 못하였다.[26] 이틀 후 서울과 제주시에서 동시에 열린 2차 공청회에서는 공청회 중단이 발생되는 사태가 재연되지 않도록 공권력에 의한 통제가 이루어져 시민사회단체와 극심한 대립이 발생하였다. 입법 예고 기간 동안 자치권, 재정권 등 특별법 개정 182건과 제도 개선 관련 40건의 도민 의견이 제출되었다. 정부는 3개 특별법을 2005년 내에 입법하고자 국무회의 의결과 대통령 재가를 거쳐 최종 확정한 뒤 11월 22일 국회에 제출하였다.

제주 관련 3개 법안은 종합부동산세법, 사학법 개정 등 여러 문제로 파행운영되고 있던 2005년 정기국회에서 정상적인 의사일정에 의하여 진행되지 못하는 어려움에 직면하였다. 제주도 등 관련 단체는 제주특별자치도 시행을 위한 특별법 연내 입법을 호소하는 신문광고[27]를 내는 등 입법을 위한 노력을 기울였다. 이러한 노력에 힘입어 국회는 '제주도 행정체제 등

---

24) 제민일보(2005. 9. 8, 9. 16).
25) 제주일보(2005. 10. 13).
26) 제주일보(2005. 11. 10).
27) 매일경제(2005. 12. 29) 광고, '제주특별자치도 시행을 위한 특별법 연내 입법을 호소합니다.'

에 관한 특별법(안)', '지방자치법 일부개정법률(안)'을 2005년 12월 30일 의결하였으나, 부칙 41조문을 포함해 총 404조문의 방대한 특별법에 대하여 충분한 검토의 시간이 필요하다는 법제사법위원회의 결정에 따라 '제주특별자치도 설치 및 국제자유도시 조성을 위한 특별법(안)' 의결은 2006년으로 미루어졌다.[28] 2006년 1월 소집된 임시회에서 법제사법위원회는 특별법에 대하여 심의를 재개한 뒤, 특별법은 2월 9일 제258회 본회의에서 재석 185명 중 찬성 171명 반대 9명 기권 5명으로 의결되어 2월 21일 공포되었다.

제주도는 2006년 3월 12일 특별법 후속 조치 시행을 위하여 37개 추진 과제를 선정하여 특별자치도 출범 준비에 들어갔다. 37개 추진 과제에는 '국무총리-제주도 간 성과목표와 평가에 관한 협약 체결', '중앙전담기구 설치(제주특별자치도 지원위원회)', ' 특별법 관련 법령 제·개정 추진', '권한 이양에 따른 조례 제정 추진', '조직·인사 체계의 혁신 추진', '국가균형발전 특별회계 제주계정 설치', '특별자치도 재정운영 기본 방향 설정', '자체감사 강화계획 수립·추진', '지방의회 의정 역량 강화', '교육훈련의 전문성 강화', '주민 참여 제도 활성화', '자치경찰제 시행', '교통안전시설 특례 사항 권한이양', '특별행정기관 통합 운영', '사회협약 제도의 시행', '공기업과의 협력 관계 구축', '교육자치제의 선도적 실시', '제주도 전지역 국제회의도시 지정', '제주 특성을 살린 관광 제도 마련', '청정 1차 산업 육성', '제주 연안 및 산지의 효율적·자주적 관리', '국제적 교육환경 조성', '보건의료 발전계획 수립', '첨단산업 육성 추진', '투자유치 기본환경 조성', '토지이용 체계의 개선', '수자원의 체계적 보전·관리', '친환경적 생태도시 구축 체계 확립', '환경관리 제도 강화 추진', '도로관리 종합 체계 구축', '옥외광고물 종합 관리방안 마련', '제주형 보건복지 기준 설정', '교통관리 체계 정비' '규제자유지역화 추진', '2단계 제도 개선 등 연구용역 추진', '특별법 홍보'가 포함되었다. 제주도는 특히 단일 광역 체제로의 행정체제 개편에 따른 필수적인 조례를 우선적으로 제·개정하고, 전국 최초로 시행되는 자치경찰과 7개의 특별행정기관 이관 등이 안정적으로 정착될 수 있도록 특별행정기관이관 합동준비팀과 자치경찰추진 자문위원회 구성과 함께 특별자치도 출범에 따

28) '제주도 행정체제 등에 관한 특별법'은 재석 156석, 찬성 143, 반대 11, 기권 2로, 지방자치법 일부 개정 법률은 재석 175석, 찬성 148석, 반대 9로 의결되었다.

[그림 1-2] 제주특별자치도 출범식 장면

른 변화 등을 집중 홍보하였다.

제주특별자치도 출범 준비 상황 및 향후 추진계획에 대한 보고회가 2006년 4월 30일 노무현 대통령 주재 하에 제주국제컨벤션센터에서 개최되었다. 이어 5월 31일 전국동시 지방선거에서 초대 제주특별자치도지사와 전국 최초 직선 교육의원 5명을 포함한 특별자치도의회 의원 41명이 선출되었다. 의회와 집행기관을 구성한 제주특별자치도는 2006년 7월 1일 역사적인 출범을 하였다.[29]

29) 특별자치도 주요 추진 과정을 정리하면 다음과 같다.
- 2003. 2. 12: 노무현 대통령 당선자 지방자치 시범도 구상 발표
- 2003. 3. 7: 지방자치시범지역 추진기획단 구성
- 2003. 10. 31: 노무현 대통령, 제주특별자치도 구상 의지 표명
- 2004. 3~10: 제주특별자치도 기본 방향 및 실천전략 연구
- 2004. 9. 24: 정부혁신지방분권위원회 제주특별자치도 지원특별위원회 구성
- 2004. 11. 2: 제주특별자치도 기본 방향 및 실천전략 도민공청회
- 2004. 11.15: 행정자치부 제주특별자치도 추진지원단 구성
- 2004. 11.30: 제주도, '제주특별자치도추진계획(안)' 정부 제출
- 2005. 2. 8~16 포르투갈 마데이라 · 아조레스 특별자치지역 자료조사
- 2005. 3.29: 행정자치부, 특별자치도 추진 보고

3 제주특별자치도 추진 과정에서 나타난 주요 사건

가. 제주도 행정구조 개편

1) 개 요

인구 55만 명, 도 전역 한 시간 생활권, 동일한 공동체 의식, 행정 수요의 균일성 등과 같은 제주도의 행정환경을 고려해 볼 때 1개의 광역자치단체와 4개의 기초자치단체 체제에서 발생하는 고비용·저효율은 국제자유도시 건설에 장애가 발생된다는 의견들이 제기되었다.[30] 이런 의견과 함께 참여정부의 출범을 전후해서 나온 분권화 시범도 등과 같은 지방분권에 대한 대내외적인 환경 변화는 제주도 행정체제 개편 논의를 앞당기게 하였다. 행정체제 개편 논의를 위하여 2003년 1월 3일 구성된 '제주도행정개혁추진위원회'(이하 "행정개혁추진위")는 본격적 활동을 시작하였다. 지방의회 의원, 시·군 부단체장, 학계, 시민사회단체를 대표하는 30명으로 구성된 행정개혁추

- 2005. 5.11~20: 관계부처 장관(5.20), 차관(5. 11)회의
- 2005. 5. 20: 정부혁신지방분권위원회 제주특별자치도 기본 구상 확정
- 2005. 6. 7: 제주특별자치도 추진기획단 신설
- 2005. 7. 20: 제주특별자치도 추진위원회의 설치 및 운영에 관한 규정(대통령 훈령 제152호)
- 2005. 7. 25: 국무총리실 제주특별자치도 추진기획단 출범
- 2005. 7. 27: 행정계층구조 개편 관련 주민투표
- 2005. 8. 30: 제주도, 제주특별자치도 기본 계획(안) 발표
- 2005. 9. 21: 제주도 제주특별자치도 기본 계획(안) 정부 제출
- 2005.10. 14: 정부, 제주특별자치도 추진위원회 개최 및 기본계획 발표
- 2005.11. 4: 제주특별자치도 관련 3개 법률 입법 예고
- 2005.11, 9~11: 제주특별자치도 특별법(안) 도민공청회
- 2005.11.21: 국무회의, '제주특별자치도 설치 및 국제자유도시 조성을 위한 특별법' 정부안 확정
- 2005. 12.30: 제주특별자치도 관련 2개 법안 국회 의결
- 2006. 2. 9: '제주특별자치도설치 및 국제자유도시 조성을 위한 특별법' 국회 통과
- 2006. 3.12: 제주도, 제주특별자치도 추진 기본 계획 발표
- 2006. 7. 1: 제주특별자치도 출범

30) 제주도는 이런 문제를 논의하기 위하여 2002년 10월 9일 '제주도행정개혁추진위원회 설치 및 운영에 관한 조례'를 입법 예고하였다.

진위는 '제주형 자치모형 개발 등 행정개혁에 관한 연구' 용역을 실시하고 제주형 자치모형으로 '점진적 대안'과 '혁신적 대안'을 제시하였다.[31)]

'점진적 대안'은 하드웨어적 성격을 가진 1도 4시·군의 중층제(two-tier system) 행정체제 및 행정구역은 유지하고 소프트웨어에 해당하는 운영 시스템의 개편을 하는 것이고, '혁신적 대안'은 행정체제와 행정구역 및 운영 시스템 모두를 개편하는 것이다. 혁신적 대안은 중층제 구조의 지방행정계층 구조를 단층제로 전환하고자 하는 내용과 제주 행정구역 중 북제주군과 남제주군이 각각 제주시와 서귀포시로 분절되는 불합리한 구역을 시정하려는 의도 등을 담고 있었다. 혁신안에서 논의되고 있는 단층제는 기존의 4개 기초자치단체(제주시, 서귀포시, 북제주군, 남제주군)를 모두 폐지하고 제주도에는 광역자치단체 하나만을 두는 형태다. 행정개혁추진위는 기초자치단체를 폐지하게 될 경우 제주도 내 하부 행정구조의 변경을 어떤 형태로 할 것인가에 대해서는 별도의 도민공청회 등을 통하여 반영하기로 결정하였다.[32)] 혁신안에 대한 구상이 발표되자 풀뿌리 민주주의 기본이 되는 기초자치단체 폐지를 반대하는 시민사회단체의 의견 제기가 있었다. 이와 함께 기초자치단체의 선출직 공무원(시장, 군수, 시의원, 군의원)들이 자치권 축소에 반발하여 혁신안을 반대하였다.[33)]

행정구조 개편은 특별자치도 구상과 함께 추진되어 가는 듯하였으나 자치권 축소를 반대하는 그룹들의 반발로 인하여 이 두 개의 현안을 동시에 추진할 경우 특별자치도 추진이 지체될 수 있기 때문에 제주도는 특별자치도와 행정구조 개편을 분리 추진하기로 결정하였다.[34)] 제주도는 2005년 1월부터 5월까지 다음 세 가지 종류의 혁신안에 대한 도민 선호도를 조사하였다. 제1안은 광역자치단체인 제주도 아래 행정구(行政區)에 해당하는 4개 시·군(제주시, 서귀포시, 동제주군, 서제주군), 제2안은 광역자치단체인

31) 제주도(2003), 제주형 지방자치모형 개발 등 행정개혁에 관한 연구.
32) 제민일보(2004. 1. 19).
33) 한라일보(2004. 8. 13).
34) 행정구조 개편이 특별자치도 추진의 전제 조건이어서는 안 된다는 주장이 도내 일부 그룹들에 의해서 제기되었다. 이에 김혁규 열린우리당 제주특별자치도 추진특별위원회 위원장(한라일보, 2004. 8. 30)과 오영교 행정자치부장관(제민일보 2005. 4. 13)은 "계층구조 문제는 제주도민들이 스스로 결정하여야 할 선택의 문제"라며 특별자치도와 분리 추진할 수 있음을 밝혔다.

제주도 아래 행정구에 해당하는 4개 시·군(제주시, 서귀포시, 북제주군, 남제주군), 제3안은 광역자치단체인 제주도 아래에 2개의 통합 행정시(한라산 북쪽 지역인 제주시와 북제주군을 통합한 '제주시'와 한라산 남쪽 지역인 서귀포시와 남제주군을 통합한 '서귀포시')를 두는 형태였다. 혁신안에 대한 도민 선호를 조사한 결과 제3안 40.9%, 제1안 30.7%, 제2안 25.2%로 나타나 최종 제3안인 '제주도'와 2개 행정시('제주시'와 '서귀포시') 구조를 혁신안의 대안으로 결정하였다.

혁신안에 대한 행정 구조가 결정되자 2005년 3월 3일 행정개혁추진위는 전체회의에서 도민설명회 개최와 주민투표 시기와 결정 방안에 대하여 논의하였다. 또, 추진위는 행정구조 개편 논의 중 사용하였던 '점진안'과 '혁신안'에 대한 명칭을 '현행 유지안'과 '단일광역자치안'으로 변경하기로 하였다. 명칭을 바꾸게 된 이유는 대안을 선택하는 데 혁신안이라는 이름이 점진안이라는 이름보다 긍정적이고 좋은 이미지를 주고 반대로 점진안은 비개혁적인 이미지를 도민들에게 줄 수 있다는 시민사회단체들의 의견이 제기되어 중립적인 명칭을 사용하자는 논의를 행정개혁추진위에서 받아들였기 때문이다.

도민설명회를 위하여 제주도는 2005년 3월부터 5월까지 도내 전 지역의 읍·면·동 순회 설명회와 직능·사회단체별 간담회, 임시반상회, 방송 홍보 등을 개최하고 공공기관 및 개별 가정에 행정구조 개편 홍보책자 등을 배포하기로 하였다. 추진위는 행정구조 개편에 대한 도민 인지도 조사를 세 차례 실시한 후 인지도가 충분히 높아졌다는 판단이 설 때 주민투표 시기를 정부에 건의하기로 하였다. 행정구조 개편에 대한 도민설명회와 홍보활동이 증가될수록 도민들의 인지도는 향상되었다.[35] 최종 조사에서 주민

35) 한국갤럽(2005), 「제주도 계층구조 개편에 대한 주민 여론조사」.

<도민 인지도 조사 결과>

구분	내용(조사 기간)	1차(3.17~3.19)	2차(4.9~4.10)	3차(5.26~5.30)
인지	1. 상세한 내용까지 알고 있다	7.2	11.5	13.5
	2. 어느 정도 알고 있다	32.8	36.2	60.9
	소 계	40.0	47.7	74.4
비인지	3. 들어는 보았다	30.1	31.1	9.4
	4. 전혀 모른다	29.9	21.2	16.2
	소 계	60.0	52.3	25.6
합 계		100.0%	100.0%	100.0%

들의 행정구조 개편에 대한 인지도가 74.4%를 기록하자 행정개혁추진위는 2005년 6월 4일 제주도에 행정구조 개편 대안을 결정하기 위한 주민투표의 실시를 건의하기로 공식 의결하였다. 제주도는 2005년 6월 7일 도의회에 보고하고, 그 다음 날(2005.6.5) 행정자치부장관에게 주민투표 실시를 공식 건의하였다. 행정자치부장관은 제주도의 건의를 검토한 후 주민투표법 제8조 제1항 규정[36]에 의거 2005년 6월 21일 제주도지사에게 주민투표 실시를 요구하였다. 이러한 요구에 따라 제주도지사는 행정구조 개편 관련 주민투표 요구 사항을 <표 1-5>와 같이 공표하였다.

〈표 1-5〉 제주도 행정구조 개편 관련 주민투표 실시 요구 사항 공표

제주도의 행정구조 개편과 관련하여 2005년 6월 21일 주민투표법 제8조 제1항에 따라 행정자치부장관으로부터 주민투표의 실시 요구가 있어 동법 제8조 제2항의 규정에 의거 아래와 같이 공표합니다.

- 아 래 -

1. 주민투표의 대상: 제주도 행정구조 개편
2. 주민투표 형식: 현행 유지안(점진안)과 단일광역자치안(혁신적 대안) 중 선택
  ① 현행 유지안(점진적 대안)
   · 현행 도와 시·군의 자치계층제 유지
   · 자치단체장 및 지방의원 직접 선출
   · 도와 시·군의 기능과 역할 조정
  ② 단일광역자치안(혁신적 대안)
   · 도를 하나의 광역자치단체로 개편
   · 2개 시로 통합 및 그 시장은 임명
   · 시·군 의회 폐지 및 도의회 확대
3. 주민투표 실시구역: 제주도 전역

2005년 6월 22일

제주도지사 김 태 환

36) 제8조(국가정책에 관한 주민투표) ① 중앙행정기관의 장은 지방자치단체의 폐치(廢置)·분합(分合) 또는 구역 변경, 주요 시설의 설치 등 국가정책의 수립에 관하여 주민의 의견을 듣기 위하여 필요하다고 인정하는 때에는 주민투표의 실시구역을 정하여 관계 지방자치단체의 장에게 주민투표의 실시를 요구할 수 있다. 이 경우 중앙행정기관의 장은 미리 행정안전부장관과 협의하여야 한다.

도지사는 주민투표 실시 요구에 따른 제주도의회 의견을 조회하였고, 도의회에서는 7월 1일 제주도의 행정구조 개편 실시 요구에 따른 제주도의회의 의견을 만장일치로 의결하였다. 이어 제주도는 제주도의회 의견서와 주민투표 실시 요지 공표문(안)을 행정자치부에 통지하고 7월 2일 주민투표법 제13조(주민투표 발의) 제1항의 규정에 의거 제주도 행정구조 개편 주민투표 요지를 공표하였다. 제주도는 주민투표 발의 공고를 하고 투표율 제고를 위하여 주민투표일인 7월 27일을 공휴일로 지정해 줄 것을 정부에 건의하였다. 정부는 국무회의에서 주민투표일인 7월 27일을 임시공휴일로 지정하고 주민투표 소요 경비 1,992,883천 원을 국고에서 지원하기로 결정하였다. 7월 27일 제주도 전역에서 실시된 행정구조 개편 주민투표는 외국인 114명을 포함한 총 투표인 402,003명 중 147,656명이 참여하여 36.7%의 투표율을 기록하였다. 이 투표에서 현행 유지안(점진안)은 43.0%, 단일광역자치안(혁신안)은 57.0%를 얻었다. 이로써 행정구조 개편은 주민투표라는 과정을 거쳐 기초자치단체인 4개 시·군과 기초의회가 폐지되고 제주도를 유일한 자치단체로 하는 단일광역자치제로 확정되었다.

2) 주요 갈등 사례

행정구조 개편 논의가 진행되는 동안 지역의 시민사회단체는 풀뿌리 민주주의의 훼손 등을 이유로 기초자치단체 폐지를 반대하는 운동을 주도하였다. 제주주민자치연대를 비롯한 11개 시민사회단체는 행정계층 구조 개편 및 특별자치도 추진이 도민들의 광범위한 의견 수렴 없이 일방적으로 추진되고 있다는 이유를 들어 반대하는 입장을 발표하였다. 특히 이들은 행정구조 개편이 국제자유도시의 효과적 추진을 위한 효율성 확보 측면만 강조되어 있고, 기초자치단체의 자치권이 박탈되는 등 참여와 분권의 정신이 훼손되어 있기 때문에 행정구조 개편을 신중하게 추진할 것을 요구하였다. 2005년 3월 행정구조 개편이 본격적으로 추진되자 이러한 반대론은 확산되기 시작해 제주도 내 21개 시민사회단체들이 행정구조 개편 추진에 공동 대응하게 되었다. 또, 제주도 내 시·군의회 의원협의회와 시장·군수도 지방자치권 부인, 지방재정 감소, 공공 부문 고용 감소 등을 이유로 행정계층 구조 개편을 반대하는 입장을 표명하였다. 이런 반대 운동에 전국시장자치구의회의장협의회 등도 가세하여 행정구조 개편은 전국적인 관심사가 되었다.[37] 이들의 반대 운동과 달리 한국청년회의소(JCI) 제주지부, 한국불교 태고종 제주교구 등에서는 행정효율성과 국제자유도시의 성공적 추진을 위하여 단일광역자치안인 혁신안을 찬성하는 입장을 발표하였다. 이와 같은 찬반 논란 중 가장 큰 관심이 집중되었던 것은 당시 제주시, 서귀포시, 남제주군[38]을 중심으로 제기하였던 권항쟁의심판 청구소송과 제주도 행정체제특별법 제정 부당 헌법소원이었다.

나. 주요 사건

1) 권한쟁의심판 청구소송

행정구조 개편을 위한 주민투표가 2005년 6월 21일 결정되자, 제주시·서귀포시·남제주군은 7월 8일 3개 시·군 공동 명의로 이루어진 주민투표 공고행위가 헌법과 지방자치법에 부여된 자치 권한을 침해한다는 점 등을 이유로 행정자치부장관과 제주도지사를 피청구인으로 하여 헌법재판소에 권한쟁의심판[39]을 청구하였다. 청구인인 3개 시·군의 시장·군수는 지방자치제는 헌법 제117조에 의하여 제도적으로 보장된 것이기 때문에 이를 폐지하는 것은 지방자치의 본질적 내용을 침해하는 것이며, 지방자치법 제4조에서 규정하고 있는 '지방자치단체의 폐치·분합'은 특정 자치단체의 폐지 내지 통·폐합 등 부분적 폐치·분합을 의미하는 것이지 제주도가 추진하고 있는 광역자치단체 내의 모든 기초자치단체를 폐지하여 지방행정 계층을 일원화하는 의미가 아니라는 주장을 하였다. 또한 피청구인(행정자치부장관·제주도지사)이 주민투표법 제8조에서 규정하고 있는 '지방자치단체의 부분적 폐치·분합'시 실시하는 주민투표 요구를 폐치·분합의 대상이 되는 기초자치단체에 주민투표를 요구하지 않고 광역자치단체에 했다는

---

37) 제주일보(2004. 9. 25), 제민일보(2005. 6. 13), 한라일보(2005. 7. 25).

38) 북제주군은 신철주 군수가 2005년 6월 사망으로 공석 중이어서 찬반 논란에서 빠져 있었다.

39) 권한쟁의심판은 국가기관 상호 간이나 지방자치단체 상호 간 또는 국가기관과 지방자치단체 사이에 권한이 누구에게 있는지 또는 권한이 어디까지 미치는지에 관하여 다툼이 있는 경우, 권한이 침해되었거나 침해의 위험이 크다는 사실을 주장하는 국가기관 또는 지방자치단체가 헌법재판소에 그 권한이 누구에게 어느 정도 있는지 가려 줄 것을 청구하는 소송을 말한다. 권한쟁의심판 청구는 그 사유가 있음을 안 날로부터 60일 이내에 그 사유가 있은 날로부터 180일 이내에 하여야 하며 이 기간을 지난 청구는 각하 결정을 받게 된다.

점과 의견 수렴도 시・군의회가 아닌 도의회에 한 것은 주민투표법을 위반한 것이라는 문제를 제기하였다.

이에 대하여 피청구인인 행정자치부장관은 헌법 제117조 제2항과 지방자치법의 관계 규정에 비추어 볼 때, 지방자치단체의 종류는 입법정책에 속하는 사항으로서 변경될 수 있고 우리나라 지방자치 계층을 중층제로 하는 것은 지방자치 제도의 본질적인 내용은 아니라고 답하였다. 그리고 주민투표법 제8조의 투표는 국가정책에 관한 주민투표로서 중앙행정기관의 장은 주민투표의 실시가 필요하다고 인정하는 지역을 재량에 따라 결정할 수 있으며 제주도의 행정구조 개편은 제주도 내 특정 시・군에 한정된 문제가 아니라 제주도 전체에 해당되는 사안이므로 제주도지사가 주민투표를 실시하도록 한 것이 재량권의 일탈・남용에 해당한다고 볼 수 없다고 제주도지사는 답하였다.

헌법재판소는 지방자치단체의 폐지와 관련한 주민투표를 실시했다고 해서 그 자체가 구속력이 있는 것이 아니고 지자체의 폐치는 국회의 입법에 의하여 이뤄져야 하기 때문에 주민투표 실시만으로 헌법상에 보장된 지방자치권이 침해받았다고 볼 수 없다는 결론을 내렸다. 또, 헌법재판소는 행정구조개편안의 지방자치단체는 4개 시・군 및 제주도가 모두 유기적으로 관련되므로 제주도도 주민투표법 제8조가 규정하고 있는 관계 지방자치단체에 해당된다고 하였다. 이런 점 등을 종합적으로 고려하여 헌법재판소는 제주시 등 3개 시・군이 청구한 권한쟁의심판에 대하여 '각하' 결정을 내렸다. 그러나 주선회 재판관은 주민투표법 제8조 '주민투표 실시 권한' 침해에 관한 청구에 대해서 다수 의견과 달리하였다. 그는 "제주도와 4개 시・군 모두 주민투표법 제8조 제1항의 관계 지방자치단체로 보아야 하고, 투표 실시 요구를 하고 이를 실시하는 이상 폐치되는 당사자인 청구인들이 배제되어서는 안 될 것인데, 이해 관계가 대립되는 당사자인 제주도에만 투표 실시를 요구하여 이를 실시하고 그 결과를 참고하였다는 외관을 갖추어 원래 의도한 정책을 계속 추진하는 것은 곧 폐치가 검토되는 당사자인 청구인들의 주민투표 실시 권한(제8조)을 침해한 것이라고 보는 것이 사안의 실질에 부합한다"는 견해를 밝혔다.[40]

40) 제주특별자치도(2007), 제주특별자치도 추진백서, 부록 II. pp.167-219.

권한쟁의심판에 대한 심리가 헌법재판소에서 진행되는 동안 제주도민화합추진회는 2005년 11월 29일 헌법재판소의 주민투표 권한쟁의심판 결과에 도(道)와 시·군이 깨끗이 승복하고 관련된 논쟁을 종식시키자는 제안을 하였다. 12월 22일 헌법재판소가 권한쟁의심판 결정 선고에서 재판관 9명 중 8 대 1의 의견으로 각하 결정을 내리자 김태환 도지사, 도의회 등도 소모적 논쟁을 끝내고 도민 역량을 결집하자는 제안을 하였다. 권한쟁의심판을 청구하였던 3개 시·군의 시장과 군수도 헌법재판소의 각하 결정을 존중한다는 의견을 발표하였다. 그러나 헌법재판소의 결정이 나오기 전인 12월 8일 3개 시·군의 시장과 군수를 비롯한 시민사회단체 등은 입법 예고 중인 '행정체제 등에 관한 특별법안'과 '특별자치도 설치 및 국제자유도시 설치 및 국제자유도시 조성 등을 위한 특별법안'의 일부 조항이 시·군을 폐지함으로써 헌법상 보장된 지방자치의 최소 핵심 제도를 훼손하고 있다는 헌법소원심판 청구를 제기하였다.

2) 제주도 행정체제특별법 제정 부당 헌법소원

행정구조 개편을 제도적으로 정비하기 위하여 정부에서 제주도 행정체제 관련 특별법 등을 준비하자 2005년 12월 8일 제주시 등 3개 시·군과 시민사회단체 28개는 행정체제특별법 제정이 세 가지 이유에서 부당함을 들어 헌법재판소에 헌법소원을 제기하였다. 첫째, 서로 다른 기초자치단체에서 생활을 영위하는 주민들의 이해 관계는 상호 다를 수 있기 때문에 지방자치 제도는 다양한 지방자치단체의 종류와 다수의 계층구조로 구성되는 것이 필요하다. 이런 점에서 제주지역의 모든 기초자치단체를 폐지하고 광역자치단체 하나만을 두는 것은 지방자치 제도의 본질을 침해·훼손하는 것이다. 둘째, 기초자치단체의 폐지에 대하여 당해 시·군을 단위로 주민투표를 실시하여 스스로 자기 결정을 내리도록 하는 것이 적절한 절차임에도 불구하고 지난 7월 27일 행해진 주민투표는 당해 시·군별로 실시되지 않은 상태에서 행정체제특별법 등의 입법이 진행되는 것은 적법절차를 위반한 것이다. 셋째, 제주도 지역 주민의 기초자치단체장 및 기초의회 의원직에 대한 선거권과 피선거권을 전면적으로 박탈하는 것은 지역 주민의 기본권을 침해하는 것이다. 제주도 이외의 다른 지역 주민이 가지고 있는 참정권과 공무담임권을 갖지 못한 제주도민은 평등권을 침해받은 것이며, 나아가 행복추구권과 인간다운 생활권을 침해받은 것이라고 청구인들은 주장하였다.

이러한 주장에 대하여 피청구인인 행정자치부장관과 제주도지사는 다음과 같은 의견을 제시하였다. 첫째, 헌법상 지방자치 제도의 보장은 지방자치단체에 의한 자치행정을 일반적으로 보장한다는 것일 뿐 특정 자치단체의 존속을 보장하는 것은 아니다. 헌법은 지방자치단체의 종류와 계층구조에 관하여 입법자에게 광범위한 입법 형성권을 부여하고 있기 때문에 제주도의 다양한 사회·행정적 특성을 반영한 행정구조 개편은 지방자치 제도의 본질적 침해라고 볼 수 없다. 둘째. 제주도행정특별법 등에 의하면 기초자치단체와 함께 종전의 광역자치단체인 제주도도 같이 폐지되고 제주도 전체의 행정구조가 개편되므로 이러한 입법을 위하여 제주도 전체에서 주민투표를 실시하였더라도 적법절차 원칙에 위반되는 것은 아니다. 셋째, 기초자치단체 폐지로 인하여 기초자치단체장 및 의회의원에 대한 선거권과 피선거권이 없어지는 것이 청구인들의 참정권을 직접적으로 제약하는 것이 아니며 지방자치에 관한 제도의 변경으로 인하여 청구인들이 간접적, 반사적으로 영향을 받고 있을 뿐이다. 설사 참정권이 제한된다 하더라도 제주도를 단일 광역자치 체제로 개편하는 것은 지역경쟁력을 제고하고 지역 간 균형 발전을 도모하기 위한 것이기 때문에 합리적인 범위 안의 입법이라 할 수 있다. 따라서 제주지역 주민들과 제주 이외의 다른 지역 주민들과 구분하는 것은 평등권을 위반하는 것이 아니다.

헌법재판소는 2006년 4월 27일 행정체제특별법 위헌확인소송 결정 선고에서 재판관 9명 전원일치 의견으로 '기각' 결정을 내렸다. 헌법재판소는 선고 결정문을 통하여 헌법은 지방자치단체의 종류를 법률로 정하도록 규정하고 있을 뿐 종류와 구조를 명시하지 않고 있으며 이에 관한 사항은 기본적으로 국회(입법자)에게 위임한 것이라고 밝혔다. 또 헌법재판소는 기초자치단체를 폐지할 경우 당해 시·군을 단위로 주민투표를 실시하여야 한다는 청구인의 주장에 대하여 제주도 전역에서 주민투표를 행한 것으로도 헌법상 적법절차 원칙이 준수되었다고 하였다. 그리고 기초자치단체의 폐지로 인하여 참정권이 박탈되었다는 주장에 대하여, 광역자치단체 수준의 주민 참여권이 확대되었고 제주도가 다른 지역보다 폭넓은 자치권을 갖게 됨에 따라 실질적으로 주민들이 지역행정에 참여할 수 있는 범위가 넓어졌기 때문에 다른 지역에 비하여 참정권의 행사에 다소 차이가 있다 하여도 이로써 청구인들의 평등권이 침해되었다고 볼 수 없다는 의견을 헌법재판소는 제시하였다.41) 이러한 헌법재판소의 결정에 따라 기초자치단체의 폐지가 예정대로 진행되고 7월 단일광역자치단체로 출범할 수 있었다.42)

다. 도민 화합 과정

제주도는 행정구조 개편 추진 과정에서 나타난 주민 간 갈등을 치유하고 도민 화합을 이루어 내기 위하여 2005년 9월 23일 '제주도민화합추진위원회'를 구성하였다. 도민 통합 과정을 이끌어 내기 위하여 지역 원로, 각급 사회·시민사회단체장, 여성단체 등 다양한 분야의 덕망 있는 인사들이 이 위원회에 참여하게 되었다. 제주도는 위원회의 구성을 위하여 9월 21일 '제주도민화합추진위원회' 운영규정을 제정하였다. 그 후 2005년 10월 12일 '제주도민화합추진위원회 설치 및 운영에 관한 조례안'이 입법 예고되었으며, 의회 심의를 거치는 과정에서 당초 100인 이내로 되어 있던 위원회 위원의 수를 200인 이내로 확대하였다. 위원회는 도민 화합, 지역사회 발전, 주민 참여자치의 확대에 관한 사항 등을 심의하는 기능을 포함하고 있었다.

위원회는 창립 이후 도민 화합을 위하여 '도민에게 드리는 말씀' 담화 발표, 지역 간담회 개최, 여수시를 방문하여 통합에 따른 주민 갈등 사례 파악, 도지사·시장·군수 회동 공개 제안, 권한쟁의심판 결과 승복 제안 발표, 도민 대통합을 위한 도외 원로 방송 대토론회 개최, 특별자치도 출범에 따른 도민 화합 성명서 발표 등 17회에 걸쳐 전체회의 및 위원장단 회의를 개최하는 노력을 하였다.43)

---

41) 제주특별자치도(2007), 위 백서, pp.220-295.

42) 2005년 12월 30일 제주도 행정체제 등에 관한 특별법이 국회를 통과하자 2006년 1월 9일 3개 시·군과 28개 시민사회단체는 행정체제특별법 제정 부당 헌법소원 사건이 종료될 때까지 제주도 행정체제 등에 관한 특별법 제3조 제1항, 제2항의 효력을 정지해 달라는 '효력정지가처분' 신청을 헌법재판소에 제출하였으나, 2006년 4월 27일 헌법재판소는 효력정지가처분 신청을 기각 결정하였다.

43) 제주특별자치도(2007), 위 백서, p.362.

제 2장 제주특별자치도 추진조직

1 의 의

모든 정책은 궁극적으로 조직에 의하여 수행된다. 따라서 제주특별자치도 정책을 이해하기 위해서는 추진조직에 대한 이해가 필수적이다. 조직의 정의에 대하여는 다양한 견해가 있지만,[1] 이들 견해의 공통적인 요소를 통합하여 조직을 정의하면, 조직이란 공동의 목표를 달성하기 위하여 의도적으로 구조화된 업무 수행 체제를 가지고 외부 환경과 작용하는 인간들의 사회적 실체라고 할 수 있다(Daft, 1992: 7-8). 여기에서 의도적으로 구조화된 업무 수행 체제란 주어진 과업을 일정한 분업구조와 규범에 따라 효

1) 조직에 관한 다양한 학자들의 정의를 요약하면, 베버(M. Weber)는 "특정한 목적을 달성하기 위하여 구성원 간에 상호작용하는 인간들의 협동집단"이라고 정의하였고, 바너드(C. Barnard)는 "공동의 목표를 달성하기 위하여 둘 이상의 인간들이 상호 의사전달하는 집합체", 셀즈닉(P. Selznick)은 "계속적으로 환경에 적응하면서 공동 목표를 달성하기 위하여 공식적·비공식적 관계를 유지하는 사회적 구조", 에치오니(A. Etzioni)는 "특정 목표 추구를 위하여 의도적으로 구성되고 다시 재구성되는 사회적 단위", 캐츠(D. Katz)와 칸(R. Kahn)은 "공동목표를 가지고 내부관리를 위한 규제장치와 외부 환경관리를 위한 적응구조를 발달시키는 인간들의 집단", 코헨(M. Cohen), 마치(J. March)와 올슨(J. Olsen)은 "문제의 선택, 문제에 대한 쟁점, 쟁점에 대하여 제시되는 해결책, 의사결정자 등 네 가지 요소가 무원칙·무작위적으로 연결되어 있는 집합체", 와이크(K. Weick)는 "상호 연관된 행위를 통해서 모호성을 감소시키는 데 그 타당성이 합의된 문법"이라고 정의하고 있다(이창원·최창현, 2005: 25-31).

율적으로 수행하는 것을 의미한다. 이러한 조직 정의를 적용하면, 제주특별자치도 추진조직이란 일정한 분업구조와 규범을 가지고 외부 환경에 지속적으로 대응하면서 제주특별자치도 추진의 목적을 달성하기 위하여 필요한 과제들을 수행하는 사회적 실체를 말한다.

제1장에서 서술한 바와 같이 제주특별자치도의 추진 배경에는 제주의 특성과 잠재력을 살려 제주를 한국의 새로운 성장 동력으로 활용하고자 하는 중앙정부의 의지와 제주의 내생적 발전 역량을 극대화하려는 제주지역의 의지가 서로 작용하였다. 중앙정부와 제주도는 이와 같은 각자의 의지를 실현시키기 위하여 특별자치도 추진을 담당하는 조직과 기구[2]를 신설하거나 설치하였다.

이들 추진조직들은 상호 밀접한 협조 체계를 구축하여 복잡하고 동태적인 제주특별자치도 추진 과정에서 제주도민과 각종 이해단체의 의견 수렴, 관계 부처 및 당정 협의, 특별자치도 기본 구상안 마련과 기본 계획 수립, 특별법안 작성 및 국회 입법 추진 등에서 각자 주어진 역할을 수행함으로써 제주특별자치도의 원활한 출범을 실무적으로 뒷받침하였다.

제주특별자치도 출범을 위하여 설치·운영되었던 이들 조직과 기구들은 특별자치도 공식 출범에 따라 대부분 해체되었으나, 특별자치도 출범 이후에도 특별자치도 추진 과정을 지속적으로 관리하고 지원하기 위하여 범정부적 추진기구인 '제주특별자치도 지원위원회'가 설치되었다(특별법 제7조). 이는 제주특별자치도 추진은 출범이 목표가 아니라 출범 이후에도 지속적이고 단계적으로 추진되어야 하는 국가적인 중장기 과제이기 때문이다.

2 제주특별자치도 추진조직

가. 제주특별자치도 출범 이전

2003년 2월 노무현 대통령 당선자의 "지방자치의 시범도" 구상을 시발점

---

2) 조직과 유사한 용어인 기구는 구체적인 인적·물적 요소를 포함하지 않은 정태적 개념인 점에서 인적·물적 요소를 포함하는 동태적 개념인 조직과는 차이가 있으나 양자를 완전히 구별하기 힘든 면도 있다(최창호·하미승, 2006: 330).

으로 2006년 7월 제주특별자치도가 출범하기까지 3년 4개월의 기간 동안 제주특별자치도 기본 방향 설정 및 기본 구상 마련, 특별자치도 기본계획 수립, 특별법안 마련 및 국회 입법 추진, 특별자치도 출범 준비 등 일련의 과정이 단계별로 진행되었다.[3]

초기의 기본 구상 단계에서 제주도는 "지방자치 시범도" 구상을 효율적으로 추진하기 위하여 2003년 3월 기획관리실장을 단장으로 4개 팀(총괄, 자치행정, 자치재정, 국제자유도시추진팀) 체제의 '지방자치시범 추진기획단'을 설치하였고, 동년 11월에는 이를 행정부지사를 단장으로 3개팀(총괄기획, 행정구조개편, 국가균형발전팀), 1연구단 체제의 '제주특별자치도 추진기획단'으로 재편하였다. 이들 기획단은 정규 조직이 아닌 교수, 연구원, 공무원 등으로 구성된 태스크 포스(Task Force)[4]로서 제주발전연구원과 공동 연구를 통하여 제주도 차원의 '제주특별자치도 추진계획'을 만들어 2004년 12월 정부에 제출하는 역할을 수행하였다.

한편, 제주도 차원의 '제주특별자치도 추진계획'이 구체화되는 동안 각 정당과 중앙정부 차원의 추진 지원기구와 전담조직들도 순차적으로 구성되었다. 열린우리당은 2004년 7월 당내에 제주특별자치도추진특별위원회(위원장 김혁규 외 12명 국회의원)를 구성하여 제주도와 공동으로 워크숍을 개최하는 등 당 차원에서 특별자치도 추진을 지원하였으며, 한나라당도 그 해 12월 제주도와 함께 토론회를 개최하여 특별자치도 추진에 대한 적극적인 지원을 약속하였다.[5]

중앙정부에서는 2004년 9월 정부혁신지방분권위원회에 제주특별자치도 특별위원회(위원장 안성호)가 구성되었고, 동년 11월에는 행정자치부에 제주특별자치도 추진지원단이 설치되었다. 중앙정부 단위에서의 특별자치도 추진기구 설치는 그동안 거론된 권한 이양과 특례 보장 등 주요 쟁점 사항에 대하여 제주도와 정부 간 입장차를 해소하고 의견을 조율하는 것이 현안 과제로 대두된 상황에서, 2004년 8월 지역혁신 토론회 참석차 제주도를

3) 특별자치도 추진 과정의 자세한 내용은 제1장 참조.

4) 태스크 포스는 특정 과업 수행을 위하여 소집되며 과업이 해결된 후에는 해체되는 임시 조직으로서, 여러 집단의 대표로 구성되며 일정 기간 동안 주어진 문제를 연구 검토하여 문제 해결을 모색한다(이창원·최창현, 2005: 577).

5) 제주특별자치도(2007), 제주특별자치도 추진백서, pp. 49-50.

방문한 노무현 대통령이 특별자치도의 원활한 추진을 위해서는 중앙 단위 전담기구 설치가 필요하다는 제주도의 건의를 수용하면서 가시화되었다.

정부혁신지방분권위원회 제주특별자치도 특별위원회는 13명의 학계 인사 및 전문가로 구성되었으며 특별자치도 추진 방향 수립 및 추진 상황 점검, 추진 내용에 대한 협의·조정, 행정자치부 내 제주특별자치도 추진지원단에 대한 지도·협의 등을 주요 기능으로 하였다. 행정자치부에 신설된 제주특별자치도 추진지원단은 단장(지방분권지원단장 겸임), 과장, 6담당(기획총괄, 법제, 계층구조, 시범사업1·2, 재정·세제)으로 구성되었으며, 제주특별자치도 추진을 위한 기본계획 수립, 자치사무 및 자치권 확대, 행정계층 구조 개편, 재정 지원, 관계 법령의 제·개정, 관계 중앙행정기관 및 제주도와의 협의·조정 등에 관한 사항을 주요 기능으로 하였다. 또한, 지원단의 단장은 제주특별자치도 정책 방향 및 추진 상황에 관하여 정부혁신지방분권위원회와 협의하도록 하여 상호 협조 체계를 구축하였다.

이들 중앙추진기구들은 특별자치도 추진 방안에 대한 실무적 검토와 중앙부처와의 의견 조율 역할을 수행하였는데, 2004년 말 제주도가 정부에 제출한 '제주특별자치도 추진계획'은 정부혁신지방분권위원회와 행정자치부 추진지원단에서 본격적으로 검토되기 시작하여 관계 중앙부처 협의를 거치면서 중앙 차원의 '제주특별자치도 기본 구상'으로 다듬어졌으며, 2005년 5월 20일 정부혁신지방분권위원회가 이를 확정·발표하였다.

기본 구상 발표는 특별자치도의 구체적 추진 방안과 내용에 대한 논의가 중앙부처 차원에서 본격적으로 전개되는 계기가 되었으며, 이에 따라 제주도와 중앙정부의 특별자치도 추진조직은 새롭게 정비되었다.

제주도는 기본 구상 발표 직후부터 특별자치도 추진 체제 정비에 나서 도내외 전문가를 특별자치도 자문역으로 위촉하고,[6] 제주도 차원의 세부 추진계획안 마련을 위하여 '특별자치도 추진기획단'(단장, 2개팀 12명)을 한시적 기구로 설치하였으며, 이후 2005년 7월 8일에는 동 기획단을 정규 조직화하여 국단위 공식기구인 '제주특별자치도 추진기획단'(단장, 2개과 20명)으로 확대 개편하였다. 동 기획단은 다음 해 6월 31일까지 특별자치도

6) 제주도는 2005년 6월 18일 자치, 재정, 교육, 의료, 관광, 1차 산업 등 6개 분야의 도내외 전문가 8명을 제주특별자치도 추진 자문위원으로 위촉하였다.

추진 업무를 전담하여 기본계획(안) 수립, 특별법 제정 및 후속 조치, 특별자치도 출범 준비 등과 관련된 제반 업무를 수행하였다.[7)]

중앙정부에서도 종전의 행정자치부 추진지원단을 폐지하여 국무조정실에 '제주특별자치도 추진기획단'을 신설하고, 국무총리를 위원장으로 각 부처 장관과 정부혁신지방분권위원회 위원장 및 제주도지사 등 관계 인사들로 구성된 '제주특별자치도 추진위원회'를 설치하였다.

정부혁신지방분권위원회가 발표한 기본 구상은 제주 발전의 비전과 전략, 특별자치도 도입 방안 등 제주특별자치도가 목표로 해야 할 기본 방향을 제시한 것으로, 앞으로 관계 부처 협의를 거쳐 실행계획을 포함한 정부정책으로 이를 구체화하고 특별법 제정을 추진해 나가기 위해서는 이의 업무를 원활히 수행할 수 있는 체계로 추진조직을 정비할 필요가 있었다. 대통령 소속 자문기구인 정부혁신지방분권위원회는 구속력이 없는 의사를 결정할 수 있을 뿐이며,[8)] 행정자치부 내 추진지원단으로는 관계 중앙부처와의 협의·조정을 원활히 이끌어 내는 데 일정한 한계가 있었다. 따라서 범정부적 의사결정기구로 '제주특별자치도 추진위원회'를 설치하고 다수 부처가 관련된 사항의 조정 역할을 담당하고 있는 국무조정실에 '제주특별자치도 추진기획단'을 신설한 것이다.

대통령훈령(제152호, 2005. 7. 20)에 근거하여 설치된 '제주특별자치도 추진위원회'는 중앙정부의 특별자치도 관련 정책 심의를 위한 의사결정 기구로 제주특별자치도 추진 기본계획의 수립, 특별자치도의 구조·자치사무·자치권의 확대, 개발에 관한 제도 및 정책의 입안·기획 및 지원, 관계 법령 제·개정 등에 관한 사항을 심의하는 것을 주요 기능으로 하였다. 위원회에는 상정할 안건을 미리 검토·조정하고, 위원회로부터 위임받은 사항을 처리하기 위하여 국무조정실장을 위원장으로 관계 부처 차관과 제주도 행정부지사 등 관련 인사로 구성된 실무위원회를 따로 두었다.

또한, 추진위원회 및 실무위원회의 업무를 처리하기 위하여 국무조정실에 '제주특별자치도 추진기획단'을 신설하였으며, 단장은 국무조정실 기획

---

7) 제주특별자치도(2007), 위 백서, p. 113.

8) 자문위원회의 의사결정은 조언의 성격을 가질 뿐이며 그 의사결정을 채택하는 여부는 다른 주체가 행한다.

차장이 겸임하고 부단장 1명과 3개팀(기획총괄, 자치분권, 개발 · 재정) 29명으로 기획단을 구성하였다.

국무조정실 기획단은 제주도가 제출한 기본계획(안)에 대하여 분야별 검토를 거쳐 관계 부처 협의[9]를 진행시켜 나가는 데 중심적 역할을 하였으며, 2005년 10월 14일 '제주특별자치도 추진위원회' 심의를 거쳐 정부 차원의 '제주특별자치도 기본 계획'을 최종 확정하였다. 이후 국무조정실 기획단은 제주도 기획단과 상호 밀접한 협조 하에 당정 협의, 특별법 국회 입법, 특별법시행령 제정, 특별자치도 출범 준비 지원 등의 후속 조치를 수행하여 제주특별자치도의 원활한 출범을 뒷받침하였다.

나. 제주특별자치도 출범 이후

2006년 7월 1일 제주특별자치도가 공식 출범함에 따라 지금까지의 특별자치도 추진조직도 새로운 체계로 변화하게 된다.

고도의 자치권 보장과 이상적 자유시장 경제 모델 구축으로 친환경적 동북아 중심도시 조성이라는 제주도의 비전[10]을 달성하기 위해서는 특별자치도 출범 이후에도 이의 지속적이고 단계적인 추진이 필요하다. 또한 제주도의 자치 역량과 수용 여건, 제도 정착 정도 및 추진 성과 등에 대한 상시평가와 조정을 통하여 특별자치도 추진의 속도와 폭을 조절할 필요도 있다. 이에 따라 정부는 특별자치도 추진 전략과 과정을 지속적으로 관리하고 지원하기 위하여 범정부적 추진기구인 '제주특별자치도 지원위원회'를 특별법에 근거하여 설치하였다.

1) 제주특별자치도 지원위원회

가) 설치 근거

제주특별자치도 지원위원회(이하 "지원위원회"라 한다)는 '제주특별자치도 설치 및 국제자유도시 조성을 위한 특별법' 제7조에 근거하여 설치된 법률기구다.

9) '제주특별자치도 기본계획'은 관계 부처 1급회의 3회(9월 6~8일)와 관계 부처 차관회의(9월 23일), 제주특별자치도 추진실무위원회(10월 6일)를 거쳐 절충 · 조정되었다.

10) 정부혁신지방분권위원회(2005. 5.20). 제주특별자치도 기본 구상안, p. 2.

나) 구성

(1) 지원위원회 구성

지원위원회는 위원장 1인을 포함한 30인 이내의 위원으로 구성한다. 위원장은 국무총리가 되며, 위원은 관계 중앙행정기관의 장 및 학식과 경험이 풍부한 자 중에서 국무총리가 임명 또는 위촉한다(특별법 제7조 제3항).

(가) 당연직 위원

기획재정부장관, 교육과학부장관, 통일부장관, 외교통상부장관, 법무부장관, 행정안전부장관, 문화체육관광부장관, 농림수산식품부장관, 지식경제부장관, 보건복지가족부장관, 환경부장관, 노동부장관, 국토해양부장관, 법제처장, 제주특별자치도지사 등 15인이다(특별법 시행령 제2조). 위원장이 부득이한 사유로 직무를 수행할 수 없을 때에는 위에서 열거한 순서에 따라 해당 위원이 위원장의 직무를 대행한다.

(나) 임명직 위원

국무총리실장, 대통령실 국정기획수석비서관 등 2인이다.[11]

(다) 위촉위원

지방자치, 국제자유도시 개발, 성과협약 및 행정규제에 관하여 학식과 경험이 풍부한 자 중에서 국무총리가 위촉하며 임기는 2년이다. 현재 위촉위원은 학계 인사 및 전문가 6인이다.

(2) 실무위원회 구성

지원위원회에서 심의할 안건에 대한 검토 및 지원위원회로부터 위임받은 사항을 처리하기 위하여 실무위원회를 두도록 하고 있다(특별법 제7조 제4항).

실무위원회는 위원장 1인을 포함한 25인 이내의 위원으로 구성하되, 위원장은 국무총리실장이 된다(특별법 제7조 제5항).

(가) 당연직 위원

기획재정부차관, 교육과학부차관, 통일부차관, 외교통상부차관, 법무부차관, 행정안전부차관, 문화체육관광부차관, 농림수산식품부차관, 지식경제부

11) 참여정부에서는 정부혁신지방분권위원회 위원장과 대통령비서실 혁신관리수석비서관까지 포함하여 3인이 임명직 위원이었다.

차관, 보건복지가족부차관, 환경부차관, 노동부차관, 국토해양부차관, 국무총리실 국무차장, 법제처차장, 제주특별자치도 행정부지사 등 16인이다(특별법 시행령 제5조).[12] 실무위원장이 부득이한 사유로 직무를 수행할 수 없을 때에는 행정안전부차관과 국토해양부차관의 순으로 실무위원장의 직무를 대행한다.

(나) 위촉위원

지방자치, 국제자유도시 개발, 성과협약 및 행정규제에 관하여 학식과 경험이 풍부한 자 중에서 국무총리가 위촉하며 임기는 2년이다. 현재 위촉위원은 학계 인사 및 전문가 4인이다.

다) 기능

지원위원회는 다음 사항을 심의하는 것을 주요 기능으로 하고 있다(특별법 제7조 제1항).

(가) 제주특별자치도의 조직 및 운영에 관한 기본계획의 수립 및 시행에 관한 사항
(나) 제주특별자치도의 행정 및 재정자주권 제고와 행정·재정적 우대 부여 방안 마련에 관한 사항
(다) 성과평가협약 체결 및 그 평가 결과 활용에 관한 사항
(라) 제주특별자치도지사가 법률에 반영할 필요가 있어 제출한 법률안의 검토 등에 관한 사항
(마) 중앙행정기관 권한의 단계적 이양에 관한 사항
(바) 특별지방행정기관의 이관 및 그에 따른 조치에 관한 사항
(사) 제주첨단과학기술단지의 지정·해제 및 개발에 관한 사항
(아) 제주국제자유도시개발센터의 사업 추진 및 발전 방안, 제주국제자유도시개발센터와 지방자치단체 간 업무 조정 등에 관한 사항
(자) 제주특별자치도의 행정규제 자유화의 추진에 관한 사항
(차) 외국 교육기관 및 외국 의료기관의 유치 및 설립 지원에 관한 사항
(카) 이상과 관련하여 제주특별자치도지사와 관계 중앙행정기관의 장과의 협의 및 조정에 관한 사항
(타) 기타 지원위원회 위원장 또는 제주특별자치도지사가 필요하다고 인정하여 부의하는 사항

12) 관계 부처 차관의 경우 제1차관, 제2차관 등 복수의 차관을 두고 있는 부처가 많다. 이 경우 실무위원회 위원을 누구로 할 것인지에 대한 명문의 규정은 없다. 따라서 복수의 차관 중 어느 차관도 위원으로서 위원회에 참석하여 의결권을 행사할 수 있다고 하겠다.

특별법에서 열거하고 있는 지원위원회의 기능을 살펴볼 때, 지원위원회는 정부정책의 일정한 사안을 심의한다는 점에서는 심의위원회로서의 성격을 제주도와 관계 부처 간 협의·조정 및 제주국제자유도시개발센터와 지방자치단체 간 업무 조정 등의 기능을 수행한다는 점에서는 협의·조정위원회로서의 성격을, 행정기관 간 구속력 있는 의사를 결정한다는 점에서는 의결위원회로서의 성격을 각각 가지고 있다고 하겠다.

지원위원회가 가지고 있는 심의·의결 기능과 협의·조정 기능을 뒷받침하기 위하여 특별법은 제9조에 법률안 제출과 입법 반영에 관하여 구체적인 절차를 명문으로 규정하고 있다. 즉, 제주특별자치도지사가 법률에 반영할 필요가 있는 사항에 대한 의견을 지원위원회에 제출하면, 지원위원회는 이를 관계 중앙부처에 통보하고, 관계 중앙부처는 통보된 내용에 대하여 그 타당성 여부를 2개월 이내에 검토하여 지원위원회에 통보하여야 한다. 지원위원회는 관계 중앙부처의 검토 결과를 심의하여 그 심의 결과를 제주도 및 관계 중앙부처에 통보하며, 관계 중앙부처는 관계 법률에 심의 결과가 반영될 수 있도록 적극 협력하여야 한다.

라) 운영

지원위원회 회의는 위원장이 필요하다고 인정하거나 재적 위원 3분의 1 이상의 요구가 있는 경우 위원장이 소집하여 열린다. 회의는 재적 위원 과반수의 출석과 출석 위원 과반수의 찬성으로 의결한다. 실무위원회 회의 개최와 의결정족수도 지원위원회의 경우와 같다.

지원위원회 및 실무위원회의 운영에 필요한 구체적인 사항은 '제주특별자치도 지원위원회 운영세칙'[13]에서 규정하고 있으며, 주요 내용은 다음과 같다.

실무위원회를 효율적으로 운영하기 위하여 분과위원회를 둘 수 있으며,[14] 분과위원회는 위원장 1인과 약간의 위원으로 구성한다. 분과위원회

13) 지원위원회 및 실무위원회의 운영 등에 관하여 필요한 사항은 지원위원회의 의결을 거쳐 위원장이 정하도록 한 특별법 시행령 제7조의 규정에 따라 '제주특별자치도 지원위원회 운영세칙'은 2006년 8월 제1차 지원위원회에 상정·의결되어 제정되었다.

14) 실무위원회에 분과위원회를 둘 수 있도록 한 것은 중앙부처 대부분 차관이 참석하는 실무위원회에서 특정 쟁점 사항에 대하여 논의를 하는 것은 비효율적이므로 쟁점과 관련된 기관들만 참석하는 실무회의체가 필요하다는 이유에서다. 그러나, 실제 운영에 있어

위원장은 실무위원회 위원 중에서 실무위원장이 지명하는 자로 하고, 분과위원회 위원은 관련 부처의 고위공무원단 속하는 공무원 중에서 해당 부처 실무위원이 지명하는 자로 한다.

실무위원회는 업무와 관련된 사항에 대하여 자문을 받기 위하여 자문위원을 둘 수 있다. 자문위원은 대학 교수, 정부출연연구기관의 연구원 또는 지원위원회 업무와 관련된 학식과 경험이 풍부한 자 중에서 실무위원장이 위촉한다.[15]

지원위원회 및 실무위원회의 안건은 각 위원회의 위원장 또는 위원이 제출한다. 지원위원회의 안건은 상정하기 전에 실무위원회의 검토를 거쳐야 한다. 다만, 단순 보고 안건 등 경미한 안건이거나 위원장이 필요하다고 인정하는 경우에는 실무위원회를 생략할 수 있다. 그리고 실무위원회가 지원위원회로부터 위임받은 사항에 관하여 심의한 때에는 이를 지원위원회가 심의한 것으로 본다. 이 경우 실무위원회는 그 심의 내용을 지원위원회에 보고하여야 한다.

지원위원회 및 실무위원회는 필요한 경우 관계 전문가 또는 관계 기관·단체 등에 조사 또는 연구를 의뢰할 수 있으며, 지원위원회는 전문지식과 경험이 있는 관계 공무원 또는 전문가를 지원위원회에 출석하게 하여 의견을 듣거나 관계 행정기관에 필요한 자료 또는 의견의 제출 등을 요청할 수 있다.

2006년 특별자치도 출범 이후 지원위원회는 7회, 실무위원회는 5회 각각 개최되었으며 제주특별자치도 제도 개선 과제를 비롯하여 제주영어교육도시 추진계획 등 주요 현안을 심의·의결하였다.

지원위원회 및 실무위원회 개최 현황과 회의 결과 및 조정 내용은 각각 <표 2-1>, <표 2-2>와 같다.

서는 안건과 관련된 부처의 차관들이 참석하는 관계 부처 차관회의에서 실효성이 있는 협의·조정이 이루어지고 있어 아직까지 분과위원회가 구성·운영되지는 않고 있다.

15) 지방자치, 국제자유도시, 성과관리, 제주영어교육도시 등 분야별 학계 인사 및 전문가들로 자문위원단이 구성되어 있다.

〈표 2-1〉 지원위원회 및 실무위원회 개최 현황

구 분		안 건
제1차	실무위원회(2006. 7) 지원위원회(2006. 8)	• 제주특별자치도 추진 현황 및 향후 계획 • 제주특별자치도 지원위원회 운영세칙(안) • 제주특별자치도 성과관리협약(안)
제2차 (서면)	실무위원회(2006. 11) 지원위원회(2006. 11)	• 제주투자진흥지구 지정 및 관리 등에 관한 규정(안) • 비치힐스리조트 제주투자진흥지구 지정계획(안)
제3차	실무위원회(2007. 2) 지원위원회(2007. 3)	• 제주특별자치도 2007년도 성과목표 · 지표 및 평가 계획(안) • 제주특별자치도 제2단계 제도 개선(안) • 제주특별자치도 중앙행정 권한의 이양 추진계획(안)
제4차 (서면)	실무위원회(2007. 5) 지원위원회(2007. 5)	• '해비치 관광호텔' 제주투자진흥지구 지정계획(안) • '나비 · 곤충 · 어류박물관' 제주투자진흥지구 지정 계획(안)
제5차	지원위원회(2007. 12) * 실무위원회 미개최	• 제주지원위원회 업무 추진 현황 • 제주영어교육도시 조성 추진계획(안) • 제주 항공 접근성 제고 방안 • 제주국제자유도시 핵심 프로젝트 추진 현황
제6차 (서면)	지원위원회(2008. 2) * 실무위원회 미개최	• 제주특별자치도 2008년도 성과목표 · 지표 및 평가 계획(안)
제7차	실무위원회(2008. 5) 지원위원회(2008. 6)	• 제주특별자치도 지원위원회 심의 사항 후속 조치 추진 상황 • 제주특별자치도 제3단계 제도개선안 • 제주영어교육도시 추진 현황 및 기본 방안 개선안 • 제주특별자치도 2007년도 성과평가 결과

〈표 2-2〉 지원위원회 및 실무위원회 개최 결과 및 조정 내용

제1차 지원위원회 (2006. 8)	
• 제주특별자치도 추진 현황 및 향후 계획	보고 안건
• 제주특별자치도지원위원회 운영세칙(안)	원안 의결
• 제주특별자치도 성과관리협약(안)	원안 의결
제2차 지원위원회 (2006. 11, 서면)	
• 제주투자진흥지구 지정 및 관리 등에 관한 규정(안)	원안 의결
• 비치힐스리조트 제주투자진흥지구 지정계획(안)	원안 의결

제3차 지원위원회 (2007. 3)	
• 제주특별자치도 2007년도 성과목표・지표 및 평가계획(안)	원안 의결
• 제주특별자치도 제2단계 제도 개선(안)	원안 의결
• 제주특별자치도 중앙행정 권한의 이양 추진계획(안)	보고 안건

※ 제3차 실무위 조정 사항(제주특별자치도 제2단계 제도개선안 관련)
- ○ '국제초・중학교의 설립'을 제주영어타운 조성과 연계하여 검토
- ○ '외국 교육기관 잉여금의 해외송금 허용'을 제2단계 제도개선 과제에서 제외
- ○ '영리법인 국민건강보험 적용'을 제2단계 제도 개선 과제에서 제외
- ○ '법인세 특례세율(25% → 13%) 적용'을 '2단계 균형발전전략'의 법인세 대책과 연계하여 우대 방안을 강구

제4차 지원위원회 (2007. 5, 서면)	
• '해비치 관광호텔' 제주투자진흥지구 지정계획(안)	원안 의결
• '나비・곤충・어류박물관' 제주투자진흥지구 지정계획(안)	원안 의결

제5차 지원위원회 (2007. 12) * 실무위원회 미개최	
• 제주지원위원회 업무 추진 현황	보고 안건
• 제주영어교육도시 조성 추진계획(안)	원안 의결
• 제주특별자치도 항공 접근성 제고 방안	수정 의결
• 제주국제자유도시 핵심 프로젝트 추진 현황	보고 안건

※ 제5차 지원위 조정 사항
- ○ 제주특별자치도 항공 접근성 제고 방안 관련

• 제8, 9자유 운수권 허용 검토	⇒ 제8자유 운수권 허용 검토 및 외국 항공사의 투자 적극 유치
• 2008년 항공 수요 예측 재검토를 위한 연구용역 시행	⇒ 항공 수요 예측 재검토를 위한 연구용역 시행

제6차 지원위원회 (2008. 2, 서면) * 실무위원회 미개최
• 제주특별자치도 2008년도 성과목표・지표 및 평가계획(안) 원안 의결

제7차 지원위원회 (2008. 6)	
• 제주특별자치도지원위원회 심의 사항 후속조치 추진 상황	보고 안건
• 제주특별자치도 제3단계 제도개선안	수정 의결
• 제주영어교육도시 추진 현황 및 기본 방안 개선안	원안 의결
• 제주특별자치도 2007년도 성과평가 결과	보고 안건

※ 제7차 지원위원회 조정 사항
- ○ 국내 영리 의료법인 개설은 공청회 등 공론화 과정을 거쳐 추진
- ○ 교과 과정, 수업료 등 학교 운영에 관한 사항에 대하여 '법령상 특례' 도입

2) 제주특별자치도 지원위원회 사무처

가) 설치 근거

지원위원회의 사무를 처리하기 위하여 필요한 사무기구를 두도록 한 특별법 제8조의 규정에 따라 국무총리실에 5년 한시조직(2006. 7~2011. 6)으로 제주특별자치도 지원위원회 사무처가 설치되었다.

나) 구성 및 기능

사무처에는 사무처 업무를 통할하는 사무처장 밑에 총괄기획관, 분권재정관, 산업진흥관을 두고 있으며, 총괄기획관 밑에는 영어교육도시팀과 총괄성과팀, 분권재정관 밑에는 자치분권팀과 재정분권팀, 산업진흥관 밑에는 프로젝트 1·2팀을 두어 '1처장 3관 6팀'의 조직구조를 가지고 있다. 총 정원은 23명(국무총리실 직원 4, 관계 부처 파견 19)으로 사무처장과 3관은 고위공무원단에 속하는 공무원으로 보하도록 하고 있다.

사무처는 지원위원회 및 실무위원회를 운영하면서 위원회에 상정되는 안건에 대하여 범정부적 차원에서 실무 검토를 하는 것을 주요 기능으로 하고 있다. 구체적으로는 제주특별자치도의 지방분권 실현과 국제자유도시 조성을 위한 방안 및 시책에 관한 사항을 마련하고, 관계 부처 협의를 진행시켜 나가며, 관련 법제를 운영·협의하면서, 제주특별자치도의 자치입법을 지원하고 있다.

3) 제주도 특별자치도추진단

제주특별자치도에는 특별자치도 추진 업무를 총괄하고 세부 추진계획을 수립하는 전담기구로 특별자치도추진단이 설치되어 있다. '제주특별자치도 행정기구 설치 조례'에 근거한 정규조직이지만 국무총리실 지원위원회 사무처의 존속 기간과 맞추어 한시조직(2006. 7~2011. 6)으로 설치되었다. 지방부이사관으로 보하도록 한 단장 밑에 특별자치과장, 규제개혁법규팀장을 두고 있으며 정원은 21명이다.

이상의 제주특별자치도 추진조직들은 상호 협조 체계를 형성하고 있으며, 이를 도식화하면 [그림 2-1]과 같다.

[그림 2-1] 제주특별자치도 추진조직 체계

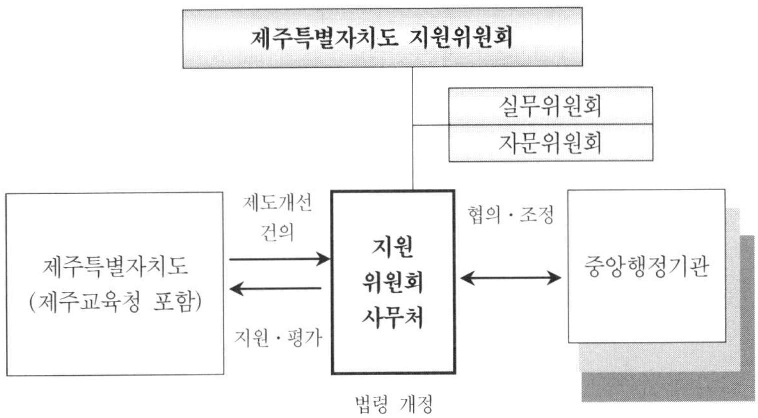

3 향후 발전 방향

현재의 제주특별자치도 추진조직은 특별자치도를 출범시키기 위하여 설치·운영하였던 조직과 유사하다. 지원위원회는 종전의 제주특별자치도 추진위원회와 제주국제자유도시 추진위원회[16]를 통합하여 새로 설치한 것이고, 지원위원회 사무처도 종전의 추진기획단 조직에서 성과관리 등 일부 기능을 추가하여 설치한 것이며, 제주도 특별자치도추진단은 종전의 추진기획단과 사무분장에서 거의 같다.

특별자치도 출범 단계에서는 추진전략과 계획을 수립하고 관련 법령과 제도를 개선하는 것이 추진조직들의 주된 과업이었다. 특별자치도 출범 후에도 추진조직들은 제도 개선 과제의 지속적인 발굴, 핵심산업 육성을 위한 규제개혁 추진, 관련 법령 개정 등 출범 단계의 연장선상에서 유사한 기능을 계속 수행해 오고 있다.

16) 2002년 제정된 제주국제자유도시특별법에 따라 설치된 정부의 의사결정기구로서 국무총리를 위원장으로 관계 부처 장관, 국책연구기관장 등 25명 이내의 위원으로 구성하였다.

그러나, 이 같은 제도 개선 작업을 무한정 계속할 수는 없는 것이며 일정 기간 이내에 마무리 하여야 하므로 지원위원회 사무처를 5년 한시조직으로 설치한 것이다.

향후 지원위원회 사무처가 폐지되더라도 지원위원회는 계속 존속하기 때문에 정부 내 어느 조직에서 위원회 운영 업무를 담당하게 될 것이므로, 특별자치도에 대한 행·재정적 지원 시스템 정비와 연관하여 추진조직 발전 방안을 검토해 볼 필요가 있다.

특별자치도 추진에 대한 중앙정부의 현행 지원 체계에는 기획·평가 기능과 예산배분 기능이 분리되어 있다. 즉, 기획·평가 기능은 국무총리실에, 예산배분 기능은 기획재정부와 각 부처에 분산되어 있어 특별자치도 추진 사업을 범부처 차원에서 종합 조정하고 사업평가 결과를 예산에 반영하는 데 일정한 한계가 있다. 따라서 각 부처에 흩어진 제주특별자치도 추진 관련 예산을 통합하여 효율적으로 관리할 필요가 있다.

따라서, 향후 제주특별자치도 추진조직은 각 부처가 추진하는 제주특별자치도 관련 예산을 종합적으로 조율하고 이에 따른 예산배분 작업을 수행하는 조직으로 발전시킬 필요가 있다. 물론 각 부처의 특별자치도 관련 예산은 기획재정부에서 최종 확정되지만, 특별자치도 추진조직이 사전 조정 작업을 한다면 특별자치도 사업은 더욱 효율적으로 추진될 수 있다.

그 이유는 사업의 기획·평가와 예산 간 상호 밀접한 관련성을 갖게 할 수 있고, 범부처적 성격을 갖는 특별자치도 추진조직에서 예산의 통합적 조정이 이루어질 수 있으며, 예산 조정 내역을 지원위원회 심의를 거쳐 결정하도록 함으로써 전문성과 신뢰성을 확보할 수 있는 장점이 있기 때문이다.

제 3장 주민의 지위와 권리

1 주민의 의의

지방자치법 제12조에 의하면, 지방자치단체의 구역 안에 주소를 가진 자는 그 지방자치단체의 주민이 된다. 주소란 "생활의 근거되는 곳"을 말한다(민법 제18조 제1항). 연령이나 성별, 출신지 등은 문제가 되지 않는다.

문제는 "생활의 근거되는 곳"이라는 주소의 개념이 명확하지 않다는데 있다. 그렇기 때문에 주민등록법 제23조에서 "다른 법률에 특별한 규정이 없으면 이 법에 따른 주민등록지를 공법 관계에서의 주소로 한다"라고 규정하고 있다. 따라서 공법상의 법률 관계에서는 특별한 규정이 없는 한 원칙적으로 주민등록지가 주소로 된다.[1)]

외국인의 경우에도 주민등록지를 가지고 있는 경우에 한하여 주민으로 인정할 수 있다는 견해(홍정선, 2002: 102)도 있으나, 주민등록 여부에 관계없이 생활의 근거를 지방자치단체의 구역 내에 두고 있으면 주민으로 보는 것이 타당하다(천병태, 2005: 94).[2)] 현행 공직선거법이나 주민투표법에서

---

1) 주민등록법 제6조 제1항은 "시장・군수 또는 구청장은 30일 이상 거주할 목적으로 그 관할 구역에 주소나 거소(이하 "거주지"라 한다)를 가진 자(이하 "주민"이라 한다)를 이 법의 규정에 따라 등록하여야 한다"라고 규정하고 있다.

2) 한편 출입국관리법에서는 외국인이 입국한 날부터 90일을 초과하여 대한민국에 체류하게 되는 경우에는 외국인 등록을 하고 외국인등록증을 발급받도록 하고 있고(출입국관리법 제31조 제1항 및 제33조 제1항), 외국인이 체류하는 시・군・자치구의 장은 외국인 등

는 외국인에게도 일정한 요건 하에 선거권이나 투표권을 인정하고 있기도 하다.[3] 다만, 외국인의 경우에는 피선거권 등 주민으로서 누리는 권리에 일정한 제한이 따를 수 있다.

위와 같은 점들을 종합하여 보면, 제주특별자치도의 구역 내에 생활의 근거를 두고 있는 자는 연령, 국적, 성별 등에 관계 없이 제주특별자치도의 주민으로 볼 수 있다.

2 제주특별자치도 주민의 법적 지위

가. 일반적인 주민의 법적 지위

지방자치단체의 주민은 지방자치단체의 본질적 구성 요소다. 주민은 선거권, 청원권, 행정절차 및 예산 편성에의 참여권, 정보공개청구권, 직접참정권 등을 통하여 지방자치단체의 기관 구성과 의사결정에 직·간접적으로 참여함으로써 지방자치에 민주적 정당성을 부여한다. 또한 주민은 지방자치단체의 공공시설을 이용할 권리 등 일정한 권리를 갖는다. 반면 주민은 법률이 정하는 바에 따라 지방자치단체에 대하여 일정한 의무를 부담하기도 한다(이기우·하승수, 2007: 80-89).

우리나라에서 주민의 권리는 지방자치법, 주민투표법, '주민소환에 관한 법률', '공공기관의 정보공개에 관한 법률' 등을 통하여 보장되고 있다. 또한

록대장을 작성하여 관리하도록 하고 있다(출입국관리법 제31조 제1항, 제33조 제2항 및 제34조). 그리고 같은 법 제88조의2에서는 "이 법에 의한 외국인등록 및 체류지 변경신고는 주민등록 및 전입신고에 갈음한다"라고 규정하고 있다. 따라서 외국인의 경우에는 주민등록 대신에 외국인 등록지가 주소를 정하는 일응의 기준이 될 수 있다.

3) 공직선거법 제15조 제2항 제2호에 의하면, "출입국관리법 제10조(체류 자격)의 규정에 따른 영주의 체류 자격 취득일 후 3년이 경과한 19세 이상의 외국인으로서 제37조 제1항의 선거인명부 작성 기준일 현재 '출입국관리법' 제34조(외국인등록표 등의 작성 및 관리)의 규정에 따라 당해 지방자치단체의 외국인등록대장에 등재된 자"에게는 지방자치단체의 의회의원 및 장의 선거권을 인정하고 있다. 또한 같은 요건하에 주민소환투표권도 인정하고 있다('주민소환에 관한 법률' 제3조 제1항 제2호). 그리고 주민투표법 제5조 제2항에서도 "20세 이상의 외국인으로서 출입국관리 관계 법령의 규정에 의하여 대한민국에 계속 거주할 수 있는 자격(체류 자격 변경 허가 또는 체류 기간 연장 허가를 통하여 계속 거주할 수 있는 경우를 포함한다)을 갖춘 자로서 지방자치단체의 조례가 정하는 자"에 대해서는 주민투표권을 인정하고 있다.

제주특별자치도의 경우에는 '제주특별자치도 설치 및 국제자유도시 조성을 위한 특별법(이하 "특별법"이라 한다)'에서 주민의 권리에 대한 특례규정들을 두고 있다.

나. 제주특별자치도 주민이 가지는 권리의 차별성

제주특별자치도에서 주민이 가지는 권리는 다른 지방자치단체 주민의 권리와 몇 가지 점에서 차이가 있다. 이러한 차이는 특별법에 의하여 규정되고 있다. 중요한 부분만 요약해서 소개하면 아래와 같다.

첫째, 제주특별자치도의 주민은 다른 지방자치단체 주민에 비하여 선거권 및 피선거권이 제한되고 있다. 즉 제주특별자치도 주민은 도지사 및 도의원 선거권만 가지고 있고, 기초지방자치단체장 및 기초지방의원 선거권은 없다. 이는 제주특별자치도의 경우에는 기초지방자치단체가 폐지되었기 때문이다. 즉 특별법 제15조에서 "제주자치도는 지방자치법 제2조 제1항 및 제3조 제2항의 규정에도 불구하고 그 관할구역 안에 지방자치단체인 시와 군을 두지 아니한다"라고 규정하고 있고, '제주도 행정체제 등에 관한 특별법' 제3조에서도 "제주도의 제주시 · 서귀포시 · 북제주군 및 남제주군을 각각 폐지하고, 제주도에는 관할구역 안에 지방자치단체인 시 · 군을 두지 아니한다"라고 규정하고 있기 때문이다. 이처럼 기초지방자치단체인 시 · 군을 폐지한 것에 대해서는 제주지역 유권자들의 참정권 일부(기초지방자치단체장 및 기초지방의원의 선거권과 피선거권)를 불평등하게 제한하는 것이라는 이유로 헌법소원 심판이 제기되기도 하였다.[4)]

둘째, 제주특별자치도는 2006년 7월 1일 출범 당시에 다른 광역지방자치단체보다 주민 직접참정권을 강화하였다. 즉 주민소환 제도의 경우에는 제

4) 이 헌법소원에 대하여 헌법재판소는 "헌법 제117조 제2항은 지방자치단체의 종류를 법률로 정하도록 규정하고 있을 뿐, 지방자치단체의 종류 및 구조를 명시하고 있지 않으므로 (생략) 일정 구역에 한하여 당해 지역 내의 지방자치단체인 시 · 군을 모두 폐지하여 중층구조를 단층화하는 것 역시 입법자의 선택 범위에 들어간다"고 전제하고, "비록 기초지방자치단체의 폐지로 말미암아 주민들의 자치단체 구성에 대한 참여 기회가 일부 상실되었다 하더라도 그에 대한 보완책으로 광역지방자치단체 수준의 참여권이 확대되었고 제주도가 중앙정부의 규율로부터 벗어나 폭넓은 자치권을 누리게 됨에 따라 실질적으로 주민들이 지역행정에 참여해 영향을 미칠 수 있는 범위가 확대되었으므로 주민들의 민주적 요구를 수용하는 지방자치제의 기능이 예전에 비하여 축소되었다고 볼 수 없다"는 이유를 들어 헌법소원심판 청구를 기각하였다(헌법재판소 2006. 4. 27. 2005헌마1190).

주특별자치도에 한하여 먼저 도입하는 것으로 되어 있었고, 교육감・교육의원 직선제의 경우에도 그러하였다. 그러나 그 이후에 '주민소환에 관한 법률'이 시행되었고, 교육감・교육의원 직선제도 '지방교육자치에 관한 법률'의 개정으로 전국적으로 시행되기에 이르렀다. 따라서 주민 참여에 있어서 제주특별자치도의 차별성은 점차 축소되었다고 할 수 있다. 다만, 아직도 도교육감에 대한 주민소환제 인정, 대규모 투자사업에 대한 주민투표 인정, 주민투표 청구를 위한 서명 숫자에 관한 특례, '조례 제정 및 개폐 청구'를 위한 서명 숫자에 관한 특례 등 몇 가지 특례는 인정되고 있다.

셋째, 제주특별자치도에서는 직접참정권 이외에도 주민들이 지방자치에 참여할 수 있는 기회를 확대하여 보장하고 있다. 우선 주민자치센터의 설치・운영에 관하여 명시적인 규정을 두고 있다(특별법 제22조). 다른 지방자치단체의 경우에는 조례에 근거하여 주민자치센터와 주민자치위원회를 설치・운영하고 있지만, 제주특별자치도의 경우에는 법률에 근거를 두고 있는 것이다.[5] 또한 "도지사는 예산편성 과정에 주민이 공모 방식 등에 의하여 참여할 수 있도록 하여야 한다"라고 규정하여 주민참여 예산제를 의무화하고 있다(특별법 제78조 제1항). 이는 주민참여 예산제의 실시 여부를 재량에 맡긴 다른 지방자치단체와는 구별되는 것이다.[6]

3 제주특별자치도 주민의 권리와 의무

지방자치법, 주민투표법, '주민소환에 관한 법률', 특별법 및 제주특별자

---

5) 주민자치센터 및 주민자치위원회의 설치 근거에 대하여 지방자치법에는 규정이 없고, 지방자치법 시행령 별표 1 "지방자치단체의 종류별 사무"에서 "주민자치센터 설치・운영에 관한 사무"를 "주민의 복지 증진에 관한 사무"의 하나로 들고 있을 뿐이다.

6) 지방재정법 제39조에서는 "지방자치단체의 장은 대통령령이 정하는 바에 따라 지방예산 편성 과정에 주민이 참여할 수 있는 절차를 마련하여 시행할 수 있다"라고 하여, 주민참여 예산제의 실시 여부를 임의적인 것으로 하고 있다. 그리고 같은 법 시행령 제46조에서는 지방예산 편성 과정에 주민이 참여할 수 있는 방법으로, ① 주요 사업에 대한 공청회 또는 간담회, ② 주요 사업에 대한 서면 또는 인터넷 설문조사, ③ 사업 공모, ④ 그 밖에 주민 의견 수렴에 적합하다고 인정하여 조례로 정하는 방법을 들고 있고, 그 밖에 주민 참여 예산의 범위・주민 의견 수렴에 관한 절차・운영 방법 등 구체적인 사항은 지방자치단체의 조례로 정하도록 하고 있다.

치도 조례 등에 의하여 보장되고 있는 제주특별자치도 주민의 권리를 정리하면 아래와 같다.

가. 공공시설 이용권과 균등한 행정 혜택을 받을 권리

지방자치법 제13조 제1항은 "주민은 법령으로 정하는 바에 따라 소속 지방자치단체의 재산과 공공시설을 이용할 권리와 그 지방자치단체로부터 균등하게 행정의 혜택을 받을 권리를 가진다"라고 규정하고 있다. 이는 '공공시설 이용권'과 '균등한 행정 혜택을 받을 권리'를 규정한 것이다.

제주특별자치도 주민도 위 조항에 따라 제주특별자치도의 재산 및 공공시설을 이용할 권리와 제주특별자치도로부터 균등한 행정 혜택을 받을 권리를 가진다.

나. 선거권 및 피선거권

1) 의 의

지방자치법 제13조 제2항은 "국민인 주민은 법령이 정하는 바에 의하여 그 지방자치단체에서 실시하는 지방의회 의원 및 지방자치단체의 장의 선거(이하 "지방선거"라 한다)에 참여할 권리를 가진다"라고 규정하고 있다. 또한 일정한 요건을 갖춘 자는 지방선거의 피선거권이 있다.

앞서 언급한 것처럼, 제주특별자치도의 경우에는 기초지방자치단체가 폐지됨에 따라 제주특별자치도지사 및 제주특별자치도의회 의원에 대해서만 선거가 실시되고 있다. 따라서 다른 지방자치단체의 주민과는 달리, 제주특별자치도 주민은 기초지방자치단체장 및 기초지방의원에 대한 선거권 및 피선거권이 없다.

2) 선거권자

선거권과 관련해서는 특별법에서 따로 규정하고 있지 않다. 따라서 제주특별자치도의 경우에도 공직선거법에 의하여 선거권자가 정해진다. 공직선거법에 의하면 주민이 지방선거에서 선거권을 갖기 위해서는 다음의 요건 중 하나를 갖추어야 한다.

i) 19세 이상의 국민으로서 선거인명부 작성 기준일 현재 당해 지방자치단체의 관할 구역 안에 주민등록이 되어 있는 자

ii) 출입국관리법 제10조(체류 자격)의 규정에 따른 영주의 체류 자격 취득일 후 3년이 경과한 19세 이상의 외국인으로서 선거인명부 작성 기준일 현재 출입국관리법 제34조의 규정에 따라 당해 지방자치단체의 외국인등록대장에 등재된 자

3) 피선거권자

지방선거에서 피선거권을 갖기 위해서는 선거일 현재 계속하여 60일 이상(공무로 외국에 파견되어 선거일 전 60일 후에 귀국한 자는 선거인명부 작성 기준일부터 계속하여 선거일까지) 당해 지방자치단체의 관할구역 안에 주민등록이 되어 있는 주민으로서 25세 이상이어야 한다(공직선거법 제16조 제3항). 또한 공직선거법 제19조에서 정한 피선거권의 결격 사유에 해당되지 않아야 한다.

다. 의사결정 과정에 대한 일상적 참여권

1) 개 요

제주특별자치도 주민은 선거 이외에도 법령이 정하는 바에 따라 제주특별자치도의 의사결정 과정에 일상적으로 참여할 권리를 가진다. 그러한 권리로는 청원권, 행정절차에의 참여권, 정보공개청구권 등이 있다.

특히 제주특별자치도에서는 특별법에 의하여 주민참여예산제의 도입이 의무화되어 있고, 주민자치센터에 관하여 명시적인 규정을 두고 있다. 또한 법령에 의하여 정해진 제도 이외에도 '제주특별자치도 주민참여 기본조례'[7] 등의 조례를 통하여 주민 참여를 보장하고 있다. 이 조례는 "제주특별자치도 주민은 풍부한 사회 경험과 창조적 활동을 통하여 누구라도 평등하게 제주특별자치 도정에 참여할 권리를 가지고, 주민과 제주특별자치도가 협력하여 주민의 권익과 삶의 질 향상을 위하여 동등하게 노력"하는 것을 기본 이념으로 삼고 있다('제주특별자치도 주민참여 기본조례' 제2조 제1항). 그리고 주민 참여에 대하여 "제주특별자치도의 정책 등 의사 형성 단계에

7) 주민참여 기본조례는 일본 오사카부(大阪府) 미노오(箕面) 시 등지에서 제정되었던 조례로서, 우리나라에서는 충청북도 청주시에서 2004년 9월에 최초로 제정하였고, 그 이후에 경기도 안산시, 대전광역시 등지로 확산되었다. 제주특별자치도의 경우에는 2006년 11월 29일 '제주특별자치도 주민참여 기본조례'를 제정하였다(하승수, 2007: 159).

서부터 집행하는 단계까지 주민의 의사를 반영하고 주민과 제주특별자치도가 협력하는 것"이라고 정의하고 있다('제주특별자치도 주민참여 기본조례' 제3조 제1호). 또한 주민 참여의 통로를 제도화하고, 행정정보를 공개하며, 교육・홍보 등을 통하여 주민 참여 의식을 고취시키기 위하여 노력하는 것을 제주특별자치도지사의 책무로 규정하고 있다('제주특별자치도 주민참여 기본조례' 제4조).

2) 청원권

제주특별자치도의 주민은 지방자치법 제73조 내지 제76조의 규정에 의하여 제주특별자치도 의회에 청원할 수 있다. 제주특별자치도 의회에 청원하고자 하는 자는 도의원의 소개를 받아 청원서를 제출하여야 한다(지방자치법 제73조 제1항). 다만, 재판에 간섭하거나 법령에 위반되는 내용의 청원은 수리하지 아니한다(지방자치법 제74조).

3) 행정절차 및 예산편성에 참여할 수 있는 권리

행정절차법은 사전 통지, 열람, 의견 제출, 청문, 공청회 등의 행정절차에 관하여 규정하고 있는데, 이러한 행정절차법의 규정에 의하여 주민은 제주특별자치도의 행정절차에 참여할 수 있다(이기우・하승수, 2007: 82).

또한 제주특별자치도의 주민은 제주특별자치도에 설치되어 있는 각종 위원회의 위원으로 참여할 수도 있다. 법령 또는 조례에 의하여 설치된 위원회 위원의 위촉 권한은 원칙적으로 지방자치단체장에게 있지만, 최근에는 공개모집 절차를 통하여 주민들에게 참여의 기회를 확대하려는 추세다. 이러한 점을 감안하여 '제주특별자치도 주민참여 기본조례'에서는 각종 위원회의 위촉위원은 근거 법령 및 조례 등에서 정한 자격을 갖춘 주민을 대상으로 최대한 공모하거나 추천 등의 공개적인 절차에 의하여 위촉하도록 하고 있다('제주특별자치도 주민참여 기본조례' 제7조 제1항). 또한 '제주특별자치도 주민자치센터 설치・운영 조례'에서도 주민자치위원회 위원을 위촉할 때에는 공개모집 방법을 통하도록 명시적으로 규정하고 있다.[8]

---

8) '제주특별자치도 주민자치센터 설치・운영 조례' 제17조 제3항에 의하면, 읍・면・동장은 당연직 위원을 제외한 나머지 위원을 위촉할 때에는 교육계, 언론계, 문화・예술계, 경제계, 일반 주민 등 각계각층에서 자발적인 참여 의사를 가진 지역 주민을 공개모집 방법에 의하여 위촉하고, 여성위원의 참여를 적극 장려하도록 규정하고 있다. 그리고 주민자치

한편 최근에는 지방자치단체의 예산편성 과정에 주민들의 참여를 보장하는 주민참여예산제가 확산되는 추세이고, 제주특별자치도의 경우에는 주민참여 예산제의 도입이 의무화되어 있다.[9] 즉 특별법 제78조에서는 "도지사는 예산편성 과정에 주민이 공모 방식 등에 의하여 참여할 수 있도록 하여야 한다"라고 규정하고, 주민참여 예산의 범위, 참여 주민의 선정 방법 및 절차, 주민 참여 과정 등에 관하여 필요한 사항은 도조례로 정하도록 하고 있다. 그러나 2008년 6월 현재까지 관련 조례 제정이 미루어지고 있는 상황이다.

한편 제주특별자치도의 경우에는 주민에게 '정책토론청구권'이 인정되고 있다. '제주특별자치도 주민참여 기본조례' 제8조에 규정된 정책토론 청구제는, 주민이 제주특별자치도의 주요 정책사업에 대하여 의견을 공개적으로 제시하고, 이의 타당성에 대한 토론·공청이나 설명을 도지사에게 청구할 수 있도록 한 제도다. 정책토론 청구를 하기 위해서는 각 행정시별 선거권이 있는 1,000분의 3 이상의 주민의 연서가 필요하다. 그리고 ① 법령이나 조례에 위반되는 사항, ② 수사나 재판중에 있거나 행정심판 등 다른 법률에 따른 불복구제 절차가 진행중인 사항, ③ 개인의 사생활을 침해할 우려가 있는 사항, ④ 감사기관에서 감사중인 사항, ⑤ 당해 사무처리가 종료된 날부터 2년이 경과한 사항, ⑥ 토론 청구일부터 1월 이내에 이미 토론을 실시하였던 내용과 동일한 사항은 정책토론 청구의 대상에서 제외된다. 정책토론 청구가 이루어지면, 도지사는 특별한 사유가 없는 한 1월 이내에 이에 응하여야 하며, 토론자 수 및 토론 방식 등 토론계획에 대해서는 토론 청구인 대표와 협의하여 정한다. 그리고 도지사는 토론 결과를 성실하게 검토한 후 반영 여부를 1개월 이내에 토론 청구인 대표에게 통지하고 홈페

센터의 운영에 있어서도 주민들의 참여권을 보장하고 있다. 즉 관할구역 안의 주민이나 단체는 읍·면·동장에게 자치센터 운영에 대하여 개선을 요구하거나 의견을 제출할 수 있고, 읍·면·동장은 주민자치위원회와 협의하여 그 내용을 성실히 검토하여 타당하다고 판단되는 경우에는 주민자치센터의 운영에 반영하고 그 결과를 도지사에게 보고하여야 한다('제주특별자치도 주민자치센터 설치·운영 조례' 제12조 제2항 및 제3항).

9) 주민참여 예산제도란 지방자치단체의 집행부가 독점해 왔던 예산편성 과정에 지역 주민들이 직접 참여하는 것을 법적·제도적으로 보장하는 주민참여 제도의 일종이다. 주민참여 예산제도는 예산의 타당성, 우선순위의 결정에 주민들의 의견을 반영시키는 제도이며, 예산편성 과정의 투명한 공개도 중요한 요소로 하고 있다(곽채기, 2005: 249-250).

이지 등을 통하여 주민에게 공개하여야 한다.

4) 정보공개청구권(알 권리)

'공공기관의 정보공개에 관한 법률'에 근거하여 지방자치단체의 주민은 지방자치단체에 대하여 그 보유·관리하고 있는 정보의 공개를 청구할 권리를 가지고 있다.

제주특별자치도의 경우에는 주민의 알 권리 보장을 위하여 '제주특별자치도 행정정보공개에 관한 조례'를 제정하였다. 이 조례에서는 ① 일정한 정보는 청구인의 청구가 없더라도 정기 또는 수시로 공개하도록 하는 정보공표 제도, ② 행정정보공개심의위원회의 설치·운영,[10] ③ 정보공개에 소요되는 비용의 부담 등에 관하여 규정하고 있다. 또한 '제주특별자치도 주민 참여 기본조례'에서는 회의 자료 공개에 대하여 규정하고 있다. 즉 제주특별자치도에 설치된 각종 위원회의 회의 자료, 내용 및 결과 등은 법령 및 조례에서 공개하지 아니하도록 정하여진 경우를 제외하고는 원칙적으로 공개하도록 하고 있다. 다만, 위원회에서 공개하지 아니하기로 결정한 사항은 예외다('제주특별자치도 주민참여 기본조례' 제6조).

5) 주민자치센터 및 주민자치위원회

주민자치센터와 주민자치위원회는 1999년 시범사업으로 도입된 이후 점차 확대되어 전국적으로 시행되고 있다.[11] 주민자치센터와 주민자치위원회는 지방자치단체의 인구 규모가 크고 관할 면적이 넓은 우리나라에서 주민들의 일상적 참여를 확대하는 계기가 될 수 있다. 그러나 실제 현실을 보면, 주민 참여의 취지를 살리지 못하고 있다는 비판을 받고 있다.

특히 많은 주민자치센터의 프로그램들이 취미나 교양 프로그램 중심이라는 점, 아직까지도 주민자치위원으로 다양한 구성원들이 참여하고 있지

---

10) 국가기관, 지방자치단체 및 정부투자기관은 정보공개 여부 등을 심의하기 위하여 정보공개심의회를 설치·운영하여야 한다('공공기관의 정보공개에 관한 법률' 제12조 제1항).

11) 당초에 주민자치센터와 주민자치위원회는 읍·면·동 기능 전환의 일환으로 추진되었다. 그러나 당장 읍·면·동의 기능을 폐지한다는 것은 주민의 불편을 초래한다는 문제 제기에 따라, 행정 기능을 점차적으로 줄이는 대신 읍·면·동의 자치활동을 주된 기능으로 하는 주민자치센터를 설치·운영하도록 한 것이다. 이러한 정책 방향에 대해서는 '읍·면·동 수준에서 주민 참여를 활성화하기 위해서는 오히려 읍·면·동의 권한 강화가 필요하다'는 비판도 제기되고 있다(안성호, 2005: 4).

못하고 주민자치위원회가 활성화되지 못하는 점, 지역 특성을 살리지 못하는 점 등이 한계로 지적되고 있다. 또한 주민자치센터나 주민자치위원회에 대하여 지방자치법 등의 법률에서 명확한 근거를 마련하지 않고, 지방자치법 시행령 제8조의 별표 1에서만 언급하고 있는 것도 문제다.

그런데 제주특별자치도의 경우에는 주민자치센터 · 주민자치위원회와 관련하여 다른 지방자치단체와는 차별성이 있는 법규정을 적용받고 있다. 즉 특별법에서 읍 · 면 · 동에는 ① 주민의 편의 및 복지 증진에 관한 사항, ② 주민자치의 강화에 관한 사항, ③ 지역공동체의 형성에 관한 사항을 처리하기 위하여 주민자치센터를 설치하도록 하고, 주민자치센터 운영에 관한 사항을 심의하기 위하여 주민자치센터 관할구역별로 주민자치위원회를 두되, 각계각층의 주민대표가 고르게 참여하도록 규정하고 있는 것이다(특별법 제22조). 이는 다른 지방자치단체와는 달리 주민자치센터와 주민자치위원회에 대하여 명확한 법적 근거를 둔 것이다. 그리고 주민자치센터의 설치 · 운영과 주민자치위원회의 구성 · 운영 등에 관하여 필요한 사항은 도조례로 위임하고 있다.

특별법의 위임에 따라 제주특별자치도에서는 '제주특별자치도 주민자치센터 설치 · 운영조례'를 제정하여 시행하고 있다. 위 조례는 행정안전부의 조례 준칙과 유사한 내용을 많이 담고 있으나, 몇 가지 점에서 행정안전부의 조례 준칙과 차이를 보이고 있다. 특히 주민자치위원회와 관련된 차이를 정리하면 아래와 같다.

위의 비교에서 볼 수 있는 가장 큰 특징은, 제주특별자치도의 조례가 행정안전부의 조례 준칙에 비하여 주민자치위원회의 심의 사항을 확대하고 있다는 것이다. 특히 지역 개발, 주민 이해 조정, 환경영향평가, 예산 등에 관한 광범위한 사항에 대하여 심의 기능을 부여하고 있는 것은 주민자치위원회의 권한을 대폭 확대한 것이다. 그리고 주민자치위원회는 읍 · 면 · 동장에게 심의 사항에 대한 이행을 요구할 수도 있게 되어 있다.

그러나 현재의 주민자치위원회는 주민들에 의하여 선출된 것이 아니고 위촉 과정에서 자의성이 개입될 여지가 많으므로, 주민자치위원회의 권한을 확대하는 것은 또 다른 문제를 초래할 수도 있다. 주민자치위원회의 민주적 정당성이 확보되지 않은 상황에서는 주민자치위원회가 내린 판단의 민주적 정당성도 인정받기 어렵기 때문이다. 따라서 주민자치위원회가 읍

〈표 3-1〉 제주특별자치도 조례와 행정안전부 조례 준칙 비교

	제주특별자치도 조례	행정안전부 조례 준칙 (2005. 12. 6. 개정)
주민자치 위원회의 기능	심의 사항에 대하여 심의하고 읍·면·동장에게 그 이행을 요구할 수 있음.	심의 사항에 대하여 심의
주민자치 위원회의 심의 사항	1. 읍면동 지역개발계획에 관한 사항 2. 자치센터 운영에 관한 사항 3. 주민의 이해 조정 4. 환경영향평가 등 의견 제출 5. 각종 개발사업계획의 의견 청취 및 의견 제출 6. 주요 사업 예산 제안 및 건의 의견 제출 7. 지역단위 옴부즈맨 역할 부여 8. 교통 안전시설 설치 의견 제출 9. 그 밖에 자치센터의 운영에 관하여 필요한 사항	1. 자치센터의 시설 등 설치 및 운영에 관한 사항 2. 주민의 문화·복지·편익 증진에 관한 사항 3. 주민의 자치활동 강화에 관한 사항 4. 지역공동체 형성에 관한 사항 5. 기타 자치센터의 운영에 관하여 필요한 사항
위원의 숫자	20인 이상 30인 이하	25인 이내
위원의 임기	1년으로 하되 1차에 한하여 연임 가능	2년으로 하되 연임 가능(위원장은 1회에 한하여 연임 가능)

·면·동 단위의 자치조직으로 제 자리를 잡기 위해서는 주민자치위원회의 위상, 구성 방식에 대한 근본적인 재검토가 필요할 것이다. 이는 읍·면·동 자치의 강화와 연결된 문제이기도 하다.[12]

12) 기초지방자치제 폐지의 문제점이 제기되면서 기초지방자치제 부활의 필요성이 논의되고 있다. 기초지방자치제 부활 방안 중 하나로, 읍·면지역은 읍·면을 기본 단위로 하고, 도시지역은 과거(기초지방자치제 폐지 이전)의 제주시, 서귀포시를 2~3개로 분할하는 방식을 검토해 볼 수 있을 것이다. 그럴 경우에 읍·면지역의 경우에는 주민자치위원회를 강화하여 읍·면의회로 하는 방안도 검토할 수 있을 것이다. 김순은 교수도 지역 주민들에게 지리적으로 근접한 기초지방정부 또는 준지방정부를 검토할 필요성을 제기하면서, "지역 주민들의 일상생활과 밀접한 행정 서비스의 수행을 위하여 기존의 4개 지방정부보다는 지리적으로 협소한 읍·면 중심으로 주민자치를 검토해 볼 만하다"고 주장하고 있다(김순은, 2007: 41-42).

라. 직접참정권

1) 개 요

우리나라에서는 대의민주제의 문제점을 보완하고 주민자치를 실질적으로 실현하기 위하여, 주민이 지방자치단체의 중요 정책결정 과정에 참여하거나 대표자들을 통제할 수 있는 직접민주적 제도들을 부분적으로 도입하고 있다. 현재 주민 직접참정 제도로는 ① 일정 수 이상의 주민의 연서(連署)로 조례의 제정 또는 개폐를 청구할 수 있는 '조례 제정 또는 개폐 청구 제도', ② 일정 수 이상의 연서로 법령에 위반되거나 공익을 현저히 해한다고 인정되는 사항에 대하여 감사를 청구할 수 있는 주민감사청구 제도, ③ 일정 수 이상의 주민의 연서로 선출직 지방공직자의 해임 여부를 묻는 주민투표의 실시를 요구할 수 있고, 실시된 투표에서 과반수 이상이 해임에 찬성할 경우에는 선출직 공직자를 임기중에 해임할 수 있는 주민소환 제도, ④ 지방자치단체의 주요 의사결정 사항 등에 대하여 주민들의 투표에 부쳐 결정하는 주민투표 제도가 있다(이기우 · 하승수, 2007: .89). 지방자치법에서는 '조례 제정 또는 개폐 청구 제도'와 주민감사청구 제도에 대하여 규정하고, 주민소환 제도 및 주민투표 제도에 대해서는 도입 근거만 두고 있다. 그리고 주민소환 제도에 관한 구체적인 내용은 '주민소환에 관한 법률'에서, 주민투표 제도에 관한 구체적인 내용은 주민투표법에서 정하고 있다.

제주특별자치도의 경우에도 지방자치법, 주민투표법, '주민소환에 관한 법률'이 적용됨은 물론이다. 다만, 특별법에서는 주민 직접참정 제도와 관련하여 다른 지방자치단체와는 차별성이 있는 몇 가지 특례들을 두고 있다.[13] 아래에서는 특별법에 규정된 특례의 내용을 중심으로 살펴보기로 한다.

2) 조례의 제정 및 개폐 청구

조례의 제정 및 개폐 청구 제도는 일정 수 이상 주민들의 연서(連署)에

13) 특별법의 규정은 일반법이라고 할 수 있는 지방자치법이나 '주민소환에 관한 법률', 주민투표법 등에 우선하여 적용된다. '주민소환에 관한 법률' 제6조에서는 "주민소환에 관하여 제주특별자치도법 등 다른 법률에 특별한 규정이 있는 경우를 제외하고는 이 법이 정하는 바에 따른다"라고 하여 특별법이 우선 적용된다는 것을 명시하고 있기도 하다.

의하여 지방의회에 조례의 제정 또는 개폐 안건이 발의되도록 하는 것이다. 이 제도는 선거에 의하여 선출된 대표자가 안건을 상정하는 것이 아니라, 주민들이 직접 지방의회에 조례안을 발의하는 제도이기 때문에, 주민직접 참정 제도로 분류할 수 있다(이기우·하승수, 2007: 93).

원칙적으로 제주특별자치도의회의 조례제정권의 범위 내에 있는 모든 사항에 대하여 조례의 제정 및 개폐 청구를 할 수 있다. 그러나 ① 법령을 위반하는 사항, ② 지방세·사용료·수수료·부담금의 부과·징수 또는 감면에 관한 사항, ③ 행정기구의 설치·변경에 관한 사항 또는 공공시설의 설치를 반대하는 사항은 조례의 제정 및 개폐 청구의 대상에서 제외된다(지방자치법 제15조 제1항 단서).

조례의 제정 및 개폐 청구를 하기 위해서는 제주특별자치도의 19세 이상의 주민 총수의 50분의 1의 범위 안에서 도조례가 정하는 주민 수 이상의 연서를 받아야 한다(특별법 제24조). 이와 관련하여 '제주특별자치도 조례 제정 및 개폐 청구에 관한 조례'에서는 19세 이상 주민 총수의 100분의 1 이상의 연서를 요구하고 있다('제주특별자치도 조례 제정 및 개폐 청구에 관한 조례' 제3조). 또한 19세 이상의 외국인으로서 출입국관리법 제10조의 규정에 따른 영주의 체류 자격 취득일 후 3년이 경과한 자중 청구인명부 작성일 현재 출입국관리법 제34조의 규정에 따라 제주특별자치도의 외국인 등록대장에 등재된 자는 조례 제정 및 개폐 청구권이 있다(특별법 제24조 및 '제주특별자치도 조례 제정 및 개폐 청구에 관한 조례' 제2조).

3) 주민감사청구 제도

주민감사청구 제도란 제주특별자치도 및 도지사의 권한에 속하는 사무

〈표 3-2〉 조례 제정 및 개폐 청구에 필요한 주민 연서 비교

다른 지방자치단체 (지방자치법 제15조 제1항)	제주특별자치도(특별법 제24조)
• 시·도와 인구 50만 이상 대도시에서는 19세 이상 주민 총수의 100분의 1 이상 70분의 1 이하, 시·군 및 자치구에서는 19세 이상 주민 총수의 50분의 1 이상 20분의 1 이하의 범위에서 지방자치단체의 조례로 정하는 수 이상	• 제주특별자치도의 19세 이상의 주민 총수의 50분의 1의 범위 안에서 도조례가 정하는 수 이상의 연서 ** 조례에서는 100분의 1 이상으로 정하고 있음.

의 처리가 법령에 위반되거나 공익을 현저히 해한다고 인정되는 경우에 19세 이상 주민 일정 수 이상의 연서로 감사를 청구할 수 있는 제도다. 이러한 주민감사청구는 주민이 지방자치단체의 위법·부당한 행정을 감시하고 통제할 수 있는 주민 직접참정 제도로서 의미를 가진다. 주민감사청구는 주무부장관에게 하며, 감사청구를 받은 주무부장관이 감사를 하게 된다.

주민감사청구의 대상에는 일정한 제한이 있는데, ① 수사 또는 재판에 관여하게 되는 사항, ② 개인의 사생활을 침해할 우려가 있는 사항, ③ 다른 기관에서 감사하였거나 감사중인 사항(다만, 다른 기관에서 감사한 사항이라도 새로운 사항이 발견되거나 중요 사항이 감사에서 누락된 경우와 주민소송의 대상이 되는 경우는 제외), ④ 동일한 사항에 대하여 주민소송이 계속 중이거나 그 판결이 확정된 사항은 주민감사 청구의 대상에서 제외된다(지방자치법 제16조 제1항).

한편 주민감사 청구와 관련해서는 특별법에서 따로 특례규정을 두고 있지 않다. 따라서 주민감사 청구와 관련해서는 제주특별자치도도 다른 지방자치단체와 동일한 법규정을 적용받는다. 다만 주민감사 청구를 하기 위해서는 지방자치단체의 19세 이상 주민(공직선거법에 의한 선거권이 없는 자는 제외)의 일정 비율 이상의 서명을 받아야 하고,[14] 구체적인 숫자는 조례에 위임되어 있는데, 제주특별자치도의 경우에는 150명 이상으로 정하고 있다(지방자치법 제16조 제1항 본문 및 '제주특별자치도 주민감사청구인 수에 관한 조례' 제2조).

4) 주민투표

가) 주민투표 제도의 개요

주민투표(referendum)는 지방자치단체의 주요 결정 사항을 주민들의 투표에 의하여 결정하는 제도를 말한다. 주민투표 제도는 주민 직접참정 제도 중 하나로 손꼽히는 제도로서 미국, 스위스, 독일 등지에서 주(州)나 지방자치단체 수준에서 제도화되어 있다. 다만 주민투표의 대상, 주민투표의

14) 지방자치법 제16조 제1항에서는 "시·도는 500명, 제175조에 따른 인구 50만 이상 대도시는 300명, 그 밖의 시·군 및 자치구는 200명을 넘지 아니하는 범위에서 그 지방자치단체의 조례로 정하는 19세 이상의 주민 수 이상의 연서(連署)"를 요구하고 있다.

효력 등에서 매우 다양한 형태가 존재한다.

우리나라의 경우에는 1994년 3월 16일 지방자치법 제13조의2에서 주민투표 제도의 도입 근거를 두었으나, 거의 10년 동안 주민투표법이 제정되지 못하다가 2003년 12월 29일 주민투표법이 국회를 통과하여 2004년 7월 29일부터 시행되고 있다.

현행 주민투표법은 '지방자치단체의 주요 결정 사항에 관한 주민투표'와 '국가정책 수립에 관한 주민투표'라는 두 종류의 주민투표에 대하여 규정하고 있다. 제주특별자치도의 경우에도 주민투표법이 적용되므로 주민투표법에 따라 주민투표가 실시될 수 있다. 이미 2005년 7월 27일 제주도 행정계층 개편과 관련된 주민투표가 실시된 바 있다.[15]

나) 제주특별자치도의 특례

특별법 제23조에서는 주민투표에 관한 특례 조항을 두고 있다. 특례는 두 가지다. 첫 번째는 주민투표의 대상을 확대한 것이다. 특별법 제23조 제1항에서는 "도지사는 주민투표법 제7조 제2항 제3호의 규정에 불구하고 도조례가 정하는 예산 이상이 소요되는 대규모 투자사업에 대하여는 주민투표에 부칠 수 있다"라고 규정하고 있다. 주민투표법 제7조 제2항 제3호에서는 "지방자치단체의 예산·회계·계약 및 재산관리에 관한 사항과 지방세·사용료·수수료·분담금 등 각종 공과금의 부과 또는 감면에 관한 사항"은 주민투표에 부칠 수 없도록 하고 있는데, 이에 대한 예외를 인정한 것이다. 그에 따라 '제주특별자치도 주민투표 특례에 관한 조례'에서는 "계획 기간 내 투자되는 단일 투자사업의 총사업비 중 제주특별자치도에서 부담하는 금액이 3천억 원 이상 소요되는 대규모 투자사업"에 대하여는 주민투표에 부칠 수 있도록 하고 있다('제주특별자치도 주민투표 특례에 관한 조례' 제2조).

---

15) 이 주민투표에서는 기존 계층 체제를 유지하면서 운영 시스템을 개편하는 '점진안'과 기초지방자치제를 폐지하고 행정시를 설치하는 '혁신안'이 투표에 부쳐졌다. 투표율은 36.8%로 저조하였고, 제주도 전체적으로는 혁신안이 유효 투표 중 57%의 지지를 얻었다. 특히 제주시의 경우에는 혁신안 지지율이 64.5%, 북제주군의 경우에 혁신안 지지율이 57.2%에 달하였다. 그러나 서귀포시의 경우에는 점진안 지지율이 56.4%에 달하였고, 남제주군에서도 점진안 지지율이 54.9%에 달하는 등 산북과 산남 간에 정반대의 결과가 나왔다(양영철, 2007b: 287-288).

두 번째 특례는 주민투표 청구에 필요한 주민 서명 숫자에 관한 것이다. 주민투표법 제9조 제2항에서는 주민투표 청구권자 총수의 20분의 1 이상 5분의 1 이하의 범위 안에서 지방자치단체의 조례로 정하는 수 이상의 서명으로 그 지방자치단체의 장에게 주민투표의 실시를 청구할 수 있도록 하고 있는 반면, 특별법 제23조 제2항에서는 "주민투표법 제9조 제2항의 규정에 불구하고 주민투표 청구권자 총수의 50분의 1 이상 5분의 1 이하의 범위 안에서 도조례로 정하는 수 이상의 서명으로 주민투표의 실시를 청구할 수 있다"라고 규정하고 있다. 이 조항에 의하여 위임받은 조례에서는 주민투표 청구권자 총수의 12분의 1 이상의 서명을 요구하고 있다('제주특별자치도 주민투표 특례에 관한 조례' 제3조 및 '제주도 주민투표조례' 제5조).

5) 주민소환

가) 주민소환 제도의 개요

주민소환(recall)은 선거를 통하여 선출된 대표자를 유권자들의 해임 찬반 투표에 의하여 임기 중에 해임시킬 수 있는 제도다. 주민소환 제도는 미국, 독일, 스위스, 일본 등지에서 도입되어 운영되고 있는 제도로서, 선출직 공직자의 부패, 비리, 독단, 전횡 등을 견제할 수 있는 장치다. 우리나라의 경우에는 '주민소환에 관한 법률'이 2007년 5월 25일부터 시행되고 있다.

주민소환 절차에서도 최종적으로는 주민투표가 실시된다. 그러나 주민소환 절차에서 실시되는 주민투표는 개별적인 정책에 대한 찬반 투표가 아니라 선출직 공직자를 해임할 것인지를 묻는 투표라는 점에서 주민투표법에 의한 주민투표와는 차이가 있다(이기우 · 하승수, 2007: 115).

나) 제주특별자치도의 특례

특별법 제정 당시에는 다른 지방자치단체에서 주민소환 제도가 도입되지 않았다. 즉 제주특별자치도에서만 주민소환 제도를 먼저 도입하였다. 그러나 2006년 5월 24일 '주민소환에 관한 법률'이 제정 · 공포되고 2007년 5월 25일부터 시행되면서, 주민소환 제도는 제주특별자치도뿐만 아니라 다른 지방자치단체에서도 실시되게 되었다.

따라서 주민소환 제도에 관한 특별법상의 특례 조항들은 대부분 의미를 상실하게 되어, 2007년 8월 3일 특별법이 개정될 때에 삭제되었다. 그러나 교육감에 대해서는 아직까지 다른 지방자치단체에서는 주민소환 제도가 도입되지 않았고, 제주특별자치도에서만 도입된 상황이다. 그래서 특별법에서는 도교육감의 주민소환에 관한 특례 조항들을 두고 있다. 종합하면, 도지사 및 도의원에 대한 주민소환제는 기본적으로 '주민소환에 관한 법률'의 적용을 받고,[16] 도교육감에 대한 주민소환제는 특별법의 적용을 받고 있는 것이다.

도교육감에 대한 주민소환 제도의 내용을 살펴보면, 도교육감에 대한 주민소환투표 사무는 제주자치도교 육감의 선거구 선거사무를 행하는 선거관리위원회가 관리한다(특별법 제25조 제1항). 주민소환투표 청구권자가 도교육감에 대한 주민소환투표의 실시를 청구하려면, 주민소환투표 청구권자 총수의 100분의 10 이상의 서명으로 그 소환 사유를 서면에 구체적으로 명시하여 청구하여야 한다(특별법 제26조 제1항). 이 때 행정시가 3개 이상인 경우에는 행정시 총수의 2분의 1 이상의 행정시에서 각각 주민소환투표 청구권자 총수의 100분의 1 이상의 서명을 받아야 하고, 행정시가 2개인 경우에는 각각의 행정시에서 주민소환투표 청구권자 총수의 100분의 1 이상의 서명을 받아야 한다(특별법 제26조 제2항). 특정 지역에서만 서명을 받아 주민소환투표 청구를 하는 것을 방지하기 위한 장치다. 현재는 제주시와 서귀포시의 2개 행정시만이 존재하므로, 도교육감에 대한 주민소환투표를 청구하기 위해서는 제주시와 서귀포시 각각에서 주민소환투표 청구권자 총수의 100분의 1 이상의 서명을 받고, 제주특별자치도 전체적으로는 서명수가 주민소환투표 청구권자 총수의 100분의 10 이상이 되어야 한다.

'주민소환에 관한 법률' 제21조 제1항에 따라 도교육감의 권한이 정지된

16) 다만 서명의 지역별 안배와 관련해서는 도지사 및 도의회 의원에 대한 주민소환에 있어서도 특례 조항을 두고 있다. 즉 도지사에 대한 주민소환투표 청구에 있어서 행정시별 서명 요건은 '주민소환에 관한 법률' 제7조 제2항에도 불구하고 도교육감에 대한 행정시별 서명 요건을 따르도록 하고 있다(특별법 제26조 제3항). 그리고 도의회 의원(비례대표의원은 제외)에 대한 주민소환투표를 청구한 때에는 '주민소환에 관한 법률' 제7조 제3항에도 불구하고, 당해 도의회 의원 선거구 안의 읍·면·동 전체의 수가 3개 이상인 경우에는 읍·면·동 총수의 2분의 1 이상의 읍·면·동에서 각각 주민소환투표 청구권자 총수의 100분의 1 이상의 서명을 받아야 한다. 다만 당해 도의회 의원 선거구 안의 읍·면·동 전체의 수가 2개인 경우에는 각각 주민소환투표 청구권자 총수의 100분의 1 이상의 서명을 받아야 한다(특별법 제26조 제4항).

경우에는 부교육감이 권한을 대행하고, 부교육감이 권한을 대행할 수 없는 경우에는 지방자치법 제111조 제5항을 준용하여 제주자치도의 규칙에 정하여진 직제 순서에 따른 공무원이 그 권한을 대행한다(특별법 제27조).

관할 선거관리위원회는 도교육감에 대한 주민소환 투표의 개표가 끝난 때에는 지체없이 그 결과를 공표한 후 주민소환투표 청구인 대표자, 도교육감(권한을 대행하는 부교육감 등을 포함한다), 관계 중앙행정기관의 장 및 도지사에게 통지하여야 한다. '주민소환에 관한 법률' 제22조 제2항에 따라 개표를 하지 아니한 때에도 또한 같다(특별법 제28조). 도교육감을 대상으로 한 주민소환 투표에 관한 소청과 그 소청에 대한 결정에 관한 불복의 소 제기는 '주민소환에 관한 법률' 제24조 제1항 및 제2항 중 도지사에 관한 규정을 적용한다(특별법 제29조 제1항).

마. 쟁송제기권

1) 일반 쟁송 제기권

주민은 제주특별자치도에 소속된 행정청의 위법·부당한 처분 또는 부작위에 대하여 행정심판을 제기할 수 있다. 행정심판청구를 하려면 법률상 이익이 있어야 한다.[17] 제주특별자치도지사의 처분이나 부작위에 대한 행정심판청구는 국민권익위원회에 설치된 국무총리행정심판위원회에서 심리·재결하고(행정심판법 제5조 제3항), 제주특별자치도지사에 소속된 각급 국가행정기관 또는 그 관할구역 안에 있는 자치행정기관의 처분 또는 부작위에 대한 심판청구는 제주특별자치도지사 소속으로 설치된 행정심판위원회가 심리·재결한다(행정심판법 제5조 제4항).

또한 주민은 제주특별자치도 소속 행정청의 위법한 처분 또는 부작위에 대하여 행정소송을 제기할 수 있다. 취소소송 등의 항고소송은 처분 등의 취소 등을 구할 법률상 이익이 있는 자만이 제기할 수 있다. 그 밖에도 주민은 헌법소원 등 헌법과 법률이 정한 권리구제 절차를 활용할 수 있다.

---

17) 취소심판청구는 처분의 취소 또는 변경을 구할 법률상 이익이 있는 자가 제기할 수 있고, 무효 등 확인심판청구는 처분의 효력 유무 또는 존재 여부에 대한 확인을 구할 법률상 이익이 있는 자가 제기할 수 있으며, 의무이행 심판청구는 행정청의 거부처분 또는 부작위에 대하여 일정한 처분을 구할 법률상 이익이 있는 자가 제기할 수 있다(행정심판법 제9조).

2) 주민소송 제기권

주민소송 제도는 주민이 지방자치단체의 위법한 재무회계행위 또는 해태한 사실에 대해서 이를 방지 또는 시정하거나 지방자치단체가 입은 손해를 회복하기 위하여 제기하는 소송을 말한다(김용찬 외, 2006: 14). 주민소송의 원고가 된 주민은 지방자치단체의 위법한 재무회계행위와 직접적 이해 관계가 없는 경우가 많다. 그리고 주민소송으로 인하여 지방자치단체의 위법한 재무회계행위 등이 방지·시정되거나 손해가 회복되면 그로 인한 이익은 지방자치단체가 얻게 되고, 소송을 제기한 주민이 이익을 얻는 것은 아니다. 따라서 주민소송은 전체 주민의 이익을 옹호하기 위한 공익소송의 일종으로 분류된다. 우리나라의 경우에는 2006년 1월 1일부터 주민소송 제도가 시행되고 있다.

주민소송과 관련해서 제주특별자치도에만 인정되는 특례 조항은 없다. 따라서 제주특별자치도의 주민은 지방자치법 제17조에 따라 주민감사청구를 거쳐 주민소송을 제기할 수 있다.[18)]

바. 주민의 의무(특히 비용부담 의무)

주민은 지방자치법 제21조에 따라 법령이 정하는 바에 의하여 그 소속 지방자치단체의 비용을 분담하는 의무를 진다. 따라서 제주특별자치도의 주민도 법령이 정하는 바에 의하여 제주특별자치도의 비용을 분담하는 의무를 진다. 여기서 비용은 지방자치단체가 존립하고 기능할 수 있도록 하는 모든 경비를 의미한다(이기우·하승수, 2007: 88-89).

4 주민 참여 활성화를 위한 개선 방향

특별법 제1조에서는 "제주도의 지역적·역사적·인문적 특성을 살리고 자율과 책임, 창의성과 다양성을 바탕으로 고도의 자치권이 보장되는 제주특별자치도를 설치"한다고 되어 있다. 자율과 책임, 창의성과 다양성이 발

18) 우리 나라 지방자치법은 주민감사청구를 거쳐 주민소송을 제기하도록 하는 주민감사청구 전치주의를 채택하고 있다.

현되기 위해서는 주민들의 참여가 활성화되어야 한다. 관료주의적인 하향식 의사결정 구조가 변하지 않는 한 자율과 책임, 창의성과 다양성이란 단어는 실현될 수 없기 때문이다. 주민들의 자발적인 참여야 말로 '자율과 책임'을 실현하는 길이고, 주민들의 참여가 있을 때에 창의적이고 다양한 정책도 나올 수 있다.19)

따라서 주민 참여의 활성화는 특별자치도의 성패를 좌우하는 요소다. 그러나 특별자치도 출범 이후에도 주민 참여는 활성화되지 못하고 있다. 그 원인으로는 제도적인 요인 외에도 집행부나 도의회의 의지 부족, 주민들의 관심 부족 등을 들 수 있을 것이다. 그 중 제도상의 문제점을 언급하면 아래와 같다.

첫째, 주민 참여의 활성화를 위하여 만든 제도의 실효성이 떨어지고 있다. 주민소환 제도의 경우에는 활용 실적이 없고, 주민투표 제도의 경우에도 주민들의 청구에 의하여 실시된 실적이 없다. 이는 주민참여 제도의 활용 요건이 지나치게 엄격하게 설정되어 있기 때문이다. 주민소환제의 경우에는 도지사·도교육감의 경우 주민소환투표 청구권자 총수의 100분의 10 이상의 서명을 받아야 하고 도의원의 경우에는 100분의 20 이상의 서명을 받아야 한다. 주민투표 실시 청구를 위해서는 주민투표 청구권자 총수의 100분의 12 이상의 서명을 받아야 한다. 제주지역이 단일 광역지방자치단체 체제로 되면서 인구와 면적 규모가 커졌기 때문에, 이러한 서명 요건을 채우기는 현실적으로 매우 어렵다고 할 수 있다. 따라서 주민참여 제도의 활용 요건을 현실에 맞게 완화할 필요가 있다(김순은, 2007: 94). 그렇지 않으면 주민참여 제도가 사실상 사문화되는 상황이 계속될 것이다.

둘째, 주민 참여 활성화를 위하여 제도를 개선하려는 도집행부나 도의회의 의지가 미약하다. 특별법에 의하여 보장된 주민참여 예산제도가 조례 제정이 지연되면서 도입이 미루어지고 있는 것이 한 예다. 실효성 있는 주민참여 예산제도를 빠른 시일 내에 도입할 필요가 있다. 또한 주민투표 실시 청구를 할 수 있는 요건에 대하여, 특별법에서는 주민투표 청구권자 총수의 "50분의 1 이상 5분의 1 이하"라는 상·하한선만 정하고 조례에 위임하고

19) 일본의 마쓰시타 게이이치(松下圭一)는 창의적이고 책임있는 '앞선 자치체(先驅自治體)'가 되기 위해서는 시민 참가·직원 참가를 통하여 스스로 지방자치단체의 정책과 계획을 만들어가는 '자립하는 자치체'가 되어야 하고, 시민에게 '열린 자치체'가 되어야 한다고 강조한다(松下圭一, 1996: 87-92).

있는데, 조례에서는 12분의 1 이상으로 정하고 있는 것도 문제다. 주민 참여에 대하여 좀더 적극적인 자세를 가진다면 주민투표 실시 청구의 요건을 좀더 완화하여야 할 것이다. 주민참여 제도의 하나로 보장된 '조례의 제정 및 개폐 청구' 제도를 활성화하기 위해서는 청구에 필요한 주민 연서의 수를 현재의 100분의 1 이상에서 더 낮출 필요도 있다. 현재 규정은 다른 시·도의 "100분의 1 이상 70분의 1 이하"와 비교해서 큰 차이가 없는 실정이다. 따라서 '조례의 제정 및 개폐 청구'가 더욱 활발해질 수 있도록 비율을 좀더 낮출 필요가 있다.[20]

위와 같은 문제점을 개선함과 함께 주민들이 정책결정 과정에 일상적으로 참여할 수 있는 기회를 확대하는 것이 필요하다. 이를 위해서는 좀더 가까운 단위의 자치가 필요하다. 이는 기초지방자치의 부활 또는 읍·면·동 자치 강화와 함께 검토되어야 할 문제다. 그 밖에도 정보 공표를 통한 적극적 정보공개의 확대, 위원회 위원 공모 제도의 적극적 시행, 주민자치위원회 활성화 등 현행 제도의 틀 안에서도 할 수 있는 노력들을 적극적으로 하는 것도 필요하다.

20) '조례의 제정 및 개폐 청구' 제도가 활성화되더라도 조례안에 대한 의결권은 도의회에 전속하는 것이고, 주민들은 조례안을 제출할 수 있는 것에 불과하므로 도의회 권한과의 마찰 우려도 없다고 할 것이다.

제 4장 지방의회의 구성과 운영

1 제주특별자치도의회의 지위와 권한

가. 지 위

제주특별자치도에는 도의회를 둔다. 제주특별자치도 내에서는 기초지방자치단체가 폐지되었기 때문에 도의회가 유일한 지방의회다. 제주특별자치도의 도의회는 다른 지방의회와 마찬가지로 주민의 정치적 대표기관이며, 지방자치단체의 최고의결기관으로서의 지위를 갖는다. 또한 지방행정에 대한 통제기관이자 입법기관이기도 하다(이기우・하승수, 2007: 232-233).

지방의회가 입법기관인지에 대해서는 논란이 있다. 지방의회를 행정기관으로 보는 견해가 있기 때문이다. 이러한 입장에서는, 지방의회는 그 구성과 기능, 의사결정의 절차 등에서 국회와 매우 유사하지만, 지방의회의 조례제정권은 국가법적 의미에서의 입법 기능은 아니고 행정입법으로서의 속성을 가지므로, 지방의회는 입법기관이 아니라 행정기관에 속한다고 보고 있다(홍정선, 2002: 144-145). 그러나 헌법 제117조에서 "지방자치단체는 …… 법령의 범위 안에서 자치에 관한 규정을 제정할 수 있다"라고 규정하고 있는 것은 지방의회로 하여금 입법권을 분점하게 함으로써 국회의 입법 독점과 입법권 남용을 억제하고 입법권의 분권화와 입법적 다양성을 보장하려는 취지로 해석하는 것이 타당하다. 따라서 사견으로는 지방의회도 입법기관으로 본다(이기우·하승수, 2007: 233).

나. 권 한

1) 개 요

제주특별자치도의회는 다른 지역의 지방의회와 마찬가지로 지방자치법 제39조 제1항에서 규정한 ① 조례의 제정·개정 및 폐지, ② 예산의 심의·확정, ③ 결산의 승인, ④ 법령에 규정된 것을 제외한 사용료·수수료·분담금·지방세 또는 가입금의 부과와 징수, ⑤ 기금의 설치·운용, ⑥ 대통령령으로 정하는 중요 재산의 취득·처분, ⑦ 대통령령으로 정하는 공공시설의 설치·처분, ⑧ 법령과 조례에 규정된 것을 제외한 예산 외의 의무 부담이나 권리의 포기, ⑨ 청원의 수리와 처리, ⑩ 외국 지방자치단체와의 교류 협력에 관한 사항, ⑪ 그 밖에 법령에 따라 그 권한에 속하는 사항들을 의결한다(지방자치법 제39조 제1항).

또한 도의회는 위의 사항 이외에도 조례로 정하는 바에 따라 도의회에서 의결되어야 할 사항을 따로 정할 수 있다(지방자치법 제39조 제2항). 조례로 정하지 않은 사항에 대해서도 도의회가 의결할 수 있는지에 대해서는 논란이 있으나, 도의회는 주민의 대표기관이므로 조례로 정하지 않은 사항에 대해서도 의결할 수 있다고 보아야 한다(이기우·하승수, 2007: 250).

한편 도의회는 지방행정에 대한 통제기관으로서 행정사무감사 및 조사를 실시할 수 있고, 서류제출요구권, 출석·답변요구권 등을 갖는다. 또한 도의회는 주민의 대표기관으로서 집행부나 중앙정부 등에 대하여 의견을 제시할 수 있으며, 법령에서 도의회로부터 의견을 듣도록 명문화되어 있는 경우들도 있다.[1] 또한 도의회는 내부조직을 위한 선거권, 청원수리권, 조직·운영에 관한 자율권 등의 권한을 갖는다.

2) 제주특별자치도에 인정되는 특례

가) 분권에 따른 자치입법권의 확대

고도의 자치권을 보장한다고 할 때에 그 핵심 중 하나는 자치입법고권의

---

1) 예를 들면 '국토의 계획 및 이용에 관한 법률' 제21조 제1항, 주민투표법 제8조 제2항에서는 지방의회의 의견을 듣도록 의무화하고 있다.

확대라고 할 수 있다.

그러나 제주특별자치도의 자치입법권은 다른 지방자치단체의 자치입법권과 본질적인 차이가 없다.[2] 따라서 "법령의 범위 안에서" 제정해야 한다는 제한을 받고 있고(헌법 제117조 제1항, 지방자치법 제22조 본문),[3] 주민의 권리 제한 또는 의무 부과에 관한 사항이나 벌칙을 정할 때에는 법률의 위임이 있어야 한다(지방자치법 제22조 단서). 그리고 기관위임사무는 원칙적으로 조례제정권의 범위에 속하지 않는다. 다만 개별 법령에서 일정한 사항을 조례로 정하도록 위임하고 있는 경우에 한하여 위임조례를 제정할 수 있을 뿐이다(대법원 2001. 11. 27. 2001추57 등)(이기우・하승수, 2007: 314).

다만 다른 점이라면, i) 특별법에 의하여 중앙행정사무가 제주특별자치도의 사무로 이양됨에 따라 자치입법의 대상이 되는 사무가 자연스럽게 확대된 것과 ii) 기존에 시행령, 시행규칙에 위임하던 사항들 중 일부가 제주특별자치도에 한해서 도조례로 직접 위임되게 된 것이다. 기존에 시행령, 시행규칙으로 정하도록 되어 있던 사항을 도조례로 정할 수 있도록 규정한 것은 제주의 지역적・사회적・문화적인 여건과 사정 등을 감안하여 다른 지역에서의 기준과는 차별성 있는 내용의 기준을 정할 수 있도록 하기 위한 것이다(윤양수, 2007: 200).

이처럼 현재의 특별법상으로는 제주특별자치도의회의 자치입법권이 본질적으로 확대된 것은 아니다. 현재 인정되고 있는 자치입법권의 부분적 확대는 제주특별자치도에 일정한 특례(권한이양과 조례위임)를 인정함에 따라 파생된 현상이라고 볼 수 있다(박영욱, 2008: 136).

나) 임명동의권 및 인사청문실시권

제주특별자치도의회는 특별법 제66조 제3항 단서에 의하여 감사위원회

---

2) 특별법 제정 당시에 지방자치법 제15조(현행 조문 번호는 제22조)에 대한 특례를 규정하려 하였으나, 위헌 논란 등으로 특례를 규정하지 못하였다(박영욱, 2008: 136). 당초에 논의할 때에는 지방자치법 제15조에 대한 특례 인정 이외에도, 지방세 조례주의의 제도화, 특별자치도 규제행정의 자율화(법률유보 없이 자율적으로 규제의 신설 또는 폐지를 조례로써 정할 수 있음) 등이 제시되기도 했다(제주발전연구원, 2004: 105-113).

3) 대법원은 "법령의 범위 안에서"란 "법령에 위반되지 않는 범위 내에서"를 가리키는 것으로 해석하고 있다(대법원 2007. 2. 9. 2006추45 등).

위원장에 대한 임명동의권을 가지고 있다.[4] 그에 따라 도의회는 감사위원회 위원장에 대한 임명동의안을 심사하기 위하여 인사청문특별위원회를 두고 인사청문을 실시한다(특별법 제44조). 또한 제주특별자치도의회는 별정직 지방공무원으로 보하는 부지사[5]에 대하여 임명동의권은 없지만 사전 인사청문을 실시할 수 있는 권한을 가진다. 즉 도지사는 별정직 지방공무원으로 보하는 부지사에 대하여 그 임용 전에 도의회에 인사청문의 실시를 요청하여야 하고, 도의회는 인사청문을 실시하기 위하여 인사청문특별위원회를 둔다.

인사청문특별위원회는 임명동의안 또는 인사청문요청안이 도의회에 제출된 때에 구성된 것으로 보며, 그 임명동의안 등이 본회의에서 의결될 때 또는 인사청문 경과가 본회의에 보고될 때까지 존속한다. 인사청문특별위원회는 임명동의안 심사 또는 인사청문을 위하여 인사청문회를 열며, 인사청문회에 관하여는 인사청문회법 제4조 제2항, 제5조 내지 제9조, 제10조 제1항 · 제2항, 제11조 내지 제18조의 규정을 준용한다(특별법 제44조 제4항 내지 제6항).

한편 인사청문특별위원회의 구성 · 운영, 인사청문회의 운영, 임용예정자에 대한 답변 및 의견 청취 방식 등에 관하여 필요한 세부적인 사항은 도조례로 정하도록 위임하고 있다(특별법 제44조 제7항). 그에 따라 '제주특별자치도의회 인사청문회 조례'가 제정되어 있다.

이처럼 도의회가 감사위원장에 대하여 임명동의권을 가지고 감사위원장과 별정직 지방공무원으로 보하는 부지사에 대하여 인사청문을 실시할 수 있도록 한 것은 다른 지방의회에는 없는 권한을 인정한 것이다. 이는 국회에서 실시하는 인사청문회 제도와 같이 인사청문을 통하여 자질, 능력, 도덕성 등을 검증하고 중요 직위에 대한 인사의 공정성과 합리성을 제고하기 위한 것이다(박영욱, 2008: 140).

---

4) 특별법 제66조 제2항에 의하면, 감사위원회는 위원장 1인을 포함한 7인 이내의 위원으로 구성한다. 그리고 같은 조 제3항에서는, "위원은 도조례가 정하는 자격을 갖춘 자 중에서 도지사가 임명 또는 위촉하되, 위원 중 3인은 도의회에서 추천하는 자를 위촉한다. 다만, 위원장은 도의회의 동의를 얻어야 한다"라고 규정하고 있다.

5) 제주특별자치도에 두는 부지사의 정수는 도조례로 정하되, 그 중 1인은 국가공무원으로 보하도록 하고 있다(특별법 제14조 제1항 및 제2항). 2008년 6월 현재 부지사는 2명이며, 그 중 별정직 지방공무원인 부지사는 환경부지사다.

다) 대규모 개발사업에 대한 보고수령권

도지사는 도조례가 정하는 대규모 개발사업을 시행하거나 그 개발사업의 승인·허가·인가 등을 하고자 하는 경우에는 미리 그 개발사업계획의 내용을 도의회에 보고하여야 한다(특별법 제48조). 이러한 절차를 통하여 도의회가 도지사를 견제할 수 있도록 한 것이다(박영욱, 2008: 141).

라) 법률안 제출에 관한 동의권

특별법 제9조에서는 도지사의 법률안제출권에 대하여 규정하고 있고, 도의회는 법률안 제출에 관한 동의권을 가진다. 즉 제주특별자치도지사는 제주특별자치도의회 재적 의원 3분의 2 이상의 동의를 얻어 제주특별자치도와 관련하여 법률에 반영할 필요가 있는 사항에 대한 의견을 국무총리가 위원장인 제주특별자치도 지원위원회에 제출할 수 있다.

마) 조직 및 운영상 자율권 확대

제주특별자치도의 경우에는 지방자치법 제90조 제3항 및 제91조 제2항(지방공무원법 제2조 제2항 제1호의 일반직 공무원을 제외한다)의 규정에도 불구하고 도의회 사무처에 두는 사무직원의 임용 및 절차를 도조례로 정할 수 있다(특별법 제14조 제1항). 이는 지방의회 의장의 추천에 따라 지방자치단체의 장이 임명하도록 되어 있는 의회사무처 직원 임용권의 일부를 도조례에 의하여 도의회 의장이 행사할 수 있도록 한 것이다. 이에 근거하여 '제주특별자치도의회 사무처 직원의 임용 등에 관한 조례'가 제정되어 있고, 이 조례에 의하면 도의회 의장은 일반직 공무원을 제외한 의회사무처 소속 공무원의 임용권을 갖는다('제주특별자치도의회 사무처 직원의 임용 등에 관한 조례' 제2조 제1항).

또한 지방자치법 제33조의 규정에도 불구하고 도의원에게 지급하는 비용의 종류 및 그 지급 기준은 도조례로 정하고, 비용의 종류 및 지급 기준을 심의·의결하기 위하여 도지사 소속하에 의정활동비심의위원회를 두며, 의정활동비심의위원회의 구성 및 운영 등에 관하여 필요한 사항은 도조례로 정하도록 하고 있다(특별법 제46조). 이는 지방자치법이나 동법 시행령에서 정하고 있는 사항을 제주특별자치도에 한하여 도조례로 정하도록 위임한 것이다.[6] 이에 근거하여, '제주특별자치도의회 의원 의정활동비·월정수당 및 여비 지급에 관한 조례'가 제정되어 있다.

한편 지방자치법 제47조 제2항의 규정에 불구하고 도의회의 연간 회의 총일수는 도조례로 정할 수 있다(특별법 제47조). 이것 역시 도의회의 자율권을 확대한 것으로 볼 수 있다.[7] '제주특별자치도의회 정례회의 운영 등에 관한 조례' 제2조에서는 도의회의 연간 회의 총일수는 정례회와 임시회를 합하여 130일 이내로 하고, 회의 일수 연장이 필요한 경우에는 본회의 의결을 거쳐 연장할 수 있도록 하고 있다.

2 도의원 정수 및 선거구에 관한 특례

제주특별자치도의 경우에는 도의원 정수 및 선거구에 관한 특례가 인정되고 있다. 우선 도의원 정수와 관련해서, 공직선거법 제22조 제1항, 제3항 및 제4항의 규정에 불구하고 41인 이내에서(교육의원 5인 포함) '도의회 의원 선거구 획정위원회'가 정하는 바에 따라 도조례로 정하게 되어 있다(특별법 제41조 제1항). 또한 도의회의 비례대표 의원 정수에 관해서도 특례가 인정된다. 즉 도의회의 비례대표 의원 정수는 공직선거법 제22조 제4항[8]의 규정에 불구하고 의원 정수(교육의원은 제외)의 100분의 20 이상으로 하며 '도의회 의원 선거구 획정위원회'가 정하는 바에 따라 도조례로 정한다. 이 경우 단수는 0으로 본다(특별법 제41조 제2항).

또한 제주특별자치도의 경우에는 도의회 의원의 지역선거구에 관한 특

6) 지방자치법 제33조에서는 지방의원에게 의정활동비, 여비, 월정수당을 지급한다고 명시하고, 지급 기준은 대통령령이 정하는 바에 따라 해당 지방자치단체의 의정비심의위원회에서 결정하는 범위에서 지방자치단체의 조례로 정하도록 하였으며, 의정비심의위원회의 구성·운영 등에 관하여 필요한 사항은 대통령령으로 정하도록 하고 있다.

7) 특별법 제정 당시에는 시·도의회의 연간 회의 총일수가 120일로 제한되어 있었으나, 2006년 7월 1일부터 시행된 개정 지방자치법 제47조 제2항에서 "연간 회의 총일수와 정례회 및 임시회의 회기는 해당 지방자치단체의 조례로 정한다"라고 규정하였기 때문에 이 특례 조항의 의미는 상실되었다. 따라서 향후 이 조문은 삭제할 필요가 있다(같은 취지로 박영욱, 2008: 141 참조).

8) 공직선거법 제22조 제4항에서는, 비례대표 시·도의원 정수는 지역구 시·도의원 정수의 100분의 10으로 하도록 규정하고 있다(이 경우 단수는 1로 본다). 다만, 산정된 비례대표 시·도의원 정수가 3인 미만인 때에는 3인으로 한다.

례도 인정되고 있다. 즉 도의회 의원 지역선거구는 인구・행정구역・지세(地勢)・교통 그 밖의 조건을 고려하여 획정하되, 그 도의회 의원 지역선거구의 명칭과 관할구역은 공직선거법 제26조 및 별표 2의 규정에 불구하고 '도의회 의원 선거구 획정위원회'가 정하는 바에 따라 도조례로 정하게 하고 있다(특별법 제42조 제1항). 그리고 도의회 의원 지역선거구를 획정하는 경우 행정시의 관할구역의 일부를 분할하거나 하나의 읍・면・동의 일부를 분할하여 다른 도의회 의원 지역선거구에 속하게 할 수 없다(특별법 제42조 제2항). 또한 도의회 의원 지역선거구의 공정한 획정을 위하여 '도의회 의원 선거구 획정위원회'를 두며, 공직선거법 제24조의 규정에 의한 '자치구・시・군의원 선거구 획정위원회'의 규정[9]은 '도의회 의원 선거구 획정위원회'에 관한 사항에 대하여 이를 준용하도록 하고 있다(특별법 제43조).

위와 같은 조항은 특별법 부칙 제8조 제2항에 의하여, 2006년 7월 1일부터 임기가 개시되는 지역구 시・도의회 의원 선거의 다음 선거(재선거・보궐선거를 포함한다)부터 적용된다.[10]

---

9) '자치구・시・군의원 선거구 획정위원회'는 11인 이내의 위원으로 구성하되, 학계・법조계・언론계・시민단체와 시・도의회 및 시・도선거관리위원회가 추천하는 자 중에서 시・도지사가 위촉하여야 한다. 또한 국회의원・지방의회 의원 및 정당의 당원은 위원이 될 수 없다. 위원은 명예직으로 하되, 일비・여비 기타의 실비를 받을 수 있다. 선거구 획정 위원회로부터 선거구 획정 업무에 필요한 자료의 요청을 받은 국가기관 및 지방자치단체는 지체없이 이에 따라야 한다. 선거구 획정 위원회는 공직선거법 제26조(지방의회 의원 선거구의 획정) 제2항에 규정된 기준에 따라 선거구획정안을 마련하고, 보고서를 당해 자치구・시・군의원의 임기 만료에 의한 선거의 선거일 전 1년까지 시・도지사에게 제출하여야 한다 (공직선거법 제24조 제3항 내지 제7항).

10) 2006년 7월 1일부터 임기가 개시된 현재의 도의회의원 선거와 관련해서는 '제주도 행정체제 등에 관한 특별법' 부칙 제3조의 규정이 적용되었다. 이에 따르면, 제주도의원 선거구 획정 위원회는 공직선거법 제24조 제7항의 규정에 불구하고 당해 제주도의회 의원 선거구 획정안을 선거일 전 4월까지 제주도지사에게 제출하여야 하며, 제주도의회는 제주도지사로부터 제출받은 날부터 15일 이내에 조례안을 의결하여야 한다라고 규정하고 있다. 또한 제주도의회가 위 기한까지 조례안을 의결하지 아니하는 경우에는 제주도의회 의원 지역선거구의 명칭・구역 및 의원 정수는 중앙선거관리위원회 규칙으로 정하도록 하고 있다. 2006년 7월 1일 실시된 선거에서는 조례안이 의결되지 못한 관계로 중앙선거관리위원회에서 규칙('제주도의회 의원 지역선거구의 명칭・구역 및 의원 정수에 관한 규칙')을 제정하고, 이에 따라 도의회 의원을 종전 19인에서 41인(지역구의원 29인, 비례대표의원 7인, 교육의원 5인)으로 확대하였다(박영욱, 2008: 138).

3 도의원의 지위와 권리 · 의무

가. 주민의 대표자로서의 도의원

제주특별자치도의회는 도의원으로 구성된다. 도의원은 주민에 의하여 직접 선출된 주민의 대표자[11]다. 도의원이 주민의 의사에 반하여 권한 행사를 하였다고 하여도 법적인 구속은 받지 않는다. 다만 정치적 통제는 받는다. 따라서 경우에 따라 주민소환(recall)의 대상이 될 수 있고, 다음 번 지방선거를 통하여 주민들의 평가를 받게 된다.

나. 도의회의 구성원으로서 가지는 권리

도의원은 도의회의 구성원으로서 그 신분이 보장[12]되고, 여러 권리들을 갖는다. 개별 도의원이 갖는 권리로는 출석권 및 발언권(질문권, 토론권), 표결권, 의정활동비 · 여비 · 월정수당을 받을 권리, 피선거권(의장, 부의장, 상임위원장에 출마할 수 있는 권리) 등이 있다. 그리고 일정 수 이상 의원들이 집단적으로 행사할 수 있는 권리로서 임시회 및 위원회의 소집요구권, 의안발의권 등이 있다.

다. 도의원의 의무

1) 지방자치법에 규정된 의무

도의원은 도의회의 구성원으로서 일정한 의무를 부담한다. 우선 지방자치법에 따라 도의원은 다음과 같은 의무를 진다(지방자치법 제35조 및 제

11) 지방의회 의원이 주민의 대표자라고 할 때, 그를 선출한 선거구 주민의 대표자라는 의미가 아니라, 지방자치단체 전체 주민의 대표자라는 의미로 해석하여야 할 것이다. 따라서 출신 선거구의 이익과 지방자치단체 전체의 이익이 대립되는 경우에 지방의회 의원은 지방자치단체 전체 주민의 복리를 우선시하여야 할 것이다. 그러나 현실을 보면, 지방의회 의원이 자신의 선거구 주민들의 이익을 우선시하는 경우들을 흔히 보게 된다.

12) 지방의회 의원은 국회의원과는 달리 면책특권이나 불체포특권은 없으며, 다만 관계 수사기관의 장이 지방의회 의원을 체포 또는 구금한 경우에는 지체없이 영장의 사본을 첨부하여 해당 의장에게 통지하여야 한다(지방자치법 제37조).

36조).

i) 도의원은 공공의 이익을 우선하여 양심에 따라 그 직무를 성실히 수행하여야 한다.

ii) 도의원은 청렴의 의무를 지며, 의원으로서의 품위를 유지하여야 한다.

iii) 도의원은 지위를 남용하여 지방자치단체·공공단체 또는 기업체와의 계약이나 그 처분에 의하여 재산상의 권리·이익 또는 직위를 취득하거나 타인을 위하여 그 취득을 알선하여서는 아니 된다.

iv) 도의원은 국회의원이나 다른 지방의회의 의원 등 일정한 직을 겸직하지 못하는 겸직 금지 의무를 진다.

v) 도의원은 해당 지방자치단체 및 공공단체와 영리를 목적으로 하는 거래를 할 수 없으며, 이와 관련된 시설이나 재산의 양수인 또는 관리인이 될 수 없다.

그 밖에도 도의원은 지방자치법 제82조 내지 제84조에 따라 회의장에서의 질서 유지 의무, 모욕 등의 발언 금지 의무, 폭력 및 소란 금지 의무가 있다.

2) 윤리강령 및 윤리실천 규범 준수 의무

지방의회는 지방의회 의원이 준수하여야 할 지방의회 의원의 윤리강령과 윤리실천 규범을 조례로 정하여야 한다(지방자치법 제38조 제1항). 이에 따라 제주특별자치도의 경우에도 '제주특별자치도의회 의원 윤리강령 및 윤리실천 규범조례'를 제정하고 있다. 이 조례에 의하면, '의원 윤리강령'이란 도의원이 지켜야 할 윤리적인 가치를 종합하여 강령의 형태로 제정한 것을 말한다. 그리고 '의원 윤리실천 규범'이란 의원이 재임 기간 동안에 실천하여야 할 윤리적인 사항을 구체적으로 정한 규범을 말한다. 윤리실천 규범은 공익 우선, 청렴 및 품위 유지, 투명성 확보, 직권 남용의 금지, 제척 및 회피,[13] 직무 관련 금품 등의 취득 금지 및 거래 제한, 기밀 누설 금지, 사례금 등의 수수 금지, 국외활동, 회의 출석에 관한 내용으로 구성되어 있다.

---

13) '제척 및 회피'란, 의원이 심의 대상 안건이나 행정사무 감사·조사의 사안과 직접적인 이해 관계에 있거나 공정을 꾀할 수 없는 뚜렷한 사유가 있는 경우에는 관련 활동에서 제척되고, 의원이 심의 대상 안건이나 감사 또는 조사의 사안과 직접적인 이해 관계를 가지는 경우에는 미리 소명(疏明)하고 관련 활동에 참여하여서는 아니 된다는 것이다.

3) 의무 위반에 대한 심사 및 징계

'제주특별자치도의회 의원 윤리강령 및 윤리실천 규범조례' 제15조에 의하면, 의원이 이 조례에 따른 윤리강령 및 윤리실천 규범을 위반한 경우에는 윤리심사의 대상이 되도록 하고 있고, 의원 윤리심사 절차 등에 필요한 사항은 규칙으로 정하도록 하고 있다. 그리고 지방의회 의원의 윤리심사 및 징계에 관한 사항을 심사하기 위하여 윤리특별위원회를 둘 수 있다(지방자치법 제57조).

지방의회 의원이 지방자치법이나 자치법규에 위배되는 행위를 하면 지방의회는 의결로써 징계할 수 있다(지방자치법 제86조). 징계의 종류에는 공개회의에서의 경고, 공개회의에서의 사과, 30일 이내의 출석 정지, 제명의 네 종류가 있다. 제명에는 재적 의원 2/3 이상의 찬성이 있어야 한다(지방자치법 제88조 제1항 및 제2항).

4 도의회의 내부조직

가. 의장 및 부의장

시·도의회는 의원 중에서 1명의 의장과 2명의 부의장을 선출하여야 한다(지방자치법 제48조 제2항). 제주특별자치도의회에도 1명의 의장과 2명의 부의장이 선출되어 있다.

도의회 의장은 의회를 대표하고 의사를 정리하며, 회의장 내의 질서를 유지하고 의회의 사무를 감독한다(지방자치법 제49조). 부의장은 의장에게 사고가 있을 때에 그 직무를 대리한다(지방자치법 제51조).

나. 위원회

지방의회는 조례로 정하는 바에 따라 위원회를 둘 수 있다. 위원회에는 소관 의안과 청원 등을 심사·처리하는 상임위원회와 특정한 안건을 일시적으로 심사·처리하기 위한 특별위원회 두 가지 종류가 있다(지방자치법 제56조 제1항 및 제2항). 2008년 6월 현재 제주특별자치도의회에는 의회운영위원회, 행정자치위원회, 복지안전위원회, 환경도시위원회, 문화관광위원회, 농수축 · 지식산업위원회, 교육위원회의 7개 상임위원회와 예산결산 특별위원회, 군사기지건설 관련 특별위원회, FTA 대응 특별위원회가 설치되어 있다.

위원회는 그 소관에 속하는 의안과 청원 또는 지방의회가 위임한 특정한 안건을 심사한다(지방자치법 제58조). 위원회에는 위원장과 위원의 활동을 지원하기 위하여 의원이 아닌 전문지식을 가진 위원(이하 "전문위원"이라 한다)을 둔다. 지방의회의 전문위원 제도는 위원회의 안건심사 능력을 제고하고 위원회의 의정활동을 보좌하기 위하여 국회의 전문위원 제도를 모방하여 만든 제도다. 전문위원은 위원회에서 의안과 청원 등의 심사, 행정사무 감사 및 조사, 그 밖의 소관 사항과 관련하여 검토보고 및 관련 자료의 수집 · 조사 · 연구를 한다(지방자치법 제59조 제1항 및 제2항). 또한 도의회의 전문위원은 소속 위원회의 사무를 처리함에 있어 소속 위원회 위원장의 지휘를 받아 소관사무를 처리하고, 그 위원회 소속 정책자문위원 및 직원을 지휘 · 감독한다('제주특별자치도의회 사무기구 설치 및 직원정수 조례' 제4조 제3항).

위원회에 관하여 지방자치법에서 정한 것 외에 필요한 사항은 조례로 정하며, 제주특별자치도의 경우에는 '제주특별자치도의회 위원회 및 교섭단체 구성과 운영에 관한 조례'가 제정되어 있다.

[그림 4-1] 제주특별자치도의회의 조직(2008년 6월 현재)

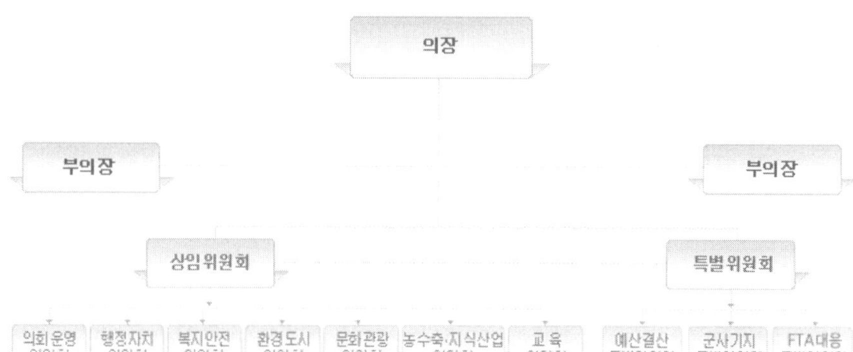

위원회는 효율적인 안건 심사를 위하여 필요한 경우에는 소위원회를 둘 수 있고, 소위원회에서 심사를 마친 경우에 소위원회의 위원장은 그 심사 결과를 위원회에 보고한다('제주특별자치도의회 위원회 및 교섭단체 구성과 운영에 관한 조례' 제13조). 또한 전문성을 보완하기 위하여, 중요한 안건이나 전문지식이 필요한 안건의 심사와 관련하여 필요한 경우 해당 안건에 관하여 학식과 경험이 있는 2명 이내의 전문가를 심사보조자로 위촉할 수 있다('제주특별자치도의회 위원회 및 교섭단체 구성과 운영에 관한 조례' 제14조 제1항).

다. 교육위원회

1) 설 치

도의회에는 상임위원회 중 하나로 교육위원회를 둔다. 종전에는 지방의회와는 별도로 교육·학예에 관한 의결기관으로서 교육위원회를 두었으나, 특별법 제정 당시에 제주특별자치도에 한하여 교육위원회를 지방의회 내의 상임위원회로 전환하였고, 그 이후인 2006년 12월 20일 '지방교육자치에 관한 법률'이 개정되면서 '교육위원회의 지방의회 내 상임위원회화'는 전국적으로 확대·시행되고 있다.

교육위원회는 지방의회 내의 상임위원회이지만 그 구성과 권한 등에 있어서 특수성이 인정되는 상임위원회다. 교육위원회는 교육·과학·기술·체육 그 밖의 학예(이하 "교육·학예"라 한다)에 관한 소관 사항을 심의·의결하는데(특별법 제79조), 일정한 경우에 교육위원회의 의결은 본의회의 의결로 간주된다.

2) 구 성

교육위원회는 9인으로 구성하되, 도의회 의원 4인과 교육의원 5인으로 구성한다. 교육의원은 지방자치법 제31조 및 공직선거법의 지역선거구 시·도의회 의원 선거에 관한 규정에 의하여 별도로 선출한다(특별법 제80조 제1항).

교육위원회에는 위원장을 둔다. 위원장은 교육위원회 위원 중에서 무기명투표로 선출하되, 다수 득표자로 한다. 위원장의 임기는 2년이며, 위원장은 교육위원회의 동의를 얻어 그 직을 사임할 수 있다(특별법 제80조 제2

항 내지 제4항).

3) 교육의원

5명의 교육의원은 선거에 의하여 선출한다. 정당은 교육의원 선거에 후보자를 추천할 수 없으며, 교육의원 후보자의 추천 및 등록은 공직선거법의 지역선거구 시·도의회 의원 선거 무소속 후보자 추천 및 등록에 관한 사항을 준용한다(특별법 제81조).

교육의원의 피선거자격은 공직선거법 제49조의 규정에 의한 후보자등록신청 개시일 당시에 교육 경력 또는 교육행정 경력이 10년 이상 있거나 양 경력을 합하여 10년 이상 있고, 후보자 등록신청 개시일부터 과거 2년 동안 정당의 당원이 아닌 자이어야 한다(특별법 제82조).[14]

교육위원회 위원은 일정한 직을 겸직할 수 없고, 제주특별자치도의 교육기관과 영리를 목적으로 하는 거래를 할 수 없으며, 이와 관련된 시설 또는 재산의 양수인 또는 관리인이 될 수 없다(특별법 제83조).

4) 교육위원회의 권한

가) 의결 대상

교육위원회는 제주자치도의 교육·학예에 관한 ① 조례안, ② 예산안 및 결산, ③ 특별부과금·사용료·수수료·분담금 및 가입금의 부과와 징수에 관한 사항, ④ 기채안, ⑤ 기금의 설치·운용에 관한 사항, ⑥ 도조례로 정하는 중요 재산의 취득·처분에 관한 사항, ⑦ 도조례로 정하는 공공시설의 설치·관리 및 처분에 관한 사항, ⑧ 법령과 조례에 규정된 것을 제외한 예산 외 의무 부담이나 권리의 포기에 관한 사항, ⑨ 청원의 수리와 처리, ⑩ 외국 지방자치단체와의 교류 협력에 관한 사항, ⑪ 그 밖에 법령과 도조례에 의하여 그 권한에 속하는 사항을 심의·의결한다(특별법 제84조 제1항).

---

14) "교육 경력"은 유아교육법 제2조 제2호의 규정에 의한 유치원, 초·중등교육법 제2조 및 고등교육법 제2조의 규정에 의한 학교에서 교원으로 근무한 경력을 말한다. 그리고 "교육행정 경력"이란 국가 또는 지방자치단체의 교육기관(교육행정기관, 교육연구기관, 교육연수·수련기관, 도서관 및 교원·학생복지후생기관 등을 포함한다. 이하 같다)에서 국가공무원 또는 지방공무원으로 교육·학예에 관한 사무에 종사한 경력과 교육공무원법 제2조 제1항 제2호 또는 제3호의 규정에 의한 교육공무원으로 근무한 경력을 말한다.

나) 의결의 효력

위 ⑤ 내지 ⑪에 규정된 사항에 대하여 행한 교육위원회의 의결은 도의회 본회의의 의결로 본다(특별법 제84조 제2항). 교육위원회의 의결이 최종적인 의결로서 효력을 갖는 것이다.

교육위원회 위원장은 교육위원회가 위 ⑤ 내지 ⑪의 사항 중 i) 주민의 재정적 부담이나 의무 부과에 관한 조례안, ii) 제주자치도의 일반회계와 관련되는 사항에 해당하는 의안을 의결하기 전에 미리 도지사의 의견을 들어야 한다(특별법 제84조 제3항).

다) 의안의 발의

교육위원회에서 심의·의결할 사항 중 위 ① 내지 ④ 의 사항에 관한 의안은 도교육감 또는 도의회 재적 의원 5분의 1 이상 또는 의원 10인 이상이 발의한다. 그리고 위 ⑤ 내지 ⑪의 사항에 관한 의안은 도교육감 또는 교육위원회 재적 위원 3분의 1 이상의 연서로 발의한다(특별법 제85조 제1항 및 제2항).

그리고 도교육감이 위 ⑤ 내지 ⑪의 사항 중 i) 주민의 재정적 부담이나 의무 부과에 관한 조례안, ii) 제주자치도의 일반회계와 관련되는 사항에 해당하는 의안을 도의회에 제출하고자 하는 때에는 미리 도지사와 협의하여야 한다(특별법 제85조 제3항).

라) 기 타

교육위원회는 회의의 진행 내용 및 그 결과, 출석 위원의 수와 성명 등을 기재한 회의록을 작성하여야 한다. 교육위원회 및 도의회의 교육·학예에 관한 사무를 처리하기 위하여 도의회 사무처에 조직과 사무직원을 둔다. 사무직원 중 교육행정직 지방공무원은 도교육감이 임명한다(특별법 제88조 및 제89조).

라. 교섭단체

제주특별자치도의회에도 교섭단체가 인정된다. 교섭단체는 의사 진행에 관한 중요한 안건을 협의하기 위하여 일정한 수 이상의 의원들로 구성된 의원단체를 말한다. 도의회에서 4명 이상의 소속 의원을 가진 정당은 하나의 교섭단체가 된다.

교섭단체는 대표 1명을 선임하고 그 대표는 소속 의원 명부와 대표의 직인 및 사인(私印)의 인영(印影)을 의회 의장(이하 "의장"이라 한다)에게 제출하여야 한다. 그리고 교섭단체의 대표는 그 소속 의원의 이동이 있거나 소속 정당의 변경이 있으면 그 사실을 지체없이 의장에게 보고하여야 한다. 어느 교섭단체에도 속하지 아니하는 의원이 당적을 취득하거나 소속 정당을 변경한 경우에도 그 사실을 즉시 의장에게 보고하여야 한다('제주특별자치도의회 위원회 및 교섭단체 구성과 운영에 관한 조례' 제3조).

마. 정책자문위원 제도

도의회의 조례 제정·개폐, 예산·결산심사, 행정사무감사 및 조사 등의 활동을 지원하고, 도의회 의원 또는 상임위원회의 의정활동을 지원하기 위하여 상임위원회(교육위원회를 포함한다)별로 3인 이내의 정책자문위원을 둘 수 있다(특별법 제45조 제1항). 이 제도는 도의회의 정책 기능을 활성화하기 위하여 도입된 것이다. 정책자문위원은 5급 상당의 계약직 또는 별정직 지방공무원으로 보한다(특별법 제45조 제2항).

이러한 정책자문위원은 기존의 전문위원 제도를 보완하고 '유급보좌관'제가 도입되어 있지 않은 상황 속에서도 의정 지원 기능을 강화하기 위하여 도입된 것이다(윤철수, 2006: 317). 그리고 제주특별자치도의회에 현재 배치되어 있는 정책자문위원들은 분야별 전문가들로 구성되어 있다.[15] 이러한 정책자문위원 제도가 제대로 정착된다면 입법·정책 기능을 강화하는 데 기여할 수 있을 것이다. 그러나 정책자문위원이 전문위원의 지휘·감독을 받는 위치에 있고 정책자문위원의 업무가 입법 지원, 정책 지원, 의원 의정활동 지원 등 포괄적으로 규정되어 있어, 정책자문위원 제도에 대해서는 일정 기간 운영해 본 이후에 평가하고 제도 보완을 하는 것이 필요할 것이다.

---

15) 제주특별자치도의회 정책자문위원의 자격 요건으로는, 관련 분야 박사학위를 취득하거나 석사학위 취득 후 6년 이상 해당 분야 경력이 있는자, 관련 학사학위를 취득하고 9년 이상 해당 분야의 경험이 있는 자, 해당 분야의 기사 자격을 취득한 후 6년 이상 해당 분야의 경력이 있는 자, 5급 이상 공무원으로 근무한 실적이 7년 이상인 자로서 3년 이상 해당 분야의 경력이 있는 자 등을 요구하였고, 2006년 9월에 채용한 정책자문위원 11명 중 5명이 박사학위 소지자였고, 2명은 박사과정 수료자였다.

〈표 5-1〉 정책자문위원과 전문위원 비교

구 분	정책자문위원	전문위원
법적 근거	제주특별자치도법 제45조	지방자치법 제59조
기능	도의회의 조례 제정·개폐, 예산·결산심사, 행정사무감사 및 조사 등의 활동을 지원하고 도의회 의원 또는 상임위원회의 의정활동을 지원	위원회에서 의안과 청원 등의 심사, 행정사무감사 및 조사, 그 밖의 소관 사항과 관련하여 검토보고 및 관련 자료의 수집·조사·연구
강제 여부	선택(반드시 두어야 하는 것은 아님)	강제(반드시 두어야 함)
정수	상임위별 3인 이내	상임위별 1인
직급	5급 상당 계약직 또는 별정직 지방공무원	4급 일반직 또는 별정직 지방공무원
임명권자	도의회 의장	- 일반직은 도지사 - 별정직은 도의회 의장(특별법 제14조 제1항)
상호관계	전문위원의 지휘·감독을 받음. ('제주특별자치도 도의회 사무기구 및 직원정수 조례' 제4조 제3항)	정책자문위원을 지휘·감독함.

자료: 박영욱(2008), 「쟁점으로 보는 제주특별자치도법」, 한국학술정보, p.154에서 인용(일부 수정함).

바. 사무처

시·도의회에는 그 사무를 처리하기 위하여 조례로 정하는 바에 따라 사무처를 둘 수 있고, 사무처에는 사무처장과 직원을 두게 되어 있다(지방자치법 제90조 제1항).

제주특별자치도의 경우에도 도의회 의장의 지휘·감독을 받아 도의회의 운영 등 입법·의정 활동에 관련된 사무를 처리하는 사무기구로 사무처를 설치하고 있고, 사무처에는 사무처장을 두고 있다('제주특별자치도의회 사무기구 설치 및 직원정수 조례' 제2조 및 제3조).

5 도의회의 권한 강화 및 기능활성화 방안

도의회는 제주특별자치도의 유일한 지방의회다. 특히 제주특별자치도의 경우에는 중앙정부로부터 많은 권한을 이양받고 있고, 기초지방자치제가 폐지되었기 때문에 '제왕적 도지사'에 대한 우려가 높은 상황이다. 따라서 도의회가 집행부를 충실하게 견제·감시하고 주민 의견을 수렴하는 것이 절실하게 요구된다. 또한 도의원 유급화도 진행된 만큼, 제주특별자치도의 회도 이제는 전문적 정책의회로 자리매김할 것이 요구되고 있다. 이를 위해서는 몇가지 제도적 개선이 필요하다고 본다.

첫째, 도의원 선출 방식에 대한 검토가 필요하다. 2006년 7월 1일부터 임기가 시작된 도의원의 경우에는 지역구 의원에 대하여 소선거구제를 적용하였고, 비례대표 의원은 41명 중 7명으로 하였다. 그러나 유권자들의 의사를 좀더 폭넓고 정확하게 반영하고 다양한 정치 세력들 간의 정책 경쟁을 유발하기 위해서는 비례대표제 확대, 중대선거구제 도입 등 다양한 대안을 모색할 필요가 있다.

둘째, 도의회의 권한이 확대될 필요가 있다. 특히 자치입법권의 확대가 필요하다. 현행 특별법은 개별적으로 사무이양 또는 조례위임하는 방식을 취하고 있다. 그러나 이러한 방식은 일일이 이양 대상 사무와 조례위임 사항을 개별적으로 열거하여야 한다는 문제점을 안고 있다. 지금 특별법이 매우 복잡하고 방대한 법률이 된 핵심적인 이유도 개별이양, 개별위임 방식을 취하고 있기 때문이다. 따라서 자치입법권 확대를 위해서는 개별위임 방식보다는 분야를 정해서 포괄적으로 이양·위임하는 방식을 취할 필요가 있다. 그와 함께 내부조직, 행정기구, 주민 참여, 사회복지, 청소년 등 지역적 특성을 인정하여도 국가적인 혼선이 생기지 않는 분야에 대해서는 원칙적으로 법률(법령이 아니라)에 위반되지 않는 범위 내에서 조례를 제정할 수 있도록 하는 특례를 인정할 필요가 있다. 그럼으로써 다른 지방자치단체와는 달리 시행령, 시행규칙에 의한 제한을 받지 않고 제주지역의 특성에 맞는 내용들을 조례로 규정할 수 있을 것이다. 또한 지방자치법 제22조 단서 조항의 적용을 배제함으로써 조례를 통해서도 주민에 대하여 권리 제한, 의무 부과가 가능하도록 해야 할 것이다. 궁극적으로는 헌법을 통하여 제주특별자치도의 경우에는 자치입법권의 특례를 부여하는 것이 바람직할 것이다(이기우, 2007: 376-389). 한편 자치입법권 이외에도 도의회에서의 위증에 대한 처벌 규정 명시 등 도의회의 권한을 강화하는 제도 개선이 필요하다.

셋째, 도의회의 의정활동을 지원하는 시스템의 정비가 필요하다. 이를 위해서는 도의회 사무처 소속 공무원의 임용권을 도의회가 전속적으로 행사하도록 할 필요가 있다. 현재 도의회 사무처에 근무하는 공무원 중 별정직, 기능직에 대한 인사권은 의장이 행사할 수 있도록 열어 놓았지만, 일반직 공무원에 대한 인사권은 아직도 도지사에게 있다(다만 도의회 의장의 추천을 받도록 규정하고 있다). 그러나 일반직 공무원에 대한 인사권을 도지사가 가지고 있는 것은 인력의 전문성, 독립성을 확보하는 데에 문제가 있다.[16] 미국의 시정부에서 일반적으로 의회가 사무직원의 임명권을 행사하고 있는 것과 일본 지방자치법에서도 의장이 사무직원을 임명하도록 하고 있는 예를 참고할 필요가 있다(최병태, 2003: 76). 물론 도의회 의장도 인사권을 남용할 우려가 있으므로, 그 행사의 합리성, 공정성을 담보하기 위한 제도적 장치도 보완할 필요가 있다.

한편 도의회 사무처 조직을 재편하여, 입법·정책(예산 포함) 기능을 독립시키는 것도 고려하여야 한다. 현재 도의회 사무처 내의 입법정책관실과 상임위원회에 소속된 전문위원, 정책자문위원이라는 입법·정책 보좌조직이 있기는 하지만, 전체적인 조직의 전문성과 독립성을 더욱 강화하고 체계화시킬 필요가 있다. 따라서 도의회 산하에 사무처와는 별도로 입법정책처(가칭) 같은 기구를 설치하는 것도 검토할 필요가 있다. 그럴 경우 현재의 정책자문위원들은 입법정책처(가칭) 소속으로 하고 전문인력을 더욱 확충하는 방안을 검토할 수 있을 것이다. 참고로 국회의 경우에는 기존의 국회사무처와는 별도로 예산정책처, 입법조사처 등의 기구를 독립·신설하고 있다. 또한 감사위원회를 도의회 소속으로 전환하는 문제도 검토해 볼 필요가 있다(양덕순, 2007: 67).

넷째, 의회 스스로의 개혁 노력도 필요하다. 도의회가 집행부를 제대로 견제·감시하고 주민으로부터 신뢰를 얻기 위해서는 이해 충돌 가능성을 배제할 필요가 있다. 따라서 의원 윤리를 강화하고, 상임위원회 배정시에 이해 충돌 가능성이 있는 상임위원회에 배정되지 않도록 할 필요가 있다.[17]

---

16) 임명권이 단체장에게 부여되어 있는 한 공무원들이 지방의회 사무처로 발령받았다 하더라도 의회보다 집행기관에 소속감을 가지는 것은 당연하다(최병태, 2003: 63).

17) 이미 '서울특별시의회 교섭단체 및 위원회 구성·운영 조례' 제7조 제4항에서는 "의원은 자기 직업과 관련된 상임위원회의 위원이 될 수 없다"라고 규정하고 있다.

그뿐만 아니라 이해 충돌 가능성이 있는 집행부 소속 위원회에의 참여를 금지하고, 도의원의 윤리 위반 행위에 대한 조사청구권을 주민에게 부여하는 등의 제도 개선도 필요하다.[18]

18) 시민단체인 제주참여환경연대는 2008년 5월 14일 토론회를 열고 이와 같은 제안을 하기도 하였다(제주의소리, 2008. 5. 14).

제 5 장 집행기관의 구성과 운영*

제주특별자치도는 고도의 자치권이 보장되는 지방분권을 위한 시범 선도 모델로 많은 국민들의 관심 속에 출발하였다. 이는 세계화 시대를 맞아 국제자유도시로서 제주지방의 경쟁력 강화를 통하여, 국가 경쟁력의 강화를 위한 토대를 마련하려는 내생적 발전전략 패러다임에 입각한 시도였다.

이 장에서는 특별자치도의 집행기관의 조직과 인사를 중심으로 특별법상에 보장되어 있는 내용과 특징, 그리고 이것이 다른 지방지치단체와는 어떻게 차별화되는가를 살펴보도록 하겠다.

1 제주특별자치도의 집행기관

가. 집행기관의 구성

우리나라의 자치계층은 특별시 · 광역시 · 도의 광역자치단체와 자치구 · 시 · 군의 기초자치단체의 중층제(2계층제)로 이루어져 있다([그림 5-1] 참조). 제주도 역시 광역자치단체인 제주도와 기초자치단체인 2개 시(제주시, 서귀포시), 2개 군(북제주군, 남제주군)의 1도 4시군으로 이루어져 있었으

* 이 장의 내용은 국무총리실이 주관한 제주특별자치도 사례연구로 저자가 서울대 이승종 교수와 집필하였던 내용을 일부 수정한 것이다.

나, 2006년 7월 제주특별자치도의 출범과 함께 전국 유일한 단층제 지역(1도 2행정시)으로 개편되었다([그림 5-2] 참조). 이는 2단계 계층구조의 비효율을 극복하고자 기초자치단체를 폐치·통합하고 광역자치단체만을 남겨둔 개혁 시도의 결과다.[1)]

[그림 5-1]에서 보는 바와 같이 자치계층은 단층제인데 비하여 행정계층은 도-행정시-읍·면·동의 기존의 3계층제를 유지하고 있다. 이는 특별자치도 출범 초기 급격한 변화와 충격으로부터 공직사회의 혼선을 줄이고 도민 화합을 유도해 나가면서 조직의 안정화 기간을 거친 뒤 자치계층 통합의 완결 구조를 실현해 나가려는 의도에서 과도기적으로 행정시를 존치시킨 결과다.

[그림 5-1] 우리나라의 자치계층과 행정계층

1) 중층제는 기초자치단체와 광역자치단체의 업무 분담을 통하여 기초자치단체가 주민밀착형 행정 서비스를 제공하고 주민의 참여를 독려하는 한편, 광역자치단체는 광역적 업무의 처리 및 자치단체 간 갈등 조정 등의 기능을 효율적으로 수행할 수 있는 장점을 가진다. 반면 광역·기초자치단체 간 업무와 기능의 중복으로 인한 비효율이 발생하기 쉽고, 책임 한계의 명확한 구분이 어려워지며, 광역자치단체가 기초자치단체에 대하여 간섭과 통제를 할 수 있는 등의 단점도 있다.

[그림 5-2] 제주도의 자치계층과 행정계층의 변화

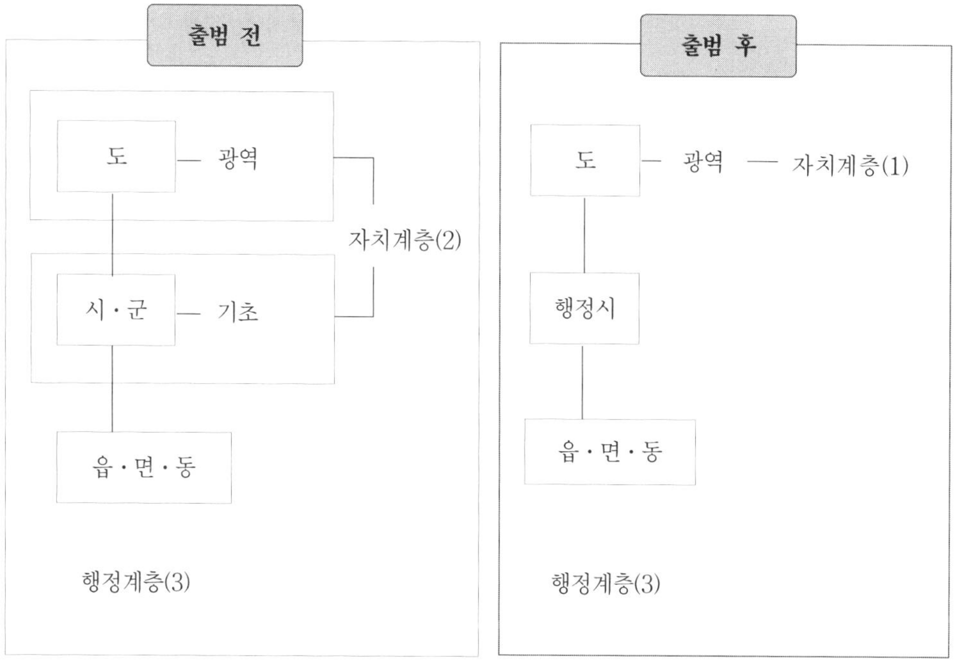

1) 제주특별자치도

제주특별자치도는 실질적인 지방분권을 보장하고, 행정규제의 폭넓은 완화 및 국제적 기준의 적용 등을 통한 국제자유도시를 조성함으로써 국가발전에 이바지하고자 설치되었다(제주특별자치도 설치 및 국제자유도시 조성을 위한 특별법(이하 "특별법"으로 약칭) 제1조). 제주특별자치도는 광역지방자치단체로서, 도지사는 주민의 직선에 의하여 선출되며 광역자치단체인 제주도를 대표하고 지방자치단체의 사무를 통할한다. 여타 광역자치단체와의 비교는 <표 5-1>과 같다.

특별자치도의 출범 이후 집행기관은 특별자치도에 걸맞은 자치조직 시스템을 도입·구축하기 위하여 두 차례에 걸친 조직 개편을 시행하였다. 우선 특별자치도 출범시인 2006년 7월 행정구조 개편이 이루어졌으며, 이후 2007년 1월 제1차 조직 개편으로 지원 기능, 유사·중복 기능의 축소를 위하여 1부 3과 8담당이 축소되었고(정원 45명 감축), 도시계획, 스포츠 마케팅,

〈표 5-1〉 광역자치단체의 형태별 비교

구 분	도/광역시	특별시	특별자치도
설치 근거	-지방자치법	-지방자치법(특별시, 특례 부여) -서울특별시 행정특례에 관한 법률	-지방자치법(특별자치도, 특례 부여) -제주특별자치도 설치 및 국제자유도시 조성을 위한 특별법
행정계층	2계층 (시·군/자치구·군)	2계층(자치구)	1계층
행정 기능	광역 기능 수행 (광역시의 경우 자치구 사무에 대한 특례로 도보다 광역 기능 强)	광역기능 수행(자치구 사무에 대한 특례로 도보다 광역 기능 强)	광역 기능의 전면적 수행(기초지자체 기능 동시 수행) ※광역 기능 가장 强
자치권의 범위	현행 법령상 부여된 범위 내에서 자치권 행사	현행 법령상 부여된 범위 내에서 자치권 행사	특별법에 의한 각종 권한 이양 및 자율성 부여로 타광역지자체보다 광범위한 자치권 부여
행정특례	-	서울특별시 행정체제에 관한 특별법에 따른 일부 행정특례	각종 특례를 통한 대폭적 권한 이양과 규제 완화 -의료·교육·관광·청정 및 첨단산업 특례 -규제자유지역화

* 자료: 박영욱(2008), p. 15에서 재구성.

문화시설 담당이 신설되는 등 도민 및 현장 중심의 조직 운영을 중점으로 이루어졌다. 2007년 3월에는 행정기구 설치·운영 및 정원에 관한 기준이 마련되었다. 제2차 조직 개편은 2008년 3월에 실시되었는데 1국 4과 3직속기관 3사업소가 축소되어 유사 기능의 통폐합을 통한 조직의 슬림화를 꾀하였다.

2) 행정시

특별자치도 출범 이전 존재하였던 자치시·군 체제의 폐지와 함께 제주시와 서귀포시의 2개 행정시가 출범하게 되었다. 제주특별자치도의 행정시는 다른 시·도에서는 찾아볼 수 없는 특수한 하부행정기관으로 지방자치단체가 아닌 시이며, 행정시에는 도시지역에 동, 그 밖의 지역에 읍·면을 둔다(특별법 제15조). 행정시의 폐치·분합, 명칭 및 구역은 도조례로 정하고 도지사는 그 결과를 행정안전부장관에게 보고하여야 한다(특별법 제16조). 행정시장과 부시장은 도지사가 임명하고, 행정시장은 도지사의 지휘·감독을 받아 소관 국가사무 및 지방자치단체의 사무를 맡아 처리하고 소속 직원을 지휘·감독한다(특별법 제17조, 제20조).

집행기관에 있어 특기할 만한 사실은 지방자치법상의 지방의회와 집행기관에 관한 규정에도 불구하고 제주특별자치도의 경우 지방의회와 집행기관의 구성을 달리할 수 있도록 규정하고 있다는 점이다(특별법 제13조). 우리나라의 지방자치단체는 집행기관과 의결기관이 상호 견제와 균형을 이루는 기관대립 형태를 일괄적으로 취하도록 되어 있는데, 제주특별자치도의 경우는 예외로 하여 경우에 따라서는 기관통합형을 택할 수도 있도록 선택권을 부여한 것이다.

행정시의 경우 기존 시·군 업무 가운데 시·군 조례 제·개정, 기초의회 사무 등 기초자치단체의 사무가 폐지되고 기획·조정 기능은 도로 일원화하여 자치권이 없는 시로서 자체기획 기능만 유지하도록 하였다. 또한 옥외광고물·담배소매업·공중식품위생업 신고·복지·세무 업무 등 주민밀착형 서비스는 읍·면·동으로 이관하였고, 주민자치 지원, 세무, 장묘·건강관리, 교통질서, 자치경찰 업무는 강화하였다.

3) 기 타

이 밖에도 도와 유사 중복 업무의 조정으로 행정의 효율성을 제고하고 주민밀착형 서비스를 강화하며, 통합시의 시너지 효과를 고려하여 7개 특별지방행정기관이 제주특별자치도로 이관되었다(특벌법 제141조~제149조). 당해 기관들의 운영 예산은 국가균형발전 특별회계 제주계정에 반영하여 전액 지원하도록 함으로써 사무이관 및 이체 인력에 따른 행·재정적 지원을 의무화하였으며, 향후 도내 특별행정기관의 설치는 원칙적으로 금지하고 불가피한 경우에 한하여 제한적으로 설치하도록 하였다.

나. 집행기관의 개편

제주특별자치도는 출범과 함께 조직 개편을 단행하였다. 단일 광역자치단체인 제주도와 읍·면·동 인력의 기능과 인력을 확대하고, 행정시는 기능과 인력이 축소되었다. 제주도청은 기존의 10실·국·단·본부 36과·담당관 6직속기관 10사업소에서 2위원회(감사위원회, 노동위원회) 13실·국·단·본부 51과·담당관·팀으로 확대되었다.

부지사는 행정부지사와 환경부지사 2인을 두는데, 기존의 정무부지사 대신 국제자유도시 분야 또는 환경전문가를 환경부지사로 임명하는데, 환경부지사 도입은 전국에서 최초다.

제주시와 북제주군이 통합된 제주시(행정시)는 5실국 37과 6국 28실과로 개편되었으며, 서귀포시와 남제주군이 합쳐진 서귀포시(행정시)는 3단·실 27실과에서 4국 21실과로 개편되었다. 읍·면·동은 주민자치와 민원서비스 역할을 담당하며 주민자치 담당과 기동봉사 담당이 공통적으로 신설되

〈표 5-2〉 제주특별자치도의 출범에 따른 조직 구성 변화

구 분		특별자치도 출범 전	특별자치도 출범 후
도 의 회		1담당관, 4전문위원	3담당관, 7전문위원 (4개 시·군의회 폐지)
도	합의제 기관	신 설	2 위원회
	본 청	10실·국·단·본부, 36과·담당관	13실·국·단·본부, 51과·담당관·팀
	직속기관	6 기관	11 기관
	사 업 소	10 사업소	13 사업소
행정시	제 주 시	5실국 36실과	6국 28실과 119담당 5팀
	서귀포시	3단·실 27실과	4국 21실과 95담당 3팀
읍·면·동		43개 읍·면·동	43개 읍·면·동 (읍면: 과설치, 동: 담당 설치)

〈표 5-3〉 정원 조정 현황

구 분	출범 후	출범 전	증 감	사 유
총 계	5,169	4,900	269	특별행정기관 이체정원(145명), 자치경찰 신설(127명)
의 회	105	56	49	의회 인력 보강
도	2,886	1,683	1,203	시·군 사업소, 광역행정 업무 인력, 특별행정기관 이관 등
행정시	1,202	2,411	△1,209	원·사업소, 광역행정 업무 인력 이관 등
읍면동	976	750	226	읍·면·동 인력 보강

었다. 읍면에는 과가, 동사무소에는 담당이 설치되었다(<표 5-2> 참조).

이처럼 새롭게 시작한 제주특별자치도는 출범 이후에도 후속작업으로 두 차례에 걸쳐 조직이 개편되어 지속적인 기능 및 인력의 조정이 이루어졌다. 자세한 내용은 다음과 같다.

1) 제1차 조직 개편

① 도 본청: 제주특별자치도 출범 이후 2007년 1월 제1차 조직 개편으로 3개과[2] 1부 8담당(정원 45명)이 축소되었다. 이로써 출범 당시의 13실·단·국·본부, 51단·팀·과·담당관, 197담당 3팀 체제는 13실·단·국·본부, 47단·팀·과·담당관, 189담당 3팀으로 변경되었다.

② 행정시: 제주시는 도에서 8사무소, 33담당이 이관되고 자체 4담당관이 감축되어 6국 28과 5사무소 131담당 5팀으로 변경되었다. 서귀포시도 4국 21과 3사무소 112담당 3팀으로 변경되었다.

③ 읍·면·동: 생활민원과 주민 편익을 위하여 수자원 인력을 읍면에 배치하였고, 민원·현장부서(문화재 관련, 축산 폐수, 교통, 하수도 등) 인력을 보강하였다.

2) 제2차 조직 개편

① 도 본청: 2008년 3월에 실시된 제2차 조직 개편으로 1국 4과 28담당이 축소되어 12실국 44과 163담당 체제로 변경되었다. 직속기관도 종전 11개에서 8개로 감축되었으며 사업소도 13개에서 10개로 감축되었다.

② 행정시: 제주시의 경우 6국 33과 139담당에서 6국 3보건소 34과 136담당으로 3개 보건소와 1과가 증가하였고 3담당이 감축되었다. 서귀포시는 4국 24과 117담당에서 4국 3보건소 26과 116담당으로 3개 보건소와 2개 과가 증가하였고 1담당이 증가하였다.

③ 읍·면·동: 읍사무소의 총무담당과 주민자치담당을 주민자치담당(주민자치과)으로 통합하였고, 지역특화담당(기동봉사과)을 신설하였다.

---

2) 재산관리과가 폐지되고, 정책기획관과 혁신분권담당관이 혁신기획관으로, 대외협력과와 평화사업과가 평화협력과로 통폐합되었다.

〈표 5-4〉 제2차 도본청 조직 개편 내용(2008. 3.)

구 분		개 편 내 용
국	통·폐합 (△1)	▸ 문화관광스포츠국 + 교통관리단 ⇒ 문화관광교통국
	명칭 변경	▸지식산업국 ⇒ 지식경제국 ▸소방방재본부 ⇒ 소방본부 ▸도시건설본부 ⇒ 도시건설방재국 ▸해양수산본부 ⇒ 해양수산국 ▸국제자유도시추진국 ⇒ 국제자유도시본부
과	신 설 (3)	▸광역경제추진팀(경영기획실) ▸행복마을만들기팀(자치행정국) ▸교육의료산업팀(국제자유도시본부)
	통·폐합 (△7)	▸특별자치담당관 + 프로젝트담당관 ⇒ 특별자치과 ▸문화예술과 + 문화재과 ⇒ 문화정책과 ▸관광정책과 + 관광마케팅과 ⇒ 관광정책과 ▸첨단산업과 + 청정에너지과 ⇒ 미래전략산업과 ▸교통정책과 + 교통항공관리과 ⇒ 교통항공정책과(문화관광교통국) ▸도시계획과 + 혁신도시추진단 ⇒ 도시계획과 ▸건설과 + 도로관리단 ⇒ 건설도로과와 도로관리사업소로 편제
	명칭 변경	▸기업지원과 ⇒ 기업사랑과 ▸여성정책과 ⇒ 양성평등정책과 ▸환경녹지과 ⇒ 녹지환경과 ▸재난대응과 ⇒ 안전도시과 ▸의회법무담당관(경영기획실) ⇒ 규제개혁법제팀(특별자치도추진단) ▸방재대책과(소방방재본부) ⇒ 치수방재과(도시건설방재국) ▸해양수산정책과 ⇒ 수산정책과 ▸어업자원과 ⇒ 해양자원과

〈표 5-5〉 제2차 행정시 조직개편 내용(2008. 3.)

구 분			개 편 내 용
제주시	과 (증1)	통·폐합 (△1)	▸기획예산과 + 자치행정과 ⇒ 기획행정과
		이 관 (△1)	▸행정시 ⇒ 도(△2과): 하수과, 하수관리사무소 ▸도 ⇒행정시(증 1과): 문화유적지관리사무소
		신 설 (증3)	▸사회복지과(주민생활지원국) ▸품격높은조시조성과(도시건설국) ▸절물휴양생태관리팀(환경교통국)
서귀포시	과 (증2)	통·폐합 (△1)	▸기획예산과 + 자치행정과 ⇒ 기획행정과
		이 관 (증1)	▸행정시 ⇒ 도(△1과): 하수관리사무소 ▸도 ⇒행정시(증 2과): 관광지관리사무소, 감귤박물관
		신 설 (증2)	▸도서관운영사무소(주민생활지원국) ▸투자지원과(환경건설도시국)

2 자치조직권의 운영

제주특별자치도는 그 명칭에서 알 수 있는 바와 같이 다른 지방자치단체보다 높은 수준의 자치권이 부여되었다. 조직구성 측면에서는 제주특별자치도의 지방의회 및 집행기관 구성과 행정기구 및 소속기관 등의 설치 및 운영에 대한 자율성이 부여되었다. 이하에서는 자치조직권의 의의와 내용, 한계에 관하여 살펴보도록 하겠다.

가. 조직 구성상 자율성의 의의

제주특별자치도에 특별히 부여된 조직 구성상의 자율성은 다음과 같은 중요한 의의를 지닌다.

첫째, 제주특별자치도의 출범은 세계화 시대 지방자치단체의 경쟁력 강화를 통하여 국가경쟁력 강화의 토대를 마련한 내생적 발전전략에 입각한 시도다. 최근 수도권 규제와 비수도권 지역에 대한 지원과 관련하여 내생적 지역 발전전략과 외생적 지역 발전전략의 상대적 우위에 대한 논란이 진행되고 있는 바, 제주도특별자치도의 집행기관 조직자율권의 강화가 행정의 효율성 제고 및 제주의 사회경제적 발전에 어떠한 영향을 가져올 것인가에 대한 평가는 양 발전전략의 상대적 효과성에 대한 의미 있는 검증 기회가 된다.

둘째, 지역의 실정과 비전에 부합하는 차등적 분권의 시범적 선례다. 지방의 자율권 확대가 어떻게 지역 잠재력의 창의적 구현과 지역 발전으로 연결되는가에 대한 실험을 통하여 차후 우리나라의 지방자치 구현 전략의 방향을 모색할 수 있는 기회가 된다.

나 조직 구성상 자율성의 내용

1) 기관 구성의 특례

전술한 바와 같이 제주특별자치도는 그 출범과 함께 제주 국제자유도시 기반 구축을 위한 단일 광역행정 체제로 개편되었으며, 특별자치도 출범으로 인한 주민 불편을 해소하고 주민생활 지원 기능을 강화하기 위하여 조직 개편 및 기구 조정을 실시하였다. 제주특별자치도는 지방자치법의 규정에 불구하고 따로 법률이 정하는 바에 따라 지방의회 및 집행기관의 구성을 자율적으로 정할 수 있게 되어 있다(특별법 제13조). 제주특별자치도의 기관 구성을 달리하고자 하는 경우 도지사는 도의회의 동의를 받아 행정안전부장관에게 그에 관한 주민 의견을 듣기 위한 주민투표의 실시를 요청할 수 있으며, 요청을 받은 행정안전부장관은 필요하다고 인정하는 때에는 제주특별자치도 관할 구역 전체를 대상으로 도지사에게 주민투표의 실시를 요구할 수 있다.

2) 자치조직권에 관한 특례

제주특별자치도는 의회사무처에 두는 사무직원의 임용 및 절차, 부지사의 정수 및 사무분장에 관한 사항, 행정기구의 설치·운영 기준, 지방공무원의 정원 기준, 직속기관·사업소·출장소의 설치 요건 및 하부 행정기구의 설치 등에 관하여 필요한 사항을 도조례로 정할 수 있다(특별법 제14조). 이는 중앙정부의 승인 없이 도의회 의결을 통하여 자유로이 조직 변경이 가능하도록 함으로써 지역 특성에 맞는 자율적 조직편성을 가능하게 하고, 행정환경의 민감한 변화에 대응하도록 한 것이다.

3) 행정시의 설치

제주특별자치도에는 지방자치단체가 아닌 행정시의 설치를 인정하고 있으며, 행정시의 폐치·분합, 명칭 및 구역은 도조례로 정하며(특별법 제15조) 행정시에 두는 읍·면·동의 폐치·분합은 행정안전부장관의 승인을 요하지 아니하되, 도지사는 그 결과를 행정자치부장관에게 보고하여야 한다(특별법 제16조).

행정시의 설치는 급격한 행정구조 개편으로 인한 혼란을 방지하고 특별자치도의 연착륙을 위한 방편으로 채택된 제도로 단일 광역행정 체제에 적합한 도-행정시-읍·면·동 간 기능 조정이 이루어졌다. 즉, 광역자치단체인 도는 정책 및 기획 기능을 담당하고 행정시는 위임사무의 처리 및 집행 기능을 담당하며 읍·면·동은 주민밀착 서비스 기능을 담당하도록 하였다.

행정시장은 일반직 또는 계약직 지방공무원으로 보하되(개방직) 도지사가 임명한다. 다만, 행정시장으로 예고한 자를 임명할 경우에는 정무직 지방공무원으로 보한다(특별법 제17조). 시장 밑에는 일반직 지방공무원인 부시장을 도지사가 임명하는데, 행정시장을 보좌하여 사무를 총괄하고, 소속직원을 지휘·감독하도록 한다(특별법 제20조).

4) 읍·면·동 기능의 강화

기존의 도·행정시 소관의 서비스를 읍·면·동으로 이관함으로써 주민 밀착 서비스가 가능하도록 하였으며 기능 강화를 위하여 읍·면에는 과를, 동에는 담당을 설치하였다. 또한 일선기관의 자치 기능 강화를 위하여 6급 이하 공무원의 인사권이 읍·면·동장에게 부여되었으며, 예산도 증액 편성되었다.[3] 이러한 읍·면·동의 기능 강화는 주민자치의 본래적 의미를 실현하기 위하여 향후 더욱 확대될 전망으로, 조례 개정을 통하여 읍·면·동에 예산운영 자율권을 부여할 예정이며, 소규모 지역개발사업비의 경우 읍·면에 계상·집행권을 부여하도록 할 방침이다.

5) 주민자치센터의 설치

제주특별자치도는 출범과 함께 자치시·군 폐지에 따른 자치권 훼손을 상쇄하고 풀뿌리 민주주의 강화를 위하여 43개 읍·면·동 전체에 주민자치센터 및 주민자치위원회를 설치하도록 하였다(특별법 제22조). 전국 최초로 주민자치센터가 법정 기구화됨으로써 지역 주민의 참여를 제도화하여 자치기능과 권한 강화의 기초를 마련한 것이다. 이로써 주민자치센터는 기존의 34개소에서 43개소로 증가하였고, 운영 활성화를 위하여 읍·면·동에 분과위원회를 구성하여 역할 분담을 통한 체계적인 운영으로 자율적 참여를 유도하고 있으며, 주민자치센터 업무를 지원하기 위하여 전담 공무원을 배치(6급 상당)함으로써 행정 지원을 강화하였다.

주민자치위원회 또한 그 기능이 대폭 강화되었으며 ① 주민의 편의 및 복지 증진에 관한 사항, ② 주민자치의 강화에 관한 사항, ③ 지역공동체의 형성에 관한 사항을 처리한다.[4] 구체적 실천을 위하여 2006년 4월 제주특별자치도 주민자치센터 설치·운영 조례를 제정하였으며, 2008년 1월에는

---

3) 2007년 기준 읍·면·동장의 재량사업비는 전년도 5,000만 원(대부분)~3억 원(일부 읍면)에서 동 1억 원, 읍·면 3억 원으로 증액되었고, 읍·면·동 전체 사업비도 전년도 92억 원에서 200억 원으로 대폭 증액됨으로써 지역 내 소규모 주민숙원사업이 해소될 수 있게 하였다.

4) 그 구체적 내용은 읍·면·동 지역개발계획 심의, 자치센터 운영에 관한 사항, 기초생활보호 대상자 선정 자문, 주민 이해 조정, 읍·면·동 복지시설 운영에 관한 사항, 환경영향평가 등에 대한 의견 제출, 각종 개발사업의 의견 청취 및 의견 제출 등이다.

다시 조례를 개정하여 공개모집 비율을 확대하는 등 주민 참여를 강화하였다. 그 결과 주민자치위원 공모에 전문직 종사자의 참여가 크게 증가하고 여성위원이 증가하였으며, 주 연령대층이 50~60대에서 40~50대로 낮아지면서 젊은 계층 주민들의 활동이 증가하는 등 지역 주민의 관심이 제고되었다.

주민자치센터에서는 지역 주민 문화 프로그램이 강화되었는데, 교양강좌와 인기 있는 특별강좌가 중심이 되어 지역특화 프로그램 개발을 통하여 지역별 특성을 살린 우리 동네 바로 알기, 어린이 생태공부방, 살기 좋은 마을 만들기, 지역 발전을 위한 토론, 1센터 1명품·명소 브랜드화 사업 등 지역주민들과 공감하는 프로그램이 편성 운영되면서 주민자치 기능 프로그램을 증가시켜 나가고 있다.

이러한 주민자치센터를 지역사회의 다양한 영역(교육계, 사회·복지계, 문화·체육계, 각 직능단체)과 횡적으로 연결시켜 지역 발전과 비전을 만드는 네트워크를 형성하고, 각종 지역 현안 사항 해결과 의사를 결정하기 위하여 지역 주민의 공론을 형성하는 장(場)으로서의 기능을 수행하도록 함으로써 지역에서 주민자치를 실현하는 구심축으로 발전시키는 것이 향후 과제일 것이다.

다. 조직 구성상 자율성의 한계

이상에서 살펴본 바와 같이 특별자치도의 출범과 함께 확충된 조직의 자율성에 기초하여 지역 실정에 알맞은 자율적·창의적 조직 운영의 발판은 어느 정도 마련된 것으로 보인다. 조직 개편과 행정체계 단일화를 통하여 강화된 자치권을 바탕으로 상수도 통합, 도내 전지역 교통카드 통합, 건축계획 심의 제도 개선 등 많은 대민 행정 서비스의 개선이 이루어졌다.

그러나 증대한 조직 구성의 자율성에도 불구하고 효율성이 문제시되는 행정 3계층이 그대로 유지되고 있고, 시·군 통합에도 불구하고 공무원의 수는 증가하였으며, 조직 운영을 위한 핵심 권한(직급 기준 등)의 미이양으로 자율성 확보에 한계가 있고, 주민의 접근성 확보를 위한 읍·면·동의 강화가 미흡한 점 등은 아직까지 특별자치도가 해결하여야 할 과제로 남아 있다. 향후 지역 주민의 수요에 좀더 부응하는 행정 서비스를 제공하기 위해서는 행정시 문제와 읍·면·동 기능 강화를 위한 지속적인 노력과 함께 중앙정부의 정책적 지원이 요구된다.

또한 지역의 발전이 행정조직 구조의 개혁과 변화만으로 이루어지는 것이 아니라는 인식하에 도민의 이해와 협조를 구하고, 도민 또한 참여를 통한 행정의 감시자인 동시에 적극적 협력자로서 활발한 자치활동을 통하여 제주사회의 발전에 이바지하도록 하여야 할 것이다.

3 자치인사권의 운영

특별자치도의 출범과 함께 집행기관에 나타난 또 하나의 큰 변화는 인사권에서 지방자치단체의 자율성이 확대되었다는 것이다. 즉, 지방자치법 제102조 제2항의 규정에도 불구하고 지방공무원의 정원을 인건비성 총액 등을 기준으로 관리하도록 하고 있으며, 도지사의 권한 남용을 방지하기 위한 장치로 인사위원회(특별법 제50조)와 감사위원회(특별법 제66조)를 설치하였다.[5] 이하에서는 자치인사권의 운영에 대하여 살펴보기로 하겠다.

가. 자치인사권의 의의

자치조직권의 확대와 행정구조 개편이 지역 발전에 긍정적 영향을 미치기 위해서는 변화된 행정구조를 운용하는 인적 요소가 중요하다. 이를 위하여 제주특별자치도는 개방적, 창의적인 인재의 채용・양성과 지방공무원의 자치 역량을 강화하기 위한 인사관리의 자율성을 보장받고 있다.

제주특별자치도는 제주형 인사관리 시스템의 구축을 위한 로드맵을 마련(3대 목표 20개 과제)하였는데, 그 기본 목표로 첫째, 능력과 성과를 기반으로 한 인사 시스템의 구축, 둘째, 공무원 역량 강화를 위한 교육훈련 시스템의 정비, 셋째, 도, 행정시, 읍・면・동 간 공정한 균형인사 시스템의 정착을 들고 있다.

이러한 제주형 인사관리 시스템은 인사자율권의 범위 내에서 최대한 제주 실정에 맞게 제도를 구축하며, 이는 단기・중기・장기계획을 수립하여 연차적으로 추진하도록 하고 있다(<표 5-6> 참조).

---

5) 인사위원회의 구성은 위촉위원이 과반수가 되도록 하며 위원장은 위촉위원 중에서 호선한다. 또한 감사위원회의 위원장은 도의회의 인사청문회와 임명동의안을 받도록 되어 있다.

〈표 5-6〉 단계별 추진 내용

▷ 1단계(단기 과제 - 기본 제도 정비, 2007년 3월까지)
- 인사행정정보 시스템 도입(인사관리 과학화·효율화)
- 공무원 평정제도 개선(승진명부 반영 비율 조정)
- 계약직 평가제도 개선(다면평가제 적용, 평가 결과 피드백)
- 멘토링제 확대 시행(행정시까지 확대)
- 우수공무원 우대 시책 확대(특별승진제)
- 기관간 균형인사 구축(도-행정시-읍면동 순환근무제 도입 등)
- 연간 종합운영계획 수립(승진·전보·파견·인사교류 기준 등)
- 인력충원 중장기 계획(지역인재 채용 등 채용 방법 다양화)
- 공무원 직군·직렬 개편(직군 대분류, 유사 직렬 통합 등)
- 개방형 직위 확대(보직관리 여건 고려, 단계적 확대)
- 교육훈련 이수제 시범 도입(상시학습 제체로 전환)
- 교육훈련 중장기계획 수립(맞춤형, 자기주도형 등)

▷ 2단계(중기 과제 - 심층 검토가 필요한 분야, 2007년 12월까지)
- 평정 제도 전면 개편(성과평가 제도로 전환)
- 4급 이상 성과관리 명부제 도입(직무성과평가 결과 효율적 관리)
- 전문 분야별 보직관리제 도입(업무 분야별 전문성 제고)
- 3급 이상 적격심사제 도입(고위공무원 책임성 강화)
- 직무분석 전면 실시(조직·인력의 적재적소 배분)
- 혁신인사 제도 지속 보완·발굴

▷ 3단계(장기 과제 - 국가 제도와 연계 필요한 분야, 2008년 이후)
- 직위분류제 도입 검토 등

나. 인사상 자율성의 내용

1) 직군·직렬에 대한 자율권

일반직 지방공무원 2급 내지 5급은 조례가 정하는 직군·직렬로 통합이 가능하며, 6급 이하 일반직 지방공무원 및 기능직 지방공무원의 직군·직렬을 도조례로써 통합 또는 신설이 가능하다(특별법 제49조).

이에 제주특별자치도는 '제주특별자치도 지방공무원 임용 등에 관한 조례(이하 "임용조례")'를 제정하였다. 4급 이하 일반직 및 기능직 공무원의 직군과 직렬을 개편하여, 소수 인원 직렬의 승진 제약 등 인력관리상 문제점을 해소하기 위하여 직무 유사 직렬과 소수 인원 직렬을 통합·조정하여 대(大)직렬 체제로 개편하였다.

즉, 일반직 공무원의 경우 직군을 행정직군과 기술직군으로 대별하고, 4

급 공무원의 직급을 2개 직군 · 직렬(지방서기관, 지방기술서기관)로 통합하였으며, 5급 이하 공무원은 기존 8직군 38개 직렬을 2직군 22개 직렬로 통합 · 조정하고, 직업상담 및 조경직류 등을 신설하여 72개의 직류를 78개로 개편하였다.

기능직 공무원의 경우는 철도현업 직군 · 직렬 · 직류를 폐지하고 사무보조직렬과 전산 직렬을 사무보조 직렬로 통합하여 기존 10개 직군, 22개 직렬, 36개 직류를 9개 직군, 20개 직렬, 35개 직류로 조정하였다(이 장 끝의 [부록] 참조).

또한 훈련성적평정이 폐지되고 교육이수 의무제가 시행됨에 따라 교육훈련 실적을 '지방공무원교육훈련법 시행령'이 정하는 바에 따라 승진임용 등 인사관리에 반영할 수 있도록 근거를 마련(임용조례 제18조)하였다. 5급 이하 공무원의 승진후보자명부 작성시 근무성적평정점 50점, 경력평정점 30점, 교육훈련평정점 20점을 각각 반영하고 있었으나 교육이수 의무제 시행으로 교육훈련평정이 폐지됨에 따라 교육훈련평정점을 삭제하고 근무성적평정점을 5할에서 7할로 상향 조정하였다.

2) 임용상의 자율권

① 외국인 임용의 자율성의 보장(특별법 제50조) : 외국인의 임용 분야 · 기간 및 임용 절차에 관하여 도조례로 정할 수 있도록 하였다(공권력 행사와 국가보안 및 기밀에 관계되는 분야에의 임용은 제외).

② 직위공모제 시행: 특별법에서는 당해 기관 외부 또는 내부의 공무원 중에서 직위를 공모하는 직위공모제를 지정, 운영하도록 하고 있다(특별법 제60조). 임용조례 제29조(직위공모제 운영)에는 제주자치도 및 행정시의 4급 이상의 공무원(4급 이상에 상당하는 연구직 및 지도직 공무원을 포함) 또는 이에 상당하는 별정직 지방공무원으로 보할 수 있는 직위 중 10퍼센트의 범위 안에서 업무의 효율적인 처리를 위하여 내부 또는 외부의 공무원 중에서 적격자를 임용할 필요가 있는 직위에 대하여는 이를 공모직위로 지정하여 운영할 수 있도록 규정하고 있다.[6] 필요하다고 인정하는 경우에는 제51조 내지 제57조의 규정

6) 이에 따라 제주특별자치도 지방공무원 인사규칙 제49조(적용 범위), 제50조(공모직위 선정 기준), 제51조(직위공모 대상기관 및 응모서식), 제52조(직무 수행 요건 등의 설정),

을 준용하여 자체 실정에 맞는 기준과 절차를 정하여 직위공모를 실시할 수 있다. 공모직위의 선정 기준은

- 당해 직위의 직무 수행 요건 등이 다른 행정기관(부서를 포함)의 직위와 동일하거나 유사하여 다른 행정기관 소속 공무원으로도 당해 업무를 수행할 수 있다고 판단되는 경우
- 업무를 수행함에 있어 다른 행정기관의 지속적인 협조나 장기적인 지원이 필요한 경우
- 다른 행정기관의 공무원과 인적 교류를 원활히 함으로써 인적 자원의 수준을 높이기 위하여 필요한 경우
- 당해 직위로의 승진임용시 후보자가 당해 기관 내에 1인밖에 없는 경우
- 그 밖에 임용권자가 당해 직위에 직위공모를 통하여 충원할 필요가 있다고 인정하는 경우다.

직위공모를 함에 있어서는 당해 직위의 업무 성격·특성 등 관련성을 고려하여 제주특별자치도 소속 공무원을 대상으로 실시하며, 임용권자가 필요하다고 인정하는 경우에는 외부 기관의 소속 공무원을 대상으로 직위공모를 실시할 수 있다. 임용권자는 직위공모에 지원한 공무원 중 적격자를 선발하기 위하여 5인 이상의 위원(해당 분야에 대한 전문지식과 경험이 풍부한 민간위원을 포함할 수 있음)으로 선발심사위원회를 구성하되, 운영상 불가피한 경우에는 3인 이상의 위원으로 구성할 수 있다.

③ 채용의 자율화: 조례 제14조(전국 단위 인재채용)에 따라, 5급·7급 및 연구·지도직 공개경쟁신규임용시험을 실시하는 경우에는 제주특별자치도에 주소를 두고 있지 아니한 자도 그 시험에 응시할 수 있도록 하였다(특별법 제61조). 이에 2006년 제주특별자치도의회에 지방계약직 공무원(정책자문위원, 지방계약직(전임) "나급" 공무원) 13명을, 2008년도에는 학예사 3명을 제주지역 거주 여부와 무관하게 채용하였다.

④ 지역인재 선발채용: 조례가 정하는 바에 따라 입학시부터 추천시까지 제주특별자치도에 본적 또는 주소를 둔 자 가운데 학업 성적 등이 뛰

제53조(공고 내용), 제54조(대상자 선발 및 임용), 제55조(인사상 불이익의 금지 등), 제56조(소속 공무원의 직접 임용 또는 임용 제청), 제57조(자체 운영규정 수립·시행 등)를 제정하였다.

어난 제주자치도 내 지역대학의 졸업자 또는 졸업예정자를 선발하여 3년의 범위 안에서 견습으로 근무하게 하고, 당해 근무 기간 동안 근무성적 및 자질이 우수하다고 인정되는 자를 인사위원회의 심의를 거쳐 7급 이하의 공무원으로 임용할 수 있게 하였다(특별법 제62조). 이는 특별자치도 내 우수 인력을 공직으로 진출하도록 지역 소재 대학에서 추천하는 인재를 견습 제도를 통하여 채용하도록 제도화함으로써 특별자치도 공무원의 전문성과 역량 강화를 위한 제도적 기반을 마련한 것이다.

⑤ 채용의 개방화: 특별히 전문성이 요구되는 분야에 민간 전문가 또는 외국인을 탄력적으로 충원할 수 있도록 개방형 직위의 지정·임용 요건과 그 절차·시험 실시기관 및 세부 운영에 관하여 필요한 사항을 도조례로 정할 수 있도록 하고 있다. '제주특별자치도 개방형 직위의 운영에 관한 조례' 각 조의 규정에 따라, 소속 공무원 5급 이상 직위의 10% 범위 안에서 개방형 직위를 지정할 수 있도록 하였으며 환경부지사는 별도의 조례를 통하여 자격 기준을 규정하고 있다.

개방형 직위에 임용되는 공무원은 계약직 또는 경력직 공무원으로 별정직은 제외되며, 조직 관계 법령이나 조례·규칙상 계약직 공무원으로 보할 수 있는 직위는 개방형 직위로 본다(지방공무원법 제29조의4 제1항 단서

〈표 5-7〉 개방직 임용직위

특별법에 의해 지정된 직위(4)	-행정시장(2), 인력개발원장, 자치경찰단장
행정기구 설치 조례 시행규칙 지정 직위(6)	- 3급 직위: 지식경제국장 - 4급 직위: 관광정책과장, 교육의료산업팀장, 친환경연구팀장(농기원)물산업육성부장·환경산업경영연구부장(환경자원연구원)
정원 규칙상 계약직 직위 (5급 30개 직위)	- 정책특보(4)·탐라기록관리소장·광역경제연구원·국제변호사·회의산업육성담당·기후변화대응담당·축산연구원·도시디자인담당·의회법제심사담당·인력개발원 교수·물산업육성과장·경영관리과장·자연유산 연구팀장, 의회 정책자문위원(14)
총 40개 직위(7.3%)	

〈표 5-8〉 외국인 지방계약직 공무원 채용 자격 기준

구분	자 격 기 준
가	1. 채용예정 직무 분야와 관련된 박사학위를 취득한 자 2. 채용예정 직무 분야와 관련된 석사학위를 취득한 후 9년 이상 당해 분야의 경력이 있는 자 3. 채용예정 직무 분야와 관련된 학사학위를 취득한 후 12년 이상 당해 분야의 경력이 있는 자 4. 채용예정 직무 분야와 관련된 자격을 취득한 후 9년 이상 당해 분야의 경력이 있는 자 5. 그 밖에 위 각호의 어느 하나에 상당하는 자격 또는 능력이 있다고 인정되는 자
나	1. 채용예정 직무 분야와 관련된 박사학위를 취득한 자 2. 채용예정 직무 분야와 관련된 석사학위를 취득한 후 6년 이상 당해 분야의 경력이 있는 자 3. 채용예정 직무 분야와 관련된 학사학위를 취득한 후 9년 이상 당해 분야의 경력이 있는 자 4. 채용예정 직무 분야와 관련된 자격을 취득한 후 6년 이상 당해 분야의 경력이 있는 자 5. 그 밖에 위 각호의 어느 하나에 상당하는 자격 또는 능력이 있다고 인정되는 자
다	1. 채용예정 직무 분야와 관련된 석사학위를 취득한 후 3년 이상 당해 분야의 경력이 있는 자 2. 채용예정 직무 분야와 관련된 학사학위를 취득한 후 6년 이상 당해 분야의 경력이 있는 자 3. 채용예정 직무 분야와 관련된 자격을 취득한 후 3년 이상 당해 분야의 경력이 있는 자 4. 그 밖에 위 각호의 어느 하나에 상당하는 자격 또는 능력이 있다고 인정되는 자
라	1. 채용예정 직무 분야와 관련된 석사학위를 취득한 자 2. 채용예정 직무 분야와 관련된 학사학위를 취득한 후 3년 이상 당해 분야의 경력이 있는 자 3. 채용예정 직무 분야와 관련된 자격을 취득한 후 1년 이상 당해 분야의 경력이 있는 자 4. 그 밖에 위 각호의 어느 하나에 상당하는 자격 또는 능력이 있다고 인정되는 자
마	위 "가" 내지 "라"의 자격 및 경력 요건에 포함시킬 수 없는 자격·기술·기능 및 경력이 있는 자

주: 가의 제5호, 나의 제5호, 다의 제4호, 라의 제4호 및 마에 해당하는 자의 자격은 인사위원회의 의결을 거쳐 결정함.

규정). 따라서 5급 이상 55개 직위가 대상이 되는데, 현재 개방형 임용 직위는 <표 5-8>과 같이 40개 직위로 앞으로 8개 직위가 추가될 예정이다. 제

주특별자치도는 개방형 직위를 2007년에는 3%, 2008년에는 5%, 2010년에는 10%까지 단계별로 확대해 나갈 계획이다.

한편, 임용조례 제5조(채용 분야)에 따라, 공권력을 행사하거나 국가보안 및 기밀에 관계되는 분야가 아닌 마케팅·투자 유치·국제교류 협력·연구·기술·교육 등 전문지식이 요구되는 분야에 외국인을 계약직 공무원으로 임용할 수 있다. 이에 2007년도 상반기에 교육 분야 2명을 임용하였다(제주특별자치도 인력개발원 외국어 교원을 지방계약직으로 임용).

3) 직위분류제 시행

특별법에서는 조례로써 일반직에 대한 직위분류제 시행이 가능하도록 하였는데(특별법 제51조) 이에 따라 조례에는 일반직에 대한 직위분류제의 실시는 그 실시가 용이한 것으로부터 단계적으로 실시할 수 있다고 규정하고 있다(임용조례 제23조). 계급제 공직분류 체계상 국가공무원 제도와의 연계가 필요한 사항이기 때문에 현재 실시되고 있지는 않으나. 장기적인 검토 사항으로 분류하고 있다.

4) 총액인건비제의 적용 배제

제주특별자치도는 행정기구의 설치와 소속 공무원의 정원관리에 대하여 총액인건비 제도를 적용하지 아니하도록 하여(특별법 제52조) 행정안전부가 추진하는 총액인건비제의 규정과 한계와 무관하게 특별자치도의 행정기구의 설치와 소속 공무원의 정원관리를 조례로 규정하여 시행중에 있다.

5) 성과관리의 강화

① 직무성과계약제의 시행: 4급 이상 일반직 지방공무원에 대하여 성과계약을 체결하여 목표달성도를 평가하도록 하였다. 또한 5급 이하의 일반직 및 기능직 지방공무원 중 성과계약에 의한 평가 방법이 적합하다고 인정되는 경우에도 성과계약제 적용이 가능하다(특별법 제53조). 임용조례 제24조(직무성과 계약제)에 따라, 도 및 행정시의 4급 이상 일반직 지방공무원, 4급 상당 이상 특정직 공무원과 특수경력직 공무원에게도 일반직 공무원의 경우에 준하여 성과계약에 의한 평가를 실시할 수 있도록 하였으며, 4급 이상 직위에 대해서는 직무성과계약제를 전면 도입하였다.

② 성과주의 보수제의 강화: 지방공무원법 제45조 및 그에 따른 보수에 관한 법령에 의한 성과급적 연봉제 적용 대상 공무원 외에 개방형 직위 및 공모직위에 의하여 임용된 자에 대하여도 조례로써 성과급적 연봉제를 적용할 수 있다(특별법 제54조).

특별법 제정 이후 기존의 제주도 조례였던 '제주특별자치도 성과상여금 지급에 관한 조례'를 폐지하고, 대통령령 개정 사항 반영 등 성과상여금 지급에 관한 필요한 사항을 정비하여 '제주특별자치도 성과상여금 지급에 관한 조례'(이하 "성과조례")를 제정하였다. 조례 각 조의 규정에 따라, 우수 공무원에 대하여 성과급심사위원회의 심사를 거쳐 예산의 범위 안에서 성과급을 지급 가능토록 하고 있다. 그 주요 내용을 살펴보면 다음과 같다.

성과상여금 지급 적용 대상에 관한 사항(성과조례 제2조)은 <표 5-9>의 대상 공무원과 같다.

〈표 5-9〉 성과상여금 적용 대상 공무원

공무원의 종류	적 용 대 상
일반직 공무원	4급(과장급 제외) 이하
별정직 공무원	4급 상당(과장급 제외) 이하
연구직 · 지도직 공무원	3급 상당(과장급) 이하
자치경찰 공무원	자치경정 이하
소방공무원	소방정 이하
기능직 공무원	전체

나) 성과상여금 지급 기준에 관한 사항(성과조례 제3조)

성과상여금은 예산의 범위 안에서 연 1회 평가하여 지급하는 것을 원칙으로 하며, 필요한 경우에 연 2회 이상 평가하여 지급할 수 있다. 도지사는 성과급심사위원회의 심사를 거쳐 별 지급기준액표(<표 5-10> 참조)에 따라 성과상여금을 지급한다.

제2조의 적용 대상 공무원 중 다음 각 호의 어느 하나에 해당하는 자는 최상의 등급으로 부여할 수 있다.

1. 투자 유치에 뛰어난 실적이 있는 자

2. 새로운 세원 및 경영 수익 발굴에 탁월한 실적이 있는 자
3. 제안의 채택 시행으로 예산의 절약 등 행정운영 발전에 현저한 실적이 있는 자
4. 그 밖에 특별한 실적으로 도지사가 인정하는 자

다) 성과급심사위원회의 구성 및 운영에 관한 사항(성과조례 제4조)

성과급심사위원회는 성과상여금 소속기관 이나 부서별(실・국별)로 둔다.

성과급심사위원회는 성과상여금 지급 대상자의 상위 계급자 중에서 소속기관 또는 부서의 장이 지정하는 7인 이내의 위원으로 구성한다. 다만, 상위 계급자가 부족한 경우에는 동일 계급자 중에서 지정할 수 있다.

라) 성과주의 보수 체계(성과조례 제28조)

성과급연봉제 적용 대상 공무원 외에 개방형 직위 및 공모 직위에 임용된 자는 성과급 연봉제 적용 대상 공무원에 포함하여야 한다고 규정하고 있다.

〈표 5-10〉 성과상여금 지급기준액표

<table>
<tr><td rowspan="2">일반직, 별정직 공무원</td><td colspan="7">4급 | 5급 | 6급 | 7급 | 8급 | 9급</td></tr>
</table>

<table>
<tr><td rowspan="2">일반직, 별정직 공무원</td><td>4급</td><td>5급</td><td>6급</td><td>7급</td><td>8급</td><td>9급</td></tr>
<tr><td>20
호봉</td><td>18
호봉</td><td>18
호봉</td><td>15
호봉</td><td>12
호봉</td><td>10
호봉</td></tr>
<tr><td rowspan="2">연구직, 지도직 공무원</td><td colspan="3">연구관・지도관</td><td colspan="3">연구사・지도사</td></tr>
<tr><td colspan="3">15호봉</td><td colspan="3">16호봉</td></tr>
<tr><td rowspan="2">자치경찰 공무원</td><td>자치
경정</td><td>자치
경감</td><td>자치
경위</td><td>자치
경사</td><td>자치
경장</td><td>자치
순경</td></tr>
<tr><td>18
호봉</td><td>18
호봉</td><td>17
호봉</td><td>15
호봉</td><td>12
호봉</td><td>10호</td></tr>
<tr><td rowspan="2">소방공무원</td><td>소방정</td><td>소방령</td><td>소방경</td><td>소방위</td><td>소방장</td><td>소방교</td><td>소방사</td></tr>
<tr><td>20
호봉</td><td>18
호봉</td><td>18
호봉</td><td>17
호봉</td><td>15
호봉</td><td>12
호봉</td><td>10호</td></tr>
<tr><td rowspan="2">기능직 공무원</td><td>기능6급</td><td>기능7급</td><td>기능8급</td><td>기능9・10급</td></tr>
<tr><td>18
호봉</td><td>15
호봉</td><td>12
호봉</td><td>기능9급
10호봉</td></tr>
</table>

* 주: 성과상여금의 지급기준액은 위 표의 각 호봉에 해당하는 전년도의 월봉급액을 말함.

〈표 5-11〉 성과상여금지급 등급 및 지급액표

지급 등급 및 인원		지 급 액
등 급	지급 인원	
E등급	평가 결과 상위 2퍼센트 이내에 해당하는 자	별표 2의 성과상여금지급기준액표에 의한 기준액(이하 표에서 "지급기준액"이라 한다)의 300퍼센트 이상 해당 금액
S등급	평가 결과 상위 2퍼센트 초과 20퍼센트 이내에 해당하는 자	기준액의 100퍼센트 해당 금액
A등급	평가 결과 상위 20퍼센트 초과 55퍼센트 이내에 해당하는 자	기준액의 70퍼센트 해당 금액
B등급	평가 결과 상위 55퍼센트 초과 95퍼센트 이내에 해당하는 자	기준액의 40퍼센트 해당 금액
C등급	평가 결과 하위 5퍼센트 이내에 해당되는 자	지급하지 아니함.

* 주: E등급에 해당되는 자가 없다고 판단될 경우 E등급의 인원을 S등급에 통합할 수 있음.

③ 적격심사제 시행(특별법 제55조)

1급 내지 3급 일반직 지방공무원에 대하여 해당 직급 또는 직위별 자질과 능력을 갖추었는지 여부에 대한 적격심사제를 적용한다. 즉, 해당 공무원이 3급 일반직 지방공무원에 임용된 날부터 매 5년이 되는 때(단, 개방형 직위에 임용된 자는 당해 임용일부터 5년이 되는 때), 계속하여 2년 이상 근무성적평정에서 최하위 등급의 평정을 받거나 총 3년 이상 최하위 등급의 평정을 받은 때, 이 법 또는 관계 법령에 의한 정당한 사유 없이 직위를 부여받지 못한 기간이 총 2년에 달한 때에 심사 적용한다. 적격심사 결과 부적격 판정을 받은 때에는 직권으로 면직할 수 있다.

④ 우수공무원의 우대(특별법 제57, 58, 59조)

특별법 제57조에 따라 임용조례 제26조(우수공무원 등의 특별승진),[7] 제

7) 임용조례 제26조(우수공무원 등의 특별승진)에 의하면 ① 특별법 제57조에 따라 공무원이 다음 각 호의 어느 하나에 해당할 때에는 특별승진임용할 수 있다. 다만, 6급 공무원에 대하여는 승진시험에 우선 응시하게 하거나 인사위원회의 승진 의결 대상자로 할 수 있다. 1.청렴과 투철한 봉사정신으로 직무에 노력하여 공무 집행의 공정성 유지와 깨끗한 공직사회 구현에 있어서 다른 공무원의 모범이 되는 자, 2.직무 수행 능력이 탁월하여 행정 발전에 큰 공헌을 한 자, 3.제안의 채택 시행으로 국가 또는 지방자치단체의 예

27조(특별승급),[8] 제28조(특별승급의 제한 등)[9] 등에 우수공무원에 대한 우대 사항을 규정하고 있다. 특별승진의 점진적 확대로 능력과 성과주의 인사를 정착·활성화시키기 위하여 하위 직급 위주에서 4급까지 확대하였으며, 특수공적의 신빙성 및 객관적 심사자료를 확보하기 위하여 평정 요소 및 평정척도를 개발하고 특별승진 대상자 및 특수공적 사전 공개(전자우편 등) 및 의견 접수를 실시하고 있다. 또한 특별승진자 선발의 투명·공정성 확보를 위하여 3심제를 도입하였다.[10]

산 절감 등 행정운영 발전에 뚜렷한 실적이 있는 자, 4.재직 중 공적이 특히 뚜렷한 자가 법 제66조의2에 따라 명예 퇴직할 때, 5.재직 중 공적이 특히 뚜렷한 자가 공무로 인하여 사망한 때

② 제1항에 따라 특별승진임용하고자 할 때에는 다음 각 호의 어느 하나에 해당하는 공무원 중에서 승진임용하여야 한다. 1.제1항 제1호에 따른 경우에는 청백리 포상에 관한 규정에 따라 포상을 받은 4급 이하 및 기능직 공무원, 2.제1항 제2호에 따른 경우에는 도지사가 다음 각 목에 대하여 규칙이 정하는 기준이상의 공이 있다고 인정하는 4급 이하 및 기능직 공무원. 이 경우 미리 해당 인사위원회의 의결을 거쳐야 한다. 가. 정부혁신 과제의 발굴·추진이나 제주자치도의 성공적 추진을 위하여 창의적인 업무 개선, 대규모 예산 절감 등 행정 발전에 기여한 자, 나. 획기적인 법령 제·개정, 대규모 투자 유치 및 정책사업의 성공적 완수, 집단민원 및 고질적 민원의 처리 등 성공적인 업무 수행자 다. 지방행정 발전 및 지역특수 시책의 발굴을 위한 연구 실적이 특히 우수하거나 헌신적으로 직무에 종사하여 행정효율 및 성과를 획기적으로 향상시킨 자, 라.격무 부서나 근무환경이 열악한 기피 부서 등에서 소관 업무를 성실히 수행하여 뚜렷하게 업무 공적을 남긴 자, 3.제1항 제3호에 따른 경우에는 창안 등급 동상 이상을 받은 5급 이하 및 기능직 공무원, 4.제1항 제4호에 따른 경우에는 명예퇴직 하는 자로서 재직 중 특별한 공적이 인정되는 2급 이하 및 기능직 공무원. 이 경우 6급 이상 공무원에 대하여는 해당 인사위원회의 의결을 거쳐야 한다. 5.제1항 제5호에 따른 경우에는 도지사가 재직 중 특별한 공적이 있다고 인정하는 공무원 ③ 특별승진 심사의 투명성 확보와 공정한 선발을 위하여 엄격한 다면평가제 등을 활용하여야 한다. ④ 그 밖에 특별승진 대상자 선정, 심사 기준·심사절차 및 과정 등 세부적인 사항은 도지사가 정한다.

8) 임용조례 제27조(특별승급)에 의하면 ① 특별법 제58조에 따라 도지사는 소속 공무원 중 5급 이하 근무성적평정 결과 근무성적이 우수한 자와 제안의 채택 시행으로 국가 또는 지방자치단체의 예산 절약 등 행정운영 발전에 현저한 실적이 있는 자에 대하여는 1호봉 특별승급시킬 수 있다. ② 제1항에 따른 특별승급은 매년 제주자치도 소속 공무원 총 정원의 100분의 1의 범위에서 특별승급시킬 수 있다.

9) 임용조례 제28조(특별승급의 제한 등)에 의하면 ① 특별법 제58조에 따라 제19조에 따른 승진임용의 제한 기간 중에 있는 공무원은 특별승급 대상에서 제외한다. ② 그 밖에 특별승급심사 및 운영에 관하여 필요한 사항은 규칙으로 정한다.

10) 제1심은 특별승진 대상자 특수공적 부서 자체검증 및 추천이며, 제2심은 다면평가에 의한 특수공적 등 심사, 제3심은 최종심사 및 특별승진 대상자 확정이다.

이들 우수공무원은 성과급심사위원회의 심사를 거쳐 예산의 범위 안에서 성과급 지급이 가능하다.

6) 인사교류 활성화

제주특별자치도는 소속 공무원 정수의 100분의 5의 범위 안에서 다른 지방자치단체·국가기관·공공단체·국외 행정기관 그 밖의 기관의 장과 협의를 거쳐 인사 교류를 하여야 하며 이를 위하여 국가는 제주특별자치도와의 인사교류에 적극 협력하여야 한다(특별법 제64조). 이는 공무원의 자치행정 수행 능력의 향상과 능력 개발을 위한 방안으로, 활성화를 위하여 인사 교류자에 대해서는 경력 가점 부여, 승진심사시 우선권 부여 등의 인사상 인센티브 제공, 교류수당과 주택보조비, 항공비 등을 지원하며 성과상여금 지급시에도 배려하는 등 경제적 인센티브를 마련하였다.

한편, 제주특별자치도 기관 내에서도 도, 시군 통폐합에 따른 공정한 균형인사 실현을 위하여 일정 기간 도-행정시-읍·면·동에 근무하는 기관간 순환근무제를 도입하였다.

7) 교육훈련의 자율성

5급 이상 지방공무원에 대한 교육훈련을 제주공무원교육원에서 실시할 수 있도록 하였다(특별법 제65조. 단, 도교육감 소속 5급 이상 지방공무원의 교육훈련은 제외) 따라서 강의 및 교육 운영에 필요한 자질을 갖춘 우수한 인력을 교수요원으로 채용할 수 있게 되었으며, 제주공무원교육원장을 개방형 직위로 지정하여 채용할 수 있게 되었다.

또한 교육 바우처(voucher) 제도를 도입하여 민간교육기관에의 위탁도 가능하게 하였으며, 교육 프로그램 운영을 확대하고 상시학습 체제를 시범 운영하고 있다. 교육훈련을 위한 해외 파견도 좀더 수월하도록 하였으며, 선발 기준도 종전 6급 이상(50세 이하)에서 7급 이상으로 확대하고 장기 외국어 정예 과정을 운영하고 있다.

신개념 인력육성 프로그램인 멘토링(mentoring)제도 도입되었는데, 풍부한 경험과 지식을 지닌 상사(멘토)가 하급자 또는 조직원(멘티)을 1 대 1로 전담, 지도·조언 등을 통해 조직원의 잠재력을 개발·성장시키는 신개념 인력 육성 프로그램으로, 1단계 시범 실시(신규 공무원 대상 9팀 18명)에 이어, 2단계(2007년도) 제도 보완 단계를 거쳐, 3단계(2008년도) 본격 시행할 계획이다.

8) 성과의 평가·관리

제주특별자치도 '성과관리·평가에 관한 규칙'(이하 "성과규칙")에 성과관리·평가 대상 부서 및 기관을 본청, 소속 행정기관, 합의제 행정기관 및 하부 행정기관의 기구로 하였으며(성과규칙 제3조), 성과지표를 발굴하고, 전략목표, 성과목표, 성과지표 및 과거 3년간의 성과 결과 등을 포함하여 다음 연도의 성과관리 시행계획을 수립하도록 하였다(성과규칙 제4조).

또한 성과평가에 관한 계획을 수립하여 3월 말까지 평가 대상기관에 통지하도록 하고, 분기평가는 분기 종료 후 1개월 이내, 종합평가는 다음 연도 2월 말까지 종료하도록 하였으며(성과규칙 제7조), 평가의 결과는 조직·예산·인사·보수 체계에 반영하도록 하였다(성과규칙 제12조). 성과평가위원회는 10인 이상 20인 이하로 구성하되, 평가의 공정성과 객관성을 보장하기 위하여 민간위원이 3분의 2 이상 되도록 하고 있으며(성과규칙 제16조) 위원회의 업무를 효율적으로 수행하기 위하여 필요한 경우에는 소위원회를 구성 운영할 수 있도록 하였다(성과규칙 제20조).

다. 인사상 자율성의 한계

이상에서 살펴본 바와 같이 부여된 인사상의 자율성에 기초하여 특별자치도는 우수 인력의 충원과 양성, 그리고 성과관리를 위한 혁신적인 제도를 다양하게 강구하고 있다. 그러나 이러한 제도적 정비에도 불구하고 실제로 이것이 시행된 실적이 저조하고 아직 계획 단계인 경우가 많다는 점은 한계로 지적될 수 있으며, 중앙정부가 다른 시·도와의 균형성을 이유로 자율성 확대에 소극적 태도를 취하고 있는 것 또한 문제점으로 지적될 수 있다.

특별자치도가 시행된 지 2주년을 맞으면서, 그간 시행 기간이 짧았다는 이유로 시행되지 않았던 제도나 계획은 실제로 수행되도록 하는 지방정부의 내생적 발전 노력과 세계 속의 제주도로 성공시키기 위한 적극적인 중앙정부의 지원 노력이 요구된다.

[부록] 2급 내지 9급 공무원 직급표(조례 제2조 제1항 관련)

직군	직렬	직류	2급	3급	4급	5급	6급	7급	8급	9급
1.행정	행정	일반행정	지방 이사관	지방 부이사관	지방 서기관	지방 행정 사무관	지방행정 주사	지방행정 주사보	지방행정 서기	지방행정 서기보
		법무행정								
		재경								
		국제통상								
		노동								
		문화홍보								
		감사								
		통계								
		기업행정								
		운수								
	직업 상담	직업 상담					지 방 직업상담 주사	지 방 직업상담 주사보	지방 직업상담 서기	지방직업 상담 서기보
	세무	지방세					지방세무 주사	지방세무 주사보	지방세무 서기	지방세무 서기보
	교육 행정	교육행정				지방 교육행정 사무관	지방 교육 행정주사	지방 교육행정 주사보	지방 교육행정 서기	지방 교육행정 서기보
	사회 복지	사회복지				지방 사회복지 사무관	지방 사회복지 주사	지방 사회복지 주사보	지방 사회복지 서기	지방 사회복지 서기보
	전산	전산				지방 전산 사무관	지방전산 주사	지방전산 주사보	지방전산 서기	지방전산 서기보
	사서	사서				지방 사서 사무관	지방사서 주사	지방사서 주사보	지방사서 서기	지방사서 서기보
2.기술	공업	일반기계			지방 기술 서기관	지방공업 사무관	지방공업 주사	지방공업 주사보	지방공업 서기	지방공업 서기보
		농업기계								
		기계운전								
		조선								
		일반전기								
		전자								
		원자력								
		금속								
		야금								
		섬유								
		일반화공								
		가스								
		자원								

직군	직렬	직류	계 급							
			2급	3급	4급	5급	6급	7급	8급	9급
	농업	일반농업				지방 농업 사무관	지방 농업 주사	지방 농업 주사보	지방 농업 서 기	지방 농업 서기보
		잠업								
		식물검역								
		농화학								
		축산								
		생명유전								
	녹지	산림자원				지방 녹지 사무관	지방 녹지 주사	지방 녹지 주사보	지방 녹지 서기	지방 녹지 서기보
		산림보호								
		산림이용								
		조경								
	수의	수의				지방 수의 사무관	지방 수의 주사	지방 수의 주사보		
	해양수산	일반해양				지방 해양수산 사무관	지방 해양수산 주사	지방 해양수산 주사보	지방 해양수산 서기	지방 해양수산 서기보
		일반수산								
		수산제조								
		수산증식 어로								
		수산물 검사								
		일반선박								
		선박항해								
		선박기관								
		해양교통 시설								
	보건	보건				지방 보건 사무관	지방 보건 주사	지방 보건 주사보	지방 보건 서기	지방 보건 서기보
	식품위생	식품위생				지방 식품위생 사무관	지방 식품위생 주사	지방 식품위생 주사보	지방 식품위생 서기	지방 식품위생 서기보
	의료기술	의료기술				지방 의료기술 사무관	지방 의료기술 주사	지방 의료기술 주사보	지방 의료기술 서기	지방 의료기술 서기보

직군	직렬	직류	계급							
			2급	3급	4급	5급	6급	7급	8급	9급
	의무	일반의무				지방 의무 사무관				
		치무								
	약무	약무				지방 약무 사무관	지방 약무 주사	지방 약무 주사보		
		약제								
	간호	간호				지방 간호 사무관	지방 간호 주사	지방 간호 주사보	지방 간호 서기	
	환경	일반환경				지방 환경 사무관	지방 환경 주사	지방 환경 주사보	지방 환경 서기	지방 환경 서기보
		수질								
		대기								
		폐기물								
	항공	일반항공				지방 항공 사무관	지방 항공 주사	지방 항공 주사보	지방 항공 서기	지방 항공 서기보
		조종								
		정비								
	시설	도시계획				지방 시설 사무관	지방 시설 주사	지방 시설 주사보	지방 시설 서기	지방 시설 서기보
		일반토목								
		농업토목								
		수도토목								
		건축								
		지적								
		측지								
		교통시설								
		도시교통설계								
	통신	통신사				지방 통신 사무관	지방 통신주사	지방 통신 주사보	지방 통신 서기	지방 통신 서기보
		통신기술								
		전송기술								
		전자통신기술								

제 6장 지방교육자치기관의 구성과 운영

1 교육자치의 취지 및 추진 과정

가. 교육자치의 취지

교육자치에 대한 대대적인 개편은 어제 오늘의 일이 아니다. 중앙정부에서는 오랫동안 지방행정기관과 지방교육행정기관의 연계성을 강화하기 위한 개혁안을 여러 차례 마련하였으나 교육 관련 단체들의 격렬한 저항에 부딪혀 실현을 보지 못하였다. 그동안 지방교육행정 제도를 둘러싼 중요한 쟁점은 다음과 같다.

첫째, 지방교육행정의 실시 단위를 기초지방자치단체로 확대할 것인지 아니면 광역지방자치단체로 한정할 것인지의 문제. 둘째, 교육위원회와 지방의회를 분리시킬 것인지 일원화시킬 것인지의 문제. 셋째, 지방교육청을 일반지방행정기관과 별도로 설치할 것인지 아니면 통합하여 설치할 것인지의 문제. 넷째, 중앙정부와 지방정부 간의 기능재배분의 문제. 다섯째, 교육감이나 교육위원의 선거 방식을 어떻게 할 것인지의 문제. 다섯째, 교사의 신분을 국가직으로 유지할 것인지 아니면 지방직으로 전환할 것인지 여부에 관한 문제. 여섯째, 지방교육 회계를 특별회계로 유지할 것인지 아니면 일반회계로 전환할 것인지의 문제 등이다.

그 중에서 가장 쟁점 사항이면서 조속하게 시정하여야 할 대상이 둘째 문제인 교육위원회 위상에 관한 문제와 셋째 문제인 교육위원과 교육감의 선거에 관련된 문제였다. 그러나 이 문제는 이미 지적한 바와 같이 교육계를 비롯한 관련 단체의 반대에 직면하여 중단하기를 반복하여 왔다. 제주도와 중앙정부는 제주특별자치도 실시 과정에 교육자치의 체제 개선과 과감한 중앙정부의 기능 이관을 주요 내용으로 하는 특별자치형 교육자치를 실시할 것을 합의하였다.

제주도에서 준비하고, 국무총리실 제주특별자치도 추진기획단이 2005년 10월에 수립한 제주특별자치도 기본 계획을 통해서 제주특별자치형 교육자치의 취지와 추진 배경을 살펴보도록 하겠다. 제주특별자치도에서 교육자치를 실시하는 목적은 크게 두 가지로 나눌 수 있다. 하나는 교육자치제의 선도적 실시이며, 다른 하나는 국제자유도시에 적합한 교육 서비스 제공이다. 이 두 가지 맥락 중 교육자치제의 선도적 실시는 교육청과 교육위원회의 제도 개선과 업무의 효율화, 제주지역에 맞는 교육자치에 초점을 두고 있다. 또 다른 맥락인 국제자유도시에 적합한 교육 서비스 제공 부문은 교육 현장의 자율성 확보와 교육 관련 사업에 초점을 두고 있다.

1) 교육자치제의 선도적 실시

교육자치제의 선도적 실시와 관련된 주요 내용은 다음과 같다. 첫째, 교육감·교육위원을 주민 직선하여 간선 제도에 따른 비효율을 제거하고 주민의 대표성을 확보하는 것이다. 둘째, 교육위원회를 도의회 상임위원회로 일원화하여 비합리적인 이중적 심의·의결구조를 개선하는 것이다. 셋째는 교육자치 여건을 조성하는 것이다. 기존 3개 교육청을 행정시 단위로 통합 운영하는 것과 교육장 임용 '공모제'를 도입하고, 교육재정 자주권을 강화하며 지방채 발행 승인, 중앙정부의 감사 권한 배제 등에 초점을 두고 있다.

2) 국제자유도시에 적합한 교육 서비스 제공

국제자유도시에 적합한 교육 서비스 제공과 관련된 내용은 다음과 같다. 첫째, 초·중등 교육기관의 자율성을 경제자유구역 이상으로 신장하도록 하고 있다. 외국어 강의, 국제 수준의 교과 과정 운영 등이 가능하도록 자율성을 최대한 보장하고자 하는 것이다. 이는 입학 방법, 수업료, 교과서, 커리큘럼 등의 특례 인정으로, 차별화된 교육 수요 충족 및 투자자의 교육문제 해소 등을 목적으로 하고 있다. 그리고 초중등 과정 외국 교육기관 설립을 허용하고 내국인 입학 비율을 조례로 정할 수 있도록 위임하는 제도를 두고자 하였다. 둘째는 외국의 유수 대학(원) 유치 여건 강화에 대한 것이다. 셋째, 국내 대학 등에 대한 규제 완화 및 각종 지원 강화의 내용을 담고 있다. 넷째, 국제 교육중심도시 육성을 위한 외국어 교육 강화다. 대규모 종합형 '외국어 교육타운' 설치를 추진하여 해외유학 수요를 흡수하고자 하는 것이다.

추진 상황을 외부 유치 부문과 내부 추진 부문으로 나눠 간단히 살펴보면 지금 현재, 내부에서 추진할 수 있는 교육자치의 선도적 실시는 많은 부분 구체화되고 있다고 할 수 있다. 교육 서비스 사업 중에서도 교육청이 실시할 수 있는 자율학교 등은 이미 효과가 크게 나타나고 있다. 반면 외부에서 유치하여야 하거나 대형 자본이 투입되는 개발사업 형태의 사업들은 착수 단계에 있다고 볼 수 있다.

나. 교육자치 부문의 추진 과정

교육자치 부문과 관련한 제주도와 중앙정부가 준비한 각종 계획을 중심으로 그 내용을 살펴보면 다음과 같다.

1) 2004년 11월 '제주특별자치도' 추진계획

이 계획안은 제주도에서 2003년 10월 31일과 2004년 3월 3일 대통령이 도민과의 대화와 제주언론인과의 대화시에 제주도를 '특별자치도'로 지원하였으면 한다는 발언과 자치모범도시를 만들 필요가 있다는 표현에 기초하여 수립한 것이다.

이 계획안에서 교육자치에 대한 구상은 "중앙정부의 추진 틀 안에서 논의되고 있는 사안으로 전국적인 통일성을 유지하면서 정부의 계획에 따라 추진"하는 것으로 하고 있다.[1]

2) 2005년 8월 제주특별자치도 기본 계획안(제주도안)

이 계획안은 제주도가 수립한 제주도안이다.

첫째, 교육자치의 기본 방향은 정부의 분권정책에 의거 제주형 교육자치제를 검토하는 것으로 잡고 있다.[2] 제주지역 특성과 교육의 자치권을 신장

1) 제주특별자치도(2007. 7), 제주 특별자치도 추진백서, 부록 I, p.20.

〈표 6-1〉 제주지역 특성과 교육의 자치권 신장을 위한 기본 방향

구 분	교육위원회	교육감
형태 및 권한	형태: 독립형 의결기구 - 교육위원 수: 7인(현행)	권한 등: 현행 유지
선거	<현행> 학교운영위원회 → - 교직원 일부 - 학부모 일부 - 지역인사 일부	<변경(안)> 선거인단 확대(간접선거) - 교직원 전원 - 학부모 전원 - 지역인사 일부(현행과 같음) + 교육행정 직원 전원(추가)

자료: 제주특별자치도(2007. 7), 제주 특별자치도 추진백서, 부록 Ⅰ, p.51.

시킬 수 있는 분권 실현을 목표로 다음과 같은 개념을 설정하고 있다.

여기에서 보조기관과 소속 교육기관 설치와 정원 등은 조례에 위임하는 것으로 계획하고 있다. 그리고 하급 교육청 개편에 대해서는 3개 교육청을 행정시 수만큼 2개 교육청으로 구성하는 것을 계획하였다.

교육 재정의 안정적 확보를 위한 특례로 교육비특별회의 설치는 현행대로 하고, 기준재정수입액 산정시 자자체의 일반회계 전입금을 제외하는 것으로 계획하였다. 이외에도 교육 과정과 학교운영권 등을 제주 여건에 맞게 탄력적으로 적용할 수 있는 특례 도입을 계획하고 있다.

둘째, 국제적 교육중심지화를 지향하고 있다. 국내외 우수 교육기관 유치를 통하여 외국 유학 수요를 흡수하고 도민들의 외국어 능력 향상과 교육 기회를 확대하는 것을 추진 방향으로 하고 있다. 기숙사형 사립학교 및 공영형 자율학교를 설립하는 것과 우수 외국 교육기관 유치를 위한 법·제도를 정비하고, 초·중교육의 경우 외국 교육기관의 분교 설립을 허용하고, 교육 과정, IB(국제 공통 대학 입학 자격)·AP(미국 대학의 입학 편의 제공 프로그램) 프로그램 운영 등을 통하여 교육 수요를 확대하기로 계획하였다.

지역교육의 국제경쟁력 강화를 위하여 초·중·고 교육시설에 지원하는 것과 외국어 교사의 연수에 지원하고, 원어민 교사를 확대하여 각 학년별 1

2) 제주특별자치도(2007. 7), 제주 특별자치도 추진백서, 부록 Ⅰ, p.39.

명의 원어민이 가능하도록 지원할 것을 계획하였다. 초등학교 조기 영어교육을 위한 3학년부터 시작하는 영어를 1학년으로 확대하는 것을 계획하였다. 대학(2년제 포함)의 경우 국내외 대학 간 연계 프로그램 활성화, 외국인 유학생 초청 프로그램 지원을 통하여 대학의 국제화를 촉진할 것을 계획하였다.

3) 2005년 9월 제주특별자치도 기본 계획안(정부제출안)

이 계획은 앞의 제주도안과 교육자치 부문에서 유사하다. 다만 차이점으로는 교육위원회와 교육감 선거에 대해서 교육청 의견은 제주도교육위원회의 독립형 의결기구로 되길 바라는 것과 교육감은 주민직선제를 원하는 내용을 추가하였다. 그리고 도의회의 의견으로 교육위원회를 도의회와 통합하여 하나의 상임위원회로 운영하기를 원하는 내용을 추가하였다.[3]

그리고 국제적 중심지화 부문에서는 제주국제학교 설립과 운영에 대한 제안을 싣고 있다. 교육감 산하에 국제학교 위원회를 구성하여 설립 자격 및 내용 등을 심의할 수 있도록 계획하였다.

3) 2005년 10월 제주특별자치도 기본 계획(정부확정안)

이 계획은 현재, 제주특별자치도 추진의 중심이 된 계획안이라 할 수 있다.

첫째, 교육자치제의 선도적 실시 부분이다. 그 내용을 원안 그대로 살펴보면 다음과 같다.

▨ 교육자치제의 선도적 실시

□ 교육감·교육위원 주민 직선
- ○ 교육감·교육위원을 주민 직선으로 선출하여 간선 제도에 따른 비효율을 제거하고 주민대표성을 확보 ※ 지방선거와 동시 선거
  - ※ 교육감의 임기와 단체장의 임기(~2006. 6. 31)가 상이하므로 교육감 선거 일정은 세부적으로 재조정 필요, 보조기관·소속 교육기관 설치, 정원 등은 조례 위임

□ 교육위원회를 도의회 상임위원회로 일원화
- ○ 교육 관련 심의·의결기관을 일원화함으로써 비합리적인 이중적 심의·의결구조를 개선 - 도의회 내 특별상임위원회 설치
  - ※ 정수의 1/2 이상 교육전문가로 구성

□ 교육청 개편(3→2개 기관) 등 교육자치 여건 조성

3) 제주특별자치도(2007.7), 제주 특별자치도 추진백서, 부록 Ⅰ, p.77.

○ 현행 3개 교육청을 행정시 단위로 통합, 운영
- 교육청 관장 사무 확대: 고등학교 사무 이관(도교육청→지역교육청)
○ 교육장 임용 '공모제' 도입
○ 교육비 특별회계 제도를 유지하면서 지방교육재정 교부금 법정률 지원 제도로 재정자주권 강화
○ 지방채 발행 승인, 중앙정부의 감사 권한 배제 등

자료: 제주특별자치도(2007. 7), 제주 특별자치도 추진백서, 부록 Ⅰ, pp.100-101.

둘째, 국제자유도시에 적합한 교육 서비스 제공과 관련한 부문이다.

▨ 국제자유도시에 적합한 교육 서비스 제공

□ 초·중등 교육기관의 자율성을 경제자유구역 이상으로 신장
○ 초중등 교육 과정에서 외국어 강의, 국제 수준의 교과 과정 운영 등이 가능하도록 자율성 최대한 보장
- 입학 방법, 수업료, 교과서, 커리큘럼 등의 특례 인정으로, 차별화된 교육 수요 충족 및 투자자의 교육문제 해소
○ 초중등 과정 외국 교육기관 설립을 허용하고 내국인 입학 비율을 조례로 정할 수 있도록 위임

□ 외국의 유수 대학(원) 유치 여건 강화
○ 국내 대학 내 외국 대학(원)의 교육 과정 설치 허용
○ 교지, 시설 및 수익용 기본재산 등 확보 기준을 완화하여 대학 설립 희망자의 초기 비용 및 위험 부담 경감
○ 토지 무상 임대, 연구비 및 장학금 등의 행·재정적 지원 강화

□ 국내 대학 등에 대한 규제 완화 및 각종 지원 강화
○ 시설·교원 등 일정 요건 하에 학사학위 과정과 전문학사 학위 과정을 함께 운영하는 대학 설립 허용
○ 교육시설 설립시 투자진흥지구로 지정 가능하도록 제도 개선
○ 대학 운영, 시설 건축 자금 지원 및 부지 공여 등 지원 확대

□ 국제 교육중심도시 육성을 위한 외국어 교육 강화

○ 대규모 종합형 '외국어 교육 타운' 설치를 추진하여 해외 유학 수요 흡수
- 국제자유도시로서의 성격을 감안, 가칭 '국립 외국어교육센터' 입지 선정시 최우선적 고려
○ 조기 영어교육 등 외국어 교육 확대로 국제화된 전문인력 양성

□ 영리법인의 교육기관 설립 허용 여부는 교육의 공공성, 실효성, 외국 사례 등을 감안하여, 이번(1단계)에는 검토 제외
○ 2단계(2006년 필수규제 선정) 작업 과정에서 수용 여부 재검토

자료: 제주특별자치도(2007.7), 제주 특별자치도 추진백서, 부록 Ⅰ, pp..103-104.

2 교육자치의 외국 사례

교육자치를 운영하고 있는 외국 사례를 홍콩과 마데이라를 중심으로 살펴보았다.

첫째, 홍콩의 경우는 홍콩특별행정구 정부가 교육 제도를 기초로 하여 독자적으로 교육의 발전 및 개선과 관련된 정책과 교육 체제와 관리, 언어 교육 경비 분담, 시험 제도, 학위 제도, 학력 인정 등의 정책을 수립하여 시행하도록 하고 있다(홍콩특별행정구 기본법 제6장 제136조 교육 제도). 사회단체 및 개인도 법이 정하는 바에 따라 홍콩특별행정구에서 각종 교육사업을 할 수 있도록 하고 있다. 제137조에서 각급 학교는 자주성이 보장되며 학술과 관련 자유를 가질 수 있도록 하였다. 홍콩특별행정구 밖에서 교직원을 초빙하고 교재를 선정할 수 있도록 하였다. 종교단체가 설립한 학교는 종교 과정을 개설할 수 있고, 종교교육을 제공할 수 있도록 하고 있다. 그리고 학생은 학술의 선택 및 홍콩특별행정구 밖 지역에서 학문을 탐구할 자유를 가지고 있다(김진호, 2000).

홍콩의 경우는 위원회 조직 내에 교육 패널이라는 기구를 만들어서 활동하고 있다.[4] 이 패널에서는 교육문제 관련 이슈를 모니터하고, 포럼을 운영하며, 교육 관련 입법과 예산에 대하여 의견을 표출하도록 하고 있다. 이러한 내용은 보고서를 작성하여 위원회의 이름으로 발표된다.

그리고 홍콩 어린이들 중 6~15세까지는 9년간 무상 의무교육을 시행하고 있으며, 평생교육 시스템이 잘 발달되어 있어 홍콩 주민의 약 19%인 130만 명 정도가 연중 취학 중이다. 그리고 홍콩의 경우는 2004~2005년간 중앙정부로부터 351억 HK$을 지원받았다.

둘째, 포르투갈 마데이라의 경우는 교육과 관련하여 중앙정부의 지원금을 받고 있다. 영어교육을 위해서 제2외국어로 초등학교 1학년부터 영어를 교육하고 있다. 40대 이하는 영어를 구사할 수 있으며, 이러한 외국어 능력이 관광객 증대에 많은 영향을 미치고 있다. 자치권 확보 초기에는 EU 지

4) 홍콩특별행정구 입법회 홈페이지 http:///www.legco.gov.hk, (2008.5).

원금으로 교육 인프라를 건설한 것도 하나의 특징이다.5)

이상에서 알 수 있는 것은 중앙정부로부터 교육 예산을 지원받고 있다는 것이며, 무상 의무교육과 외국어 교육에 대한 관심이 상당히 높다는 것을 알 수 있다. 그리고 평생교육 시스템 구축에 관심을 가지고 있다는 것을 알 수 있다.

3 특별법에 규정하고 있는 교육자치의 내용

가. 교육위원회의 구성과 도의회 상임위원회의 편성

1) 교육위원회의 구성

'제주특별자치도 설치 및 국제자유도시 조성을 위한 특별법'에 따르면 도의회에 교육위원회를 상임위원회로 설치할 수 있도록 명시하고 있다(제79조). 이는 전국 최초로 도입된 제도로서 큰 의미가 있다. 그뿐만 아니라 종전 지방교육자치사무의 의결기관이 교육위원회와 도의회로 이원화되어 기능 중복으로 인한 과도한 행정력 낭비와 의결기관 간의 소모적인 갈등과 대립으로 비효율을 초래함에 따라, 교육위원회와 도의회 내 교육 관련 상임위원회를 법률기관으로 일원화하였다. 도의회의 특수한 상임위원회 형태인 '교육위원회'를 설치함으로써 교육문제를 제주특별자치도 전체의 문제로 환원하려는 데에 의미가 있다 하겠다.6)

그리고 교육위원회는 다른 상임위원회가 6인 또는 7인 이내로 구성하도록 하는 것과는 달리 9인으로 구성하도록 하고 있으며, 도의회 의원 4인과 선출직 교육의원 5인으로 구성하도록 하고 있다(제80조).

교육위원회의 위원장의 임기는 2년으로 하고 있다. 교육위원회 위원장은 교육위원회의 동의를 얻어 그 직을 사임할 수 있다. 위원장의 선출 방식에

5) 제주도(2005), 마데이라·아조레스 출장보고서.

6) 이러한 논의는 제주특별자치도 특별법 조문 해설서 및 국회 교육위원회 전문위원 검토보고서를 분석하여 정리한 박영욱(2008), "쟁점으로 보는 제주특별자치도법", 한국학술정보, p.209에 나타나 있다. 그리고 박영욱은 교육특별상임위원회라는 명칭도 논의되었으나 상임위원회인지 특별위원회인지 분간할 수가 없는 문제가 있어서 '교육위원회'라고 명명하였다고 한다.

서도 다른 상임위원회와 조금 다르다. 다른 상임위원회의 경우 본회의에서 무기명 투표를 통하여 다수 득표자가 당선된다. 하지만 교육위원회의 경우에는 본회의가 아닌 교육위원회 내에서 무기명 투표를 통하여 다수 득표자가 선출되도록 하고 있으며 본회의에 보고를 통하여 임명하도록 하고 있다. 그 대행자도 다른 상임위원회에서는 감사가 대행하도록 하는 반면 교육위원회에서는 연장자 순으로 하도록 되어 있다.

그리고 교육의원은 정당에서 추천하지 못하도록 하고 있다(제주특별자치도특별법 제81조). 교육의원의 피선거인 자격은 후보자 등록 신청 개시일 당시 교육 경력 또는 교육행정 경력[7]이 10년 이상 있거나 양 경력을 합하여 10년 이상이고, 후보자 등록 신청 개시일부터 과거 2년 동안 정당의 당원이 아닌 자로 하도록 하고 있다. 이러한 점을 도의원과 비교해 보면 도의원은 정당 공천이 가능하지만 교육의원은 정당 공천을 배제하고 있고, 도의원은 비례대표가 있지만 교육의원은 없으며, 다른 도의원에게는 없는 피선거인 자격으로 교육 경력 또는 교육행정 경력을 규정하고 있다는 것이다. 이는 교육위원회와 교육의원이라는 제도에 대하여 활동의 규제와 제한을 하기 위한 것이기보다는 교육의 자주성과 전문성을 보장하기 위한 조치로서, 법률상에 규정하고 일정한 범위 내에서 다른 상임위원회나 도의원보다는 특수성을 인정해 주고자 하는 것이라 할 수 있다.[8]

교육위원은 겸직 등의 금지를 적용받아 '지방자치법'에서 제35조 제1항 제1호, 제3호부터 제6호까지에 규정된 직과 헌법재판소 재판관, 각급 선거관리위원회 위원, 다른 교육위원회의 교육위원 등은 겸할 수 없다. 그리고 '사립학교법' 규정에 의한 사립학교의 교원도 겸직할 수 없으나 '고등교육법' 제2조의 규정에 의한 학교의 전임강사 이상의 교원은 제외되도록 하고 있다. 또한 사립학교 경영자 또는 사립학교를 설치·경영하는 법인의 임·직원도 겸직할 수 없다.

---

7) 여기에서 교육 경력이란 '유아교육법'에 의한 유치원, '초·중등교육법'과 '고등교육법' 규정에 의한 학교에서 교원으로 근무한 자를 말하는 것이다. 그리고 교육행정 경력이란 국가 또는 지방자치단체의 교육기관에서 국가공무원 또는 지방공무원으로 교육·학예에 관한 사무에 종사한 경력과 '교육공무원법'에 의한 교육공무원으로 근무한 경력을 말하는 것이다(제주특별자치도특별법 제82조).

8) 박영욱(2008: 210-211)도 이와 같은 내용을 주장하고 있다.

교육위원회 및 도의회의 교육·학예에 관한 사무를 처리하기 위하여 도의회 사무처에 조직과 사무직원을 두도록 하고(제주특별자치도특별법 제89조), 사무직원 중에서도 교육행정직 지방공무원은 도교육감이 임명하도록 하고 있다.

2) 교육위원회의 의결 사항

교육위원회는 제주특별자치도의 교육·학예에 관한 사항을 심의·의결하도록 하고 있다. 그 내용은 다음과 같다.

① 조례안
② 예산안 및 결산
③ 특별부과금·사용료·수수료·분담금 및 가입금의 부과와 징수에 관한 사항
④ 기채안
⑤ 기금의 설치·운용에 관한 사항
⑥ 도조례로 정하는 중요 재산의 취득·처분에 관한 사항
⑦ 도조례로 정하는 공공시설의 설치·관리 및 처분에 관한 사항
⑧ 법령과 조례에 규정된 것을 제외한 예산 외 의무 부담이나 권리의 포기에 관한 사항
⑨ 청원의 수리와 처리
⑩ 외국 지방자치단체와의 교류 협력에 관한 사항
⑪ 그 밖에 법령과 도조례에 의하여 그 권한에 속하는 사항

이러한 내용 중 5호 기금의 설치·운영에 관한 사항과 그로부터 11항에 이르는 사항에 대한 교육위원회의 의결은 도의회 본회의의 의결로 보는 것으로 규정하고 있다(제주특별자치도특별법 제84조 2항). 이 내용도 다른 상임위원회와 비교하면 위상과 지위에 차이를 두고 있다고 할 수 있다.

그리고 교육위원회의 위원장은 주민의 재정적 부담이나 의무 부과에 관한 조례안일 경우와 제주특별자치도의 일반회계와 관련되는 사항을 의결할 때는 사전에 도지사의 의견을 듣도록 하고 있다.

나. 도교육감의 직선

도교육감은 주민의 보통·평등·직접·비밀선거에 의하여 선출하도록 하고 있다(제주특별자치도특별법 제91조). 특별법 적용으로 그렇게 하여

2007년 12월에는 첫 선출직 교육감이 선출되었다. 정당은 도교육감선거에 후보자를 추천할 수 없도록 하고 있으며, '공직선거법'의 규정에 따라 선거하도록 규정하고 있다.

다. 보조기관 및 하급 교육행정기관에 대한 특례

제주특별자치도의 경우에는 '지방교육자치에 관한 법률' 제30조 제1항 및 제4항의 규정에도 불구하고 도교육감 밑에 부교육감을 두되, 그 정수 및 사무분장에 관한 사항은 도조례로 정하도록 하고 있다. 그리고 별정직 지방공무원으로 부교육감을 임명할 경우에는 도교육감이 임명하도록 하고 있다(제주특별자치도특별법 제97조).

그리고 제주특별자치도의 교육·학예에 관한 사무를 분장하기 위하여 각 행정시를 관할구역으로 하는 하급 교육행정기관, 즉 교육청을 둘 수 있도록 하고 있다(제주특별자치도특별법 제98조). 하급 교육행정기관인 교육청에는 교육장을 두되, 그 임명에 있어서는 후보자를 공개 모집할 수 있도록 하고 있다. 교육장은 도교육감이 공개 모집한 후보자에 대한 심사를 거쳐 선정된 자를 교육과학기술부장관의 제청으로 대통령이 임명하도록 하고 있다.

라. 보통교부금에 관한 특례

교육과학기술부장관이 제주특별자치도에 교부하는 보통교부금은 '지방교육재정교부금법'에 의한 보통교부금 총액의 1만분의 157로 산정하도록 하고 있다(제주특별자치도특별법 제101조[보통교부금에 관한 특례]).

그리고 도교육감은 제주특별자치도의 교육·학예와 관련이 있는 사업의 경우 등 필요한 경우에는 도의회의 의결을 거쳐 지방채를 발행할 수 있도록 하고 있고(제주특별자치도특별법 제103조), 교육과학기술부장관이 정하는 지방채 발행 한도액을 초과하여 지방채 발행을 하는 경우에는 도의회 재적 의원 과반수의 출석과 출석 의원 3분의 2 이상의 찬성이 있어야 한다.

마. 외국 교육기관에 관한 특례

외국학교법인이 제주특별자치도에 외국교육기관을 설립·운영하는 경우에는 '경제자유구역의 지정 및 운영에 관한 법률' 제22조의 제5호 규정을 준용하도록 특례를 인정하고 있다(제주특별자치도특별법 제182조).

'중등교육법' 제60조의 제2호 규정에 의한 외국인학교 중 제주특별자치도에 설립하는 외국인학교의 입학 자격은 도조례로 두어, 동법의 규정과 달리 정할 수 있도록 하고 있다(제주특별자치도특별법 제188조).

그리고 외국대학은 '고등교육법' 제2조 각 호의 규정에 의한 학교 안에 외국대학의 교육 과정을 설치 운영할 수 있도록 하고 있다. 또한 외국대학 교육 과정의 설치·운영에 관하여는 '경제자유구역 및 제주국제자유도시의 외국 교육기관 설립·운영에 관한 특별법'의 외국 교육기관 설립·운영에 관한 규정을 준용하도록 하고 있다(제주특별자치도특별법 제183조).

그리고 2008년 6월 3일 제주특별자치도 3단계 제도개선안에 따르면 외국교육기관을 유치하기 위하여 관련 규제를 완화하는 내용을 포함하고 있다. 그리고 유학생 체류시설 과실송금을 허용하는 내용을 포함하고 있으며, 대학시설·운영 기준을 완화해 주는 내용도 포함되었다.[9]

바. 제주형 자율학교에 관한 특례

특별법에는 자율학교라는 제도를 운영할 수 있도록 하고 있으며, 이를 제주도에서는 제주형 자율학교[10]라는 이름으로 시행하고 있다. 법률에 따르면 제186조에서 학교 및 교육 과정 운영의 특례라는 제목으로 제주특별자치도에 소재하는 국·공·사립의 초·중등학교는 도교육감의 지정을 받아 자율학교를 운영할 수 있도록 하고 있다.

자율학교의 장은 도교육감 또는 교육장에게 자율학교 운영에 필요한 교원의 임용 또는 소속 교원의 전보유예를 요청할 수 있으며, 교직원에 대하여는 특별수당을 지급할 수 있도록 하고 있다. 자율학교에서 교육 과정 전부를 이수한 자는 각각 초등학교·중학교 또는 고등학교를 졸업한 자와 동등한 학력이 있는 것으로 간주하도록 하고 있다.

---

9) 국무총리실 제주특별자치도 지원위원회 사무처(2008. 6. 3), 제주특별자치도 3단계 제도 개선안.

10) 제주형 자율학교는 'i-좋은 학교'라는 명칭으로 불리고 있다. 'i-좋은 학교'라는 개념 속에는 국제적인(international) 학교, 재미있게(interesting), 상상력이 풍부한(imaginative) 학생들의 학교라는 의미를 포함하고 있다.

사. 국제고등학교 설립 운영에 관한 내용

국가·제주특별자치도 또는 학교법인은 국제화된 전문 인력의 양성을 목적으로 하는 고등학교(국제고등학교)를 설립·운영할 수 있도록 하고(제주특별자치도특별법 제187조), 외국인을 기간제 교원으로 임용할 수 있도록 명시하고 있다.

2008년 6월 3일 발표된 3단계 제도개선안에서는 영어교육도시 내에 초·중등 국제학교의 설립을 허용하는 내용을 포함하고 있으며, 이 내용은 내국인을 대상으로 교과 과정을 영어로 수업하는 국제학교의 설립 근거가 마련되는 효과를 가지고 있다. 그리고 국제학교 설립 관련 사항을 도조례로 이양하고 있어 개선된 제도는 실현될 가능성을 담보할 수 있게 되었다.[11] 덧붙여서 국제학교의 운영의 자율성까지 보장해 주는 내용을 포함하고 있어서 앞으로 '초·중등교육법'이 개정되면 그 효과가 구체화될 수 있을 것이다.

아. 교육재정 지원에 관한 특례

제주특별자치도특별법 제189조(교육재정 지원에 관한 특례)에서는 국가가 국제자유도시 조성과 관련하여 교육 목적 달성을 위하여 필요하다고 인정하는 경우에는 제주특별자치도에 교부하는 보통교부금 외에 '지방교육재정교부금법'에 의한 지방교육재정교부금을 대통령령이 정하는 바에 따라 특별 지원할 수 있도록 하고 있다. 그리고 제주특별자치도는 '지방교육재정교부금법' 제11조의 규정에도 불구하고 고등학교 이하 각급학교 및 고등교육기관에 대하여 부지의 매입, 시설의 건축 또는 학교의 운영에 필요한 자금을 지원할 수 있도록 규정을 두고 있다.

11) 국무총리실 제주특별자치도 지원위원회 사무처(2008. 6. 3), 제주특별자치도 3단계 제도 개선안.

3 교육자치제의 시행 효과

가. 교육위원 직선과 도의회 소속 제도의 전국화

1) 교육위원을 주민 직선으로 선출

교육위원회가 도의회의 상임위원회로 구성되고, 주민 직선에 의하여 교육의원을 선출하는 제도는 제주도에서 시작되어 전국적으로 확대 시행되고 있다. 제주도에서 교육자치가 시범적으로 실시됨으로써 그 제도가 전국화하고 제도화하는 데에 기여하였다.

2) 교육행정의 효율성 확보

교육위원회가 도의회 상임위원회로 구성되면서 교육행정의 효율성이 대폭 증대되었다. 기존에는 교육청의 예산을 도 교육위원회에서 의결하였음에도 불구하고 다시 도의회가 다시 심의·의결하게 되어 있어 준비 과정에서 중복이 많고, 최종 확정까지 많은 시간이 걸렸다. 교육자치 실시 이후 예산에 대한 내용도 도의회에서 한 번의 논의 과정으로 의결됨으로써 기존과 비교하여 행정의 효율성이 크게 증대되었다.

○ 2005년 교육청 예산안 - 교육위원회 심의 의결 - 도의회 교육관광상임위원회 - 예결위 -본회의 통과
: 교육자치 실시 이전에는 교육위원회에서의 설명과 설득과 관련된 시간의 지연(10일 이상 회의)은 물론 교육위원회의 의결 사항이 도의회에서 삭감, 혹은 삭감되었던 사업의 증액 등으로 심리적 반감과 갈등이 내재했음.
○ 2006년 교육청 예산안 - 도의회 교육위원회 - 예결위 - 본회의 통과
: 2005년도 교육위원회를 별도로 두었던 당시보다 교육청의 교육위원회에 대한 업무가 도의회 상임위원회인 교육위원회로 단일화되어 설명, 설득 시간 등의 지연이나 교육위원회와 도의회 간의 심리적 갈등 속에서 생기는 문제가 해결되었음.

그리고 특별자치도 교육위원회가 교육의원 5명, 일반 도의원 4명, 총 9명으로 다른 상임위원회나 다른 시도 교육위원회와 비교하였을 때 의원 수가 비교적 많기 때문에 조례안, 예산안, 행정사무감사 등 심사 과정에서 의원

개인당 업무량에 대한 부담이 줄어드는 효과가 있다고 할 수 있다. 참고로 앞서 언급하였듯이 제주도의회 다른 상임위원회의 경우는 6~7명이며, 충북, 광주, 대전, 울산 등 다른 시도교육위원회의 교육위원 수는 7명, 그 외는 9명에서 15명으로 구성되어 있다.

3) 도의회의 교육 부문에 대한 이해 증진과 집행부에 대한 적극적 의견 표출 가능

교육자치 실시로 도의회의 교육 부문에 대한 이해 증진을 도모할 수 있게 되었다. 교육위원회는 두 개의 집행부, 즉 제주특별자치도와 도교육청에 대한 견제와 비판, 제안을 하고 있다. 그리고 교육위원회는 교육의원으로 선출된 의원과 일반 도의회 의원으로 선출된 의원이 하나의 위원회로 구성되어, 교육의원과 일반의원들이 교육에 대한 이해를 같이함으로써 과거에 비하여 교육청사업이나 특별자치도 집행부에 대한 정책 제안이 적극적으로 반영되는 경향이 있다. 예를 들면 학교용지 부담금의 경우 지자체가 비용의 반을 부담할 수 있게 되어 있다. 도에서 찬성하지 않을 경우, 도의회에서 일반의원들이 포함되어 있는 교육위원회가 직접 도를 움직이게 할 수 있는 여건이 마련되었다. 이는 과거에 비하여 교육청이 사업을 수행할 때 좀더 효율성이 확보되는 바람직한 상태로 변화된 것이라고 할 수 있다. 정책자문위원들과의 면접을 통해서도[12] 알 수 있었는데 교육위원회가 교육청과 집행부를 연결하는 다리 역할을 충실히 할 수 있을 것으로 보인다.

다른 자치단체의 경우 집행부가 교육을 전폭적으로 지원하여 지역 발전을 도모하고 있는 경우가 많다. 제주특별자치도의 경우 현재는 집행부와 교육청이 함께 가는 co-work적 모습이 많지 않지만 앞으로는 교육위원회가 다리 역할을 제대로 하여 자치단체(집행부)가 교육사업을 활발히 지원하는 등 교육 부문이 지역 개발의 중요한 역할을 할 수 있는 교육의 위상을 만들어 낼 수 있을 것으로 보인다.

4) 정치적인 분위기로부터 학교의 교육 분위기 안정화

종전 초·중·고등 학교별로 구성된 학교운영위원이 간접선거 형태로 교육위원을 선출할 때에는 학교별로 정치적인 분위기가 확대되어 안정적인

12) 제주특별자치도 도의회 정책자문위원과의 면담(2007년 11월).

교육 분위기를 저해하는 경우가 있었으나, 이제는 주민직선제로 바뀌면서 각급 학교운영위원회의 정치적인 분위기로부터 학교를 보호할 수 있게 되었다.

나. 교육재정의 확보와 안정

교육자치제의 실시로 교육재정 확보의 수월성이 증대하였다. 제주특별자치도의 특별교육재정 수요를 감안하여 특례로 규정한 제주특별자치도특별법 제102조에 따라 제주특별자치도에 교부하는 보통교부금이 '지방교육재정교부금법' 제5조의 규정에도 불구하고 보통교부금의 1.57%가 보장됨에 따라 2005년 대비 2006년에는 200억 원 정도, 2006년 대비 2007년에는 270억 원 정도 증가한 것으로 나타났다. 연도별 보통교부금의 현황을 보면 <표 6-2>와 같다.

〈표 6-2〉 연도별 보통교부금 현황

구 분	2002년	2003년	2004년	2005년	2006년	2007년
총액(원)	13,843,148	15,326,846	16,171,600	22,946,340	23,772,905	25,304,772
제주도 (백만 원)	200,980	230,692	243,084	345,251	364,502	397,285
비율 (%)	1.451	1.505	1.503	1.504	1.533	1.570

자료: 제주특별자치도 교육청 내부자료, 2007.

다. 학교 교육 과정 자율편성 운영권 확대와 만족도 제고

1) 제주형 자율학교의 운영과 자율편성 운영

제주형 자율학교의 운영을 통하여 학교 교육 과정의 자율편성 운영권 제도를 실시하게 되었으며 그 효과가 괄목할 만큼 크게 나타나고 있다. 제주특별자치도특별법 제186조(학교 및 교육 과정 운영의 특례)에 의거하여 국제화 교육환경을 조성하여 교육 경쟁력을 제고하고, 외국으로의 조기유학 수요를 제주지역으로 흡수할 수 있는 여건 조성을 위하여 제주형 자율학교를 지정·운영하고 있다.

자율편성운영권은 '초·중등교육법'의 내용에 비하여 그 자율권이 크게 확대된 것이다. 그 내용은 <표 6-3>과 같다.

〈표 6-3〉 초·중등 교육법과 제주특별자치도 특별법에서 규정한 자율학교의 특징

구 분	일반형 자율학교	제주형 자율학교
자율학교 운영 관련 규정	○ 초·중등교육법 제61조, 동법 시행령 제105조: 자율학교에 대한 규정임.	○ 제주특별자치도 설치 및 국제자유도시 조성을 위한 특별법 제186조 및 동 시행령 제29조 내지 제31조 : 특별법과 시행령 31조에는 제주형 자율학교의 권한을 규정하고 있음.
학교규칙	○ (제8조) 대통령령으로 정하는 바에 따라 학칙을 제정하도록 되어 있음.	○ 시행령 31조 학교장이 학교규칙을 제정하거나 개정할 수 있으며, 교육감이 시정 요구할 수 있음.
교직원	○ (제19조 제3항) 교직원의 정원은 대통령령으로 정하도록 되어 있음.	○ 시행령 31조 학교에 두는 교직원의 정원·배치 기준을 달리할 수 있음.
산학 겸임교사 등	○ (제22조 제2항) 산학 겸임교사는 대통령령으로 정하도록 되어 있음.	○ 시행령 31조 산학 겸임교사의 배치 확대
교육 과정	○ (제23조 제2항, 제3항) 교육과정은 교육인적자원부장관이 정하는 기본적 범위 내에서 대통령령으로 정하도록 되어 있음.	○ 시행령 31조 국어, 사회교과(초등 1,2학년의 사회는 "슬기로운 생활, 중 2,3학년 및 고1 사회는 국사 포함), 도덕교과(초등에 한함, 초등 1,2학년은 "바른 생활)는 교육인적자원부장관이 정하는 바에 따르고, 국민공통 기본교육과정(초 1에서 고 1까지 편성되는 교육과정)상의 교과는 총 수업 시간의 2분의 1을 달리할 수 있음.
수업 등	○ (제24조) 학년도, 수업 일수(10분의 1 내)를 조정 가능	○ 시행령 31조 학년도, 학기, 수업 일수(10분의 20 내)를 조정 가능하도록 되어 있음.

제주형 자율학교는 현재 초등학교 5개교(제주북초등학교, 광양초등학교, 광령초등학교, 대흘초등학교, 서귀포초등학교), 중학교 3개교(신엄중학교, 함덕중학교, 남원중학교), 고등학교 1개교(세화고등학교) 총 9개교가 선정되어 시범 운영되고 있다.

제주형 자율학교의 경우는 제주특별자치도로부터 교육청을 통하여 약 1~2억 원 정도를 보조받아 외국어 교육 강화, 창의적인 체험 위주의 프로그램 운영, 국제 이해 교육 등 국제 수준의 교육 과정을 편성·운영할 수 있도록 하였으며, 2009년 2월 28일까지 2년간 시범 운영한 후 상설 자율학교로 지정할 계획이다. 도심 공동화 학교와 과밀지역 인근 소규모 학교를 우선 대상으로 적용하고 있다.

2) 제도적인 측면에서의 시행 효과

일반학교와 비교하면서 시행 효과를 살펴보도록 하겠다. 자율형 학교에서는 다음과 같은 내용으로 운영하고 있다.

첫째, 학교장에게 특별법에 근거한 교육 과정 편성 및 운영 자율권을 부여하고 있다. 기준 수업 시수의 10% 내외 증배 운영을 권장하고 있으며, 외국어 교과 신설 및 시수 증배 운영이 가능하도록 하였다. 또한 영어 몰입교육을 실시할 수 있도록 하였으며 교과 재구성을 통한 창의성 교육도 가능하도록 하였다.

둘째, 외국 도서를 교과용 도서로 사용하는 것을 가능하도록 하였다.

셋째, 학교별로 특색 프로그램을 운영할 수 있도록 하여, 예·체능 및 외국어 관련 분야에서 프로그램을 만들 수 있도록 하였다.

넷째, 학교별로 원어민 보조교사를 배치할 수 있도록 하였다. 9학급 이하는 학교당 1명을 배치할 수 있도록 하였고, 10학급 이상은 학교당 2명을 배치할 수 있도록 하였다.

3) 수요자인 학생 수의 증가

제주형 자율학교를 시행한 결과 제주형 자율학교 중 도심 공동화 학교 및 도심 외곽에 있는 농어촌 초등학교의 경우 전입생이 크게 증가하고 있다.

자율학교 추진 효과를 분석하기 위하여 학생 이동 현황을 살펴보면, 초등학교의 경우 자율학교 추진 이후 학급 수 및 학생 수가 3개월간 7학급 198명이 늘었고, 특히 교외지역에 있는 초등학교인 대흘교의 학생 수가 크게 증가되었다. 반면 중학교는 큰 변화가 없었다.

〈표 6-4〉 제주형 자율학교 시행 초기 학생수 증감 현황

(단위: 명)

학교명	기존 현황(A) 2007년 2월		현재 현황(B) 2007년 5월		증감(B-A)	
	학급 수	학생 수	학급 수	학생 수	학급 수	학생 수
제주북교	13	342	14	384	1	42
광양교	18	580	20	596	2	16
광령교	10	281	11	303	1	22
대흘교	6	85	6	149	0	64
서귀포교	15	441	19	495	3	54
계	62	1,729	70	1,927	7	198
신엄중	6	135	6	131	0	- 4
함덕중	11	374	11	362	0	- 12
남원중	12	392	12	391	0	- 1
계	29	901	29	884	0	

자료: 제주특별자치도 교육청 내부자료, 2007 .5.

초등학교의 경우 1, 2, 3, 4학년 저학년 학생들이 주로 많이 전입하고 있었으며 5, 6학년 전입은 그리 크지 않았다. 전입하는 학생 중에는 주소를 이전해 오는 등 적극적으로 전입하는 경향도 있었다.[13]

<표 6-5>는 2006년부터 2008년까지의 연도별 학생들의 증감 현황을 나타낸 것으로, 연도별로 비교해서 자율학교 운영 효과를 살펴보고자 한 것이다.

<표 6-5>에서 보듯이 도심에 있지만 공동화 현상이 있었던 제주북초등학교의 경우는 2006년 14학급 365명에서 2008년에는 19학급 476명으로 학생 수가 30% 증가한 것으로 나타났다. 그리고 교외지역의 초등학교인 대흘

13) 이러한 내용은 대흘초등학교와 제주북초등 교장선생님이 전입해 온 학생들에게 면접을 통하여 그 내용을 파악한 내용이다. 필자는 북초등 교장선생님과 전화 면접을 통해서 이러한 내용을 파악할 수 있었다(2007년 11월).

〈표 6-5〉 2006년-2008년까지의 학생 수 증감 현황

(단위: 명)

학교명	2006년 4월 1일		2007년 4월 1일		2008년 4월 1일		비 고
	학급 수	학생 수	학급 수	학생 수	학급 수	학생 수	30% 증가
제주북교	14	365	15	377	19	476	30% 증가
광양교	19	596	21	591	21	553	7% 감소
광령교	10	260	11	302	12	323	24% 증가
대흘교	6	78	6	148	7	156	100% 증가
서귀포교	16	468	19	495	22	545	16% 증가
계	65	1,767	72	1,913	81	2,053	16% 증가
신엄중	6	125	6	130	6	127	
함덕중	11	358	12	362	13	340	
남원중	12	394	12	390	12	394	
계	29	877	30	882	31	861	
세화고	21	619	22	690	23	755	

자료: 제주특별자치도 교육청 내부자료, 각년도 학교 일람표.

초등학교의 경우는 2006년 6학급 78명에서 2008년 7학급 156명으로 제주형 자율학교 시범 실시 2년 만에 학생 수가 100% 증가하는 운영 효과를 보이고 있다.

가) 농촌부 대흘초등학교의 제주형 자율학교 운영 효과

대흘초등학교 교장선생님과 면접을 통해서 살펴본 결과 대흘초등학교는 학생 수가 급격히 증가하고 있다. 도심의 학부모들이 자율형 학교를 선호하여 전입해 오고 있었다.

이러한 효과는 크게 다음 두 가지 이유 때문에 가능하였다고 본다. 첫째, 교육 프로그램의 특성화와 둘째, 자연친화적인 내용의 교육 프로그램 실시에 있다.

(1) 교육 프로그램이 특성화

대흘초등학교의 경우 특성화 시간은 전문강사가 강의하도록 하여 자율교과 운영을 실시하고 있다. 그 일환으로 과학 과목은 과학과 창의 과목으

로 가르치게 되었고, 국어 시간은 논술 부문을 첨가하도록 하였다. 영어 수업을 대폭 강화하여 주당 초등 1·2학년의 경우는 4시간, 고학년의 경우는 6시간으로 연장 운영하였다. 특히 영어 시간에는 미국 교과서를 가지고 직접 가르치도록 하였으며 생활체험 영어는 원어민 1명을 고정 배치해서 강의하도록 하였다. 2007년에는 모든 학급(총 6학급)에서 영어특성화교육이 가능하게 되었다. 수학 수업도 활동수학이라고 하여 재미있게 진행하면서도 수학 실력을 쌓게 하는 프로그램을 운영하였다. 또한 수학과 영어의 경우는 전 학년 수준별 무학년제로 운영하여 일반 학생과 우수 학생 모두를 만족시키는 공교육의 모델을 준비하고 있다.[14] 이와 더불어 심성 과목으로 뇌교육, 뇌호흡, 명상 등의 과목을 설강하였으며 전문강사가 강의하도록 하였다. 그 외 개그 체험 과목과 마술사를 채용하여 마술에 대한 과목도 강의하고 있다.

(2) 자연친화적인 내용의 프로그램

농촌부에 위치하고 있어 자연친화적인 프로그램을 운영할 수 있었다. 프로그램 내용은 월 1회 이상 오름 체험 등 자연학습과 연결시키도록 하여, 6월에는 복분자 따는 체험을 하도록 하였는데 학생들이 이러한 프로그램을 좋아하는 경향을 보였다.

이러한 자율학교 운영은 다양한 교육 프로그램의 도입 및 새로운 교육방법 창출, 학생 수 증대 등의 다양한 효과가 있지만 학생 수가 증가하면서 몇 가지 제약도 뒤따랐다. 대흘초등학교의 경우, 학생들이 통학을 위하여 대형 전세버스 1대를 운영하고 있는데 학생들의 수요가 증가하여 프로그램을 더 확대하고 싶어도 대형 버스를 추가 구입하기가 어려워 더 많은 학생들을 수용할 수 없는 제약이 발생하였다. 즉 비용적인 제약이 발생하였고, 또 다른 제약은 다양한 교육 과정과 프로그램을 운영하려면 그에 부응할 수 있는 시설의 부족이다. 대흘초등학교의 경우 농촌부 학교여서 기존에 지어진 건물이 부족하여 다양한 공간을 창출하지 못하는 어려움을 가지게 되었다. 앞으로 영어 체험 공간이나 어학실, 도서관, 발표 공간 등을 만들어 주면 자율형 학교 운영이 더욱 활성화될 것으로 기대되고 있다.

14) 제주특별자치도 교육청(2007.12), 제주형 자율학교 운영 보고서, p.88.

나) 도심 공동화 지역에 있는 제주북초등학교

도심 공동화 지역에 있는 북초등학교의 자율학교 효과를 살펴보았다. 제주북초등학교는 1982년도에는 학생이 3,055명에 달하였으며 50개 학급이 운영되는 역사와 전통을 자랑하는 제주도 최고의 초등학교였다. 당시는 1학년만 500여 명이었으나, 2005년에는 1학년 53명, 2006년 1학년 43명으로 도심 공동화 현상으로 인하여 급격하게 쇠락하는 초등학교가 되었다. 그러나 2007년에는 자율학교로 지정됨으로써 1학년 입학생이 80명으로 증가하였다. 시행 초기인 2007년의 경우 통계상으로는 증가한 학생이 42명이지만, 2007년 6월 29일 전입해 온 모든 학생을 대상으로 조사한 결과 다른 학교에서 전입해 온 학생은 총 48명이었고, 자율학교를 선호해서 이사까지 하면서 전입해 온 학생만 21명에 이르렀다. 이러한 효과는 자율학교의 운영에 따른 순수 효과라고 할 수 있다.

이외에도 학부모들의 만족도가 높아서 영어 보조교사를 학부모 중에 신청받아 자원봉사로 운영하게 되었다. 도서관에서도 하루에 네 명씩 봉사활동으로 학부모들이 독서 지도와 동화 읽기 프로그램에 참여하고 있다.

이러한 효과를 프로그램 내용으로 살펴보면 다음과 같다.

(1) 능력별 소그룹학습

영어와 수학은 15명씩 나누어서 강의하는 선진국 수준으로 프로그램을 바꿨다. 원래 한 학급 구성이 30명이지만. 북초등학교의 경우 기존에 사용하던 교실이 많이 남아 있어서 가능하였다.

(2) 외국어 능력 향상학습

외국어 교육 시간 수를 대폭 증대시켰다. 1·2학년 4시간, 3학년 이상은 5시간으로 하고 있다. 매일 영어를 강의하고 수업을 받을 수 있는 학교가 되었다. 영어 담당교사는 총 5명이며, 이 중 2명은 원어민, 3명은 한국인이다. 한국인 중 2명은 기간제 교사고, 1명은 영어 전담교사다.

원어민 두 명이 영어 시간에 수학과 과학을 영어로 지도하고 있다. 5·6학년의 경우 중국어 교육도 주당 두 시간 강의하도록 하였으며 외부강사를 초빙하여 운영하고 있다.

(3) 그 밖의 프로그램

그 밖의 프로그램으로는 독서논술 교육을 전 학년 주당 1시간씩 운영하고, 체육 시간에는 1시간을 태권도 교육을 실시하고 있다. 태권도 교육을 통하여 정신집중이 잘 되고 체력 단련과 자기 보호 능력의 향상으로 만족도가 높은 것으로 평가하고 있었다. 그리고 전학년이 추가 수업을 네 시간씩 더하고 있었다.

또한 방과 후 수업은 2006년 8개 과목 40% 정도의 학생이 참가하였는데, 2007에는 14개 과목을 운영하게 되었으며 두 개 과목을 수강하는 학생 등을 포함하면 150% 정도의 학생이 35개 반에 참여하게 되었다. 이러한 효과는 사교육비 절감 효과로도 이어지게 되었다.

북초등학교의 경험을 통해서 알 수 있었던 점은 자율학교 운영 효과를 유발한 동인이 있다는 점이다. 그 내용을 보면 교육청 인사시 자율학교에 배려할 수 있도록 하는 것과 교장이 재량으로 과목을 바꿀 수 있게 한 점, 그리고 과목이나 시간을 추가할 수 있도록 한 점 등이라 할 수 있다.

이러한 운영을 통해서 제주북초등학교에서 제안하고 있는 내용을 살펴보면 다음과 같다.15)

첫째, 소그룹 영어몰입교육 운영의 경우 원어민 영어교사와 학급 담임의 체계적인 학습 협의가 이루어져야 아동들의 학습 효과를 높일 수 있다는 것이다.

둘째, 효율적인 영어 교육활동을 돕기 위하여 설치한 영어체험학습실에서의 상설 프로그램을 연간계획으로 수립하고 인근 학교에서의 참여가 이루어져 인근 학교들과 함께 운영하는 방법을 찾는 것도 한 방법일 것이다.

셋째, 20분 단위로 나누어 실시하는 체력단련 프로그램의 효율적인 운영과 아동들의 참여도를 높이기 위해서 40분 단위 수업으로 편성할 필요가 있다.

넷째, 전국과 제주지역의 여러 언론 매체에 자율학교의 활동 상황을 적극 홍보하고, 제주형 자율학교의 교육 과정과 교육활동에 학생, 교사, 학부모가 교육공동체로서 함께 참여할 필요가 있다.

---

15) 제주특별자치도 교육청(2007.12), 위 보고서, p.148.

다) 농촌부 자율중학교 함덕중

중학교와 고등학교는 자율학교 지정으로 학생 수의 전입(증가)은 크게 일어나지 않았다. 고등학교의 경우는 정원을 도교육청에서 관리하고 있어서 전입의 자유로움이 제약되었기 때문에 전입 효과를 논하는 것은 어려움이 있을 것으로 보인다.

중학교의 사례로는 함덕중학교의 경우를 통해서 살펴보았다.

과거에는 제주시로 전출하려는 수요가 많았는데 제주형 자율학교로 지정・운영 이후 그러한 수요는 줄어든다는 의견이었다.[16] 학생들 중 전출이 12명인 것은 고입과 관련되어 있거나 육지로 전출가는 경우, 기타의 사례 등에 의해서 줄어든 것이며, 2007년에 들어서는 자율학교로서의 교육에 대한 만족감이 높아지면서 시내 학교 선호 경향은 함덕중 학생에게는 많이 줄어든 것도 사실이다. 다만 일반적으로 우리나라의 중학교 학생이나 학부모들이 입시에 입각한 도심지 학교 선호 경향이 있어서 도심지에서 함덕중으로 전입해 오는 경우는 그리 많지 않은 실정이다. 이는 초등학교와는 달라서 중학교부터는 고입이 있기 때문으로 분석된다.

함덕중이 운영하는 프로그램을 살펴봄으로써 자율중학교에 대한 긍정적 효과를 정리하였다.

(1) 외국어 영어 교과 시간의 증대

중학교에는 고입시험이 있어서 교과목이나 프로그램을 크게 바꾸는 것은 어려웠다. 그러나 외국어 영어 교과 시간을 획기적으로 증가시킬 수 있었다. 환경 과목, 컴퓨터 과목은 줄이고 한문 과목도 부분적으로는 줄이면서 전체 수업의 양도 10% 늘렸고 그 늘어난 대부분을 외국어 교육으로 편성하였다.

(2) 어학교육의 생활화

기존에 풀브라이트재단의 지원금으로 원어민 교사 1명을 초빙하여 활용하고 있었으나, 자율학교가 되면서 1명이 추가되어 2명의 원어민이 근무하게 되었다. 아침 정규 과목 이전 morning class를 운영하게 되었고, 원어민 교사 1명이 5명 정도 학생과 대화하는 프로그램을 운영하여 학생들의 선호

---

16) 함덕중학교 교장선생님과의 면담을 통해서 파악한 의견이다(2007년 11월).

도가 매우 높게 나타났으며 캠핑, 방과 후 활동을 원어민 선생과 같이 하게 되어 만족감이 높은 것으로 나타나고 있다.

(3) 예체능 분야의 프로그램 운영

한 학생이 한 가지 악기 다루기 운동을 실시하여 학기 중에 발표회를 가지며 동기부여를 하고 열심히 배우게 되어 재미있는 학교생활을 하게 되었다.

함덕중학교의 사례를 통해서 파악할 수 있었던 제약 요소는 자율형 학교이지만 재정 부문에서 학교장의 자율이 제약되어 있다는 것이다. 재정 부문의 자율이 확대되어야만 학생들에게 도움을 줄 수 있는 다양한 프로그램을 운영할 수 있을 것이다. 또한 인사권의 경우도 자율이 부분적으로 주어지지만 과거의 관성에서 크게 벗어날 수 없는 것이 현실이다. 농촌부 중학교 자율학교 운영에서의 성공 여부는 도회지 학생들의 도심지 선호 경향과 자율학교의 성과 홍보 두 축 간에 어느 축이 우위를 차지하느냐에 달려 있다고 해석할 수 있다. 지금처럼 도심지 학교로 전출가는 학생이 없이 유지되기를 바라고 있으며, 앞으로 적극적인 성과 홍보가 진행된다면 전입해 오는 학생들이 더 있을 것으로 보고 있다.

라) 향후 자율학교의 추진계획

제주특별자치도 교육청에서는 제주형 자율학교의 성공적 운영을 위하여 다음과 같은 사업을 계획하고 있다.[17)]

첫째, 학교 경영의 효율화를 위하여 지원을 강화할 계획이다. 학교운영비를 교육청이 9억 원, 그리고 제주특별자치도 도청에서 9억 원을 지원하여 공동으로 투자할 계획이다. 제주형 자율학교에는 원어민 보조교사를 확대 배치하고 교직원 인사상 우대 방안을 강구할 계획이며, 자율학교 자체평가 강화 및 체계적인 학력관리가 가능하도록 수시평가를 시행할 계획이다. 그리고 제주형 자율학교 장학 자료를 개발하고 보급하며 이러한 노력에는 가산점을 부여하기로 하고 있다.

둘째, 제주에 적합한 자율학교 모델을 창출하려 계획하고 있다. 도시와 농산어촌 간 교육의 균형 발전을 위하여 학교 배치를 고려할 계획이다. 이러한 맥락에서 도심지 인근 농산어존 학교와 도심 공동화 학교를 우선 선

17) 향후 추진계획은 제주특별자치도 교육청에서 발간한 2008년 주요 업무계획을 참고하였다.

정해서 육성할 방침이다. 이렇게 시범 운영하여 성과를 검토한 후 점진적으로 많은 학교에 확대 적용할 계획이다. 그리고 국제자유도시의 모델 학교로서 제주지역에 특성화된 국제화 프로그램을 편성하고 운영할 계획이다. 종국적으로는 국제화된 교육환경 기반 조성과 체계적인 학력관리로 공교육 내실화에 기여할 구상을 하고 있다.

셋째, 특색 있는 지원행정을 전개할 계획이다. 그 예로서는 제주형 자율학교 평가단을 9명 내외로 구성하여 평가하며 그에 따라 운영의 활성화를 도모할 계획이다. 그리고 학교별 운영 성과 및 실적 평가를 위한 점검반을 운영하며, 2009년 이후에는 제주형 자율학교의 성공적으로 정착할 수 있도록 유도할 계획이다.

5 교육자치의 활성화를 위한 과제

가. 추가적으로 검토하여야 할 법률 관계

교육자치의 활성화를 위하여 계속적으로 검토하여야 할 법률상의 내용들이 많다. 기존의 법률상의 한계를 파악하는 문제부터 새로운 제도의 도입을 위하여 법률상에 추가하여야 할 과제도 있다.

그 내용을 보면 다음과 같다.[18]

첫째, 교육의원이 본회의 모든 안건을 의결할 수 있는가에 대한 논란이다. 교육의원이 본회의에서 교육·학예에 관한 사항 외에 다른 안건에 대해서는 의결권을 행사할 수 없다고 주장하는 측과 교육위원도 엄연히 도의회 의원이고, 다른 일반 도의회 의원과 마찬가지로 교육위원회뿐만 아니라 본회의에서도 도의회 의원으로서의 지위와 권한을 행사할 수 있다고 보는 측이 다른 의견을 보이고 있다.

둘째, 교육의원은 도의회 의장으로 선출될 수 없는가와 관련한 논의다. '제주특별자치도의회 위원회 및 교섭단체 구성과 운영에 관한 조례' 제5조 제2항에서는 도의회 의장은 상임위원회 위원이 될 수 없도록 하고 있는데,

---

18) 여기서 언급하고 있는 법률과 관련한 내용의 주요 주제는 박영욱(2008)의 책에서 발췌·인용하였다.

이는 교육의원은 도의회 의장이 될 수 없다는 결론에 이른다는 비판 섞인 주장과 '지방자치법' 제48조와 '제주특별자치도특별법' 제80조 등에 따르면, 도의회 의장은 도의회 의원 중에서 무기명 투표로 선거하도록 하고 있고, 교육의원은 별도로 선출은 하지만 도의회 의원이 분명하며, 또한 이들 법률 어디에도 교육의원은 도의회 의장이 될 수 없다고 하는 명시적인 규정도 없으므로, 도의회 의장으로 선출될 수 있다는 주장 간에 논란이 일고 있다.

셋째, 교육위원회 간사가 교육위원장 사고시 대행할 수 있는가에 대한 논의다. 제주특별자치도특별법 제80조 제5항에 따르면, 교육위원회 위원장이 부득이한 사유로 직무를 수행할 수 없는 때에는 교육위원회 의원이 연장자 순으로 그 직무를 대행하도록 하고 있는 반면, '제주특별자치도의회 위원회 및 교섭단체 구성과 운영에 관한 조례' 제12조 제3항에 따르면, 상임위원회 위원장이 사고가 있을 때에는 간사가 위원장의 직무를 대리하도록 하고 있어 의견에 충돌이 일고 있다.

넷째, 교육의원은 교섭단체를 구성할 수 있는가와 관련된 논의다. '제주특별자치도의회위원회 및 교섭단체 구성과 운영에 관한 조례'에만 교섭단체에 대하여 규정하고 있는데, 같은 조례 제3조 제1항에 따르면, 제주특별자치도의회에 4인 이상의 소속 의원을 가진 정당은 하나의 교섭단체가 된다고 하고 있으므로 '정당'만 교섭단체가 가능하고, 정당에 가입되지 아니한 '무소속 의원'이나 정당에 가입하였으나 소속 의원이 4인 미만인 경우에는 교섭단체를 구성할 수 없도록 하고 있다. 이러한 논리와는 다르게, 교섭단체에 대하여 법률에 규정된 바가 없으므로, 조례 제3조 제1항 단서에 "다른 교섭단체에 속하지 아니하는 4인 이상의 의원으로 따로 교섭단체를 구성할 수 있다"라고 규정하여 교섭단체를 구성할 수 있도록 하여야 한다는 주장 간의 논쟁이 있다.

다섯째, 교육위원회에서는 도교육청과 관련된 의안만 처리하여야 하는가와 관련된 논의다. '제주특별자치도의회위원회 및 교섭단체 구성과 운영에 관한 조례' 제4조 제2항 제7호에 따르면, 교육위원회는 "도교육청 소관 사항"에 관해서만 심의·의결하도록 하고 있어 교육·학예에 관해서는 "도교육청 소관"뿐만 아니라 스포츠 및 체육내회나 영어교육도시 등 문화관광위원회에서 논의하고 있는 사항 중 교육위원회와 관련성이 있는 "도청 소관"에 대해서도 심의·의결하여야 하는 것이 아닌지 논란이 되고 있다.

여섯째, 본회의 의결로 보도록 한 의안에 대하여 교육위원회 제안으로 할 수 있는가에 대한 논의다. 제주특별자치도특별법 제85조 제1항에 따르면, 기금의 설치·운용에 관한 사항, 청원의 수리와 처리 등 제주특별자치도법 제84조 제1항 제5호부터 제11호까지의 사항에 관한 의안(교육위원회의 의결을 도의회 본회의의 의결로 보도록 한 의안)은 도교육감 또는 교육위원회 재적 위원 3분의 1 이상이 연서로 발의하도록 하고 있으나, 위원회 제안은 누락되어 있어 위원회 제안을 할 수 있는가의 여부에 대하여 논란이 있을 수 있다.

나. 중앙 차원의 개선 사항

교육자치의 발전을 위해서는 중앙부처가 관심을 가지고 지원해 주어야 할 사항과 제주특별자치도 집행부인 도청이 지원해 주어야 할 사항이 있을 수 있다. 먼저 중앙부처에서 지원하여야 할 사항을 정리하면 다음과 같다.

첫째, 학교 설립 경비 등은 특별교부금이 교부 가능하도록 규정해 줄 필요가 있다. 중앙으로부터 교육 관련 학교 설립 경비를 지원받을 수 있도록 하기 위하여 학교 설립 경비나 외국어 교육기관 설립 등에 대해서는 특별교부금으로 지원할 수 있도록 규정해 줄 필요가 있다.

둘째, 학교자치에 더 많은 자율성 확보와 예산을 지원할 필요가 있다. 기존의 장학사와 연구사 제도로는 학교 현장 교육 부문의 지도와 연구에 국한되어 있다고 할 수 있다. 교사자격증은 없으나 학위를 소유하거나 연구 경력 등이 있는 전문 인력들이 전문직이나 별정직으로의 접근 통로를 열어 적극적 채용이 이루어질 필요가 있다. 국제화에 대비하여, 제주에서 추진하고 있는 영어 전용타운 등 교육 관련 사업 등의 지도와 연구를 위해서는 교사로 근무한 경력이 없더라도 장학사, 연구사 등 전문직 인력 운영을 교육자치 차원에서 교육청 내에 둘 수 있는 임용의 법적 근거 확보가 필요한 실정이다.

그리고 교육 과정 자율운영 모델 개발 및 성과 창출 과정에서 행정적 부담을 많이 가지고 있으므로 이에 대한 비용 등을 중앙정부에서 지원하는 조항을 만들 필요가 있다.

다. 교육자치 관련 특별자치도 자체 개선 사항

제주특별자치도에서 교육자치와 관련하며 개선하여야 할 필요가 있는 사항은 다음과 같다.

첫째, 도의회에 교육의사 담당관 혹은 교육의사 담당 조직을 추가적으로 개설할 필요가 있다는 것이다. 도의회에 교육위원회가 포함되어 있지만 교육정책을 담당하는 의회사무처 담당 부서가 없는 점을 해결하기 위하여 도의회 사무처 내에 교육의사 담당관 혹은 의사담당관실에 교육의사 담당이라고 하는 기존의 '계(係)' 수준의 조직을 설치할 필요가 있다.

현재의 도의회 사무처 기구는 총무담당관, 의사담당관, 입법정책관 등으로 구성되어 있다. 교육청을 담당할 기구로 도의회의 교육전문위원실로만으로는 도의회와 교육청을 연결할 수 있는 행정 지원 체계로서의 역할을 하기에는 부족한 실정이어서 교육의사 담당관이나 의사담당관실에 교육의사담당을 두도록 하는 방안을 고려할 필요가 있다.

둘째, 중·고등학교 자율학교에 대한 지원과 초등자율권을 대폭 확대해 줄 필요가 있다. 중학교와 고등학교의 경우 고입이나 대입과 관련하여 수업 편성이나 교사 초빙 자율권을 줌으로써 차별화할 수 있다. 따라서 교사는 교육감이 자율학교에 교사 배치를 더욱 배려하는 정책과 외부강사의 경우에는 많은 예산을 들여서라도 좋은 선생님을 모실 수 있는 자율권과 예산을 지원하는 방안이 필요하다.

초등학교의 경우는 이미 성공할 수 있는 여건이 형성되고 있다. 따라서 중학교와 고등학교 등과 마찬가지로 교장에게 교사 초빙에 대한 폭넓은 자율권을 부여하는 것과 홍보에 대한 예산을 지원해 줄 필요성이 있다.

제 7 장 자치재정권의 운영

1 의 의

자치재정권이란 지방자치단체가 지역 내 공공 서비스를 제공하기 위하여 필요한 재원을 조달하고 배분하는 권리 또는 권한을 말한다. 이러한 자치재정권을 헌법은 "지방자치단체는 주민의 복리에 관한 사무를 처리하고 재산을 관리하며, 법령의 범위 안에서 자치에 관한 규정을 제정할 수 있다"(제117조 제1항)라고 규정하여 지방자치단체의 자주적인 자치재정권을 보장하고 있다. 이와 같은 자치재정권에는 두 가지 측면이 있는데, 하나는 지방자치단체가 재원을 취득하기 위하여 주민에게 명령하고 강제하는 권력적 작용이고, 다른 하나는 그 재산을 관리하고 수입·지출을 실행하는 관리적 작용이다. 지방자치단체가 재정적 수입을 확보하기 위하여 주민에게 명령·강제할 수 있는 권력적 작용 중 가장 중요한 것은 지방세, 사용료, 수수료 및 분담금을 부과·징수할 수 있는 권한이다. 그리고 지방자치단체의 재산 및 수지를 관리하는 관리적 작용에는 지방정부의 예산 편성, 결산, 수입과 지출에 대한 계획 등이 있다.

2005년 10월 발표된 '제주특별자치도 기본 계획(안)'은 자치재정권의 권력적 작용을 강화하고 있다. 그 내용을 살펴보면 정부는 제주특별자치도의 지방세를 '특별자치도세'화하여 재정자주권을 확보하고, 세율 조정 대상 세목을 현행 11개에서 14개로 확대하고, 세율조정권도 50%에서 100% 이내로 가감할 수 있도록 하는 권한을 제주도에 부여하기로 하였다. 그리고 제주도에 지급되고 있는 국고 지원을 현행 수준으로 유지하기 위하여 제주도가 차지하는 교부세에 한하여 일정 비율을 법정화해 지방교부세(교육세 포함)의 특례규정을 마련하기로 하였다. 이와 함께 정부는 국가사무의 기능 이양분 및 국고보조사업 관련 비용은 균형발전 특별회계에 별도의 계정을 신설하여 지원하기로 하였으며, 외채 발행 및 지방채 발행 총액 한도 초과분에 대해서도 중앙정부의 승인 없이 의회 의결로 발행할 수 있도록 지방채 발행의 완전 자율화를 제주도에 부여하기로 하였다. 이러한 기본계획(안)을 바탕으로 특별법은 제9장 자치재정 분야를 설치하고 일곱 가지 특례를 제주도에 부여하였다.

2 재정 특례 및 운용 현황

가. 제주특별자치도세 신설

제주특별자치도 기본 계획을 바탕으로 마련된 '제수특별자치도 설치 및 국제자유도시 조성을 위한 특별법'(이하 "법")은 자치재정의 내용을 일곱 개의 조분에 걸쳐 규정하고 있다. 법 제72조는 도지사는 지방세법의 규정에도 불구하고 도세 및 시·군세의 세목을 제주특별자치도세의 세목으로 부과·징수하도록 규정하고 있다. 이런 규정으로 인하여 지방세법에서 도세로 규정하고 있던 취득세, 등록세, 레저세, 면허세, 공동시설세, 지역개발세, 지방교육세와 시·군세인 주민세, 재산세, 자동차세, 주행세, 농업소득세, 도축세, 도시계획세, 사업소세, 담배소비세가 '제주특별자치도세'로 변경되었다. 이것은 그동안 도와 시·군의 중층 구조로 되어 있던 행정구조에 따라 이원화된 지방세 구조를 단일광역 체제에 맞추어 일원화한 것이다. <표 7-1>과 같이 '제주특별자치도세 조례'는 취득세, 등록세, 면허세, 레저세, 주민세, 재산세, 자동차세, 주행세, 농업소득세, 담배소비세, 도축세를 보통세로 도시계획세, 공동시설세, 사업소세, 지역개발세, 지방교육세를 목적세로 규정하였다.[1)]

〈표 7-1〉 지방세 체계

<table>
<tr><th colspan="4">제주특별자치도</th></tr>
<tr><th colspan="2">출범 전</th><th colspan="2">출범 후</th></tr>
<tr><td>도세
(7개)</td><td>(보통세) 취득세, 등록세, 레저세, 면허세
(목적세) 공동시설세, 지역개발세, 지방교육세</td><td rowspan="2">특별
자치도세
(16개)</td><td>(보통세) 취득세, 등록세, 면허세, 레저세, 주민세, 재산세, 자동차세, 주행세, 농업소득세, 담배소비세, 도축세(11개)</td></tr>
<tr><td>시·군세
(9개)</td><td>(보통세) 주민세, 재산세, 자동차세, 주행세, 농업소득세, 도축세, 사업소세, 담배소비세
(목적세) 도시계획세</td><td>(목적세) 도시계획세, 공동시설세, 사업소세, 지역개발세, 지방교육세(5개)</td></tr>
</table>

나. 과세 면제 등에 관한 특례

제주자치도는 지방세법 제9조(과제 면제 등을 위한 조례)의 규정에도 불구하고 동법 제7조(공익 등 사유로 인한 과세 면제 및 불균일 과세) 및 제8조(수익 등 사유로 인한 불균일 과세 및 일부 과세)의 규정에 의한 과세 면제, 불균일 과세 또는 일부 과세를 도조례로 정할 수 있도록 하였다. 도조례는 감면의 분야를 사회복지, 평생교육시설, 대중교통, 서민주택 건설, 농어촌, 지역 발전, 지역 개발 등으로 나누어 지방세 감면 내용을 규정하고 있다. 각 분야별 감면 내용을 보면 다음과 같다.

① 사회복지 지원을 위한 감면: 국가유공자 및 그 유가족, 장애인 소유 자동차, 종교단체의 의료업, 노인복지시설

② 평생교육시설 등 지원을 위한 감면: 사립학교의 교육용 재산, 문화재에 대한 감면

③ 대중교통 등의 지원을 위한 감면: 운송사업, 매매용 및 수출용 중고자동차, 주차전용 건축물, 주차전용 토지, 7인승 이상 10인승 이하 비영업용 승용자동차에 대한 지방세 감면

---

1) 보통세는 조세의 징수 목적이 용도가 정해지지 아니한 일반적인 경비에 충당하기 위하여 과징되는 세금인 반면, 목적세는 특정한 목적에 충당하기 위하여 징수되는 세금을 말한다.

④ 서민주택 건설 등 지원을 위한 감면: 주택, 하도급 업자, 임대주택, 미분양 주택에 대한 재산세 감면, 주택재개발사업에 대한 감면, 주거환경개선사업에 대한 감면, 시장정비사업 등에 관한 감면
⑤ 농어촌 지원 등을 위한 감면: 농어촌특산품 생산단지, 농어촌 주택개량, 주민공동체가 경작하는 농지에 대한 감면
⑥ 지역 발전 지원 등을 위한 감면: 지방공사, 지방의료원, 신용보증재단, 중소기업종합지원센터, 자원봉사활동을 통한 무주택자 주택공급사업 지원, 외국인 투자유치 지원, 농공단지 대체 입주자, 벤처기업 육성촉진지구, 법인 등의 지방 이전, 공공기관 지방 이전, 사권(私權) 제한 토지, 유통산업 지원, 전쟁기념사업회에 대한 감면
⑦ 지역개발 지원을 위한 감면: 별장, 고급주택, 골프장, 제주투자진흥지구, 제주국제자유도시 종합계획, 서귀포 제2관광단지 조성사업, 어려운 가구 집 지어주기사업, 공사 중단 건축물 취득자, 선박 투자회사, 도서지역 발전시설용 부동산, 도시가스사업 지원을 위한 감면

다. 세율 조정에 관한 특례

우리 정부는 지방정부의 과세자주권을 일정 수준 보장하기 위하여 지방세의 탄력세율 제도를 운영하고 있다. 탄력세율이란 통상 적용하여야 할 표준세율[2]을 일정한 범위 내에서 조정할 수 있는 것으로 중앙정부는 그 조정 권한을 지방자치단체에게 부여하고 있다. 탄력세율 제도는 현실적으로 지방자치단체의 과세자주권을 제한된 범위 내에서나마 확대할 수 있게 하는 제도다. 이 제도의 취지는 각 지방자치단체가 각 자치단체의 특성에 부합하는 재원 조달 방안을 일정 범위 내에서나마 자율적으로 모색할 수 있도록 하기 위해서다.

지방세법은 여러 가지 기준에 따라 일정세율, 표준세율, 제한세율 그리고 임의세율을 두고 있는데, 이 중 제한세율과 표준세율이 탄력세율의 유형이다. 제한세율은 지방자치단체가 조세를 과세하는 경우에 이를 초과해서 과

2) 표준세율은 지방자치단체가 지방세를 부과할 경우에 통상 적용하여야 할 세율을 말한다. 탄력세율은 표준세율을 중심으로 지방자치단체별로 일정한 범위 내에서 조례로 세율을 가감하여 적용하는 세율로, 법률이 정한 최고(법정 상한) 또는 최저(법정 하한)를 초과할 수 없다.

〈표 7-2〉 세율 조정 특례

대상 세목	세율 형태	탄력세율 조정 범위	
		지방세법	특별법
취득세	표준세율	50% 가감	100% 가감
등록세	표준세율	50% 가감	100% 가감
공동시설세	표준세율	50% 가감	100% 가감, 화재 위험 건축물에 대해서는 200% 가감
지역개발세	표준세율	50% 가감	100% 가감*
지방교육세	표준세율	50% 가감	100% 가감
주민세(균등할)	표준세율	50% 가감	100% 가감
재산세	표준세율	50% 가감	100% 가감*
자동차세	표준세율	50% 가감	100% 가감
주행세	일정세율	30% 가감	30% 가감
담배소비세	일정세율	30% 가감	30% 가감
도축세	제한세율	1000분의 10 이내	1000분의 20이내
도시계획세	제한세율	1000분의 23 이내	100% 가감
사업소세	제한세율	재산할 1㎡ 250원 이내 종업원할 급여 0.5/100 이내	재산할 1㎡ 500원 이내 종업원할 급여 1/100 이내
레저세	표준세율	없음	100% 가감
면허세	표준세율	없음	100% 가감
농업소득세	표준세율	없음	100% 가감

* 제주특별자치도에서 탄력세율을 적용하고 있는 세목.

세할 수 없도록 법으로 규정되어 있다. 지방세법은 특정 세목에 대해서 단순히 제한세율만 규정하고 있는 경우도 있고, 표준세율에 대하여 초과세율의 한도를 제한하거나 그 상하 조정세율의 한도를 제한하는 경우도 있다.

특별법(제72조)은 <표 7-2>에 나타난 것처럼 지방세법에 의하여 탄력세율의 폭이 표준세율의 100분의 50으로 제한되어 있는 취득세, 등록세, 지역개발세, 지방교육세, 주민세(균등할), 재산세, 자동차세는 표준세율의 100%까지 탄력세율을 적용할 수 있도록 하였다. 공동시설세의 경우도 탄력세율의 범위를 표준세율의 100%까지 확대하였으며, 화재 위험이 높은 건축물에 대해서는 그 가감 조정의 폭을 200%까지 확대하였다. 그리고 지방세법에 탄력세율 규정이 없는 레저세, 면허세, 농업소득세도 특별법은 각각 100분의 100의 범위 내에서 가감 조정할 수 있도록 하였다. 그러나 지방세법에 일정세율[3]로 규정되어 있는 주행세와 담배소비세는 지방세법과 같은 30%로 유지하도록 하였다.

제한세율로 되어 있는 도축세와 사업소세도 그 제한 비율을 완화하여 세율 조정 폭을 확대하였다. 도축세의 경우 지방세법의 1,000분의 10 규정에도 불구하고 도살하는 소·돼지의 시가의 1,000분의 20을 초과하지 아니한 범위까지 도조례로 정하도록 하였다. 그리고 사업소세의 경우 재산할 1㎡ 250원 이내, 종업원할 급여 0.5/100 이내로 규정된 지방세법보다 특별법은 그 폭을 두 배 증가시켜 재산할 1㎡ 500원 이내, 종업원할 급여 1/100 이내로 상향 조정하였다. 지방세법에 1,000분의 23으로 제한되어 있는 도시계획세를 특별법은 탄력세율화하여 표준세율의 100%까지 가감할 수 있도록 하였다.

특별법에서 부여하고 있는 세율 조정 특례 중 제주도가 활용하고 있는 세목은 선박과 항공기에 대하여 부과하는 재산세와 지역개발세다. 지방세법은 선박 중 고급 선박을 제외한 선박의 재산세를 과세표준액의 1,000분의 3으로 규정하고 있으나 제주특별자치도세 조례는 과세표준액의 1,000분의 2.5로 지방세법보다 1,000분의 0.5를 낮게 규정하고 있다. 항공기에 부여되는 재산세도 지방세법에는 과세표준액의 1,000분의 3으로 규정되어 있으나, 제주특별자치도세 조례는 1,000분의 1.8로 지방세법보다 낮게 규정하고 있다. 이렇게 지방세법보다 낮게 규정하게 된 것은 선박과 항공기 등록지를 다른 시도에서 제주도로 이전하게 함으로써 전체 재산세 수입을 증대하기 위해서다. 이동이 가능한 재산을 유치하기 위하여 세율을 감액하는 것과 달리, 지역에 존재하는 수자원을 활용하여 영업을 하는 납세 의무자에게는 표준세율보다 높은 탄력세율을 부과하고 있다. 지방세법은 지하수를 이용하여 음용수를 판매하기 위하여 채수하는 물의 과세표준액을 1㎥당 200원, 목욕용수의 경우 1㎥당 100원, 기타의 지하수 개발의 경우는 1㎥당 20원으로 규정하고 있으나, 제주도 조례는 이를 각각 1㎥당 300원, 150원,

---

3) 주행세와 담배소비세의 세율 결정의 재량권은 대통령령에 위임되어 있기 때문에 지방자치단체는 세율 조정에 재량권이 없다. 이런 점에서 이런 세율의 형태를 일정세율로 분류한다.

30원으로 규정하여 50%씩 할증하였다.

이상에서 살펴본 것처럼 특별법은 대폭적인 탄력세율을 부여할 수 있도록 제주도에 권한을 부여하였다. 이러한 탄력세율 제도를 자치단체장에게 부여한 이유는 이 제도가 조세법률주의가 가진 제약을 극복할 수 있는 정책적 수단으로 자치단체의 장이 활용할 수 있기 때문이다. 그러나 특례적 규정에도 불구하고 제주도의 탄력세율 활용 정도는 매우 저조한 편이다. 자치단체의 장이 탄력세율을 적극적으로 활용하지 못하는 이유를 살펴보면 다음과 같다. 첫째, 주민 직선에 의하여 선출되는 단체장이나 지방의회 의원들은 다음 번 선거를 의식하여 세율 인상에 대한 비난을 두려워하기 때문이다. 둘째, 제주도의 세율이 다른 시도보다 높을 경우 조세저항운동이나 조세회피운동이 일어날 수 있기 때문이다. 셋째, 탄력세율 적용으로 도민의 세금 부담이 높아질 경우 특별자치도 시행으로 주민들의 편익이 증진되기보다는 비용 부담만 증가되었다는 비난에 직면할 수 있기 때문이다.

이상과 같은 세율 조정 특례 이외에, 특별법(제72조 제2항)은 행정구조 개편에 따른 주민들의 과세 불이익을 방지하기 위하여 토지분 재산세 과세 대상을 지방세법과 달리 정하고 있다. 지방세법은 토지분 재산세의 과세 대상을 토지의 이용 상황에 따라 정책적 필요에 의하여 세율을 달리 적용하기 위해서 분리과세 대상, 별도합산과세 대상, 종합합산과세 대상으로 구분하고 있다. 분리과세 대상 토지 중 답, 과수원, 목장용지, 임야 및 기준 면적 이내의 공장용지, 공급 목적 등으로 소유하고 있는 토지 등은 저율을 적용한 반면, 사치성 재산의 골프장용 토지와 고급 오락장용 토지는 고율을 적용하고 있다. 별도합산과세 대상은 일반 건축물의 부속토지, 일반 영업용 건축물의 부속 토지 등 사업에 직접 사용되는 토지들이다. 종합합산과세 대상은 지상 정착물이 없는 토지, 잡종지, 기준 면적을 초과하는 공장용지, 일반건축물 부속 토지 중 기준 면적 초과 토지, 부재지주 소유 농지 등으로서 분리과세 대상과 별도합산과세 대상을 제외한 모든 토지가 이에 속한다. 재산세 세율이 낮은 순서로 보면 저율의 분리과세 대상 토지, 별도합산과세 대상 토지, 종합합산과세 대상 토지, 고율의 분리과세 대상 토지 순이다.

특별법(제74조 제2항)은 지방세법의 규정에도 불구하고 종합합산과세 대상 토지와 별도합산과세 대상 토지를 농촌지역(행정시별 읍·면지역)과 도시지역(행정시별 동지역)으로 구분하여 별도의 과세표준을 정하도록 하였다. 농촌지역(북제주군, 남제주군)과 도시지역(제주시, 서귀포시)으로 구분되었던 이전의 행정구역을 과세 체계에 반영한 이 규정으로 인하여, 제주자치도 출범 후 제주시와 서귀포시로 포함된 농촌지역의 과세 의무자가 받을 수 있는 조세 부담 증가와 관련한 불이익이 방지되었다.

라. 지방교부세에 관한 특례

지방교부세는 국가 수입 중 일부를 재정력이 취약한 지방자치단체의 행정 운영에 필요한 재원으로 교부하여 자치단체 상호간 재정균형화를 도모하기 위하여 만들어진 제도다. 이러한 지방교부세의 성격은 다음과 같다. 첫째, 지방교부세는 지방자치단체의 고유재원이다. 지방교부세는 국세로 일단 징수된 세의 일부[4]가 세수가 부족한 단체에 객관적 기준에 의하여 배분되고 있기 때문에 중앙정부의 소유의 재원이 아닌 지방자치단체의 고유재원이다. 둘째, 지방교부세는 지방정부의 일반재원이다. 지방교부세의 사용 목적은 지방자치단체의 자주적 판단에 맡겨져 있고 국가가 그 사용 목적을 제한하거나 조건을 붙이지 않고 있다. 이런 점에서 사용 목적이 한정되어 있는 국고보조금과 근본적인 차이가 있다. 셋째, 지방교부세는 국가와 지방정부 간 수직적 세원 불균형을 합리적으로 보완하는 기능을 수행한다. 우리나라의 조세 체계는 2006년 기준 국세와 지방세 비율이 79.3% 대 20.7%의 국세 중심으로 되어 있기 때문에 지방교부세를 통하여 국세의 일부를 지방세화하여 세원 불균형을 보완하고 있다.

지방교부세의 재원은 당해 연도 내국세(목적세 및 종합부동산세와 다른 법률에 의하여 특별회계 재원으로 사용되는 세목 '주세'의 당해 금액을 제외) 총액의 1만분의 1,924에 해당하는 금액이다. 지방교부세 종류는 보통교부세, 특별교부세, 분권교부세로 구분하고 있다(지방교부세법 제4조). 보통교부세는 지방자치단체의 기본적인 행정수행 경비의 충당 부족분을 보전하는 일반재원으로서 매년도 기준재정수입액이 기준재정수요액에 미달하는 자치단체에 대하여 그 미달액을 기초로 교부된다. 보통교부세는 교부세 총

---

4) 지난 10년간 지방교부세 교부율은 내국세 총액의 13.27%(1999), 15.0%(2000), 19.13%(2005), 19.24%(2006)다. 2005년 지방교부세 법정률이 대폭 상향 조정된 것은 증액교부금과 지방양여금 제도가 폐지되는 대신 지방교부세 교부율을 증가시켰기 때문이다.

액에서 분권교부세와 도로보전분[5]을 제외하고 남은 금액의 96%다. 특별교부세는 보통교부세의 획일적 산정 방법으로 포착할 수 없는 재정 수요에 대한 보완적 재원으로서 전국체전, 행정구역 개편 등 지역 현안 사업에 대한 재정 수요와 연도 중에 발생한 재해 등 예측할 수 없었던 구체적인 사정을 고려하여 지급된다. 이런 성격으로 인하여 특별교부세는 보통교부세와 달리 재원의 용도가 제한될 수 있다. 특별교부세는 분권교부세와 도로보전분을 제외하고 남은 금액의 4%다. 분권교부세는 국고보조사업을 지방으로 이양함에 따라 소요되는 재원을 보전하기 위하여 신설된 지방교부세다. 분권교부세 교부 방법은 지방이양사업의 성격에 따라 경상적 수요와 비경상적 수요로 구분하여 법령에서 정한 방식과 절차에 따라 산정·교부하는데, 분권교부세 총액은 내국세 총액의 0.94%다.

특별법은 제주도에 교부하는 보통교부세를 지방교부세법의 규정에도 불구하고 보통교부세 총액의 100분의 3을 지급하도록 규정하였다. 보통교부세는 지방세법 제6조 제1항의 규정에 의하여 매년도의 '기준재정수입액'이 '기준재정수요액'에 미달하는 자치단체에 대하여 그 미달액을 기초로 산정하여 교부한다. 여기서 기준재정수요액은 지방교부세법 시행령에 규정된 측정 항목 및 측정 단위와 동법 시행규칙에서 규정한 단위 비용과 보정계수에 의하여 산정하는 기초 수요와 각종 법률 등에 근거하여 산정되는 법정 보정수요 및 지역균형 수요, 사회복지 균형수요, 그리고 자치단체의 세출 절감 등 노력 정도를 반영하는 인센티브 반영 금액을 합산하여 산정되며, 산정에 필요한 기초 통계자료는 자치단체의 장이 작성·제출하는 자료를 사용하고 있다. 기준재정수입액은 지방세법상의 보통세를 기초 수입으로 되고, 목적세 및 경상세외수입, 세외수입 증대 노력 등이 반영된 인센티브 금액을 합산하여 산정된다. 보통교부세는 기준재정수요액과 기준재정수입액의 차액인 재정부족액에 조정률을 곱하여 산정된다. 조정률[6]은 전국 보통교부세 총액을 재정부족액이 발생한 자치단체의 재정부족액 총액으로 나눈 계수를 말한다. 보통교부세 산출 방식을 간단히 표현하면 (식. 1)과 같다.

---

5) 도로사업 보전분은 지방양여금법 폐지 전에 이미 사업이 착수되어 시행 중인 지방양여금 도로사업의 재원을 말하며 매년 약 8,500억 원 정도며 2008년까지 지급 예정이다.

6) 조정률 = (보통교부세의 총액/재정부족액이 발생한 단체의 재정부족액 총액)

보통교부세 ≒ (기준재정수요액 - 기준재정수입액) × 조정률	(식. 1)

이상과 같은 산식에도 불구하고 특별법은 (식. 2)와 같이 보통교부세 총액의 3%를 제주도에 매년 고정적으로 지급하는 것을 법정화하였다. 교부세율이 3%로 결정된 것은 제주도가 특별자치도 출범 전 최근 5년간 지원받은 보통교부세 교부율[7]을 분석한 결과 가장 지원을 많이 받았던 연도의 교부율이 보통교부세 총액의 2.93%로 나타남에 따라 정부는 이 비율을 약간 상향하여 3%로 결정한 것이다. 이로써 제주특별자치도는 자주재원처럼 사용할 수 있는 보통교부세를 안정적으로 확보하게 되었다.

제주 보통교부세 = 보통교부세 전국 총액 × 0.03	(식. 2)

이상과 같은 (식. 2) 특례에 의해서 산정된 보통교부세의 연도별 지급액을 (식. 1) 일반 방식에 의해서 산정한 2005년 보통교부세를 비교해 보면, <표 7-3>과 같이 0.01% 정도 특례에 의해서 산정된 보통교부세가 높은

〈표 7-3〉 연도별 제주도 보통교부세 산정액

(단위: 억 원)

구 분	2005년	2006년	2007년	2008년
전국 보통교부세 총액(a)	170,776	177,543	198,421	227,233
제주 기준재정수요액(b)	9,756	10,711	-	-
제주 기준재정수입액(c)	3,974	4,469	-	-
조정률(d)	0.8620181	0.8587937	법정률 3%	법정률 3%
제주도 보통교부세(e)	4,984	5,361	5,885	6,817
전국 대비(=e/a)	0.029	0.030	0.030	0.030

* 주: 특별자치도가 2006.7.1 출범한 관계로 특별법 규정에 의하여 법정률로 보통교부세가 지급된 것은 2007년 이후부터다. 2007년 보통교부세는 법정률에 의해서 산정되었으나, 2005년 보통교부세 산정시 약 70억 원이 더 산정되었다는 감사원의 지적에 따라 행정안전부는 이 부분만큼 2007년 보통교부세에서 감액하고 5,885억 원을 2007년 보통교부세로 산정하였다

7) 과거 5년간(2001~2005년) 제주도 교부 비율 평균 2.82%와 2006년 교부 비율 3.03% 등을 감안, 2006년 2월 임시국회에서 3%로 법정률화하였다.

것으로 나타났다. 특별법에서 부여한 (식. 2) 특례의 장점을 살려 법정률이 제주도의 재정 확충에 실질적인 도움이 되기 위해서는 특별자치도 출범 이후 기준재정수입액(제주특별자치도세 중 보통세)의 증가가 기준재정수요액 증가보다 같거나 커야만 한다. 그렇지 않고 기준재정수요액의 증가율이 기준재정수입액의 증가율보다 클 경우 특별법에 의한 특례의 효과는 사라지고 (식. 1)에 의하여 산정되는 경우보다 적은 보통교부세를 받을 수도 있다.

마. 국가균형발전 특별회계 제주특별자치도 계정 설치

정부는 제주특별자치도의 행정구조 개편으로 인하여 발생할 수 있는 재정적 불이익을 방지하기 위하여 특별법에 "국가는 이 법 시행 이후 제주자치도 설치 이전에 지원한 재정 수준 이상이 지원되도록 보장한다"(제76조 제1항)는 규정을 하였다. 그리고 특별법은 "국가는 제주자치도의 발전을 위한 안정적인 재정 확보를 위하여 중앙행정기관의 권한 이양과 각종 국가보조사업의 수행 등에 소요되는 비용에 대하여 국가균형발전특별법의 국가균형발전 특별회계에 별도 계정을 설치하여 지원할 수 있다"는 규정을 설치하였다.

국가균형발전 특별회계(이하 "균특회계")는 중앙부처가 일반회계 등 각종 별도 회계를 통하여 분산 추진하고 있었던 균형 발전 관련 사업을 하나의 특별회계로 통합한 것이다. 균특회계는 오지·도서·개발촉진지구 등 낙후지역 개발사업과 농·산·어촌 개발사업을 지원하고, 지역 주민의 안전하고 편리한 생활환경 조성을 위하여 SOC 건설 및 사업 지원을 위한 '지역개발 사업계정'과 지방 주도의 혁신을 통한 신성장 동력 창출을 위하여 지역전략산업과 지역인적자원 개발사업을 지원하는 '지역혁신 사업계정'으로 구성되어 있었다. 이와 같은 균특회계에 정부는 제주특별자치도 추진을 뒷받침하기 위하여 '제주특별자치도 사업계정'(이하 "제주계정")을 도입 2007년 1월 1일부터 시행중이다.

신설된 제주계정은 총 3,476억 원으로 134개 국고보조사업, 7개 특별행정기관 사업 및 자치경찰 운영 경비 등이 포함되어 있다.[8] 구체적인 내역을

8) 2008년 국가균특회계 제주계정 예산은 2007년 3,479억 원보다 10.7% 증가한 3,848억 원으로 편성되었다. 새롭게 추가된 사업에는 위험도 개선, 교통사고 잦은 지역 개선, 소도

보면 일반회계 중 제주국제자유도시 기반시설 지원, 시장경영 혁신지원 등의 사업이 제주계정으로 이관되었으며 균특회계에서는 배수개선사업 등 기존 균특사업 중 제주지원사업이 이관되었다. 또, 가축분뇨사업, 한라산 국립공원 지원, 국도대체 우회도로 건설 등의 농업, 환경, 교통 관련 특별회계의 재원이 제주계정으로 이관되었다. 이와 함께 제주지방국토관리청, 제주지방 해양수산청, 제주지방 중소기업청, 제주환경출장소, 자치경찰 이체인력 지원 예산 등 제주도로 이관된 특별행정기관 사업 예산 1,386억 원도 제주계정으로 이관되었다. 제주도는 [그림 7-1]과 같은 제주계정의 신설로 그동안 사업별로 재원이 분리 운영되었던 것을 사업의 우선 순위에 따라 예산의 칸막이를 제거하고 선택된 사업에 집중 투자를 할 수 있게 되었다. 이와 함께 예산의 이용·전용[9]의 범위 확대와 사후정산제 적용 배제 등 재정 운영상 자율성을 확보하게 됨으로써 관련 사업간 연계 운용을 강화하여 효율적인 사업 추진 바탕을 마련하게 되었다.

[그림 7-1] 제주계정 신설 체계

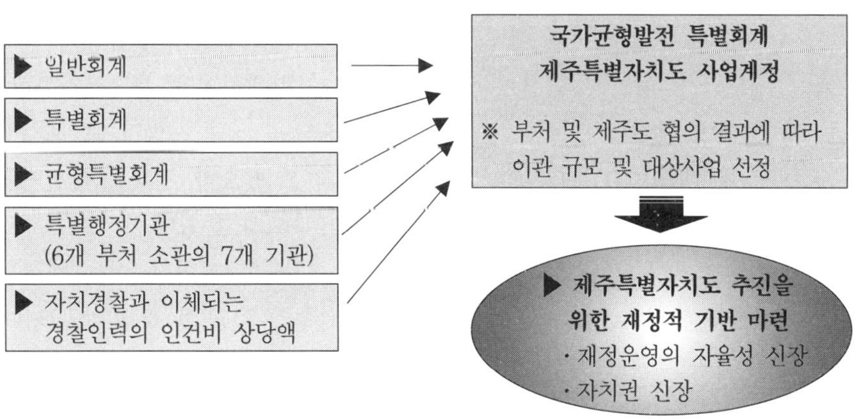

자료: 제주특별자치도(2007), 제주특별자치도 추진백서. p.203.

읍 육성과 수도권 이전기업 지원, 용암해수 산업화 진흥센터 설립, 바이오 사이언스 파크 조성 사업 등이 포함되어 있다.

9) 예산의 이용은 예산 성립 후에 생긴 사정 변경 등으로 부득이 세출예산의 각 소관 및 각 입법 과목(장·관·항) 상호간의 경비를 융통하는 것을 말하고, 예산의 전용은 세출 예산의 각 세항이나 목 간의 경비를 상호 융통하여 사용하는 것을 말한다.

바. 지방채 등의 발행 특례

지방채는 지방자치단체가 재정상 필요한 경비를 충당하기 위하여 외부로부터 증서 차입이나 증권 발행을 통하여 차입하는 것으로서 그 상환 기간이 최소한 1회계연도를 초과하는 채무를 말한다. 자치단체가 지방채를 발행하는 목적은 대규모 투자사업 소요 예산 충당, 재해 등 긴급 지출, 적자재정 보전, 수입의 시기적 불균형 보전을 위해서다. 그러나 이러한 목적으로 발행되는 지방채라 할지라도 과다한 지방채 발행은 현세대의 부담뿐만 아니라 차세대에게 부담을 전가할 우려가 있다. 그래서 정부는 지방자치단체의 자주재정권에도 불구하고 지방채의 남발로 인한 재정 혼란의 방지를 위하여 지방채 발행에 대한 국가의 승인 제도를 유지하고 있다.

지방자치단체의 지방채 발행을 엄격히 통제하고 있는 원칙에도 불구하고, 정부는 제주자치도의 발전과 관계가 있는 사업을 위하여 필요한 경우에는 행정안전부장관의 승인 없이 도지사가 도의회의 의결을 거쳐 외채 발행 및 지방채 발행 한도액의 범위를 초과하는 지방채를 발행할 수 있도록 하였다. 이 경우 행정안전부장관[10]이 정하는 지방채 발행 한도액을 초과하여 지방채 발행을 하는 때에는 도의회 재적 의원 과반수의 출석과 출석 의원 3분의 2 이상의 찬성이 있어야 한다. 지방재정법은 행정안전부장관의 승인 없이 발행할 수 있는 지방채 발행한도액을 당해 지방자치단체의 전전년도 예산액의 100분의 10 범위 내로 규정하고 있으나, 정부는 특별법을 통하여 지방채 발행의 특례를 제주자치도에 부여하고 있다.

2008년 제주도가 발행 예정인 지방채는 1,056억 원이다. 이는 제주도 자체재원 8,267억 원(지방세 4,401억 원, 세외수입 3,866억 원)의 12.8%, 지방채를 제외한 전체 예산 23.667억 원(자체재원, 지방교부세 7,7753억 원, 국고보조금 7,647억 원)의 4.5%에 해당된다.

사. 예산편성 과정에 주민 참여

제주도는 전국 광역자치단체 중 처음으로 주민참여 예산제도를 도입하였다. 특별법은 "도지사는 예산편성 과정에 주민이 공모 방식 등에 의하여

---

10) 정부조직법 개정(2008. 2. 29)으로 행정자치부는 행정안전부로 변경되었다.

참여할 수 있도록 하여야 한다"라고 규정하고, 주민 참여를 통하여 정할 수 있는 예산의 범위, 참여 주민의 선정 방법 및 절차, 주민 참여 과정 등은 도 조례로 정할 수 있도록 제주도에 권한을 부여하였다. 주민참여 예산제도를 도입하는 목적은 예산편성 과정에 주민이 직접 참여하여 예산의 우선순위 결정 등에 의견을 제시하여 반영하는 것이라고 할 수 있다. 이 제도는 자치단체장과 지방의회의 인기 위주의 예산편성이나 관료적 예산편성 과정에서 야기될 수 있는 지방재정의 비효율성을 극복할 수 있는 지방재정 운영에 대한 주민 통제장치의 일종이며 참여와 자기결정이라는 지방자치의 이념을 구현하는 방법이다(곽채기, 2005: 247-276).

이와 같은 특별법 규정에 근거하여 제주도가 2008년 5월 30일 입법예고한 '제주특별자치도 주민참여 예산제 운영 조례안'은 주민참여 예산위원회, 예산학교 운영, 주민참여 예산연구회 등에 관한 내용을 포함하고 있다. 주민참여 예산위원회는 위원장 1인과 부위원장 1인을 포함한 50명 이내로 구성하고 있으며, 예산편성 방향과 우선 투자 분야에 대한 주민들의 의견 수렴활동 및 주민 제안사업에 대한 의견 수렴 등의 주요 기능을 포함하고 있다. 또, 도지사는 매년 예산편성 전에 예산학교를 설치·운영하여 예산 실무, 각종 소양교육, 주민 참여 방법, 위원회 운영 등에 관한 내용을 위원회 위원 및 주민들을 대상으로 교육하도록 조례안은 규정하고 있다. 그리고 도지사는 주민참여 예산제에 대한 운영 방법, 정책 수립, 연구개발 등을 위하여 주민참여 예산연구회를 구성·운영하여야 한다. 그러나 제주도의 조례안은 자치단체의 집행부가 독점적으로 행사해 왔던 예산편성권의 분권화를 통하여 예산편성 과정에 해당 지역 주민이 직접 참여할 수 있도록 하는 주민참여 예산제도의 취지가 제대로 반영되지 않은 것으로 지적되었다.[11]

아. 지방교육 재정특례

지방자치의 실시와 함께 교육·학예사무를 다루는 교육자치가 실시되고 있다. 교육자치와 관련된 재정은 지방자치단체의 '교육비 특별회계'와 지방교육재정교부금법에 의한 '지방교육재정교부금'[12] 제도가 있다. 교육자치재

11) 제주의 소리(2008. 5. 30). '주민참여 예산제에 주민이 없다! 부실 논란.'

정의 세입원은 목적세인 교육세,[13] 시・도세의 교육비 특별회계, 지방교육세다. 이 중 광역자치단체가 교육자치단체에 전출하는 교육비 특별회계는 제주특별자치도세 총액의 1,000분의 36으로 구성되어 있다. 지방교육재정 보통교부금의 배분은 교육자치기관의 기준재정수입액이 기준재정수요액에 미달하는 경우에 그 미달액을 기준으로 총액으로 배분된다. 지방교육재정 보통교부금 배분 공식은 보통교부세[14]의 배분 공식과 유사하다.

특별법은 교육자치(제10장) 분야에 지방교육재정 보통교부금을 보통교부금 총액의 1만분의 157로 법정률화[15]하여 지방교육재정의 안정성을 높였다. 지방교육재정교부금법에서 3.6%[16]로 규정하고 있는 지방자치단체의 교육비 특별회계 전출 비율을 제주자치도세 총액에서 도조례가 정하는 비율의 금액을 매 회계연도 일반회계예산에 계상하여 교육비 특별회계로 전출할 수 있도록 규정하였다. 또, 특별법은 도교육감으로 하여금 지방자치법과 지방재정법의 규정에도 불구하고 제주자치도의 교육・학예와 관련이 있는 사업의 경우 등 필요한 경우에는 도의회의 의결을 거쳐 지방채를 발행할 수 있도록 하였다. 이 경우 지방채 발행한도액을 초과하여 지방채를 발행하는 때에는 도의회 재적 의원 과반수의 출석과 출석 의원 3분의 2 이상의 찬성을 얻도록 규정되었다.

12) 지방교육재정 교부금은 경상보조금에 해당하는 보통교부금과 특별교부금으로 구성되어 있다. 보통교부금은 당해 연도 내국세 총액 19.4% 중의 96%이며, 특별교부세는 내국세 총액 19.4%의 4%다.

13) 국세인 교육세는 부가세 성격을 갖고 있다. 부가세는 본세(本稅)에 부가되어 과세되는 세금을 말하는데, 교육세는 특별소비세, 주세, 교통세, 레저세, 담배소비세, 자동차세, 등록세, 재산세, 주민세(균등할) 등의 본세에 부가되어 부과된다.

14) (식. 1) 참조.

15) 지방교육제정교부금도 보통교부금 중 연도별 제주도 점유율 1.41%(2003, 2004), 1.50%(2005)를 감안하여, 2006년 2월 임시국회에서 1.57%로 법정률화하였다.

16) 지방자치단체의 교육비 특별회계 전출금은 서울특별시의 경우는 목적세를 제외한 특별시세 총액의 10%, 광역시 및 경기도는 목적세를 제외한 시세 또는 도세 총액의 5%, 그 밖의 도는 도세 총액의 3.6%다.

제 8장 특별지방행정기관의 이관과 운영

1 서 론

공공 서비스를 누가 어떻게 전달하는 것이 국민의 요구에 적절하게 응답하는 길일까는 국가 체제의 여하에 관계 없이 각 국가가 갖고 있는 최대의 관심사 중에 하나라 할 수 있다(김성배, 2006). 분권이 잘 발달된 국가는 행정 서비스의 주체를 지방자치단체로 정하고, 이들 단체로 하여금 행정 서비스를 전달하도록 하고 있다. 반면에 중앙집권적인 국가는 중앙정부가 직접 전달 주체가 될 뿐만 아니라 전달 방법도 일선기관을 통하여 이루어진다.

우리의 지방행정 체제는 지방자치단체와 특별지방행정기관의 이원적 체제로 짜여 있다. 지방자치단체는 지역을 기준으로 종합행정을 수행하고 특별지방행정기관은 기능을 기준으로 특정 기능을 전담 수행하고 있다. 특별지방행정기관은 업무의 특수성으로 인하여 지방자치단체에서 직접 처리할 수 없고 국가가 직접 처리하여야 하는 사무를 위하여 설치·통일적 업무처리를 위한 것보다는 중앙부처의 할거주의나 기득권 확대 등에 의하여 경쟁적으로 설치된 측면도 없지 않다.[1] 즉, 다시 말하면 국민의 기대에 대응하는 특별지방행정기관의 설치와 운영이 아니라 부처의 이해 관계가 중요한 특별지방행정기관의 설치 기준이 된 것이다. 이러한 잘못된 기준은 각

1) 정부혁신지방분권위원회, 참여정부의 지방분권, 2005. 12. 31. p.129.

부처가 경쟁적으로 특별지방행정기관을 남설하게 되어 2003년 참여정부가 출범할 때만 해도 6천 5백 여개의 기관과 근 20만 명의 공무원이 근무하는 거대한 모습으로 자리잡고 있었다. 20만 명의 공무원은 전체 지방공무원 37만 명의 55% 정도나 되는 큰 규모다.

특별지방행정기관의 이런 거대한 모습은 국가 운영뿐만 아니라 지방자치에 거다란 장애 요인으로 등장한 지 오래다. 대표적인 문제점으로는 지방행정의 종합성 상실, 비민주성, 중복행정으로 인한 행정의 비효율성 등을 제시하고 있다.[2] 물론 특별지방행정기관은 기능적 분권화(funtional decentralization), 행정 업무의 전문성과 광역행정에 대한 대응 등 순기능이 없는 것은 아니다(김영수·금창호, 2002: 233-235). 그러나 이러한 순기능보다 역기능이 훨씬 많다는 것이 각종 연구에 의해서 제기되고 있고, 각 정권들은 이를 기정사실화하여 특별지방행정기관의 대대적인 정비 방안을 계속 제시하여 왔다. 그러나 결론적으로 말해 각 정권들의 특별지방행정기관의 축소와 지방자치단체로의 이관에 대한 정책은 결국 실패하였다.

참여정부에서는 특별지방행정기관의 축소와 지방자치단체로의 이관에 대한 근거인 지방분권특별법을 제정하여 추진하였지만 실패하였다. 다만 참여정부에서 분권정책으로 추진하였던 제주특별자치도에서만 성공하였다. 이 글은 오랫동안 정부가 추진해 왔지만 실패하였던 특별지방행정기관의 지방자치단체로 이관이 왜 제주특별자치도에서는 가능하였는지, 그리고 이관된 지방특별행정기관의 종류와 내용이 무엇이며 운영 과정에서 나타나는 문제점은 무엇인지를 살펴보는 것이 주요 목적이다. 이는 현재 이명박 정부가 추진중인 특별지방행정기관의 이관정책에 큰 시사점을 줄 것이라 사료된다. 실제로 이명박 대통령직 인수위원회 보고서나 행정안전부의 특별지방행정기관의 정비 발표 내용에도 제주특별자치도의 특별지방행정 운영

---

2) 특별지방행정기관의 역기능에 대해서는 김영수·금창호, "특별지방행정기관의 조정 방안," 한국지방정부학회, 지방정부연구, 제6권 제4호, 2002, 겨울; 김종성, 특별지방행정기관과 지방자치단체 간의 기능배분, 서울대학교 행정대학원, 행정논총, 제38권 제2호, 2000.12; 정주택, "행정계층간 사무재배분 개선 방안: 특별지방행정관사무의 재배분을 중심으로," 한국지방정부학회, 지방정부연구, 제7권 제4호, 2003; 손진상·김창승, "국가와 지방자치단체 간의 사무배분에 관한 연구," 지역발전연구, 제2권 제2호, 2003; 이승종,"지방자치단체와 특별지방행정기관 간의 관계 재정립을 위한 기준과 절차," 지방행정, 2003; 최민호, "지방분권의 추진계획과 과제," 한국정책학회, 2003년 동계학술대회, 논문집, 2003 참조.

상황이 정부의 특별지방행정기관에 결정적인 도움을 주고 있음을 기술하고 있다.[3]

2 제주특별자치도 특별지방행정기관의 이관 과정

가. 역대 정부의 특별지방행정기관 이관의 시도

우리나라의 특별지방행정기관은 1950년대 초 교육위원회 설치 이래 계속되는 증가세를 보여 왔다. 특히 최근 20여 년간 <표 8-1>에 나타난 대로 절대 숫자가 1980년대 말 이후 급격한 증가 추세를 보여 왔다. 국민의 정부 후반기 이후 약간의 감소세를 보였고, 참여정부 초기인 2003년 12월 현재 24개 중앙행정기관에서 전국적으로 6,574개 기관 193,507명의 국가공무원을 두고 있는 것으로 기록되고 있는데, 그 이후에도 의미 있는 큰 변화를 보기 어렵다(이시철, 2007: 23-4).

〈표 8-1〉 연도별 특별지방행정기관의 숫자 변화

구분	1985	1987	1993	1995	1997	1999	2001	2003
총계	3,058	6,895	7,783	7,247	7,358	7,071	7,176	6,574
노동	41	54	58	59	59	58	58	46
세무	167	170	198	202	206	204	175	175
공안	377	3,888	4,416	3,804	3,835	3,849	3,354	3,466
현업	2,247	2,185	2,507	2,575	2,629	2,693	3,165	2,495
기타	221	598	604	607	629	598	515	392

최근 정부가 발표한 자료에 의하면 특별지방행정기관 현황은 <표 8-2>와 같이 많이 줄어들었다.[4]

3) 제17대 대통령직인수위원회, 백서 1, 2008. 2. pp.70-1
4) 행정안전부, 특별지방행정기관의 지방 이관, 왜 추진하는가?, 2008. 5. 22. http://www.mopas.go.kr/gpms/index.jsp

〈표 8-2〉 특별행정기관 현황

구 분	총계(개)	1차 기관	2·3차 기관	정원(명)
총 계	4,579	246	4,333	201,591
노동행정기관	46	6	40	4,808
세무행정기관	182	53	129	22,973
공안행정기관	1,952	73	1,879	130,886
현업행정기관	1,987	8	1,979	30,786
기타 행정기관	412	106	306	12,138

이렇게 기관 수가 줄어든 것은 특별지방행정기관이 정비되거나 지방자치단체로 이관한 결과가 아니라 참여정부 시에 철도청의 공사화, 경찰청 산하 파출소의 지구대로 전환 등으로 인하여 줄어든 것이다. 역대 정부들이 특별지방행정기관을 지방자치단체로 이관하려는 노력을 약술하여 정리하면 다음과 같다.[5]

- 1959년 특별지방행정기관의 정비 필요성 제기: 지방정부로의 이관 대상 검토, 건의 및 권고가 있었으나 부처 반발, 추진력 부족으로 실행에 옮기지 못함.
- 1998년 10월 기획예산위원회에서 경영진단을 통하여 1차 조직 개편 방안 확정: 부처 반발로 논의 자체가 유보됨.
- 1999년 2월 일부 권한 이양: 병역자원관리, 통계관리, 환경보전, 국유림관리 업무를 지방자치단체에 이양, 중소기업 지원, 고용 안정, 국도하천관리, 해운수산, 보훈 및 식의약품관리 등은 이양하지 않도록 함.
- 2002년 대통령선거의 민주당 공약: 자율과 분권의 지방화 시대 강화를 위한 특별행정기관 정비 공약 발표
- 2003년 7월 4일에 참여정부는 '지방분권 추진 로드맵'을 발표하면서 특별지방행정기관의 정비 추진계획을 발표하고 동년 12월 29일에 특별지방행정기관의 지방자치단체 이관을 규정한 지방분권특별법[6]이

5) 특별지방행정기관이관 추진 사항에 대해서는 다음과 같은 논문을 참조하였다.
이시철(2007: 28-9); 정부혁신지방분권위원회, 위 백서, pp.129-184; 김종성(2000: 176-7, 77); 정주택(2003: 196-197).

6) 지방분권특별법 10조(특별지방행정기관의 정비 등) ① 국가는 특별지방행정기관이 수행

국회 통과

- 2004년 1월 9일 정부혁신지방분권위원회 지방분권전문위원회에 '특별지방행정기관 정비 추진 T/F팀'을 구성하여 본격적으로 이관작업을 시작하였고, 마련된 이관기관 및 규모에 대하여 2004년 10월 28일 청와대 보고
- 2006년 4월 18일 한나라당 김정권 의원 등 10명의 국회의원 발의로 특별지방행정기관의 이관 및 새로운 특별지방행정기관 설치 시 지방자치단체와 협의하도록 하는 정부조직법 개정안을 국회에 제출
- 2008년 2월 제17대 대통령직 인수위에서 9개의 특별지방행정기관의 정비계획을 발표함.

나. 제주특별자치도로 이관 추진 경위

2004년 10월에 발표된 '제주특별자치도 기본 방향 및 실천전략'[7] 보고서에서는 제주도 내에 있는 특별지방행정기관에 대하여 기관 수행 사무의 국가사무로서의 적절성, 국제자유도시 및 특별자치도 추진과의 적합성 등을 고려하여 이관 방안을 검토하였으며, 그 결과 제주지방 국토관리청 등 18개의 이양 대상 기관(안)을 선정하였다.

제주도는 2005년 5월 기본 구상이 발표된 이후, 기본 계획을 수립하는 과정에서 18개 기관을 대상으로 이관 대상을 확정하기 위한 심층적 검토에 들어갔다. 먼저 도의 관련 부서가 법적인 이관 가능 여부, 이관시 제주도의 실익 및 주민생활에 미치는 영향 등을 기준으로 한 1차 검토(2005. 7. 4.~20.)를 통하여 이관 대상 7기관, 단계적 이관 대상 7기관, 국가기관 존치 대상 4기관으로 분류하였으며, 이후 제주도 기획단과 관련 부서 간 분야별 워크숍(2005. 8. 8.~9.)을 진행하면서 총 8개 기관을 이관 대상 기관으로 잠정 선정하고, 다음 <표 8-3>과 같이 제주특별자치 추진자문기구인 제주특별자치도 추진위원회에 검토 결과를 제출하였다.[8]

하고 있는 사무 중 지방자치단체가 수행하는 것이 더 효율적인 사무는 지방자치단체가 담당하도록 하여야 하며, 새로운 특별지방행정기관을 설치하고자 하는 때에는 그 기능이 지방자치단체가 수행하고 있는 기능과 유사하거나 중복되지 아니하도록 하여야 한다.

7) '제주특별자치도 기본 방향 및 실천전략', 제주발전연구원, 2004. 10. 27. 최종보고서 발표.

8) 제주특별자치도, 제주특별자치도 추진백서, 2007. 7.1. p.190

〈표 8-3〉 특별지방행정 이관 검토안

▨ 검토 결과
- 완전통합 대상기관 : 제주지방국토관리청, 제주지방중소기업청, 제주지방해양수산청, 제주환경출장소, 제주지방노동사무소, 제주지방노동위원회 등 6개 기관 - 지도·감독 권한을 제주특별자치도에 위임하는 기관 : 제주세관, 제주출입국관리사무소 등 2개 기관

이후 정부의 제주특별추진부서인 국무총리실 기획단과 제주도 간의 합동 워크숍을 통한 3차 검토 시에는 좀더 직접적으로 국가사무를 수행하는 기관을 제외하고 도와의 유사·중복 사무 비교 작업 등을 통하여 정책적인 시너지 효과 여부 및 주민 편리성과 현지성 요구 정도 등을 검토하였다. 그 결과 제주지방 국토관리청·제주지방 해양수산청·제주지방 중소기업청·제주환경출장소·제주지방 노동사무소·제주지방 노동위원회·제주보훈지청 등 7개 이관 대상기관을 확정하였다.

이후 기본계획 확정을 위한 중앙부처의 논의 과정(2005. 9. 7. 관계 부처 회의, 2005. 9. 23.·26. 관계 부처 차관 회의, 2005. 10. 6. 실무위원회 회의)을 통하여 국제협약 및 국제 인증 관련 사무를 제외한 이들 기관의 사무를 제주특별자치도에 이관하기로 합의하였으며, 2005년 10월 14일 제주특별자치도 추진위원회는 이 내용을 포함한 <표 8-4>와 같은 사항을 제주특별자치도 기본 계획 정부안으로 확정하기에 이른다(제주특별자치도, 2007a: 192).

〈표 8-4〉 특별법상 특별지방행정기관 이관 관련 주요 내용

내용
• 7개 기관 우선 이관, 그 외 기관 전부 단계적 이관 추진 ※ 시험·분석 사무, 해상안전 사무, 국가유공자 등 결정 사무, 근로감독관 사무 이관 제외 • 특별법 제정 이후 특별지방행정기관 설치 원칙적 금지 • 인사상 불이익 금지 등 이관에 따른 조치 - 특별임용시험 면제, 재정적 지원, 생활환경 등의 개선 지원

다. 최종 이관기관 선정

우여곡절 끝에 우리나라 분권사에 획기적인 정책으로 평가받은 제주특별자치도의 모법인 '제주특별자치도 설치 및 국제자유도시 조성을 위한 특별법'이 2006년 2월 21일 법률 제7849호로 공포되었다. 이에 따라, 제주도와 이관 선정기관으로 확정된 제주지방국토관리청 · 제주지방해양수산청(해상안전 관련 사무 제외) · 제주지방중소기업청(시험 · 분석사무 제외) · 제주보훈지청 · 제주환경출장소 · 제주지방노동지청 · 제주지방노동위원회 등 7개 특별지방행정기관 간에 통합을 위한 협의를 계속하였다. 당시에 이관 대상으로 선정된 제주도 내의 7개의 특별지방행정기관 현황은 <표 8-5>와 같다(제주특별자치도, 2007a: 193).

〈표 8-5〉 이관 대상 기관 현황(2006년 2월 현재)

기관명	조직	인원(명)	2005예산 규모	주요 업무
국토관리청	3과 1실	75	684억 원	국도 5개 노선 454㎞ 관할 등
중소기업청	2과 1팀	23	10	중소기업 육성 시책 추진
해양수산청	7과 1사무소	132	1,097	무역 · 연안항 개발, 해양정책
보훈지청	2과	23	35	국가유공자 권익 보호
환경출장소	-	9	3	환경영향평가
노동위원회	사무국	9	4	노사권리 분쟁 조정 판정
노동사무소	3과 1센터	43	33	노사분규 예방, 고용 동향
계		314	1,856	

규모로 보면 제주해양수산청이 7과 1사무소, 132명에다 당시 예산 규모도 1,097억으로서 다음으로 규모가 큰 제주국토관리청의 약 2배가 되었다. 그 다음으로 국토관리청, 노동사무소, 보훈지청, 중소기업청, 노동위원회, 환경출장소 등의 순이다.

3 최종 이관 내용

가. 이관된 사무

각 특별행정기관이 이관한 내용을 요약하면 <표 8-6>과 같다.

〈표 8-6〉 각 기관별 이관 현황 총괄

구 분	이관된 사무	미이관 사무
제주지방 국토 관리청	지방국토청 이관 - 국도 건설 및 유지관리, 국가하천 건설 및 유지관리 전부 이관됨. - 국도유지사무소(출장소 포함) 이관 - 도시건설본부 도로관리단을 설치하여 이관 - 본부장은 원래 제주도 공무원이 맡고 있음. - 이관된 국가공무원은 모두 지방직으로 전환됨.	
제주지방 중소 기업청	- 중소기업청 사무와 도 자체 중소기업 지원 업무 일원화 - 기존 제주지방청사에 있는 기업지원과는 도 본청으로 이전 완료 - 지방중소기업청 업무(시험·분석 업무 제외)와 기존 도 수행 기업지원 업무(국내 판매, 기업 지원) 중 중복사무 등을 통합하여 '기업지원과' 편제 - 도청으로 이관 - 기술개발 및 기술지도 지방 이양	- 특별법 제141조에 의하여 시험·분석에 관한 사항 이관 제외 - 시험분석 ▸시험분석 사무 ▸제주관광공예품 연구개발 사무 ▸공공구매 성능인증 사무 ▸산업안전 관련 사무 ※ 광주·전남지방중소기업청 산하 제주시험연구센터에서 담당
제주지방 해양 수산청	- 항만·어항관리 개발, 수산관리 등 13개 분야 131개 사무 이관 - 해양수산본부(1국 3과) 설치로 자치도 실정에 부합한 항만 개발·관리 등 추진 - 도 공무원이 본부장, 이관된 국가공무원은 전원 지방공무원으로 전직	- 특별법 제141조에 의해 해상안전에 관한 사항 이관 제외 - 항만보안 업무, 개항질서 업무, 해상운송사업, 선박등록 업무, 하역업, 급수·급유 등 부대사업, 선원관리 등 미이관

구 분	이관된 사무	미이관 사무
	- 공유수면관리에 관한 조례 등 6건 제정 - 해양수산자원연구소 내 어업지도과를 신설하여 이관	
제주 보훈지청	- 보훈단체들과의 지속적 간담회 등 민원 불편 최소화 노력을 통하여 보훈업무 조기 정착 추진 - 국가유공자 등 예우 및 지원에 관한 법률 개정 완료(2006. 12)로 국가유공자 등 등록 업무가 이관에 따른 후속 조치중	- 특별법 제141조에 의하여 국가유공자의 등록·결정에 관한 사항 이관 제외
제주 환경 출장소	- 자치도 전역 농공단지 폐수·하수 종말처리시설 및 마을하수도시설 지도 점검 및 방류수 수질검사 실시 - 환경영향평가서 검토 의견 회신 기간을 전문기관 지정고시 하여 환경부장관 의견 수렴 생략, 처리 기간 30일에서 10일로 단축	공공기관이 수행하는 개발사업에 대한 협의는 그 권한이 환경부에 존치됨.
광주지방 노동청 제주지청	- 종합고용지원센터 설치 이후 고용안정사무(55건) 완전 이관 추진중 - 직업상담원의 배치 및 운영에 관한 조례 제정 - 지방노동위원회 명칭 및 위치에 관한 조례 제정	▶종합고용지원센터 관련 기능 - 직업지도(대학생 직업지도) - 청년실업대책(청년층 직장체험 프로그램) - 외국인 고용 허가 탈북주민 지원사업 - 직업능력개발 지도점검 등 8개 법령 44개 소항 관련 사무 ▶노사 지원 관련 사무 ▶근로감독 관련 사무 ▶산업안전 관련 사무 ※ 제주지역의 노사 지원, 근로감독, 산업 안전 업무는 광주지방노동청 소속 근로감독3과(제주도 소재)에서 담당하고 있음.

자료: 제주특별자치도, 2007a.

상기 표에서 보는 바와 같이 일부 특별지방행정기관은 정부안보다 더욱 진취적으로 사무를 이관하고 있다. 이 기관은 수행하고 있는 전 사무뿐만 아니라 사무소, 직원, 예산, 재산까지 완전히 이관해 주었는가 하면 일부 특별지방행정기관은 정부안보다 사무를 덜 이관하고 있다. 모든 사무와 직원 등 일체를 이관해 준 기관은 제주지방국토관리청 하나다. 나머지는 극히 일부만 이관하고 심지어 시늉만 한다는 비판을 받을 만큼 소극적으로 이관하고 있는 것을 알 수 있다. 특징적인 지방국토관리청과 지방중소기업청, 제주지방해양수산청을 살펴보자. 지방국토관리청은 주요 업무인 국도 건설 및 유지관리, 국가하천 건설 및 유지관리 업무 전부를 이관하였다. 참여정부의 특별지방행정기관 사무 이관안 작성시에 당초 건설교통부(현재 지식경제부)는 특별지방행정기관의 업무 중 국도 건설 및 일부 간선도로에 대한 유지관리, 국가하천의 건설 및 유지 관리 업무는 결코 지방자치단체에 이관할 수 없다고 강력하게 반발하였다.[9] 그러나 이번 제주특별자치도에는 일체의 사무뿐만 아니라 지방청 사무소의 인원과 재산까지도 이관하였다. 파격적인 양보라고 할 수 있다. 아마 이는 제주도의 면적이 협소하고 도로 및 하천도 단순하기 때문에 건교부가 당초 주장했던 지방자치단체의 기술부족 등의 이관 반대 논리가 설득력을 잃었기 때문이라고 할 수 있다.

제주지방중소기업청은 업무 이관 내용이 매우 복잡하다. 제주지방중소기업청의 업무 중 시험분석 사무와 제주관광공예품 연구개발사무, 공공구매 성능인증 사무, 산업안전 관련 사무를 제외한 사무와 사무소 및 직원 대부분을 이관하였다. 당초 정부안은 상기 업무 중 기술개발사무만 민간으로 위탁하고 나머지 사무는 지방자치단체로 이관하는 것이었다(정부혁신지방분권위원회, 2005a: 167-8). 그러나 제주특별자치도로의 이관 시에는 제주지방 중소기업청은 극히 일부 업무만을 이관하고 있다.

지역 개발에 절대적인 영향을 미치는 특별지방행정기관 중 매우 소극적으로 이관한 기관 중에 하나가 제주지방 해양수산청이다. 참여정부안은 항만 계획만 국가가 수행하고 항만의 건설 및 관리, 어촌지도사무는 지방 이양을 하는 것으로 하였다(정부혁신지방분권위원회, 2005a: 150). 다만 어촌관리사무 중 국가조약으로 수행하고 있는 선원관리, 항만보안사무만 국가가 직접 관리하거나 기관위임사무화할 것으로 정비하였다. 그러나 제주특별자치도의 경우 항만보안사무와 선원관리사무뿐만 아니라 개항질서사무, 해상운송사무, 선박등록사무, 하역업, 급수·급유 등 부대사업 등도 이관하

---

9) 정부혁신지방분권위원회, 위 백서, pp.170-2.

지 않고 있다. 그래서 사무의 양과 중요도 면에서 보면 또 다른 특별행정기관인 부산지방 해양항만청 제주해양관리단이 제주 해양수산 분야에 대하여 여전히 중요한 역할을 수행하고 있다.

나. 사무 인계 · 인수

사무를 이관하기 위해서는 법령의 위임이 있어야 한다. 중앙정부는 제주특별법을 통하여 특별지방행정기관의 사무를 이관받고 있다. 제주특별자치도 출범시에 제주도에는 다음과 같은 권한들이 많이 이양되었다. 분야별로 이관되거나 조례로 위임된 내용을 보면 <표 8-7>과 같다(양영철, 2007c: 203).

〈표 8-7〉 제 1차 권한이양 및 도조례 위임 사무목록(총괄)

구 분	계	자치분권 분야	개발재정 분야	비 고
합 계	1062 (180)	555 (59)	461 (121)	
권한이양	688 (46)	469 (8)	219 (38)	
도조례 위임	374 (134)	94 (51)	280 (83)	

* ( )는 제주특별자치도특별법상 관련 조문 수.

상기 1062개 이관된 권한 중 제주특별자치도는 특별법 제140조 내지 제151조의 규정에 의거하여 특별지방행정기관의 사무 49개 분야 458건을 이양받아 왔다. 이에 대한 내용이 <표 8-8>이다(제주특별자치도, 2007a: 200).

〈표 8-8〉 특별법상 특별지방행정기관 이관사무 구분

- 제142조(국토관리사무 특례) : 8개 분야 92건
- 제143조(중소기업사무 특례) : 4개 분야 8건
- 제144조(해양수산사무 특례) : 13개 분야 131건
- 제145조(보훈사무 특례) : 8개 분야 122건
- 제146조(환경사무 특례) : 4개 분야 4건
- 제147조(노동사무 특례) : 11개 분야 97건

- 제148조(노동위원회 특례) : 1개 분야 4건
  ※ 제외 사무(특별법 제141조)
- 중소기업청: 시험·분석에 관한 사항
- 해양청 : 해상 안전에 관한 사항
- 보훈지청: 국가유공자 등의 등록·결정에 관한 사항
- 노동지청: 근로감독관에 관한 사항

1) 이관된 조직 규모

가) 총 괄

중앙정부가 제주특별자치도에 이관한 조직 현황은 <표 8-9>와 같다.

〈표 8-9〉 특별지방행정기관 이관 현황 총괄

기관명	인력(명)	예산(백만 원)	이관 후 조직
제주지방 국토관리청	49	33,398	도시건설본부 도로관리단
제주지방 중소기업청	12	417	지식산업국 기업지원과
제주지방 해양수산청	35	40,030	해양수산본부
제주보훈지청	23	434	제주특별자치도 보훈청
제주환경출장소	2	44	환경정책과
광주지방노동청 제주지청	10	1,227	직업안정고용센터
제주도지방노동위원회	9	263	제주특별자치도 노동위원회
계	140	75,813	

자료: 제주특별자치도, 2007a.

<표 8-9>에서 보는 바와 같이 이관된 기관은 7개이며, 인력은 140명으로 이관 대상 특별지방행정기관의 314명의 45%에 달한다. 이관의 규모가 50%에 미치지 못하고 있음을 말해 준다. 예산은 856억 원 중 758억이 이관되어 89% 수준으로 비교적 높은 편이다. 이관된 후 조직 편제는 보조기관, 직속기관, 사업소 형태 등 다양하다. 제주지방 국토관리청과 제주보훈지청은 직속기관으로, 제주지방 중소기업청과 제주지방 해양수산청, 제주환경출장소는 보조기관으로, 광주지방 노동청 제주지청은 사업소 형태로, 제주도지방노동위원회는 위원회 형태로 편제되었다.

2) 분야별 이관 내용

가) 조직·정원 이체 및 조정

사무이관이 확정되자 나머지 사항에 대해서는 쉽게 인수인계가 되기 시작하였다. 당시에 제주특별자치도에 대한 노무현 대통령의 의지와 지원이 워낙 강했기 때문에 중앙부처들도 어쩔 수 없이 협력하지 않을 수 없었다. 각 중앙부처들은 소속 특별행정기관 설치 직제령 및 시행규칙을 정비하였다. 이관받는 제주도는 제주특별자치도 행정기구 설치조례(2006. 5. 10. 공포) 및 시행규칙(2006. 6. 21. 공포)을 제정하여 정비한 결과 제주특별자치도와 통합된 7개 특별지방행정기관은 제주특별자치도 합의제 기관 1, 본청 국·과 편제 4, 직속기관 1, 사업소 1의 형태로 조정되었으며, 세부 사항은 다음과 같다.

나) 이체 인원

7개 특별지방행정기관에서 제주특별자치도로 이체된 정원은 140명으로 확정되었으며, 이체 정원 대비 전입 현원은 125명(4급 1·6급 8·기능 1의 과원과 5급 2·7급 8·8급 13·9급 2)으로 확정되었다. 그 내용이 <표 8-10>과 <표 8-11>이다.

〈표 8-10〉 이체 정원 확정 현황

기관별	계	국토청	중기청	해수청	보훈청	환경소	노동청	노동위
정원	238	49	17	99	23	8	33	9
이체	140	49	12	35	23	2	10	9
이체율	59%	100%	71%	35%	100%	25%	30%	100%
잔류	98		5 (시험)	64 (해상안전)		6 (기관지원)	23 (근로감독)	

자료: 제주특별자치도, 2007a.

〈표 8-11〉 이체 정원 대비 전입 현원 현황

구 분	계	2급	4급	5급	6급	7급	8급	9급	기능직
이체 정원	140	1	3	11	28	26	15	8	48
전입 현원	125	1	4	9	36	18	2	6	49

자료: 제주특별자치도, 2000a.

상기 표에서 보는 바와 같이 국토청, 보훈청, 노동위만이 100% 인원을 이관하였고 나머지는 중기청이 71%, 해수청은 35%, 환경출장소 25%, 노동청이 30%다. 환경출장소와 노동청이 가장 적은 인원을 이관하고 있음을 알 수 있다.

직급별 이체 현황을 보면 고위직은 대부분 이체되고 있지만 6급 이하 하위직은 이체율이 현저하게 줄어들고 있음을 알 수 있다. 이와같이 고위직 중심의 이체는 부처 내의 고위직 인사 적체 해소와 관련이 깊다.

이관 기관 내 비정규직 공무원의 경우, 현근무 부서 내 임용 배치하는 것을 원칙으로 하고 현재 인력에 대하여 정원을 고정하여 승계 대상 인력을 관리하였다. 최종 승계된 각 기관 내 비정규직 공무원은 총 93명 중 50명이었고 제외 인원은 43명이다. 제외 인원은 대부분이 중기청 시험분석 사무보조, 해수청 청경 및 계약직, 환경소 야생조수 조사원들이다. 이 중 해수청 인원이 38명으로 대부분을 차지하고 있다.

다) 예산 이체 및 제주계정 반영

제주도는 특별지방행정기관 이관의 후속 조치로서 2006년도 이체 예산을 정확하게 산정하고 2007년도 이후에는 기존 사무의 수행에 필요한 예산을 국가균형발전 특별회계에 신설되는 "제주특별자치도 계정"에 반영되도록 추진하여 특별지방행정기관의 이관 후에도 안정적인 집행예산을 확보하여 기존 사무의 수행에 차질이 없도록 하였다.

〈표 8-12〉 이관 대상 특별지방행정기관 예산 현황(2006년도 당초예산)

(단위: 백만 원)

	합 계	국토청	중기청	해수청	보훈청	환경소	노동지청	노동위
당초예산	142,229	51,211	1,174	82,258	2,867	313	3,882	524
이관예산	75,813	33,398	417	40,030	434	44	1,227	263
이관율	53%	65%	36%	49%	15%	14%	32%	50%

자료: 제주특별자치도, 2007a를 정리.
※ 이체예산 산정: 2006년도 총 예산 중 미집행된 하반기 예산.

상기 표에서 보는 바와 같이 이관 대상 7개 기관의 총 예산은 2006년 기준 1,422억 원이다. 이 중 이관된 예산은 53%인 758억 원에 이른다. 예산은 정책을 금전적으로 표시한 숫자라는 점을 감안하면 권한 이양의 정도가 얼마나 약한 것인지를 알 수 있다. 심지어 10%대로 예산을 이관한 기관도 있는 점을 고려할 때 중앙 권한이 지방이관이라는 분권정책이 얼마나 어려운 작업인지를 말해 준다고 할 수 있다.

라) 청사 및 장비 확보

특별지방행정의 이관 시에는 사무에 따라서 인원, 예산 및 장비와 재산도 같이 이관되어야 함은 당연하다. 이번에 이관된 특별지방행정기관이 제주도에 이관한 재산 상황을 정리하면 다음과 같다. 우선 이관 대상 특별지방행정기관이 사용하고 있는 청사 및 장비 확보 현황을 보면 <표 8-13>과 같다. 일부 기관은 자체 청사를 갖지 않고 임대하여 쓰고 있으며, 보훈청 제주지청은 2006년 12월 20일에 개원한 정부제주지방 합동청사에 입주해 있는 상태다.

〈표 8-13〉 이관 대상 특별지방행정기관 청사 및 장비 확보 현황

구 분		주요 내용
청사	기존 보유	•5개 기관(노동위원회, 환경출장소는 임대 사용) •부지 31,122㎡, 건물 연면적 7,743㎡, 장부가액 170억 원
	배치	•6개 기관은 기존 청사에 배치 •환경출장소는 도 본청 청정환경국으로 흡수
장비	기존 보유	•차량 등 17종·9,037개·106억 원(노동청 미포함)
	인수	•차량 등 17종·9,037개·106억 원
비 고		•지방노동위원회 임대사무실 협소로 별도 공간 필요 •보훈청 제주지청 청사 노후화 및 주차 공간 협소 ⇒ 2007년도 이후 별도 청사 입주

자료: 제주특별자치도, 2007a.

마) 재산 양여·양수

정부는 특별지방행정기관의 이관에 따라 기존 지방행정기관에서 사용·이용하던 재산을 제주도로 이관하여 이양사무와 연계하고, 업무 수행의 효율성을 극대화하고자 하여 특별지방행정기관의 재산을 제주도로 양여하기로 하였다. 이관될 특별지방행정기관이 보유한 재산 현황은 <표 8-14>와 같다(제주특별자치도, 2007a: 199).

〈표 8-14〉 이관 특별지방행정기관의 재산 현황(2006년 기준)

총 4종 · 3,792억 원
○ 토 지 : 1,355,706㎡ · 3,399억 원(청사 부지, 야적장 부지 등)
○ 건 물(전세권 포함) : 52,799㎡ · 270억 원(청사, 관사)
○ 공작물 : 486식 · 123억 원

이들이 보유한 재산 규모는 3,792억 원으로 큰 재산을 소유하고 있었다. 제주도가 이관 기관의 국유재산을 무상 양여 · 양수하기 위한 협상 과정에서 건교부와 노동부는 2007년도에 이관하는 방안을 제시하였으며, 그 외 부처에서도 검토 의견을 밝혀 왔다. 또한 우선 양여 · 양수 대상 재산을 선정하여 네 차례의 요청 및 협의를 통하여 양수를 추진하였는데 세부 사항은 다음과 같다(제주특별자치도, 2007a: 200).

〈표 8-15〉 이관 특별지방행정기관의 우선 양여 · 양수 대상 재산 현황

총 3종 · 63,855백만 원(단위: 필지/㎡ · 백만 원)		
○ 건교부 :	▪ 토지 5/24,117 · 5,973	▪ 건물 17/4,109 · 1,182
○ 해수부 :	▪ 토지 3/82,711 · 52,011	▪ 건물 3/5,126 · 2,083
○ 보훈처 :	▪ 토지 3/556 · 562	▪ 건물 2/462 · 23
○ 노동부 :	▪ 전세권 839백만 원(제주시 대한항공 빌딩, 서귀포시 KT 빌딩)	
○ 중기청 :	▪ 토지 1/8,771 · 877	▪ 건물 3/1,485 · 305

다. 조직 정비

이관된 조직을 기존의 지방자치단체로 동화시키는 작업도 쉽지 않은 일이다. 우선 특별지방행정기관이 전문성을 기준으로 하는 기능적 분산이라는 기준에 의해서 조직 편제가 이루어졌기 때문에 종합행정을 근간으로 조직 편제한 지방자치단체 조직과는 여러 면에서 이질적이다.

또한 특별지방행정기관은 소속 중앙부처가 계획한 일을 일선에서 집행하는, 즉 집행 중심의 조직이지만 지방단치단체는 기획과 집행을 동시에 수행하는 조직이기 때문에 동화시키기가 쉽지 않다. 특히 특별지방행정기관의 고객은 다수의 일반 주민이 아니라 고정된 주민(고객)으로 구성되었지만 지방자치단체의 고객은 지역에 살고 있는 전 주민이다. 따라서, 특수

고객을 상대로 특정한 행정 서비스를 제공하던 특별지방행정기관이 일반 주민을 대상으로 종합행정 서비스를 제공하여야 하는 지방자치단체 조직에 동화되는 일은 쉬운 일은 결코 아니다.

〈표 8-16〉 이관된 조직 편제

이체 당시 기관명 (이체 정원)	이체 직후 조직 편제 (정원)	현재 조직 편제 (2008. 3 이후)
제주지방 국토관리청 (3과 1실/ 49명)	도시건설본부 도로관리단 (4담당 46명)	도시건설방재국 (도로관리사업소) (3담당 35명)
제주지방 중소기업청 (2과/12명)	지식산업국 기업지원과 (4담당 15명)	지식산업국(기업사랑과) (4담당 18명)
제주지방 해양수산청 (3과/35명)	해양수산본부 (3과 10담당 59명)	해양수산국 (3과 10담당 54명)
제주보훈지청 (2과/ 23명)	제주특별자치도 보훈청 (2과 23명)	제주특별자치도 보훈청 (2과 20명)
제주환경출장소 (2명)	환경정책과에 사무배분	청정환경국 (환경정책과, 생활환경과) (6급 2명)
제주노동지청 (1센터/10명)	직업안정사업소 (1사업소 11명)	지식경제국 (종합고용지원센터) (1담당 27명, 상담원 포함)
제주도지방 노동위원회 (1사무국/9명)	제주특별자치도 노동위원회 (1사무국 9명)	제주특별자치도 노동위원회 (1사무국 11명)

자료: 제주특별자치도, 2008에서 본인의 재작성.
※ 잔류 인원(98명)은 부산, 광주, 여수 지방청 과(단)로 흡수.

조직의 위치도 조직을 정비하는 데 중요 고려 대상이다. 중앙부처의 조직은 부성화(部省化)의 원리를 따라서 기능, 사업, 고객, 지역 등을 기준으로 조직 편제를 하지만 지방자치단체의 조직은 종합적인 관점에서 조직 편제를 하기 때문에 조직의 지위나 위치가 부조화를 이루고 있는 경우도 많이 나타나고 있다. <표 8-16>은 이관된 특별행정기관이 조직 편제다. 보훈청과 노동위원회만 원래 조직 그대로 유지할 뿐 다른 조직은 국토관리청과 같이 사업소로 있거나 아니면 다른 국에 편입되어 과거 특별지방행정기관의 명칭도 사라진 상태다.

4 이관된 특별지방행정기관에 대한 평가

기술한 바와 같이 특별지방행정기관의 지방자치단체로의 이관은 매우 어려운 과정이다. 어려운 이유 중에 하나는 부처이기주의와 더불어 이관을 하여야 할 중앙정부가 지방자치단체에 대해서는 우월적 지위에 있다는 점이다. 따라서 이관하는 중앙부처가 적극적으로 소속 특별지방행정기관을 이관해 줄 리가 만무하다. 이관된 특별지방행정기관에 대한 평가를 하기 위하여 저자는 2007년 4월과 5월에 거쳐 관계자와의 면담과 이관 부처의 주관식 설문지, 특별자치도 자료, 직원들과의 회의, 신문기사 등을 통하여 자료를 종합하였다. 이의 내용은 지면 관계상 약술하고자 한다.[10]

가. 긍정적인 효과

1) 기능 통합에 의한 효율성 제고

특별행정기관 이관으로 인하여 가장 큰 효과는 효율적인 업무 처리가 가능하다는 점이다. 과거 일부 기능은 중앙정부가, 일부 기능은 지방자치단체로 분산되어 있기 때문에 주민들에 대한 행정 서비스가 매우 더디고, 복잡하였다. 그러나 특별행정기관 기능을 이관함으로써 업무가 자치단체로 일원화되어 업무 처리가 신속하게 되어 효율성이 제고되었다.

가) 도로 건설 및 관리의 일원화

과거에는 특별행정기관인 건설교통부 제주국도관리청이 제주도 내 국도 5개 노선 454㎞의 건설과 관리를 하였고, 나머지는 자치단체가 하였다. 그 뿐만 아니라 이들 국도 중 관리 업무도 시 관내의 국도관리는 기초자치단체가, 군 영역인 국도관리는 특별행정기관이 담당하였다. 이렇게 복잡하게

---

10) 이하 제주특별자치도에 대한 평가는 본인이 2007년 6월 정부혁신지방분권위원회에서 실시하였던 제주특별자치도 운영 사례에서 작성한 부분을 보완하여 기술하였다. 이 사례집(내부자료)에는 제주특별자치도 실시 1년 동안의 운영 결과를 모든 분야에 평가한 내용이다.

도로를 관리하다 보니까 도로관리에 대한 업무가 신속성을 잃어버리는 경우가 숱하게 일어났다. 예를 들면, 한라산을 관통하고 있는 국도인 5·16 도로는 겨울에 눈이 많이 쌓여 제설작업을 자주 해야 하는 곳이다. 그러나 국도이지만 제설작업은 제주시의 영역인 한라산 자락까지는 제주시가, 북제주군과 남제주군 영역인 한라산 중간 영역은 국토관리청이, 서귀포시의 영역인 남쪽 부분은 서귀포시가 해야 하였다. 50㎞에 불과한 국도관리를 3개 기관이 나누어 하기 때문에 복잡할 뿐만 아니라 어느 한 기관이 제설작업을 소홀히 하였을 때는 전 도로가 마비되는 경우가 허다하였다. 특별지방행정기관이 제주특별자치도로 이관 후에는 이러한 복잡성이 없어졌기 때문에 도로 및 하천관리 업무가 신속하게 이루어지고 있다.[11] 국도도 특별자치도 이후에는 지방도로로 변경하였기 때문에 계획에서부터 건설과 관리에 이르기까지 제주특별자치도 한 기관에서 이루어지기 때문에 일관성과 신속성을 유지할 수 있게 되었다.

나) 국가 및 지방어항 관리 일원화로 효율성 향상

제주지역에 가장 중요한 항만도 도로와 마찬가지로 특별자치도 이전에는 분리해서 관리하였기 때문에 이에 따른 업무가 매우 지연되었다. 제주도 내 어항은 다음 <표 8-17>과 같이 국가어항과 지방어항으로 나누어 관리하였다.

특별자치도 이후에 제주해운항만청이 제주특별자치도로 이관되면서 업무 처리가 신속하게 처리되고 있다는 것이 공무원들의 공통된 의견이다.[12]

〈표 8-17〉 어항 현황

(단위 : 항)

구 분	계	국가어항	지방어항	어촌 정주어항		
				소계	육지	도서
계	99	6	18	75	63	12
제 주 시	59	3	9	47	37	10
서귀포시	40	3	9	28	26	2

11) 도로관리단 과장, 서귀포시 담당 국장과의 면담.
12) 해양수산본부(현 해양수산국) 본부장 및 담당과장과의 면담 결과 정리.

이는 당연한 결과다. 국가가 관리하던 무역항과 국가어항 관리가 제주특별자치도로 이관되었기 때문에 도로와 마찬가지로 통일된 관리가 가능하였기 때문에 업무 처리가 신속할 수밖에 없다.

과거와 달리 국가어항에 대한 투자예산을 특별지방행정기관이 아닌 제주특별자치도가 집행함으로써 예산의 현지성, 효율성을 높이고 있다. 이렇게 통합 관리함으로써 앞으로 국제자유도시에 걸맞게 해양관광과 연계한 복합적인 어항 개발 추진이 가능하게 되었다.

다) 중복 중소기업 관련 업무 수행기관의 통합으로 효율성 제고 및 혼선 방지

특별지방행정기관 이관 이전에 제주도에 중소기업 관련 업무를 수행하는 기관은 국가기관인 지방중소기업청, 중소기업진흥공단, 신용보증기금이 있으며, 지방자치단체에는 본청의 중소기업 관련 과, 기초자치단체에 계, 중소기업지원센터, 신용보증 재단 등 비슷한 업무를 수행하는 기관이 너무 많아서 혼란과 비효율성이 많았다.[13)]

<표 8-18>에 볼 수 있는 바와 같이 제주지방 중소기업청이 하는 주요 업무인 경영 지원, 기업 애로 조사, 수출 지원 및 투자 유치, 기술 지원 및 시험검사

〈표 8-18〉 국가와 지방자치단체 업무 중복 사례

구 분	제주지방 중소기업청	제주도청
경영 지원 및 기업애로 조사	- 중소기업 및 벤처기업 지원 - 창업정보의 제공 및 관리 - 소상공인 창업 및 경영 지원 - 중소기업 경영애로 해소 지원 - 하도급 거래 및 특수상황 실태조사	- 벤처기업 창업 및 육성 지원 - 창업보육센터 설치 및 운영 - 중소기업 자금 지원 - 중소기업 애로상담 모니터링
수출 지원 및 투자 유치	- 중소기업 수출지원센터 운영 - 해외 구매 및 투자 유치	- 해외시장 개척단 운영 - 투자 유치활동 전개 및 지원
시술 지원 및 시험검사	- 산·학·연 공동 기술개발 지원 - 기술지도 및 기술정보 제공 - 공산품 시험·분석·검사 - 계량·계측기 교정 검사	- 산·학·연 기술개발 지원 - 지역협력연구센터 지원 - 중소기업 기술개발 지원 - 계량기 제작업 등록 및 감독

자료: 제주특별자치도, 2007a.

13) 기업사랑과 직원과의 면담.

등은 제주도청에서도 그대로 수행하고 있었다.

제주지방 중소기업청이 제주특별자치도로 이관 이후에 이러한 업무들이 통합됨으로써 중복 투자로 인한 비효율성에서 종합 지원을 통한 규모의 경제화를 기대할 수 있게 되었다.

2) 주민 친화적 행정 서비스 제공

기존 특별지방행정기관들은 소속 중앙부처가 지시한 대로 일을 처리하기 때문에 사업을 추진하는 과정에 주민들과 갈등 때문에 사업이 지연되거나 중지되는 사례가 많았다. 이는 주민들의 이기주의적인 점도 일부 원인이 되기도 하지만 그러나 다음 예에서 보는 바와 같이 특별지방행정기관이 과거 중앙집권식 행태에 익숙해져 있기 때문에 주민 의견을 무시하고 강행한 결과인 경우가 더 많았다.

가) 집단민원에 의한 파제제 문제 해결

제주지방 해양수산청은 2005년부터 2008년까지 성산포항에 국고 292억 6,000만 원을 투입, 파제제 200m, 호안 90m, 어선물양장 100m를 조성하는 '성산포항 파제제 등 건설사업'을 추진키로 하고 정부의 승인을 받아 추진하였다. 제주지방 해양수산청은 이어 2005년 ㈜한국항만기술단에 연구용역을 의뢰, 성산포항 내에 겨울철에 주로 발생하는 최고 2m의 '항만너울'을 막기 위해 성산포항 입구 북쪽 430m 해상에 길이 200m 해면 위 높이 6.5m인 파제제(사업비 260억 원)를 건설하여 항 밖에서 발생한 파도의 항내 진입을 차단키로 하였다. 그러나 어민들은 파제제가 건설될 경우 오히려 조류 변화로 어장환경이 바뀔 수 있고 선박 입출항에도 지장이 초래된다면서 반대하였다. 제주해양수산본부는 파제제 건립계획이 확정된 뒤 어촌 계원 및 선주 등 집단민원이 계속되자 최근 '어민들의 동의가 있을 때까지 유보하겠다'는 입장을 확정하여 장기 표류하였다. 그러나 특별지방행정기관인 제주지방 해양수산청이 제주특별자치도로 이관되면서 제주도와 주민 간의 대화가 이루어지고 제주특별자치도는 분석 결과 주민들의 주장이 타당성 있다고 결론을 내려 주민들의 주장대로 파제제 200m 조성 방향을 수정하여 이 사업을 성공적으로 수행할 수 있었다.[14]

---

14) 제주도청 특별자치도 담당관실 내부 자료 및 담당 과장과의 면담.

나) 보훈행정의 종합적 지원으로 행정 서비스 질의 향상

지방보훈청의 특별자치도 이관 이후 공무원의 업무 수행 방식이 지방행정 업무에 맞게 종합행정적으로 변화된 것으로 나타났다. 종래 보훈가족과 보훈청 간의 관계는 큰 집으로 표현될 정도로 긴밀하고 가족적인 관계를 유지하고 있었다. 지방보훈청의 특별자치도 이관 이후 도의 다른 부서와 연계하여 농지, 가정, 모자보건 등 종합적인 업무 수행을 통하여 명실상부한 유대 관계를 형성할 수 있게 되었고, 그 과정에서 종합행정적 시각이 강화된 것으로 보인다. 이는 지방보훈청이 특별자치도의 과(팀) 조직으로 흡수되면서 보훈청과 다른 조직 간의 인사 교류를 통하여 종합행정적 시각이 강화되었고, 특히 기존의 특별자치도 복지청소년과, 자치행정과, 공보관실, 그리고 (구)제주시의 업무가 보훈과로 일원화되면서 유관 기능 간 연계가 강화된 결과라고 평가받고 있다.[15]

다) 고객 중심의 행정 서비스 제공

특별행정기관의 이관 후에 우선적으로 나타나는 효과는 고객 중심의 행정 서비스를 제공하려고 노력한다는 점에서는 이관된 공무원이나 고객이나 똑같은 평가를 하고 있다. 특별지방행정기관들은 이관 이전에는 중앙기관이라는 우월감에 젖어 지방자치단체의 협조 요청을 무시하거나 홀대하였고, 특히 고객으로부터는 고객 중심의 아니라 행정 중심의 행정 서비스를 제공한다는 불평을 숱하게 받아 왔다. 그러나 지금은 특별행정기관은 주민들의 손에 의해서 구성된 지방자치단체로 이관되었기 때문에 과거 주민에게 군림하는 행태에서 벗어나 주민에게 봉사하는 자세로 거듭나고 있다. 다행히 이관된 공무원들은 특별지방행정기관에서의 근무는 중앙정부가 지시한 사항만을 집행하는 매우 단조로운 근무환경이었으나 이관된 후에는 각 부서마다 예산편성권 등 자율권이 상대적으로 많기 때문에 역동적인 공무원 생활을 영위하게 되어 매우 보람 있다고 하는 경우가 많았고 긍정적인 평가를 하였다.[16]

고객들도 만족감을 표시하고 있다. 보훈사무인 경우 제주보훈지청의 이관이 논의되던 당초에는 지방으로 이관되면 보훈사무가 우선순위에 밀려

---

15) 보훈 관계자와의 면담과 자료 참조.

16) 해양수산국 과장 중 전입한 과장급 공무원과의 면담.

홀대를 받지 않을 것인가 하고 보훈단체들이 반대하였다. 그러나 실제로 이관된 후에 보훈 관련 사무의 일원화를 통해서 주민들이 종합적으로 서비스를 받게 되었을 뿐만 아니라 과거에는 서비스를 받기 위해서 보훈청이 있는 제주시로 반드시 와야 했지만 지금은 인근에 있는 주민자치센터를 통해서 직접 서비스를 받기 때문에 고객접근성이 매우 높아졌고 만족감을 표시하고 있다.

3) 제주형 서비스 제공

특별지방행정기관의 역기능 중 하나는 지역의 다양성이나 특수성을 고려하지 않고 전국을 통일적이고 획일적으로 행정 서비스를 한다는 것이다. 이러한 병폐를 시정하기 위하여 지방자치단체로 특별지방행정기관을 이관하게 됨으로써 유사 업무의 통폐합으로 업무 수행의 효율성을 제고함과 동시에 지역의 자율성을 확대하여 지역 특성에 맞는 행정 서비스를 제공할 수 있게 되었다. 특히 제주특별자치도의 설치 목적이 분권의 시범도로서의 역할을 수행하게 하는 것이므로 제주형 행정 서비스의 제공은 필수적이라고 할 수 있다. 이관된 특별지방행정기관의 조직과 기능을 이용하여 다른 지역과 다른 정책을 시행하고 있는 대표적인 것을 두 가지 예를 들어 보면 다음과 같다.

첫째, 전국 최초로 환경부지사직을 설치 운영하고 있다.

기존의 직제는 다른 시・도와 마찬가지로 행정부지사와 정무부지사였다. 그러나 특별자치도 이후에 전국에서는 최초로 정무부지사 대신에 환경부지사직을 설치하여 특행기관 대부분을 환경부지사 소속으로 이관하여 모든 정책의 기조를 환경으로 하고 있다.

둘째, 전국 최초로 수산물 방역 및 안전성검사 제도를 시행하고 있다.

제주지방 해양수산청의 이관으로 이에 따른 근거 법령도 이관된 점을 이용하여 제주특별자치도 수산물 방역 및 안전성검사에 관한 조례와 제주특별자치도 수산물 방역 및 안전성검사에 관한 조례 시행규칙을 2007년 7월 1일에 제정하여 수산업의 소득 증대에 크게 기여하고 있다. 이 내용을 보면 법령에 의하여 수산 종묘를 반입・반출 및 도내 유통하는 경우 방역검사를 받아야 한다. 지금까지는 도내 반입하는 어류의 종묘만을 대상으로 하였기 때문에 제주도 생산 수산물에 대한 안전성을 대외적으로 보증할 수 없었다. 이번 조례 제정으로 도내 반입・유통 및 도외 반출 어류를 대상으로 안전성 검사를 할 수 있게 되었다. 실제로 이 정책의 수행으로 국내외 소비자 지향의 '촘광어' 브랜드화로 양식어업인의 소득 증대를 가져오고 있으며, 어류 질병 등 안전성 검사 강화로 소비와 신뢰성 확보가 가능해졌다.[17)]

4) 통합재정의 운영으로 재정 효과 극대화

이관되는 특별지방행정기관의 사무를 수행하기 위해서 소요되는 예산은 개별 기관으로 배정하는 것이 아니라 신설된 균특계정 속의 제주계정으로 일괄 배정된다. 제주계정의 예산 배정은 특별지방행정기관의 이관으로 중앙정부가 기존의 예산을 삭감하지 않을까 하는 우려를 불식시켜 대체로 예산의 안정화를 기하고 있다는 긍정적인 평가를 받고 있다. 예를 들면, 2007년 국도 건설 및 유지관리 제주계정 예산 확보를 추진한 결과 2007년도 확정 예산이 2006년도 예산 대비하여 20.7%, 12,472백만 원 증가된 72,724백만 원으로 확정되었다. 이러한 균특계정의 배정은 재정의 안정화를 기할 수 있음과 동시에 재정 운영의 자율성이 향상되어 사업의 우선순위 선정, 중복 투자의 방지, 사업 간의 연계 강화 등을 통하여 재정 효과의 효율성이 제고되고 있다.[18)]

나. 특별지방행정기관 이관으로 인한 문제점

1) 미이관 사무로 인한 비효율성

특별지방행정기관의 이관 원칙은 사무의 일괄이양이었음에도 불구하고 기관별로 이관하지 않은 사무가 적지 않게 있다. 일부 이관, 일부 미이관으로 사무 자체가 종합적으로 이루어지지 않기 때문에 비효율적으로 업무가 처리되고, 따라서 주민들의 입장에서는 이관되지 않은 행정 서비스를 받기 위하여 이관되기 전보다 훨씬 불편하고 질 낮은 행정 서비스를 받고 있다고 불평하는 경우가 많다. 이에 대한 사례를 살펴보면 다음과 같다.

가) 해 양

제주지방 해양수산청이 이관하면서 항만보안 업무, 개항질서 업무, 해상운송 업무, 선박등록 업무, 하역업, 선원관리, 항만운송 관련 부대 사업 등

---

17) 해양수산국 내부 자료와 담당 과장들과의 집단 면담을 통하여 자료를 정리.
18) 제주특별자치도 담당관급 과장 및 계장과의 면담 및 내부자료.

을 이관하지 않고 있다. 이로 인하여 해양수산 업무는 더욱 복잡해지고 비효율적인 사항들이 속출하고 있다. 그 예를 간략하게 살펴보자.

항만보안 업무의 미이관으로 항만 경비 및 순찰 업무와 시설관리 운영 업무 등은 미이관된 업무를 수행하기 위하여 신설한 부산지방 해양항만청 제주해양관리단과 제주특별자치도 해양수산국 두 곳에서 하고 있기 때문에 이 중 경비가 소요되고 있다. 개항 질서 업무인 선박 입·출항 신고, 항만관제는 항만 운영을 위한 부수적인 사무임에도 불구하고 중앙정부가 수행하고 있다. 현재 선박입 출항 신고인 경우 부산, 인천항은 항만공사에서 위탁 운영하고 있다. 이 업무를 미이관함으로써 이로 인하여 종합적인 항만관리가 이루어지지 않고 있어 고객들에게 혼란을 가져다 주고 있다.

해상운송사업도 마찬가지다. 제주특별자치도는 국제자유도시를 지향하고 있기 때문에 국내뿐만 아니라 국제적 해상운송사업 개척이 필요하다. 그러나 현재는 연안여객 운송사업 면허, 화물운송 사업등록이 국토해양부의 업무로 되어 있기 때문에 이 분야에 대한 자치단체의 개척 노력이 어렵거나 복잡해졌다. 이 업무를 조기에 이관하여 현재 제주특별자치도가 항만관리의 부대사업으로 부두 선적 운영과의 통합관리 및 제주 해상관광 활성화를 도모할 필요가 있다.

선원관리(근로감독 포함)인 선원수첩 교부, 선원 공인, 선원 근로감독 등은 현장 민원사무이나 중앙정부가 국제협정을 이유로 사무이관을 거부하고 있다. 이 사무는 노동부의 근로감독 업무와 유사하므로 노동 관련 부서에 이를 동합하여 종합적으로 근로감독 업무를 수행하는 것이 바람식하나. 이밖에 선발 등록 업무나 항만 운송 관련 사업도 상기에서 제시하는 문제점들을 계속 산출하고 있어 조속한 이관이 이루어져야 할 것이다.[19]

나) 노 동

노동 분야도 미이관 사무로 인하여 비효율성이 일어나고 있는 대표적인 분야다. 노동 분야에 미이관된 사무는 <표 8-19>와 같다.

특별지방행정기관인 지방노동청 관련 기능의 경우 크게 고용 지원, 노사지원, 근로감독, 산업안전 등으로 구분할 수 있다. 제주노동지청이 제주특

19) 제주특별자치도 실무과장과의 면담.

〈표 8-19〉 지방노동 분야의 이양 기능과 미이양 기능 비교

구 분	이양 기능	미이양 기능
지방노동위원회	▶부당해고 및 부당노동행위 심판 ▶노동쟁의 조정 및 중재 ※ 제주지방노동위원회의 소속이 제주특별자치도로 이관	▶이양되지 않은 기능이 없음.
지방노동청	▶종합고용지원센터 관련 기능 - 취업 알선 - 직업 능력 개발 - 고용 안정 - 실업급여 - 피보험관리 등 97건 ※ 제주종합고용지원센터의 소속 변경	▶종합고용지원센터 관련 기능 - 직업지도(대학생 직업지도) - 청년실업대책(청년층 직장 체험프로그램) - 외국인 고용 허가 - 탈북주민 지원사업 - 직업 능력 개발 지도점검 등 8개 법령 44개 조항 관련 사무 ▶노사 지원 관련 사무 ▶근로감독 관련 사무 ▶산업안전 관련 사무 ※ 제주지역의 노사 지원, 근로감독, 산업안전 업무는 광주지방노동청 소속 근로감독3과(제주도 소재)에서 담당하고 있음.

자료 : 제주특별자치도, 2007a.

별자치도로 이관되면서 고용 지원을 담당하는 종합고용지원센터의 기능들은 상당 부분 이양되었으나 노사 지원, 근로감독, 산업안전 등 노사 관계에서 주요한 사무들은 아직 이관되어 있지 않다. 기존의 종합고용지원센터 기능 중 80%는 이양되었지만, 아직도 대학생 직업지도, 청년실업대책, 외국인 고용 허가, 탈북주민 지원사업, 직업 능력 개발 지도점검 등 8개 법령 44개 조항의 사무가 이양되지 않고 있다.

지방노동청 관련 기능 중 종합고용지원센터의 기능 외에 노사 지원 관련 사무, 근로감독 관련 사무, 그리고 산업안전 관련 사무 등은 이양되지 않고 있다. 이들 사무는 광주지방 노동청 산하의 근로감독3과(제주도 소재)에서 담당하고 있다.

이렇게 일부 기능은 이관되어 제주특별자치도에서 수행하는 반면에 일부 업무는 광주노동지방청에서 수행하고 있어 관련 민원인들이 광주에 가야만이 민원 사항을 처리할 수 있는 경우가 있어 고객들은 특별자치도 때문에 오히려 더 불편하다는 불만을 제기하고 있는 실정이다. 이와 같은 주장은 고객뿐만 아니라 이관된 직원이나 원래 지방공무원이나 동시에 인정하고 있다.

다) 중소기업

지방중소기업사무의 경우 중소기업 기술 지원, 경영 지원, 판로 지원, 시험검사 등으로 구분될 수 있다. 이들 중 시험검사 기능을 제외하고는 대부분 이양되었다. 중소기업 지원 관련 조직도 기존의 제주중소기업청에서 제주특별자치도 기업지원과(현 기업사랑과)로 이관되었다.

그러나 시험분석 기능은 전혀 이양되지 않았으며, 광주·전남중소기업청 산하 제주시험연구센터에서 시험분석사무, 공예품 제작 지원, 공공구매 성능인증 등의 사무를 수행하고 있다. 이로 인하여 민원인들은 과거 원스톱 서비스에 의해서 행정 서비스를 받았으나 특별자치 이후에 미이관된 사무 때문에 두 기관을 방문하거나 심지어 광주에 가야만이 민원사무를 처리할 수 있는 비능률적 현상이 발생하고 있다. 인력 운영면에서도 광주·전남지역의 중소기업체에 대한 시험분석 사무를 담당하는 인력은 과장을 포함하여 9명인데, 제주시험검사센터의 인력 역시 9명을 두고 있어 이중적 인력 배치로 인하여 예산 낭비를 하고 있는 실정이다. 제주지역 특별행정기관이 이관 목적은 업무의 효율성 및 현지성 제고로 주민들에게 더욱 편리한 서비스 제공에 있으나, 중소기업 지원 기능은 종전보다 더욱 복잡한 업무 수행으로 업무의 효율성 및 현지성이 결여된다는 평가를 받고 있다.

※ 업무의 비효율성 사례(예: 수출기업화 업무)
- 종전 : 원스톱 서비스 가능(제주지방청 접수·실사·선정·사후관리)
- 현재 : 4단계로 복잡(광주청 접수→광주청·제주도 합동실사 → 광주청 업체 선정 → 제주시험센터 사후관리)

※ 현지성 결여 사례(예: 수출기업화 업무)
- 종전 : 제주지역 업체 실정은 이를 잘 아는 제주지방청 직원이 업체 실사 및 선정으로 탈락 업체의 불만 최소화 및 부실 업체 선정 방지 가능

- 현재 : 지역 사정에 어두운 광주청의 업체 선정은 업체 내부 사정, 사회적 평판 등이 고려되지 않아 부실기업이 선정될 가능성이 농후하고 원거리로 사후관리에도 곤란

또한 제주 지역 내 중기청 지원 사업이 '광주·전남 지방중소기업청'을 통하여 진행되거나, 일부 사업은 제주를 완전히 제외하고 있어 지역 홀대로 지역중소기업들의 불만이 팽배하다.[20]

2) 혼란스러운 조직 배치

이관된 조직의 특성과 전문성을 살려 조직 편제를 하지 못함으로써 나타나는 문제점도 많다. 이관된 특별행정기관의 조직 배치 현황은 <표 8-20>과 같다.

〈표 8-20〉 조직 배치 현황(2008.3. 현재)

기 관 명 (이체 정원)	조직 편제(정원)
제주지방 국토관리청 (3과 1실/ 49명)	도시건설방재국 도로관리사업소(3담당 35명)
제주지방 중소기업청(2과/12명)	지식산업국 기업사랑과(4담당 18명)
제주지방 해양수산청(3과/35명)	해양수산국(3과 10담당 54명) 해양수산자원연구소(어업지원과)
제주보훈지청(2과/ 23명)	제주특별자치도 보훈청(2과 20명)
제주환경출장소(2명)	청정환경국(환경정책과, 생활환경과 6급 2명)
제주노동지청(1센터/10명)	지식경제국(종합고용지원센터) (1담당 27명, 상담원 포함)
제주도지방 노동위원회(1사무국/9명)	제주특별자치도 노동위원회(1사무국 11명)

상기 표를 보면 조직 배치가 일정하지 못함을 알 수 있다. 어떠한 일정한 기준에 의해서 배치하여 이관 효과를 극대화하려는 징후가 보이지 않는다. 중소기업 업무와 환경 업무는 각각 기존의 보조기관으로 배치되었고, 중소기업 지원 기능과 사무실이 분산되어 있고, 이관 업무가 3개 과로 분산(첨단산업과, 기업지원과, 경제정책과)되어 있다. 해양수산 업무의 일부는 직

20) 중소기업인, 상공회의소 담당관과의 면담.

속기관인 해양수산국으로, 일부는 사업소인 해양수산자원연구소로 배치되었다. 보훈과 노동위원회는 이름을 그대로 쓰면서 사업소 형태로 남아 있다. 도로는 도로관리사업소라는 직속기관 형태로 조직이 배치되어 있다. 이렇게 일정하지 못한 조직 배치 때문에 민원인들이나 이관된 공무원들의 혼란이 가중되고 있다. 민원인들은 자기와 관련된 업무가 어디에 소속되고 있는지에 대해서 인지하기가 어렵고[21] 특별지방행정기관에서 이관된 공무원들은 생소한 업무인 지방자치사무를 동시에 수행하는 곳에서는 자기의 전문성을 살리기가 어렵다는 불만을 터뜨리고 있는 실정이다.

3) 이관된 국가공무원들의 불안

이관된 공무원들이 쉽게 동화되지 못하고 있는 점도 문제점이라고 할 수 있다. 이관된 공무원들은 특행기관에 근무할 때보다도 역동적이고 창의적으로 근무할 수 있다는 점에서는 매우 만족하고 있다. 그러나 인사문제 등 여러가지 점에서는 쉽게 동화되지 못하고 있음을 이들과의 면담을 통해서 알 수 있었다. 이들의 불안감을 약술하면 다음과 같다.

이관된 공무원들은 오랫동안 근무하던 환경과는 전혀 다른 환경에서 근무하게 됨으로써 새로운 조직에 적응하는 데 매우 불안한 상태에 있다. 우선 자치단체가 공무원의 수가 많아 승진의 가능성은 높은 것 같으나 기존 공무원들의 세력에 밀려 승진 기회가 더욱 좁아질 것이라 우려하고 있었다. 그리고 이들은 지방자치단체는 종합행정이기 때문에 언제나 자기 식렬에만 근무하라는 보장이 없어 생소한 업무를 맡을 수도 있다는 불안감이 있다.

제주도가 고향이 아닌 사람은 지방정치가들과 친분 관계가 없기 때문에 소외될 수가 있다는 우려감을 가지고 있다. 주민과의 접촉 과정에서 과거와는 전혀 다른 분위기에 접하면서 근무 의욕이 저하되고 있는 공무원들도 많다고 한다. 해기사 시험이나 기타 선박검사 등에서 탈락되었을 때 상급 공무원이나 지방정치가, 지방 유력인사 등을 동원하여 합격시켜 줄 것을 부탁하는 경우가 종종 있어 당황스럽다. 도로 개설시 개인이나 마을의 이기주의에 의해서 불필요한 지선 개설을 요구하는 불합리한 경우가 종종 있고, 노동 심판인 경우에도 과거에는 불복종하는 사례가 거의 없었는데 지

---

21) 서귀포시 양식사업자와의 면담.

금은 불복종하는 사례가 나타나고 있다.

지방의회에서는 합리적인 기준에 의해서 업무를 처리하여도 주민들의 불합리한 요구에 힘을 실어 주는 경우도 새로운 환경에서 흔히 볼 수 있는 사례라고 지적하고 있다. 면담과 관찰을 한 결론은 이에 대한 불안 사례는 거의 모든 이관 공무원들의 의견일 가능성이 높다는 점이다.[22]

4) 일선행정 서비스의 약화

특별지방행정기관은 성격 자체가 최일선의 집행기관이기 때문에 항상 주민들과 접촉하면서 업무를 수행하여 왔다. 그러나 제주도로 사무가 이관된 이후에는 이관된 기관 자체가 거의 제주도본청 소속기관으로 직제가 편성됨으로써 주민과의 접촉 기회가 이관 전보다 적어지는 역차별 사례가 다음과 같이 나타나고 있다.

도로사무를 보면 도청의 사업소조직인 도로관리사업소(구 도로관리단)으로 이관되었기 때문에 일선기관이 약해질 수밖에 없다. 업무 배분도 기초자치단체가 폐지되는 등 대대적인 행정 개편이 이루어졌음에도 불구하고 전과 마찬가지로 과거 북제주군과 남제주군 지역 국도는 도로관리사업소가, 과거 제주시와 서귀포시의 국도는 행정시인 제주시와 서귀포시가 관리하고 있어 도로관리사업소가 일선 도로 건설과 관리 업무를 일괄적으로 처리하지 못하고 있다.[23]

해양수산인 경우도 일선출장소의 대폭 축소로 민원인들의 불만이 매우 높다. 이관 이전에는 5급 사무관을 소장으로 한 서귀포항만 출장소가 있었는데 이관된 이후에는 출장소에는 기능직 한 사람만 배치됨으로써 업무 수행이 거의 불가능한 상태로 항만노조나 어업 종사자들의 불만이 매우 높다. 국토해양부에서도 근로감독관 한 사람과 청경 한 사람만이 배치되어 있어 업무 수행을 거의 못하고 있다는 비판을 민원인으로부터 받고 있다.[24] 어촌지도 업무를 수행하고 있는 어업지원과도 집행기관이 아닌 연구소로 배치되어 주민들의 접근성을 떨어뜨리고 있다는 불만이 나오고 있다. 어업용 면세유관리지도 점검, 어촌자도자협의체 운영, 배합사료 직접 지불 사업 담

---

22) 이관된 공무원 5명과의 면담에서 얻은 자료를 정리.
23) 모 행정시의 도로담당국장과의 면담 자료.
24) 서귀포시의 항운노조 간부와의 면담 자료.

당, 수산업 경영인 선정 및 사후관리 등의 업무는 최일선조직이 담당하여야 하는데 연구소 소속의 사무로 편제되기 때문에 주민 접촉 기회가 적어지고 연구소는 연구소대로 정체성에 문제가 많이 생겨나고 있다.[25]

중소기업 사무인 경우를 보자. 중소기업 지원 전담조직이 '지방중소기업청'이란 기관이 없어진 반면 "기업사랑과(기업지원과)"란 일개 '과' 단위 조직으로 편제되어 기업인 입장에서는 중소기업 지원 분야에 대하여 홀대받고 있다고 생각하고 있다. 이 조직도 행정시나 일선조직이 아니라 도 본청 보조기관에 불과하기 때문에 중소상공인과의 상시 접촉이 불가능한 상태다. 이관되기 전 종전 지방중소기업청장은 지역 내 중소기업청 소관 중소기업진흥공단 지역본부장, 신용보증기금 제주지점장, 기업은행 제주지점장, 중소기업중앙회 제주지회장 등으로부터 업무 협의·조정의 기능을 가졌고, 대외적으로는 지자체, 한국은행 제주본부장, 지역은행 등에 대하여 금융지원협의회, 지역중소기업 유관 기관장 협의회 등을 통하여 중소 상공인들의 요구 사항을 중앙정부나 지방자치단체에 전달할 수 있는 위치에 있었다. 그러나 현재는 중소기업 사무의 최고책임자는 과장급이기 때문에 상기 기관과 접촉 자체가 어려운 상태다.[26]

노동사무도 일선기관이 취약하기는 마찬가지다. 노사 지원, 근로감독, 산업안전 업무는 일선 집행적 업무인데도 불구하고 현재 광주지방노동청에서 제주특별자치도로 이관을 거부하고 있으며 이 업무를 광주지방노동청으로 하여금 제주도에 지도3과를 설치하여 이곳에서 수행하고 있는 실정이다. 이곳은 인원이 고작 3명밖에 없기 때문에 제주도 사업장 모든 지역을 관장하는 것이 사실상 불가능하다. 특히, 미 이관 업무를 처리하기 위하여 광역자치단체 내에 과를 단위기관으로 설치한다는 것은 어느 정권에서도 찾아볼 수 없는 부처이기주의 산물이라고 할 수밖에 없다. 따라서 노사 지원, 근로감독, 산업안전 업무에 관한 한은 일선조직이 완전하게 허물어져 있다고 해도 과언이 아니며, 심지어 담당 공무원은 제주도를 무시하기 때문에 이러한 있을 수 없는 사태가 발생하고 있다고 항변하였다.[27]

---

25) 해양수산국 민원인과의 면담과 수산담당 공무원들과의 집단 면담 자료 정리.
26) 기업사랑과에 근무하고 있는 이관된 공무원과 민원인과의 면담.
27) 제주특별자치도 도청 담당 과장과의 면담 자료.

5) 중앙정부와의 연계 약화

특별지방행정기관의 이관은 중앙정부와의 연계를 단절하려는 정책은 결코 아니다. 특별지방행정기관의 사무가 일선 지방 업무이기 때문에 일선 지방 업무를 처리하는 주체인 지방자치단체에 이를 이관하여 종합적으로 처리하게 하려는 것이 가장 큰 목적이다. 그러나 특별지방행정 업무 자체가 중앙정부가 처리하여야 할 국가적·전국적 성격이 많은 업무이기 때문에 처리는 효율적인 면에서 지방자치단체가 하되 항상 중앙정부와 연계가 이루어져야 한다. 이러한 점에서 현재 제주특별자치도에서는 이관된 사무와 이관하여 준 중앙부처 간의 업무 단절 또는 비협조 현상이 심각하게 나타나고 있다. 이에 대한 의견은 이관된 모든 부서의 공무원들의 공통된 의견이다. 부처에 관계 없이 공통적으로 나타나는 중앙정부와 연계가 되지 않은 대표적인 사항은 다음과 같다.

가) 정보 교류 단절

내부 정보 교류의 주 수단인 인트라넷 연계가 금지되고 있다. 특별지방행정기관을 이관해 준 중앙부처는 소관 업무가 제주특별자치도로 이관되었기 때문에 다른 부처로 생각하여 내부 정보망을 제주특별자치도와 차단하고 있다. 또한 각종 신규 사업에 대한 공문서 전달이 되지 않아서 도민들이 피해를 보는 사례도 많다. 중앙부처는 제주특별자치도는 산하기관이 아닌 지방자치단체이기 때문에 자신들이 공문을 보낼 이유와 근거가 없다고 생각하고 있다. 심지어 각종 회의 참석에 배제되어 제주도의 요구 사항을 전달할 방법과 전국의 지방청과의 의견 교류 등을 할 기회가 차단되고 있는 실정이다.

나) 신규 사업에 대한 예산배정 단절

균특예산에 배정되어 있다는 이유로 인하여 신규보조금 사업이나 재배정 사업에서는 항상 배제되어 있다. 이러한 상황이 지속되면 앞으로 신규 사업을 수행하기가 매우 어려울 것이라 예상된다.

다) 각종 인센티브 제공 제외

같은 사무를 이관하면서도 중앙부서가 다른 지방청에는 시상금, 해외연수, 자금 지원 등 다양한 인센티브를 제공하고 있으나 제주특별자치도는 소속기관이 아니라는 이유로 모든 것에서 제외되고 있는 실정이다.

5 결 론

행정개혁은 어렵고 복잡한 과정이다. 최근 시민들은 고객, 정부는 기업가라는 과거와는 전혀 다른 역할 정립을 요구하여 행정개혁은 더더욱 어려운 길이 되고 있다(Johnson, 2002: 11). 민주주의 국가에서는 행정개혁 과정에서 많은 주체와 객체가 모여서 타협과 홍정을 통해서 이루어지기 때문에 시작할 때와 끝날 때의 모습이 전혀 다른 경우도 있다. 제주도 내 특별지방행정기관이 제주특별자치도로 이관한 모습이 이 형국이라고 할 수 있다. 특별지방행정기관의 지방자치단체로 이관은 역대 정부 모두가 행정개혁 대상으로 삼았던 주제다. 그러나 힘이 가장 좋은 정권 초기에 발표하고 추진하였던 특별지방행정기관의 이관은 정권이 끝나는 무렵이면 이관은 고사하고 더 증가하여 왔던 것이 우리나라 특별지방행정기관의 현상인 것이다.

참여정부도 특별지방행정기관 이관에 대해서 역대 어느 정부보다 강력하게 추진하겠다고 발표하였다. 로드맵을 발표하고 심지어 이를 뒷받침해 줄 지방분권특별법을 제정하였으며 정권 자체의 별칭을 참여와 분권이라고 하였다. 그러나 결과는 역대 정부와 마찬가지로 실패였다. 단 하나의 특별지방행정기관도 지방자치단체에 이관해 주지 못했다. 다만 제주특별자치도를 설치하면서 7개의 특별지방행정기관을 제주특별자치단체로 이관한 정책이 다른 정부보다 성공한 점이라고 평가받을 만하다. 제주특별자치도에 특별지방행정기관의 이관은 역대 정부에서 지역적으로 한정되어 되어 있지만 그 자체로 의미가 크다 하겠다. 제주특별자치도에 우선 실시함으로써 특별지방행정기관의 동시 이관으로 인한 혼란을 줄이고, 이관사무를 수행하는 과정에서 나타나는 문제점과 그 해결 방안을 찾아낼 수 있다는 점에서 제주특별자치도의 특별지방행정기관의 이관은 그 의미가 매우 크다. 실제로 이명박 정부에서도 역시 역대 정부와 마찬가지로 특별지방행정기관을 과감하게 이관하겠다고 선언하면서 제주특별자치도의 운영 사항을 점검하고 이를 근거로 이관을 하겠다고 하고 있다.

그러나 이처럼 의미 있는 제주특별자치도로의 특별지방행정기관의 이관은 예상만큼 큰 효과를 기대하지 못하고 있다. 심지어 이관 전보다 더 불편하고 비효율적이라는 불만까지 낳고 있다. 이렇게 기대만큼 효과를 가져오지 못하는 가장 큰 이유는 중앙정부가 특별지방행정기관을 이관할 마음이 부족하다는 점이다. 즉, 대통령의 지시와 국민들의 비판 때문에 할 수 없이 이관한다는 소극성에서 비롯되었다.

이러한 중앙정부의 소극적 자세는 특별지방행정기관의 일부 업무와 인원, 조직, 재산만 이관해 주었다. 그뿐만 아니라 이관된 사무에 대해서는 무관심과 심지어 천대시하기까지 하고 있다. 기술한 바와 같이 내부연결망 차단에서부터 이미 부여하였던 각종 인센티브의 제거, 지위의 격하, 또 다른 조직의 신설 등 이관된 사무의 불시착을 통한 특별지방행정이관의 전국화를 반대하기 위한 전략이라고 생각할 수 있는 수준까지 진행되고 있다고 해도 과언이 아니다.

그러나 중앙정부의 이러한 방해와 비협조가 성공할 수가 없는 분위기는 이미 조성되고 있다. 세계의 행정개혁 추세가 집행 업무의 지방자치단체로의 통합, 작은 중앙정부를 지향하고 있으며 이명박 정부는 제주도로 이관한 7개 기관이 아니라 9개 기관의 특별지방행정기관을 전국 지방자치단체로 이관하기 위한 구체적인 작업을 진행시키고 있다. 참여정부를 비롯한 과거 정부에서 중앙정부가 특별지방행정기관의 이관계획을 수립하면서 현지조사, 외국 시찰, 이론적 연구 등 정권 초기를 벗어나기 위한 시간 벌기가 불가능해졌다. 왜냐하면, 이미 제주특별자치도에 특별행정기관을 이관하여 실시하고 있고 있기 때문에 이제는 연구가 아닌 실행만이 있을 뿐이다.

따라서 중앙부처는 이관된 특별지방행정기관이 성공을 위해서 하루빨리 제주도에 미이관된 사무를 이관하여야 하며 기술적 지원의 지속, 연계고리의 근착, 특별지방행정기관의 소유 재산의 완전한 양여, 안정적인 예산 확보 방안 마련 등이 조속하게 이루어져야 한다. 이렇게 될 때 이명박 정부에서 실시하려는 특별지방행정기관의 지방자치단체로 이관은 단기간에 성공할 수 있을 것이며, 이는 국민이 바라고 바라는 바람직한 행정개혁의 성공으로 이어질 것이다.

제 9 장 자치경찰의 운영*

1 서 론

가. 의 의

경찰(police)이라는 용어는 시민권(citizenship) 혹은 도시(polis)에 해당하는 그리스어 politiea에서 그 어원을 찾는다. 시민권과 도시라는 두 단어는 정치라는 의미가 포함된 시민 또는 집단의 권력 행사라는 의미가 포함되어 있다(Stevens, 2003: 3). 따라서 경찰은 출발부터 주민이 피동체가 아닌 주도자로서 출발한 것이다. 이렇게 경찰의 기원은 조직이 아니라 주민들로부터 시작해 형성된 예는 영국의 경찰 역사를 살펴보면 더욱 확연하다.

영국의 자치경찰 제도는 유구한 역사를 지니고 있다. 로마제국 멸망 이후 앵글로 색슨족이 몇 가구씩 모여 마을을 형성하면서 자치치안의 전통을 형성하기 시작하였다. 1066년경, 영국은 마을 치안을 10인조 제도(frankpledge police system)를 도입하였다. 이 제도는 20세 이상 모든 남자는 이웃의 다른 아홉 사람과 한 단위를 이루어 지역치안에 참여할 의무를 부여받았다. 이와 같이 10명을 1개소로 구성한 조직을 10호반(tything)이라고 하며 10호반이

* 이 장은 양영철, 자치경찰론(2008, 대영문화사)에서 일부를 인용하였다.

10개가 모여 100호반(hundreds)이 되었다. 대원들은 범인을 체포하기도 하고 법정에 호송하는 책임을 맡았지만 무료인 자원봉사다. 100호반은 주민들이 선출한 자경대장이 지휘하였다(Wallace, Roberson & Stechler, 1995: 4; Reith, 1956; Klockers, 1985). 이 자경대장은 범죄자 추적·체포 및 마을 전체의 말과 무기 관리자 역할을 담당하는 최초의 경찰관이라는 칭호를 받고 있다. 이렇게 영국의 경찰은 자치경찰이 그 출발점이라는 것을 알 수 있다. 이후 영국의 경찰은 자치경찰을 중심으로 확대되었다(Wall, 2000: 13-25).

미국의 경찰도 영국의 경찰 역사에 영향을 받아 자치경찰이 지역치안에 총체적인 책임을 지고 있다. 미국 경찰도 자율적인 마을조직에서부터 시작하여 정규 경찰조직으로 발전하였다. 이 과정에서 미국의 자치경찰은 서비스 제공자, 범죄와의 전쟁 주도자에서 이제는 주민과 함께 치안 종합 처리자(integrated systems)로 바뀌어 나간다(Morash & Ford, 2002: 128).

이렇게 많은 국가에서 지역의 치안은 자치경찰이 주도하거나 최소한 일정 범위의 지역치안을 담당하는 체제로 운영하고 있다. 그러나 우리 나라만은 아직도 국가경찰이 지역치안까지 독점하는 국가경찰 독점 체제가 계속되고 있다. 이러한 국가경찰의 독점 체제는 지역치안의 불안 가속, 각종 흉포하고 광역화된 범죄에 대한 대비 부실, 자치단체의 집행력 부족 등 숱한 문제점을 낳고 있다. 이러한 문제점의 해결 방안은 자치경찰의 조기 실시라는 주장이 정부와 학계에서 계속 주장하였지만 부처와 관련 기관들의 이해 관계 때문에 실시되지 못하고 있다(양영철, 2007a: 41-57).

참여정부는 대통령 공약에서부터 인수위 보고서, 지방분권특별법에 자치경찰 실시에 대한 강력한 의지를 밝혔고, 대통령은 직속 위원회인 정부혁신지방분권위원회로 하여금 자치경찰 실시 모형을 개발하도록 하여 정부수립 후 최초로 자치경찰법안이 국회에 제출되고 또한 제주특별자치도에 자치경찰 제도가 도입되는 성과를 거두었다.[1)]

제주특별자치도에서 실시된 자치경찰은 우리나라에서 처음 실시되고 있다는 그 자체로도 큰 의의가 있을 뿐만 아니라 제주특별자치도의 자치경찰 실시 과정과 운영은 조만간 실시될 예정인 전국적인 자치경찰제 실시에 이정표 역할을 할 것이다. 따라서 제주특별자치도의 성공 여부는 앞

1) 정부혁신지방분권위원회(2005), 참여정부의 지방분권, pp.84-98.

으로 실시될 자치경찰에 대한 성패 여부를 결정하는 데 큰 역할을 할 뿐만 아니라 우리나라 분권정책이 뿌리내리는 데에도 중요한 시사점을 줄 것이다.

나. 역대 정부의 추진 과정

우리나라에서 지방자치경찰에 대한 논의는 공식적으로는 약 30회 정도 이루어졌지만 1980년대까지는 활발하게 논의되지 못하였다. 지방자치경찰에 대한 논의를 차단하였던 군사정부의 지속과 지방자치 미실시, 남북 간의 긴장 지속 등에서 그 주된 원인을 찾을 수 있을 것이다. 간단하게나마 우리나라에서 진행되었던 지방자치경찰에 대한 논의 과정을 정리하면 다음과 같다(최기문, 2000: 45-47; 양영철, 2005; 김영환, 2004; 144-117; 정균환, 1996: 236-239).

참여정부 이전까지 자치경찰 논의의 특징은 첫째, 도입 단위는 광역자치단체, 둘째, 민주성보다 정치적 중립성 고려, 셋째 운영은 독임제보다 위원회형, 넷째 국가 중심의 자치경찰 운영, 다섯째 국가경찰의 소속은 국무총리, 여섯째, 자치경찰 간부는 국가공무원 등 일본의 자치경찰 모형을 답습하였다.

그 중 김대중 정부 이전까지 자치경찰에 대한 논의는 정부와 여당, 경찰은 수동적이었고, 야당은 줄기차게 자치경찰 실시를 요구하는 형상이었다. 그 속 내용을 살펴보면, 정부와 여당은 정권 수호의 차원에서, 국가경찰은 조직을 수성하는 차원에서, 야당은 정부와 여당의 힘을 분산시키는 차원에서 자치경찰 제도 도입을 주장하는 소위 오월동주였다. 그 때문에 성공할 수가 없는 시작과 끝이 반복적으로 이루어진 것이다.

김대중 정부에 들어오면서 자치경찰제 도입은 정부와 여당이 강력하게 추진하였다. 과거 야당 시절 자치경찰에 대한 논의를 주도하였던 경험을 가진 정부이기 때문에 자치경찰의 추진 속도는 매우 빨랐다. 그러나 결국은 실시되지 못하였다. 국민의 정부도 여소야대로 인한 정권 불안 요인이 계속 발생하면서 경찰력의 분산에 대한 우려로 인하여 자치경찰은 결국 실시되지 못하였다.

참여정부는 출범부터 대통령 공약인 자치경찰의 실시를 주요 정책 과제로 삼아 추진하였다. 참여정부의 분권의 기본법인 지방분권특별법에 자치경찰 실시를 법률화하였고, 대통령 직속 조직인 정부혁신지방분권위원회 산하에 지방자치경찰 특별위원회를 구성하여 자치경찰 제도 도입을 추진하였다. 노무현 대통령이 지속적인 관심과 지지로 자치경찰제 도입은 일부 우여곡절에도 불구하고 빠르게 추진되었다. 정권이 출범한 지 1년 반만인 2004년 9월 16일에 국정과제회의에서 자치경찰 도입이 확정되었다. 도입 단위는 기초자치단체인 시·군·자치구, 자치단체의 보조기관인 독임제, 모든 자치경찰관은 특정직 지방공무원, 주요 사무는 지역교통, 지역방범, 지역경비 및 현재 자치단체가 수행하고 있는 특사경 업무 등이 주요 내용이다. 이 안은 관련 부처인 행정자치부에 행정자치부 공무원, 경찰청 공무원, 지방자치단체 파견공무원으로 구성된 자치경찰제 실무추진단에서 구체화되었고, 2005년 11월 3일에 국회에 자치경찰법안으로 제출되었다. 그러나 국회는 그동안 자치경찰법안에 대한 형식적 논의만 할 뿐 실질적인 심의 한번 하지 않고 잠재워 두고 있다가 2008년 5월 30일 18대 국회가 구성되면서 자치경찰법안도 자연히 폐기되고 말았다.

그럼에도 불구하고 참여정부의 자치경찰제도 도입은 반은 실패, 반은 성공이라고 할 수 있다. 자치경찰법안이 국회를 통과하지 못하고 있는 점을 실패라고 할 수 있지만 2006년 7월 1일부터 제주특별자치도의 자치경찰 실시는 성공이라고 할 수 있기 때문이다. 그뿐만 아니라 이 시기에 자치경찰에 대한 논의가 정착되었다는 점에서도 자치경찰은 이제 돌이킬 수 없는 제도로 우리나라에 전국적으로 도입하지 않을 수없는 분위기가 조성되었다고 할 수 있다.

2 제주특별자치도 자치경찰 제도 도입 과정

가. 도입 과정

1) 출발 준비

제주특별자치도의 자치경찰은 출발은 모호하다. 즉, 제주특별자치도 논의 시작에서부터 끝날 무렵까지 자치경찰이 제주특별자치도의 주요 제도가 되어야 한다는 주장은 거의 없었다. 제주특별자치도는 행정의 분권과 함께 규제가 없는 특별자치도를 만들어서 관광·교육·의료·청정 1차 산업을 세계 수준으로 육성한다는 내용이 주였다(부만근, 2007: 519). 정부가 자치경찰 제도를 도입하기 위하여 전국적으로 실시하기 전에 모집한 시범 실시지역도 제주도 내의 자치단체는 어느 한 곳도 신청하지 않았다.[2] 정부가 2005년 10월 25일에 자치경찰 시범지역 17개 곳(시5, 군5, 구7)을 선정 발표할 때도 제주도는 포함되지 않았다. 물론 그 당시에는 제주특별자치도에 대한 논의가 활발하게 이루어지고 있었기 때문에 이에 대한 관심이 적었을 것이라고 할 수 있을지 모르지만 어쨌든 자치경찰이 제주특별자치도 특별법에 규정된 동기는 우연하다고밖에 할 수 없다.

참여정부의 자치경찰법안이 2005년 11월 3일에 국회에 제출되었다. 그 당시 분위기로는 자치경찰법안은 당연하게 통과될 것으로 예측되었다. 당시 여당의 과반수의 확보와 대통령의 강력한 의지 등 자치경찰의 입법화에 최적 조건이라고 할 환경이 조성되었기 때문이다. 그러나 의외로 자치경찰법안은 여당에서 제동을 걸기 시작하였다. 자치경찰 실시 단위인 기초자치단체장의 수가 절대 열세인 여당의 정치적 입장, 국회의원들의 자치단체장에 대한 견제 심리, 야당 의원인 유기준 의원이 대체법안 제출 등 이외의 복병들이 자치경찰법안의 입법화에 장애 요인으로 작용하기 시작하면서 자치경찰법안 통과에 암운이 드리우기 시작한 것이다. 정부가 모든 인력을 총동원하여 아무리 여당을 설득하였지만 여당은 꿈쩍도 하지 않았다.[3]

이러한 과정에서 제주특별자치도 특별법이 국회에 제출되면서 제주특별자치도에 자치경찰 실시 문제가 제기되기 시작하였다. 특히, 제주도는 기초자치단체가 폐지될 것이기 때문에 제주특별자치도에 알맞은 모형을 개발할 필요가 있다는 의견이 제기되면서 제주특별자치도 특별법에 자치경찰에 대한 규정을 신설하여야 한다는 방향으로 자리를 잡기 시작하였다. 이에 행정자치부 내에 설치되었던 자치경찰제 추진실무단이 제주특별자치도 추진

2) 제주일보, '자치경찰제 내년 하반기 시범 실시 — 제주지역 제외될 듯'(2005. 8. 3).

3) 매일경제, "자치경찰제 도입 물 건너가나", 2005. 7. 20. 열린우리당은 7. 19에 개최한 당 고위정책회의에서 구체적인 내용과 시행 시기에 대해서 추가 논의가 필요하다고 하면서 제도 도입 논의를 잠정 유보키로 했다고 부 대변인이 발표하였다. 정부은 그동안 열린우리당의 간부와 행자위원회 위원을 중심으로 많은 설명과 설득을 하였지만 열린우리당은 결국 유보 선언을 발표하였다.

실무진에 합류하기 시작하였고,[4] 여기에 정부안이 일부만 수정된 채 입안되었다. <표 9-1>은 정부안과 제주특별자치도 자치경찰을 비교한 것이다.

〈표 9-1〉 제주특별자치도와 정부안의 비교

구 분	제주특별자치도 특별법	자치경찰법안
시행 단위	광역 자치단체(도 + 행정시)	기초 자치단체(시 · 군 · 구)
신설 및 폐지	도입 의무화	지방자치단체의 선택 및 폐지 가능(조례)
실시 특례	-	법 시행 후 1년 이내에 기간을 정하여 시범 실시
위임 사항	23건(조례위임 13, 권한이양 10)	대통령령
시행일	2006년 7월 1일	공포 후 6월의 범위 내에서 대통령이 정하는 날부터 시행

상기 표에서 보는 바와 같이 제주도안과 정부안은 대동소이하나 가장 특징적으로 차이가 난 점은 신설 단위가 특별자치도와 행정시라는 점과 신설 및 폐지가 참여정부안은 선택제인 반면에 제주특별자치도는 도입 의무화로 규정한 점이다. 이외에 위임 사항은 대체로 정부안이 대통령령에 의해서 규정하는 반면에 제주특별자치도는 도조례로 위임하거나 이관하여 고유사무화하고 있다는 점이다.

결론적으로 말해서 자치경찰법이 국회에서 통과되었다면 자치경찰법이 제주특별자치도에도 그대로 적용하게 되었을 것이다. 설령 제주특별자치도 특별법에 자치경찰에 대한 규정은 없거나 있다고 해도 몇 조항이 되지 않았을 것이다. 그러나 자치경찰법안이 통과되지 않았기 때문에 이를 제주특별자치도 특별법에 대타적으로 규정한 이 규정이 자치경찰의 역사에 큰 획을 긋고 있는 것이다. 현재 제주특별자치도 자치경찰이 자치경찰의 방향을 제시해 주고 있을 뿐만 아니라 시범 실시 역할까지 하고 있다는 평가를 받고 있다. 제주특별자치도 자치경찰은 앞으로 자치경찰 실시의 전국화에 중요한 방향타 역할을 할 것임은 명약관화하다.[5]

4) 제주특별자치도(2007), 제주특별자치도 추진백서. 이 백서에 따르면 제주형 자치경찰제 실시 T/F 팀은 2005. 11. 14에 처음 구성되어 2006. 3. 31까지 활동하였다.

2) 추진조직 구성 및 운영

가) 제주자치경찰 T/F팀 구성 및 운영

제주도에서는 특별법이 제정·공포되기 전인 2005년 11월 2일부터 2006년 2월 말까지 제주형 자치경찰제의 성공적 추진을 위하여 전문가·경찰공무원 및 행정공무원 등 11명이 참여하는 공동연구팀을 구성·운영하였다. 여기에서는 자치경찰제 시행에 대비하여 자치경찰의 기능 및 목표, 조직구성 및 사무 수행 방법, 교통안전시설 장비 인수 및 관리 방안, 국가경찰과 자치경찰 간 업무 협조 방안, 특별법안 및 조례안에 반영할 사항 등 자치경찰 창설에 필요한 사항에 관한 로드맵을 준비하였다.

특별법 제정 이후에는 기존 제주자치경찰 공동연구팀을 포함한 T/F 팀을 3개 팀 18명으로 개편함으로써 자치경찰 창설을 위한 본격적인 준비에 들어갔다. 이 팀을 중심으로 하여 2006년 3월 2일부터 6월 30일까지 자치경찰 관련 조례 제·개정, 조직설계, 자치경찰 복제 및 CI 개발, 사무분담, 인력 채용, 예산 확보 및 교통안전시설 특례 권한 이양에 따른 교통안전시설 인계인수 등 자치경찰의 창설 및 출범 준비 업무가 진행되었다.[6]

나) 제주특별자치도 자치경찰 추진 자문위원회 구성·운영

자치경찰제 시행을 준비하고 도민 참여 분위기를 조성하기 위하여 '제주특별자치도 자치경찰추진 자문위원회'를 구성·운영하였다. 자문위원은 총 26명으로서 학계·법조계·중앙경찰위원회 위원·자치경찰 실무추진단(행정자치부) 및 교통 관련 단체 임직원 등을 각각 위촉하였으며, 위원장에 양영철 제주대학교 교수, 부위원장에 김영중 제주도 재향경우회장과 강시범 JCI Korea 제주지구회장을 각각 선출하였다. 위원회의 활동 기간은 2006년 4월 10일부터 6월 20일까지이며 자치경찰 출범 지원 및 홍보와 국가경찰과 자치경찰 상호간 협력 방안 검토 등 모두 4회에 걸쳐 자문 역할을 하였다(제주특별자치도, 2006: 22).

---

5) 동아일보, 인수위 "자치경찰제 시군구부터 실시"(2008. 2. 5). 인수위원회는 이명박 정부 내에 자치경찰을 전면 실시할 것이며 도입 단위는 기초자치단체, 사무는 교통, 방범, 경비 등이며, 선택제, 국가의 일정 범위 하에서 재정 지원, 광역자치단체의 실시는 장기적 과제 등을 발표하였다. 이는 현재 참여정부의 안과 동일한 안이라고 할 수 있다.

6) 제주특별자치도(2006), 제주자치경찰의 이해 보고서, pp.3-8.

다) 외국의 자치경찰 사례 조사 및 홍보

현재 자치경찰제를 실시 중인 외국의 운영 실태에 대한 사례를 연구하여 운영시 시행착오를 최소화하고, 특별자치도에 적합한 모델을 모색하며 선진 외국의 자치경찰제 운영 노하우를 습득하기 위하여 사례 조사를 실시하였다. 2006년 4월 22일부터 5월 3일까지 제주도 기획단 실무자 2명이 이탈리아·스위스·태국 등을 방문하여 지방정부의 자치경찰 업무 담당자를 면담하고 현장 사례조사 및 인터뷰 등을 통하여 자치경찰제 운영 등에 대한 자료의 수집과 실태를 조사하여 제주형 자치경찰 창설 및 운영에 활용하였다.[7)]

제주형 자치경찰제에 대한 도민 공감대 형성을 위하여 각종 위원회 개최시 홍보(38회 1,917명), 지역 주민과의 간담회 시 홍보 자료 배부, 언론매체 등을 통한 홍보를 추진하였다.

나. 로드맵 작성 및 제도의 정비

1) 로드맵의 작성

자치경찰 제도는 우리나라에서 처음 도입되기 때문에 제주특별자치도 도입 과정에서 고려하여야 할 요인들이 매우 복잡하고 많을 수밖에 없다. 제주자치경찰의 도입 및 창설은 새로운 제도인 만큼 법제 정비, 조직 설계, 임용, 예산, 사무 수행, 사무실 및 장비 확보, 복제(服制)·CI 등을 모두 새롭게 할 필요가 있었다. 그리고 기본적으로 '경찰'이라는 고유의 특성은 국가경찰과 유사한 점이 많았으므로 국가경찰과의 긴밀한 협조 체제 하에서 추진하는 문제 등도 매우 중요한 사항이었다. 특히, 앞에서 기술하였지만 자치경찰은 제주특별자치도 논의 과정에서 전혀 다루지 않았기 때문에 제주특별자치도 추진단에서도 준비가 전혀 되어 있지 않았다. 결국 2004년부터 정부안을 실무적으로 준비해 온 행정자치부 자치경찰제 실무추진단의 지원을 받을 수밖에 없었다. 자치경찰제 실무추진단은 그간에 수많은 연구와 해외지역 방문, 법제화의 경험 등 노하우가 많기 때문에 제주특별자치도 실무추진단에 큰 도움을 주었다.

제주특별자치도 실무추진단과 자치경찰 실무추진단은 자치경찰 제도를 체계적으로 도입하기 위하여 <표 9-2>와 같이 우선 제주특별자치도 자치

---

7) 이 3개국 연수보고서는 위 보고서, pp.147-227에 수록되어 있다.

〈표 9-2〉 제주자치경찰 추진 단계별 로드맵

1단계		2단계		3단계
2006. 7. ~ 12.		2007		2008
도입 · 준비기	▶	**확산기**	▶	**정착기**
자치경찰 출범, 업무협약, 본격적 시행 준비		주민치안 서비스 본격 추진		자치경찰사무 수행 정착

자료: 제주특별자치도(2006), 제주자치경찰의 이해 보고서, p.7.

경찰에 대한 로드맵을 작성하였다.

제주특별자치도가 2006년 7월 1일부로 출범하였다. 하지만 제주특별자치도 자치경찰은 국가경찰에서 이관된 38명의 자치경찰관만으로 출범식만 가졌을 뿐 활동은 할 수가 없었다. 장비를 비롯한 세부 규정이 미비하였기 때문이다. 로드맵에 따라 제주특별자치도 자치경찰은 2006년도를 자치경찰 도입 준비기로 정하고 장비 구입을 비롯, 제규정의 정비, 신규 충원 등 기본적인 준비를 하였다. 이러한 준비 과정을 거친 후인 2007년 3월에 비로소

[그림 10-1] 제주특별자치도 발대식 장면

민간 복장: 가운데 김태환 도지사, 좌 김영훈 제주시장, 우 김형수 서귀포시장

자치경찰은 본격적인 활동을 시작하였다. 제주특별자치도 자치경찰은 이러한 과정에서 얻은 경험을 바탕으로 2008년도를 자치경찰 정착기로 삼아 우리나라 최초의 자치경찰로서의 역할을 다하기 위하여 진력하고 있다.

2) 법제 정비

제주자치경찰에 관한 법제는 법률로 기본틀을 규정하되 세부적인 사항은 조례에서 정하도록 위임하였는데 제주도에서는 이에 대한 후속 조치로 2006년 5월 제주도특별자치도 자치경찰 임용 등에 관한 조례 등 조례 6건을 제정하고, 이어서 규칙·고시 4건을 제정·공포하였다.

〈표 9-3〉 제주자치경찰 법제 정비 현황

구 분		명 칭	제정일 (개정일)	비고
법령	제정	지방분권특별법	2004. 1. 16	
		제주특별자치도 설치 및 국제자유도시 조성을 위한 특별법	2006. 1. 21	
		제주특별자치도 설치 및 국제자유도시 조성을 위한 특별법 시행령	2006. 6. 30	
	개정	경찰법, 경찰공무원법, 도로교통법, 경범죄처벌법, 자전거 이용 활성화에 관한 법	2006. 6. 30	
		사법경찰관리의 직무를 행할 자와 그 직무 범위에 관한 법률	2006. 7. 19	
조례	제정	1. 제주특별자치도 자치경찰 공무원 임용 등에 관한 조례 2. 제주특별자치도 자치경찰 공무원 인사 교류조례 3. 제주특별자치도 자치경찰 운영 등에 관한 조례	2006. 5. 10 2006. 5. 10 2006. 5. 10	
		4. 제주특별자치도 지방공무원 정원 조례 5. 제주특별자치도 행정기구 설치 조례	2006. 11. 29 (2007. 1. 8) 2006. 7. 19 (2007. 1. 8)	
규칙·고시	규칙 제정	1. 제주특별자치도 자치경찰공무원 인사규칙 2. 제주특별자치도 자치경찰 복제에 관한 규칙	2006. 7. 26 (2006. 10. 18) 2006. 6. 28 (2007. 3. 7)	

자료 : 제주특별자치도 자치경찰단, 2007.

이 과정에서 특별법 부칙 제10조의 규정(최초로 두는 자치경찰단·자치경찰대의 조직·정원 및 자치경찰 공무원의 임용에 관한 도조례를 제정함에 있어서는 제주특별자치도 지방경찰청장과 협의하도록 되어 있음)에 따라 제주도와 제주도지방경찰청 간 수 차례에 걸친 협의와 내용 수정이 이루어졌다. 한편, 중앙정부에서는 자치경찰 제도의 시행에 필요한 후속 법률개정 작업을 추진하여 경찰법 등 6개의 법률개정안이 2006년 6월 30일 국회를 통과하였다.

다. 업무 협약

자치경찰의 사무를 처리함에 있어서 주민생활안전사무, 지역교통활동사무 및 공공시설 및 지역행사장 경비사무는 협약규정에 따르도록 하고 있다. 국가경찰과 자치경찰 간 사무 분담 및 사무 수행 방법은 제주특별자치도 특별법 제110조에 의거 도지사와 제주자치도 지방경찰청장이 협약으로 정하고 이를 공표하도록 되어 있으며, 이 경우 도지사는 미리 치안행정위원회의 의견을 듣도록 하고 있다.[8] 이에 따라 제주특별자치도 자치경찰단에서는 업무협약안을 마련하여 제주지방경찰청과 협의한 후 업무협약안을 확정하여 2006년 12월 27일 제주특별자치도청 2층 회의실에서 제주특별자치도지사와 제주특별자치도 지방경찰청장이 참석한 가운데 제주자치경찰과 국가경찰 간 치안 서비스의 질을 가일층 증대시키기 위하여 상호간에 사무분담 및 사무 수행 방법 등에 대해서 업무 협약을 체결하였다.

3 자치경찰의 운영 현황

가. 조 직

1) 자치경찰의 조직 운영

가) 수행사무

자치경찰사무의 유형은 이미 기술한 바와 같이 지역교통·지역방범·지

8) 제주특별자치도 자치경찰 운영 등에 관한 조례, 제3조.

역경비와 특사경 업무다. 제주특별자치도 자치경찰의 구체적인 사무 범위는 제주특별자치도 설치 및 국제자유도시 조성을 위한 특별법(이하 "제주특별자치도특별법"이라 한다)에 다음과 같이 규정하고 있다.[9]

1. 주민의 생활안전 활동에 관한 사무
  가. 생활안전을 위한 순찰 및 시설 운영
  나. 주민 참여 방범활동의 지원 및 지도
  다. 안전사고 및 재해재난 등으로부터의 주민 보호
  라. 아동·청소년·노인·여성 등 사회적 보호가 필요한 자에 대한 보호 및 가정·학교 폭력 등의 예방
  마. 주민의 일상생활과 관련된 사회질서의 유지 및 그 위반행위의 지도·단속
2. 지역교통 활동에 관한 사무
  가. 교통안전 및 교통소통에 관한 사무
  나. 교통법규 위반 지도·단속
  다. 주민 참여 지역교통 활동의 지원 및 지도
3. 공공시설 및 지역행사장 등의 지역경비에 관한 사무
4. '사법경찰관리의 직무를 행할 자와 그 직무 범위에 관한 법률'에서 자치경찰 공무원의 직무로 규정하고 있는 사법경찰관리의 직무
5. 교통안전시설 관리

제주특별자치도 특별법[10]에 의거하여 지금까지 국가경찰에서 관리해 왔던 교통안전시설에 대한 관리 권한이 전국에서는 최초로 제주특별자치도로 환원되었다. 이에 대한 소관 부처가 자치경찰단이기 때문에 이에 관한 사무도 자치경찰사무라고 할 수 있다.

그러나 지역교통·지역방범·지역경비는 업무 자체가 매우 광범위한 반면에 자치경찰의 경험이나 행·재정 능력의 부족으로 이 사무를 전체 처리하기는 어려운 것이 현실이다. 이러한 현실 인식 하에 제주특별자치도의 자치경찰 사무는 제주특별자치도 자치경찰 운영조례와 국가경찰과 제주특별자치도 자치경찰 간 업무 협약을 근거로 구체화된다.

나) 기구 및 직무 운영

(1) 조직도

제주특별자치도 자치경찰제는 제주특별자치도 특별법 제106조에 의해서

9) 제주특별자치도특별법, 제108조.
10) 제주특별자치도특별법 제138조, 139조.

전국에서 처음으로 도입되었다. 자치경찰조직은 제주특별자치도 도지사의 보조기관으로 설치되었다. 자치경찰의 조직은 제주특별자치도에는 자치경찰의 기획과 조정을 담당하는 '자치경찰단'을, 제주·서귀포 행정시에는 집행기구 성격의 '자치경찰대'가 설치되어 있다. 자치경찰단장과 자치경찰대 조직도는 [그림 9-3], [그림 9-4]와 같다.

[그림 9-3] 제주특별자치도 자치경찰 조직도

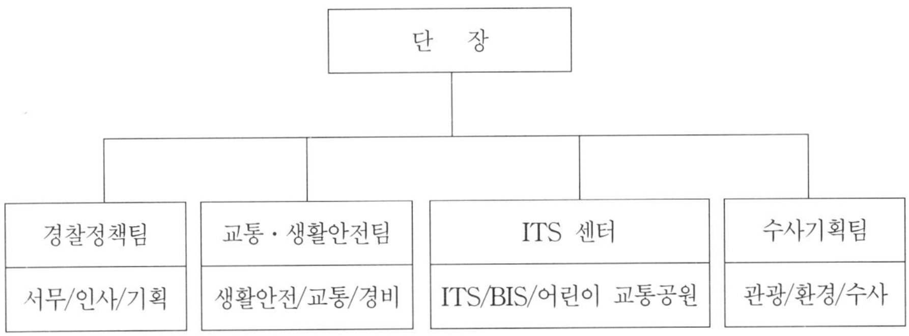

[그림 9-4] 제주시 자치경찰대의 조직도

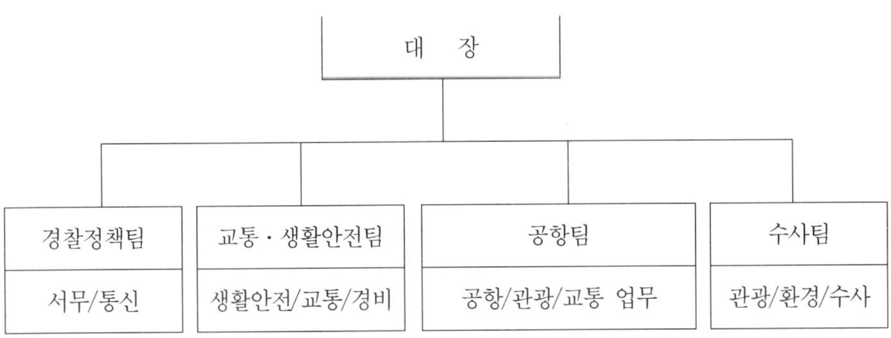

출발 시에는 자치경찰단은 제주특별자치도 출범 이전의 북제주군 청사, 제주시의 자치경찰대는 제주시청 내에 있는 구 제주시 선거관리위원회 사무실을 그 소재지로 하였다. 서귀포시는 제주특별자치도 출범 이전의 남제

주군청 내에 있는 남제주군 의회 건물을 사용하였다. 그러나 현재는 제주 자치경찰단과 제주시 자치경찰대는 지방종합청사 건물이 완공된 이후에 그곳으로 이전한 구 제주세무서 건물을 임대하여 같이 사용하고 있다.

서귀포시 자치경찰대는 올해 하반기에 구 서귀읍사무소에 단독 건물을 신축할 예정이다.11)

상기 기구에는 <표 9-4>와 같이 자치경찰공무원이 각각 배치되어 있다.

〈표 9-4〉 기구별 자치경찰 공무원 배치 현황 12)

(단위: 명)

구 분	계	자치경찰 공무원				일반직 공무원			
		계	단	제주대	서귀대	계	단	제주대	서귀대
정 원	137	127	18	69	40	10	7	2	1
현 원	92	82	18	39	25	10	7	2	1
과부족	-45	-45	0	-30	-15	0	0	0	0

자료 : 제주특별자치도 자치경찰단, 2007.

(2) 행정위원회

정부안에 따르면 자치경찰의 행정위원회는 광역자치단체장의 산하에 치안행정위원회와 자치경찰을 설치하고 있는 기초자치단체장 산하에 인사위원회와 지역치안위원회가 있으며, 이에 대한 기능과 구성 및 운영 방법에 대해서는 앞에서 기술하였다.

제주특별자치도는 이 중에 자치경찰인사위원회와 치안행정위원회가 있

11) 제주의 소리, "제주 서귀포시 자치경찰대 신청사 11월 착공……지상 2층," 2007년 10월 13일. 제주 서귀포시 자치경찰대(대장 김동규)가 옛 서귀포시청 부지(서귀동 556-15번지)에 지상 2층 건축면적 990㎡의 신청사를 짓기로 했다고 13일 밝혔다. 이 날 서귀포시 자치경찰대에 따르면 이번 청사 신축을 위하여 특별교부세 등에서 시설비 명목으로 15억 원을 우선 확보하고 추가 인원 증원시 예산을 추가 지원받아 3층으로 증축할 예정이다. 청사 신축공사는 오는 11월 착공, 내년 6월 이전에 입주를 마친다는 계획이다. 현재 서귀포시청 별관 3층을 사용하고 있는 서귀포 자치경찰대는 청사 신축으로 부족한 사무공간을 해결하고 무기고, 조사실, 민원실, 순찰차 주차장 확보 등을 통하여 좀더 시민에게 다가서는 자치경찰 치안 서비스를 강화해 나갈 예정이다.

12) 2008년 3월에 제주특별자치도 조직 개편시에 본청 교통관리단 소속인 ITS센터가 자치경찰단으로 이관하면서 소속 직원 7명도 함께 옮겼다. 이 표에는 이관된 7명의 공무원 수는 포함되지 않았다.

으며, 이외에 교통시설심의위원회가 있다. 이 중에 자치경찰인사위원회는 정부안과 동일하기 때문에 치안행정위원회와 교통시설심의위원회에 대한 사항만 약술하고자 한다.

(가) 치안행정위원회

제주자치도의 지방행정과 치안행정의 업무 협조 및 다음 사항을 심의·의결하기 위하여 도지사 소속하에 치안행정위원회를 둔다.[13)]

1. 국가경찰과 자치경찰 간 사무분담 및 사무 수행 방법에 관한 사항
2. 자치경찰 활동에 관한 목표의 수립 및 평가에 관한 사항
3. 자치경찰의 운영에 대한 지원에 관한 사항
4. 그 밖에 자치경찰의 운영에 관하여 치안행정위원회의 위원장이 부의하는 사항

치안행정위원회는 도지사, 도의회, 제주지방경찰청이 동수 추천에 의해서 구성되면 위원장은 행정부지사로 보하도록 하고 있다. 부위원장은 위원간에 호선하며, 간사는 자치경찰단장으로 하고 있다.[14)] 치안행정위원회 회의는 분기 1회 개최함을 원칙으로 하되, 도지사 및 제주자치도 지방경찰청장의 요청이 있거나 그 밖에 필요한 경우에는 수시로 개최할 수 있다.[15)]

(2) 교통시설심의위원회

기술한 바와 같이 제주특별자치도는 전국에서 처음으로 교통안전시설 관리 권한을 국가경찰에서 환원받았다. 제주특별자치도득별법은 이를 운영하기 위한 행성위원회로 교동시설심의위원회가 제주특별자지노 노지사 산하에 설치하도록 하고 있다.[16)] 교통시설심의위원회는 위원장 1인을 포함한 6인 이상 10인 이내의 위원으로 구성하되, 위원은 교통 관련 분야의 공무원 및 교통에 대한 학식과 경험이 풍부한 자 중에서 도지사가 임명 또는 위촉한다. 이 경우 공무원이 아닌 위원은 전체 위원의 과반수가 되어야 한다.

교통시설심의위원회는 다음 각 호의 사항을 심의한다. 이 경우 미리 제주자치도 지방경찰청장의 의견을 들어야 한다.

13) 제주특별자치도특별법 제113조.
14) 제주자치경찰 운영조례 제6조.
15) 동 조례 제7조.
16) 제주특별자치도특별법 제139조.

1. 횡단보도의 신설 및 이전에 관한 사항
2. 신호기의 신설 및 이전에 관한 사항
3. 중앙선의 절선 좌회전 및 유턴의 허용 및 폐지에 관한 사항
4. 일방통행로·가변차로의 설치 및 폐지에 관한 사항
5. 그 밖에 도지사 또는 제주자치도 지방경찰청장이 교통안전과 원활한 소통을 위하여 심의가 필요하다고 인정하는 사항[17][18]

제주특별자치도 출범 이후 자치경찰과 관련된 행정위원회의 실적은 다음과 같다.

〈표 10-5〉 자치경찰행정위원회의 운영 상황

위원회명	2006. 7. 1～ 2007. 12. 31	회의 내용 및 결과
자치경찰 인사위원회	4	• 자치경찰공무원 신규채용(안) 심의 • 자치경찰공무원 승진심사 기준 심의 • 자치경찰단장 개방형 직위의 운영에 관한 조례(안) 심의·의결 • 자치경찰 공무원 임용 등에 관한 조례 일부 개정 조례(안) 사전 심의·의결
치안행정 위원회	5	• 자치경찰과 국가경찰 업무협약(안) 심의 • 자치경찰 활동 목표 수립 및 평가 심의 • 2008년도 자치경찰 활동 목표 공표(안) 심의
교통시설 심의위원회	12	• 횡단보도의 신설 및 이전 심의 • 신호기의 신설 및 이전 심의 • 중앙선의 절선 좌회전 및 유턴의 허용 및 폐지 심의 등 ※ 총 269건 심의, 129건 개선

자료 : 제주특별자치도 자치경찰단, 2008.

2) 제주특별자치도 자치경찰 장비와 무기

자치경찰공무원이 자치경찰사무를 수행함에 있어서 휴대·사용할 수 있

17) 제주자치경찰 운영조례 제17조.
18) 동 조례 제18조.

는 경찰장비의 종류를 자치경찰장구(수갑 · 포승 · 호송용 포승 · 경찰봉 · 호신용 경봉 · 전자충격기 및 방패)로 규정하고, 이에 대한 사용과 휴대는 도지사의 신청에 의하여 제주자치도 지방경찰청의 승인을 필요로 하고 있다.[19]

제주특별자치도 자치경찰 공무원이 무기를 사용한 때에는 무기의 사용자 및 사용 일시 · 장소 · 대상 · 경위를 소속 자치경찰단장 또는 자치경찰대장을 거쳐 즉시 제주자치도 지방경찰청장 또는 경찰서장에게 통보하여야 한다.[20] 제주특별자치도 자치경찰이 소유하고 있는 장비와 무기는 <표 9-6>과 같다.

〈표 9-6〉 제주특별자치도 자치경찰단 자치경찰 무기 · 장비 현황

구 분		수 량	비 고
무기	3.8권총	65정	
장비	기동장비	23대	순찰차 13, 사이카 4, 버스 2, 승용4
	경찰 장구류 4종	257점	경봉 · 수갑 · 포승 등
	방범장비 등 12종	446점	외근혁대, 구명장비 등
통 신	무전기	86대	고정식 3, 이동식 18, 휴대용(TRS) 65
	조회용 단말기(PDA)	26대	

자료 : 제주특별자치도 자치경찰단, 2008.

나. 운영 결과

1) 일반 업무 수행 결과

가) 업무 내용과 자치공무원 배치

제주특별자치도 자치경찰단은 제주특별자치도 출범일인 2006년 7월 1일에 출범하였지만 준비 시간이 촉박하기 때문에 이로 인하여 체제 정비가 안 되어 있는 상태였다. 특히, 인원도 국가경찰에서 이관된 38명이 고작이었으며, 업무 집행에 가장 필요한 국가경찰과의 협약도 아직 이루어지지 않은 상태였다. 따라서 제주특별자치도 자치경찰단이 본격적으로 업무를

19) 제주특별자치도특별법 제115조 제1항, 제주특별자치도특별법 시행령 제9조.
20) 제주특별자치도특별법 제116조.

시작한 해는 2007년이라고 할 수 있다. 이 때 비로소 국가경찰과의 업무 협약이 이루어져 자치경찰 업무의 내용과 범위가 확실해졌다. 2006년도 제주특별자치도지사와 제주지방경찰청장 사이에 업무 협약에 의하여 정해진 제주특별자치도 자치경찰의 사무 범위는 다음과 같다.

▨ 협약사무 주요 내용[21)]
- 제주국제공항에서의 사무
- 주요 관광지에서의 사무
- 지역행사장의 지역경비에 관한 사무
- 한라산 등산객 보호 및 환경 보호에 관한 사무
- 민속 5일장에서의 사무
- 제주특별자치도 본청 등 공공시설의 지역경비에 관한 사무
- 단체관광객 등의 수송 안전 활동 사무

나) 자치경찰 업무 실적

2007년도에 제주특별자치도 자치경찰단의 업무 수행 실적을 분야별로 살펴보면 다음과 같다.

(1) 제주국제공항 관광질서 및 교통질서 확립

제주국제공항은 제주의 관문이다. 현재 제주국제공항은 국내선 11개 노선, 국제선 9개 노선에 일년에 탑승객이 1,200만 명을 상회하고 있는 인천, 김포 다음에 번잡한 공항이다. 이렇게 번잡한 틈을 타서 각종 호객행위를 비롯한 불법주·정차 등 질서 문란행위가 수십 년간 이루어져 왔다. 이 점을 고려하여 제주특별자치도 자치경찰단은 공항에 자치경찰사무소를 설치하여 집중적으로 호객 및 교통질서 문란행위를 강력하게 단속하였다. 그 실적은 <표 9-7>과 같다.

〈표 9-7〉 제주국제공항 관광질서 및 교통질서 확립

(단위: 건)

계	호객 단속	교통 단속	장애인주차 구역 위반	경고장	기타 형사범	계	관광 안내	유실물 처리	홍보물 배포
9,195	14	614	59	8,466	42	30,481	26,260	221	4,000

자료: 제주특별자치도 자치경찰단, 2008.

21) 자치경찰과 국가경찰 간의 사무분담 및 사무 수행 방법에 관한 업무협약 제4조.

이러한 자치경찰의 실적으로 인하여 제주공항은 오랫동안 고질적인 문제였던 호객과 교통 문란행위가 살라지는 등 관광질서가 잡혀졌다는 평가를 받고 있다.

〈표 9-8〉 관광질서 사범단속 및 안내 실적

(단위: 건)

계	교통 단속	경범 위반	계	관광 안내	유실물 처리	기타(홍보 등)
389	285	104	6,317	2,284	33	4,000

자료: 제주특별자치도 자치경찰단, 2008.

위에서 보는 바와 같이 자치경찰은 관광질서 문란사범 지도·단속 및 관광객 보호·안내 등 편의 제공으로 편안하고 안전한 관광 이미지 조성을 하는 데 노력하고 있다.

〈표 9-9〉 관광·환경·산림 등 위반사범 지도·단속

(단위: 건/명)

계	관 광	환 경	산 림	원산지	공 중 위 생	식 품 위 생	기 타
166/212	6/9	44/64	64/82	14/15	11/12	19/20	8/10

자료 : 제주특별자치도 자치경찰단, 2008.

관광·환경·산림 등 위반사범 지도·단속은 그 간 국가경찰의 부가적 업무였기 때문에 개선되지 않았었다. 이번 자치경찰의 출범으로 국가경찰이 소홀히 하였던 관광·환경사범 집중 단속으로 청정 관광제주 조성에 크게 기여하였다는 평가를 받고 있다. 특히, 한라산 자연 훼손, 고자왈 수목 남벌 등 자연환경 저해 사범에 대한 집중적인 단속으로 환경사범에 대하여 경종을 울리고 있다는 평가를 받고 있다.

(2) 지역경비

지역경비도 자치경찰의 주요 사무 중에 하나다. 업무협약 및 지역의 요구 등에 의해서 자치경찰은 각종 문화행사에 교통 정리 및 경비 업무를 수행하고 있다. 2007년도에 자치경찰이 지역경비 중 축제와 문화행사에 지역경비 업무를 수행한 실적은 <표 9-10>과 같다.

〈표 9-10〉 축제 · 문화행사 혼잡경비 및 교통관리

동원 횟수	동원 인원	비 고
290회	3,362명	들불축제, 국제 아이언맨 대회 등

자료 : 제주특별자치도 자치경찰단, 2008.

자치경찰은 290회의 행사에 참여하여 각종 축제 · 문화 · 체육행사 혼잡경비를 전담하여 질서 유지 활동을 통한 안전하고 성공적인 행사 지원으로 제주관광산업 활성화에 기여하고 있다는 평을 받고 있다.

(3) 불합리한 교통 안전시설 개선

교통안전시설에 대한 관리 권한을 국가경찰로부터 이관받은 자치경찰은 관계 기관들과 합동조사, 주민 의견 등을 수렴하여 반영함으로써 사고 예방 및 도로 이용자의 편의 도모와 주민 불편 해소를 위하여 노력하고 있다. 이에 대한 실적은 <표 9-11>과 같다.

〈표 9-11〉 교통안전시설 개선 업무 실적

심의회 개최	심 의	개 선	비 고
8회	198건	102건	횡단보도 · 신호기 등 신설, 이전, 폐지 등 심의

자료 : 제주특별자치도 자치경찰단, 2008.

(4) 특사경 업무 수행 사례

(가) 특사경 사무 내용

제주특별자치도 특별법 제108조 제4호의 '사법경찰관리의 직무를 행할 자와 그 직무 범위에 관한 법률'에서 자치경찰 공무원의 직무로 규정하고 있는 사법경찰관리의 업무의 규정에 의하여 자치경찰에서 특사경 업무를 수행하고 있다.

2007년도 특사경 업무 수행 실적은 <표 9-12>와 같다.

〈표 9-12〉 특사경 업무 총괄 사건 처리 실적

(단위: 건/명)

계	관 광	환 경	산 림	원산지	공중위생	식품위생	기 타
166/212	6/9	44/64	64/82	14/15	11/12	19/20	8/10

자료 : 제주특별자치도 자치경찰단, 2008.

특사경 업무 총괄 사건 처리 실적을 보면 총 166건에 212명의 사범을 처리하였다. 이 중에서도 환경과 산림에 대한 사범 처리가 가장 높다. 이는 자치경찰이 환경사범에 대한 집중적인 단속을 하고 있다는 의미와 지금까지 활성화되지 못했던 환경 분야가 자치경찰 제도가 도입되면서 집중 단속하게 되었다는 의미라고 해석된다.

자치경찰의 자료에 의하면, 가장 많이 위반한 사범은 산지관리법 위반, 산림자원 조성 및 관리에 관한 법률 위반, 식품위생법 위반, 오수분뇨 및 축산폐수의 처리에 관한 법률 위반, 폐기물관리법 위반 순이다. 이는 결국 산림과 환경, 위생 순이라고 할 수 있다.

다. 자치경찰 인사 운영

1) 인사 법령과 기관

제주특별자치도 자치경찰의 기초는 제주특별자치도특별법[22]이다. 제주특별자치도는 정부안이 자치경찰법안이 국회에 통과되기 전에 발족하였기 때문에 제주특별자치도 자치경찰에 대한 규정은 자치경찰법안에서 원용하여 제주특별자치도 특별법에 규정하였다. 제주특별자치도 특별법은 총 363조 부칙 41조로 되어 있는 방대한 법률이다. 이 중 자치경찰에 대한 규정은 제11장 105조에서부터 139조까지로 되어 있다. 따라서 자치경찰에 대한 인사 규정은 이 안에 포함되어 있기 때문에 제주특별자치도 자치경찰관 인사에 대한 기본법은 제주특별자치도특별법이라고 할 수 있다. 제주특별자치도특별법은 특별법이기 때문에 많은 조항들이 제주특별자치도 조례와 규칙에 위임하고 있다. 자치경찰에 관한 사항도 마찬가지다. 이에 따라서 제주특별자치도 자치

22) 정식 명칭은 "제주특별자치도 설치 및 국제자유도시 조성을 위한 특별법"이다. 이하 "제주특별자치도특별법"이라 한다.

경찰인사에 대한 규정은 제주특별자치도 조례와 규칙 제정으로 이루어지고 있다. 자치경찰에 대한 조례와 규칙의 목록을 보면 <표 9-13>과 같다.

〈표 9-13〉 제주특별자치도 자치경찰 인사에 관한 조례 · 규칙명

일련번호	조례 · 규칙 명	제정 연월일
1	제주특별자치도 자치경찰단장 개방형 직위의 운영에 관한 조례	2007. 8. 22
2	제주특별자치도 자치경찰공무원 인사규칙	2006. 10. 18
3	제주특별자치도 자치경찰공무원 인사교류조례	2006. 5. 10
4	제주특별자치도 자치경찰공무원 임용 등에 관한 조례	2006. 5. 10

자료: 제주특별자치도 홈페이지, 2008.

제주특별자치도 자치경찰관 인사에 대한 결정기관은 자치경찰인사위원회다. 자치경찰인사위원회는 심의・의결기관으로서 다음과 같은 기능을 수행한다.[23]

1. 자치경찰 공무원 충원계획의 사전 심의
2. 자치경찰 공무원 각종 임용시험의 실시
3. 도지사의 요구에 의한 자치경찰 공무원의 보직관리 기준 및 승진・전보임용 기준의 사전 의결
4. 자치경찰 공무원 승진임용의 사전 심의
5. 도지사의 요구에 의한 자치경찰 공무원의 징계 의결
6. 도지사가 도의회에 제출하는 자치경찰 공무원의 인사와 관련된 조례안 및 규칙안의 사전 심의
7. 자치경찰단장의 개방형 직위의 지정 및 운영에 관한 사항
8. 그 밖에 도지사가 자치경찰 공무원의 인사에 관하여 부의하는 사항

2) 임 용

가) 특별채용

특별채용은 제주특별자치도 출범일이 촉박하기 때문에 우선 경험이 많은 국가경찰 공무원을 대상으로 실시하였다. 제주도지사는 2006년 5월 17일에 특별채용 공고하였고, 이어서 서류 전형(6월 5일~15일)을 통하여 6월 16일에 최종 선발 인원을 확정하였다.

23) 제주특별자치도특별법 제127, 128, 129조 참조.

응모 자격은 우수 자원을 확보하기 위하여 연고의 제한 없이 전국 단위로 모집하였고, 그 결과 응시 인원 45%가 도외 국가공무원이었다. 응시률도 38명 모집에 247명이 응시하여 6.6 대 1로서 기대 이상 높은 경쟁률을 보였다. 자세한 내용은 <표 9-15>와 같다.

〈표 9-15〉 제주특별자치도 자치경찰 공무원 특별채용 모집 현황

<table>
<tr><th colspan="2">구 분</th><th>총 계</th><th>자치경정</th><th>자치경감</th><th>자치경위</th><th>자치경사</th><th>자치경장</th></tr>
<tr><td colspan="2">정 원</td><td>37</td><td>4</td><td>8</td><td>9</td><td>8</td><td>8</td></tr>
<tr><td colspan="2">경 쟁 률</td><td>6.6:1</td><td>5.7:1</td><td>5.1:1</td><td>8.3:1</td><td>8.7:1</td><td>4.7:1</td></tr>
<tr><td rowspan="3">지원 현황</td><td>계</td><td>247(5)</td><td>23</td><td>41(1)</td><td>75</td><td>70</td><td>38(4)</td></tr>
<tr><td>1순위</td><td>81(2)</td><td>7</td><td>0</td><td>9</td><td>39</td><td>26(2)</td></tr>
<tr><td>2순위</td><td>166(3)</td><td>16</td><td>41(1)</td><td>66</td><td>31</td><td>12(2)</td></tr>
</table>

자료 : 제주특별자치도 자치경찰단, 2008.

이 중에 우수한 자치경찰 공무원의 지원을 유도하기 위하여 여건에 따라서 차상위 계급으로 특진한다는 인센티브를 제시하였는데 혜택을 받은 자치경찰 공무원은 12명에 달한다.

나) 신규채용

신규채용은 모집 계급은 자치순경이었으며 채용 인원은 45명이었다. 임용시험 공고는 2006년 7월 31일에 하였으며, 이 공고에 이어 응시원서 접수(8월 7일~11일)를 하였다. 접수 결과는 <표 9-16>과 같다.

〈표 9-16〉 제주특별자치도 제1차 자치경찰 공무원 공개경쟁임용시험 지원자 현황

구 분	모집 인원	원서 접수	결시 인원	응시 인원
계	45	734(16.3:1)	54	680
남 자	30	589(19.6:1)	50	539
여 자	15	145(9.7:1)	4	141

자료 : 제주특별자치도 자치경찰단, 2008.

접수 결과 45명 모집에 680명이 지원하여 16.3대 1이라는 높은 경쟁률을 보였다. 특히, 남자인 경우에는 19.6대 1로 여자 경쟁률보다 배 이상 높았

다. 이후 일정을 보면, 필기시험(8월 27일), 필기시험 합격자 발표(8월 31일), 면접시험(9월 28일~29일)을 거쳐 최종 합격자 발표는 동년 10월 10일에 하였다. 합격자에 대한 인적 사항을 학력을 중심으로 분석한 결과는 <표 9-17>과 같다.

〈표 9-17〉 제주특별자치도 신규 자치경찰 공무원 최종 합격자 학력별 분석

구 분	계	대졸(49%)	대재(34%)	전문대졸·재 (11%)	고졸·대퇴·전문대 퇴 (6 %)
남 자	30	14	11	3	2
여 자	15	8	4	2	1

자료 : 제주특별자치도 자치경찰단, 2008.

라. 자치경찰 재정 운영

1) 재정운영 제도

자치경찰 예산의 확보와 함께 안정적 재원 마련을 위한 제도 정비 또한 추진되었다. 제주특별자치도는 자치재정권 확대의 기본 방향은 안정적인 자치재정 확보와 재정 운영의 자율성 확대를 중심으로 추진되었다. 지방교부세(3%)와 지방교육재정교부금(1.57%)의 법정률화를 통하여 안정적인 소요 재정을 확보한 정부와 제주도는 좀더 포괄적인 재정 운영으로 지역의 자율성을 살리는 동시에 사업 수행의 효율성을 높이고자 국가균형발전 특별회계 내에 '제주특별자치도 계정' 설치를 추진하였다.[24] 제주특별자치도는 역시 자치경찰 예산도 국가균형발전 특별회계 내 '제주특별자치도' 계정으로 지원될 수 있도록 정부 및 국회 등에 제도 개선을 건의하였다.

당초 입법 예고(2006.6. 2.~22.)된 정부(안)에는 자치경찰에의 지원 사항이 반영되어 있지 않았으나, 제주도가 지속적으로 중앙정부 설득에 나서 정부 법안에 '자치경찰로 이체되는 경찰 인력의 인건비 상당액'으로 규정되어 국회에 제출되었다.

이후에도 제주도는 국회 등을 대상으로, 전국 최초로 시행되는 자치경찰의 조기 정착과 성공을 위해서 안정적인 재정 뒷받침이 반드시 이루어져야

24) 제주특별자치도(2007), 제주특별자치도 추진백서, p.202.

함을 지속적으로 설명하였고, 그 결과 법안이 일부 수정되어 국회를 통과, 확정되었다. 자치경찰 예산과 관련되어 국가균형발전특별법 개정 추진 과정과 내용을 보면 <표 9-18>과 같다.[25]

〈표 9-18〉 국가균형발전특별법 일부 개정안 추진 과정

일 시	구 분	자치경찰 재정 지원 내용	비 고
2006. 6.2.~6.22.	개정법률안 입법 예고	해당 규정 없음.	
2006. 9. 26	정부 개정안 국회 제출	자치경찰로 이체되는 경찰 인력의 인건비 상당액	
2006. 12. 7	국회 운영위원회 심의·의결	자치경찰로 이체되는 경찰 인력의 인건비 상당액 및 그 운영비 일부	수정 의결
2006. 12. 22	국회 법제사법위원회 심의·의결 및 국회 통과	자치경찰로 이체되는 경찰 인력의 인건비 상당액 및 그 운영비 일부	

2) 재정 현황

재정은 모든 정책의 성패 여부를 결정짓는다는 것은 재언이 필요없다. 자치경찰도 마찬가지다. 제주특별자치도 자치경찰에 대한 재원 상황은 다음 몇 가지 점에서 복잡하다.

첫째, 제주도 특별자치도의 입장이다.

제주도는 자치경칠이 경칠의 업무 일부를 이관하여 처리하는 것이기 때문에 이로 인하여 소요되는 인건비 및 운영비용은 정부가 부담해 주어야 한다는 주장이다. 제주특별자치도의 이러한 입장도 이해가 간다. 특히, 대륙법 체계를 지닌 우리나라에서 경찰사무는 국가사무로서 기관위임사무로 보고 있으며, 지방자치법상 자치경찰화하는 것은 국가사무로서의 경찰을 자치단체의 자치사무로서 처리한다는 것이다. 따라서 자치경찰의 사무는 기관위임사무이기 때문에 법체계 원리상도 위임기관인 중앙정부가 기관위임사무 처리 비용을 부담하는 것은 당연하다고 생각된다(김원중, 2004:

25) 이에 대한 자세한 내영은 위의 제주특별자치도 추진백서, pp.203-203에 자세하게 기술되었다.

192). 현재 제주특별자치도는 이러한 입장을 고수하면서 정원 중 잔여 인력 44명을 중앙재원 지원 없이는 선발하지 않겠다는 입장이다.

둘째, 중앙예산 부서의 입장이다.

기획재정부는 자치경찰은 지방의 기관이기 때문에 이를 운영하는 비용은 당연히 자치단체가 부담하여야 한다는 입장을 강하게 고수하고 있다. 특히, 정부가 제주특별자치단체의 자치경찰 운영 비용을 일부 보조하여 주기 시작하면 자치경찰이 전국적으로 실시되었을 때 국가가 재정 부담을 감당하기 어렵기 때문에 아예 처음부터 예산 지원을 하지 않겠다는 것이 기획재정부의 입장이다. 설사 하더라도 균특예산회계 계정에서 이관된 국가경찰인건비와 일부 운영지원 예산 이외에는 지원할 수 없다는 것이 현재까지의 기획재정부의 입장이다.[26] 예산을 담당하는 부서는 어느 나라에서든지 되도록이면 예산 부담을 이전시키고, 재원은 이관받으려고 하는 입장을 취한다. 이러한 관행과 입장을 고수하는 한 제주특별자치도의 재정 상황은 현재의 상태에서 크게 개선될 수 없다고 하겠다.

이러한 팽팽한 대립에도 불구하고 국고 지원은 제주특별자치도의 기대에 미치지는 못하지만 꾸준하게 지원되고 있다. 제주특별자치도 재정 현황을 보면 <표 9-19>와 같다. 2008년을 기준으로 보면 세입면에서 작년의 20억 1천만 원에서 2008년도에는 29억 8천만 원으로 48% 증가되었다. 재

26) 제민일보, “지역치안”은 자치경찰이[이슈&피플/제주자치경찰 출범 1년 ‘무늬만 경찰‘] <3>‘제자리‘를 찾아라”(2007년 8월 7일).
제주자치경찰은 ‘첫 단추’부터 잘못 꿰었다. 재원 조달계획은 물론 국가경찰 사무위임이나 이관, 관할 업무의 책임·권한, 범죄 수사권 이양 문제 등을 명확히 해결하지 않은 채 ‘밀어붙이기식’으로 추진한 게 화근이었다. 정부는 2004년 1월 제정된 지방분권특별법에 ‘자치경찰제 도입’을 국가 의무 사항으로 규정했다. 하지만 제주도는 인력·장비와 운영 시스템 등 자치경찰의 정상적 업무 수행을 위한 최소한의 여건도 챙기지 않고, 정부의‘ 시범 실시’ 요구를 받아들였다는 비판을 받고 있다. 이에 따라 제주자치경찰이 제 기능과 위상을 찾기 위해선 국가경찰의 지방 인력과 예산을 대폭 이양받아야 한다는 주장이 설득력을 얻고 있다. 재정 상태가 열악한 상황에서 대폭적인 국고 지원 없이 그 기능을 수행하기 어렵기 때문이다. 국가경찰의 장비나 통신 시설 등을 활용하고, 치안정보를 공유하는 방안도 강구돼야 할 것으로 지적된다. 탐라대 조철옥 교수(경찰행정학과)는 “국가균형발전특별법에 국가경찰에서 자치경찰로 전입한 인력의 인건비와 운영비 일부만 지원토록 규정, 정부의 소극적 지원의 빌미를 제공하게 됐다”며 “국가경찰에 지원되는 지방비를 자치경찰로 돌리고, 자치경찰 사무가 지방사무임을 감안한 실질적인 지원이 이뤄져야 한다”고 강조했다.

원의 비율로 보면 국비가 29억 6천만 원으로 99%를 차지하고 있다. 이는 자치경찰 공무원에 대한 급여가 계상되지 않았기 때문이라고 할 수도 있지만 자치경찰에 대한 사업 규모가 너무 작기 때문이라고 할 수 있다. 세출은 작년 대비 약 35%가 증가한 24억이다. 이 중 국비는 11억 5천만 원이며 도비는 12억 5천만 원으로서 도비가 약 1억 정도가 많은 편이다. 이것으로 보면 제주특별자치도 자치경찰 예산은 아직까지는 국가 지원이 많은 편이라고 할 수 있다.

〈표 9-19〉 제주특별자치도 재정 현황

연 도	세 입	세 출	비 고
2006년	2,252,976천 원(국비)	1,901,579천 원 (국비 1,365,810, 도비 535,769)	인건비 887,166천 원은 급여 총괄부서에 계상
2007년	2,017,089천 원(국비)	1,811,875천 원(도비)	급여는 제외
2008년	2,986,280천 원 (국비 2,963,000, 도비 23,280)	2,401,867천 원 (국비 1,147,000 도비 1,254,867)	급여는 제외

자료 : 제주특별자치도 자치경찰단, 2008.

자치경찰의 예산 지원은 조속히 타협점을 찾아 자치경찰의 운영을 정상화·안정화를 기해야 한다. 타협점의 출발은 제주특별자치도 자치경찰은 참여정부안의 선택제와는 달리 의무적 사항이라는 점과 시범 실시라는 관점에서 예산부서의 인식 전환이 무엇보다도 선행되어야 한다. 물론 제주특별자치도도 자치경찰 도입과 운영을 예산에 중점을 두기보다는 실시 취지에 초점을 맞추어 재정문제에 대한 전향적인 자세가 필요함은 물론이다.

4 제주특별자치도 자치경찰의 과제

가. 인원의 조기 충원

현재 제주특별자치도 자치경찰 공무원 정원은 127명이다. 제주특별자치도내 국가경찰 공무원 약 1,600명을 고려하면 10분의 1도 못되는 매우 적은 인원이다. 이 정원도 아직 44명이 모자란 83명이 현재 인원이다. 외국의 자치경찰 규모를 보면 대체로 국가경찰보다 많거나 적어도 비슷하다. 최근에 출발한 프랑스의 자치경찰도 이제 국가경찰의 15% 수준을 넘고 있다.

이러한 수준을 가지고서는 자치경찰의 필요성 여부를 판단할 수 있는 최소한의 실적도 산출할 수 없다. 지금의 규모로써는 주민들이 자치경찰을 보기도 어렵다는 조소 섞인 소리를 듣지 않을 수 없다. 제주특별자치도 자치경찰은 우리나라에서 자치경찰을 어떻게 실시되어야 하는지를 말해 줄 수 있는 시범 실시다. 이렇게 중요한 의미를 지닌 제주특별자치도 자치경찰이 성공하기 위해서는 인원 충원면에서 다음과 같은 조치가 신속하게 이루어져야 한다.

첫째, 행정시의 교통과 관련된 행정직원과 행정보조원을 자치경찰대 조직으로 편입시켜 인원을 보충하는 방안을 마련하여야 한다.

교통 업무 중 집행 업무에 종사하는 일반직 공무원과 사무를 이관하여 소방방재본부와 같이 자치경찰과 일반행정직원이 동시에 근무하여 집행의 효율성을 제고할 필요가 있다. 다행히 제주자치도의 교통관리단 업무 중 기획 업무가 아닌 집행 업무로서 ITS관리 업무는 자치경찰단으로 업무와 직원이 이관되었다. 이처럼 제주시와 서귀포시의 교통 관련 업무도 거의 집행 업무이기 때문에 이 조직을 자치경찰대로 이관하는 것이 바람직하다고 생각한다. 그뿐만 아니라 제주시와 서귀포시에 근무하고 있는 교통 담당 일용직, 의경 약 50여 명을 자치경찰대로 이관하여 인원 충원을 하는 것이 바람직하다.

둘째, 일반직 공무원 일부의 이관도 검토해 볼 만하다.

제주특별자치도의 계획을 보면 출범 시 약 800여 명의 공무원을 감축하여 연 1,000억의 인건비를 지역개발사업비로 전환한다는 것이었다. 그러나 현실은 공무원 수는 오히려 증가함으로써 주민들로부터 혁신적이지 못하다는 평을 받고 있다. 업무의 혁신을 통하여 공무원 수의 감축을 시행하되 희망 직원에 한하여 자치경찰로 전직을 유도하여 부족한 자치경찰 인원의 보강할 필요가 있다고 사료된다.

셋째, 국가경찰 인원 일부를 일정 기간 파견을 받아 자치경찰 주요 업무인 지역교통, 지역경비, 지역방범 등의 업무를 수행하도록 지원하는 방안을 강구하여야 한다.

현재 자치경찰은 인원의 절대 부족으로 인하여 국가경찰과의 협약에서 매우 불리한 위치에 서 있다. 업무 협약시 자치경찰의 본연의 업무를 그 대상으로 하는 것이 아니라 83명의 자치경찰 공무원으로서의 할 수 있는 일만 협약 대상이 될 수밖에 없다. 그래서 현재 협약으로 이루어지고 있는 제주특별자치도 자치경찰의 사무는 극히 일부의 한라산 지역·관광지·유원지와 국제공항 정도다. 역으로 말하면 자치경찰이 설치되면 가장 중요한 업무가 될 것이라고 생각하였던 시내의 교통질서 확립은 손도 대지 못하고 있다. 이러한 이유로 주민들의 자치경찰에 대한 체감도가 매우 낮을 수밖에 없다.

이를 극복하기 위해서 자치경찰 공무원을 증원하여야 하지만 지방재정의 한계 때문에 이 또한 쉬운 문제가 아니다. 차라리 국가경찰이 일정 기간 동안 일부 인원을 파견시켜서 시내 교통질서 업무를 수행하는 데 지원하는 방안을 고려해 보는 것이 바람직하다.

나. 재정 확충 방안 모색

앞에서 알 수 있듯 제주특별자치도 자치경찰에 대한 예산은 매우 부족하다. 인건비를 충당하는 데도 힘들어하고 있다. 특히, 국가가 시험으로 실시하고 있는 제주특별자치도 자치경찰에 대한 지원은 예상보다 훨씬 적다. 이러한 미미한 자치경찰에 대한 예산 지원으로 주민들은 자치경찰은 지방예산이나 축내는 제도로 인식하는 경향이다. 특히, 제주도는 교통 업무가 아직도 국가경찰이 독점하고 있기 때문에 범칙금 이관도 되지 않아서 자치

〈표 9-20〉 국가경찰의 교통 범칙금 징수 현황

(백만 원)

구 분	2002년	2003년	2004년	3년 평균
합계(233)	704,297	433,014	517,729	551,680
- 시(82)	314,786	192,775	222,699	243,420
- 군(76)	69,206	45,483	51,275	55,321
- 자치구(75)	320,305	194,756	243,755	252,939

자료 : 행정안전부 자치경찰제 실무추진단, 2007.

경찰로 인한 재정 압박은 높은 편이다. 앞으로 이렇게 열악한 자치경찰 재정이 개선되지 않는 한 자치경찰에 대한 주민들의 애정과 지지는 미약할 수밖에 없다고 생각한다. 따라서 제주자치경찰에 대한 예산 지원 방안을 제대로 만들지 않을 경우 자치경찰 반대론자들이 재정 압박과 관련하여 자치경찰 설치를 반대하거나 재정 형편이 나은 광역자치단체를 설치 단위로 주장할 가능성이 농후하다.

자치경찰 재정을 적절하게 확보하기 위해서는 다음과 같은 방안을 생각해 볼 수 있다.

첫째, 교통범칙금 이관이다.

현재 국가경찰은 교통질서 위반에 대해서는 교통범칙금을 징수하고 있다.

이렇게 국가경찰이 부과하는 교통범칙금 및 과태료를 자치경찰로 이관하여 자치경찰의 자주재원을 확대해 주어야 한다.

둘째, 자치경찰 운영에 관한 특별회계 제정 · 신설이 요구된다.

자치경찰제 운영을 위한 안정적인 재원 운영을 위하여 조례를 통해서 가칭 '자치경찰운영에 관한 특별회계'를 설치하여야 한다. 앞으로 자치경찰이 전국에 실시되었을 때도 제주특별자치도 자치경찰이 겪는 재정문제를 모든 자치단체들이 직면할 것임이 분명하다. 따라서 교통 · 방범 등에 관련된 예산을 통합하여 자치경찰 운영에 관한 특별회계를 시범적으로 운영해 볼 필요가 있다.

셋째, 중앙정부의 재정 지원 강화가 요구된다.

이미 기술하였지만 제주자치경찰은 시범적 실시 의미가 강하다. 정부는 시범 실시 계획을 수립할 때 시범 실시지역이 자치경찰을 운영하는 데 소요되는 비용 대부분을 지원하기로 방침을 결정한 바 있다.[27] 제주특별자치도 자치경찰도 이 원칙에 따라서 일정 기간 성공할 때까지 중앙정부가 소요 비용 대부분을 지원해 주어야 한다.

---

27) 정부혁신지방분권위원회 자치경찰 T/F 자료, 2004. 8. 13. 정부 각 부처 실 · 국장회의 자료에서는 자치경찰의 재원은 일정 기간 자치경찰이 정착할 때까지 국가에서 지원하기로 원칙을 정하였다.
행정안전부 자치경찰제 실무추진단, 자치경찰 재원지원 방안, 2005. 6. 20에서도 시범 실시지역은 전체 자치경찰 운영비에 77%까지 지원하는 방안을 검토하였고, 이후에 90%까지 지원하는 방안을 정하기도 하였다.

다. 집행 수단의 강화

현재 자치경찰 공무원이 자치경찰 업무 수행시 발생할 수 있는 폭행 등 공무집행 방해 사범 발생시 국가경찰 공무원과는 달리 조사 권한 및 즉결심판사법 청구 권한 등이 없어 업무 수행에 많은 지장을 받고 있다. 이 문제가 얼마나 심각한지를 도내 한 일간지의 기사를 살펴보자.28)

> 제주자치경찰의 위상이 위협받고 있다. 수사권이 극히 제한된데다 독자적인 업무 영역도 명확치 않아 도민들에게 '말발'이 먹히지 않고 있다. 공무수행 중 피해를 당해도 국가경찰에 신고해 피해 조사까지 받아야 하는 지경이다. 이러다 보니 7대 1의 경쟁률을 뚫고 선발된 제주자치경찰이 '종이 호랑이'로 전락했다는 지적이 나오고 있다. 자치경찰은 제주특별자치도특별법 제108조에 따라 기존에 행정당국이 담당했던 17개 분야의 특별사법경찰 사무를 맡고 있다. 또한 도내 주요 관광지와 제주공항, 한라산 등반로 입구에서 관광질서 저해행위와 환경훼손 행위 등 국가경찰과 업무 협약을 통하여 약정한 업무를 수행하고 있다.
>
> 제주자치경찰은 이 같은 업무를 통하여 지난해 7월부터 관광사범 5건, 환경사범 23건, 밀렵사범 3건 등 모두 31건(38명)을 적발하였다. 특히 일부 여행사와 렌터카 업체 등의 공항 내 호객행위와 불법 주정차도 거의 자취를 감춰 관광제주 이미지 개선에 기여하였다. 제주시 탑동광장과 산지천의 노숙자를 상대로 한 단속·계도활동과 교통시설 민원 해소 등도 주요 성과로 꼽힌다. 그러나 문제는 자치경찰이 맡은 사무가 극히 제한적이고 사법적 권한도 미약하다는 데 있다. 형사범에 대한 긴급체포권은 물론 즉결심판청구권도 주어지지 않았다. 그나마 경범죄 처벌법과 도로교통법에 의한 통고 처분권이 유일하다. 이에 따라 교통 위반자가 지시에 불응하더라도 즉심처분을 못하고 관할 경찰서장에 알려 관할서장이 이를 법원에 통보하는 절차를 밟고 있다. 업무 수행 중 부상이나 공무집행 방해를 당할 경우 국가경찰을 통하여 해결하다 보니 사건 처리가 늦어질 수밖에 없다.
>
> 직무 수행 중 범죄를 인지한 경우에도 범죄 내용이나 증거물 등을 경찰이나 해경에게 통보하고 넘겨줘야 한다. 단순히 순찰과 폭력 예방, 시설 운영, 경비 같은 업무에만 한정되면서 사실상 '청원경찰'로 전락한 인상이 짙다. 도민들에게 무시당하고 현장에서 잦은 수난을 겪는 것도 이 때문이다. 일각에서는 "자치경찰 도입 이전과 달라진 게 없는데 굳이 도민 세금으로 자치경찰을 운영할 필요가 있느냐"는 의견도 제기하고 있다.
>
> 국가경찰과 업무 협조가 원활하지 않은데다 지역치안을 위한 독립적인 관할구역이 없어 자치경찰인지, 국가경찰의 보조기관인지 구분이 모호하다는 지적도 있다. 특히

---

28) 제민일보, "'말발' 안 서는 '종이 호랑이'……긴급체포권·즉결심판 청구권 없어", [이슈&피플/제주자치경찰 출범 1년 '무늬만 경찰'] <2>'청원경찰' 전락(2007년 8월 6일).

국가경찰 지원이 요구되는 대규모 행사 때마다 협조 부족과 책임 떠넘기기 등으로 불협화음을 빚고 있다. 국가경찰 업무인 산지천 호객행위 단속도 자치경찰에 떠넘겨지다 보니, 책임 소재가 불분명해 자치경찰이 적극적인 활동을 펼치는 데 한계를 보이고 있다. 국가경찰과 업무 협약을 통하여 담당키로 한 단체관광객 에스코트와 민속오일장 질서 유지 등은 인력 부족으로 손을 놓고 있다.

제주자치경찰단 관계자는 “인력과 장비는 물론 국가경찰과의 업무 협조도 미흡하고 제한된 수사권에 체포권도 없어 현장 업무 수행에 어려움을 겪고 있다”라며 “자치경찰의 조속한 정착을 위해서라도 정부와 제주도가 불합리한 요소들을 개선해 줘야 한다”고 지적하였다.

이러한 문제점은 자치경찰의 위상을 정립하는 데 중요한 사항이다. 따라서 경미한 사범에 대한 일반수사권 및 즉결심판청구 권한 등을 행사할 수 있도록 법적 권한 부여 등을 검토할 필요가 있다.[29] 이를 위해서는 다음과 같은 조치가 이루어져 한다.

① 공무집행 방해 사범에 대한 조사 권한 신설

제주특별자치도특별법 제117조 단서 규정에 형법 제136조, 137조를 포함시킨다.

② 즉결심판 청구 권한 신설

제주특별자치도특별법 제117조 단서 규정을 추가로 신설하여 기존 <제6조 통고처분> 외 <제8조 즉결심판> 규정을 추가로 신설하고, 즉결심판절차법 제3조 <즉결심판청구> 규정을 신설하면 이 문제는 쉽게 해결할 수 있다.

라. 거버넌스의 확대

최근에 경찰의 패러다임은 지역사회 경찰로 가는 것이다. 지역사회 경찰로 가기 위해서는 경찰의 책임과 역할을 재정립하는 과감한 개혁이 이루어지지 않으면 안 된다. 단순한 순찰에서 시민과 함께하는 순찰로, 범죄활동에 대한 추적 등 사후 조치보다 범죄 예방에, 단순한 경찰 기능을 수행하는 것보다는 특정 지역을 중심으로 한 적절한 서비스 수행 등에 더 중점을 두어야 한다. 이렇게 조직 운영을 대대적으로 전환하는 목적은 관내의 경찰활동을 통합하는 효과를 가져올 뿐만 아니라 지역사회와 강한 파트너십을

29) 자치 경찰간부들과의 간담회에서(2007. 12. 13).

형성하여 조직활동이 좀더 고객 중심으로 성장할 수 있도록 하는 데 그 목적이 있다(Morash & Ford, 2002: 126). 경찰이 항상 경직되고 주민과 멀리 떨어져 있는 이미지에서 벗어나 경찰이 지역사회에 대한 책임과 분권화를 통한 경찰 서비스의 인간화(personalization)를 강조하도록 요구받고 있는 현실을 수용해야 할 때다(이윤호, 2006: 9).

제10장 감사위원회

1 감사위원회의 취지와 추진 과정

가. 감사위원회의 설립과 운영 취지

지방자치단체는 다양한 주민들의 요구에 책임있게 대응(대응성)하여야 하며, 또한 국내외적으로 무한경쟁이라는 환경 하에 공공의 효율성을 확보(효율성)하여야 하는 과제를 안고 있다. 그렇지만 우리나라의 경우에는 지방자치단체에 대한 감사가 국회, 감사원에 의한 감사, 중앙부처에 의한 감사, 그리고 자치단체 내부감사, 지방의회에 의한 감사 등 중복 감사의 문제와 지방자치단체 내부감사 자체의 비효율성에 의하여 자치단체감사 제도의 개선이 요구되고 있는 실정이다. 제주특별자치도의 경우에는 특별자치도의 추진과 더불어 이러한 중복 감사의 문제, 내부감사의 비효율성의 문제를 해결하며, 주민의 요구와 자치단체 행정의 효율성 확보를 위한 감사 시스템을 확보할 필요성이 대부되었다.

제주특별자치도를 추진함에 있어 자치권의 획기적 확대를 위하여 자치분권 강화, 자치 역량 제고, 자율성에 상응하는 자기책임성 강화전략을 제시하였다면 자율성에 상응하는 자기책임성 강화의 일환으로 감사 시스템의 강화가 포함되어 있다. 이러한 취지에 따라 감사위원회가 신설되었다고 할 수 있다.[1)]

그리고 별도의 항목으로 자치단체장의 책임성 확보를 위하여 인사와 감사위원회의 위상을 강화한다는 내용이 기본 계획에 포함되어 있으며, 그 중 감사위원회에 대해서는 자치단체장 소속하에 직무의 독립성이 보장되는 감사위원회를 설치한다는 취지를 제시하고 있다. 여기에 위원장은 의회 동의를 얻어 임용하고 위원장과 위원은 임기제로 한다는 취지를 가지고 있다. 그리고 국회와 감사원 감사를 제외한 정부합동감사를 배제하는 것으로 명시하고 있다.

나. 감사위원회의 설립 추진 과정

감사위원회 설치와 관련하여 기존에 발표되었던 계획안들을 중심으로 하여 추진 과정을 살펴보면 다음과 같다.

1) 2004년 11월 '제주특별자치도' 추진계획

2004년 11월에 만들어진 추진계획안에 감사 관련 내용을 보면 첫째, 주민감사청구 제도 개선과 독립적 감사기구 설치 운영에 대한 내용 등이 있다.

주민감사청구 제도 개선과 관련해서는 청구 요건을 기존의 300인에서 100인 이상으로 확대하는 안과 청구인 연령도 19세로 인하하는 것이었다.[2)] 그리고 독립적 감사기구를 설치 운영하는 것을 제인하고 있다. 그 내용을 보면 중앙 단위 중복 감사를 배제하고, 행정 내부에 대한 감사를 총괄하는 독립적 감사기구를 설치하는 것이다. 이 감사기구에 대해서는 직무상 독립성을 보장하고 감사기구장의 직위도 개방직으로 운영하는 방안을 고려하고 있다. 또한 관련 전문가와 시민단체 추천 인사 등의 감사 참여제를 도입하는 방안을 제시하고 있다.

2) 2005년 8월 제주특별자치도 기본 계획안(제주도안)

이 계획안은 제주도가 수립한 제주도안이다. 이 안에서는 좀더 구체적으로 언급하고 있다. 감사위원회를 설치하되 자치단체장 소속하에 직무의 독립성이 보장되는 위원회 및 사무국을 설치하도록 하고 있다. 위원장은 의

---

1) 제주특별자치도특별법을 준비하는 과정에서 국무총리실 내에 있는 제주특별자치도 추진기획단이 제주특별자치도 기본계획에 담고자 하였던 내용을 중심으로 감사위원회의 취지와 추진 배경을 살펴본 것이다.

2) 제주특별자치도(2007. 7), 제주 특별자치도 추진백서, 부록 Ⅰ, p.21.

회 동의를 얻어 임용하고 위원은 임기제로 할 것을 제안하고 있다.[3] 그리고 이 안은 2005년 9월 제주특별자치도 기본 계획안(정부제출안)에도 그대로 담겨져 있다.[4]

3) 2005년 10월 제주특별자치도 기본 계획(정부확정안)

정부확정안은 제주도에서 제출한 안의 내용을 반영하고 있다. 자치단체장 소속하에 직무의 독립성이 보장되는 감사위원회를 설치하고 위원장은 의회의 동의를 얻어 임용하며, 위원장과 위원은 임기제로 하는 것을 제안하고 있다. 추가적으로 제주특별자치도의 경우 국회와 감사원의 감사를 제외한 정부합동감사는 받지 않도록 하는 내용을 추가하고 있다.[5]

2 자치감사의 의의와 외국의 사례

가. 자치감사의 의의

지방자치단체의 감사에 대한 내용은 지금까지 공공감사, 그리고 자체감사라는 내용으로 접근하고 있다. 이 두 개념을 연결하여 제주특별자치도에서는 자치감사라는 용어를 사용하고 있다. 이 자치감사는 제주특별자치도에 적용되는 감사의 개념이라 할 수 있다. 그러면 먼저 공공감사, 자체감사의 개념을 살펴보고 그리고 자치감사의 개념을 정립해 보도록 하겠다.

1) 공공감사

공공감사를 일반적인 감사 개념으로부터 접근하면 감사를 법령이나 계약 등에 의거 임명된 감사인이 어떤 조직체의 운영·활동이나 회계 등 부여된 감사 범위에서 설정된 판단 기준 하에 독립적으로 제반 정보·자료·기록 등을 수집·평가·확인·분석하고, 증거에 의거 입증된 조사 결과를 보고 처리하는 체계적인 처리 과정이라고 할 수 있다. 이러한 개념을 확장하여 공공감사를 정리하면 공공감사란 이러한 감사가 공공 영역에 적용될

---

3) 위 백서, 부록 Ⅰ, p.48.
4) 위 백서, 부록 Ⅰ, p.74.
5) 위 백서, 부록 Ⅰ, p.98.

때[6]를 말하는 것이라 할 수 있다.

그리고 공공감사를 포괄적으로 정의하면 피감사기관과 그 소속 직원들이 수행하고 있는 제반 활동의 합법성 및 경제능률성·효과성을 감사(조사)하는 것으로, 행정 시책의 철저한 실현을 목표로 행정의 능률화를 추구하고, 회계 질서의 적정 및 개선을 기하며, 공무원의 기강 유지를 도모함과 동시에 국가(지방) 기능의 효율적인 수행 지원을 목표로 국가(지방)행정의 적정성을 확보하고 국민(주민)복지 향상의 디딤돌을 마련하는 데에 그 목적을 둔 행정작용[7]이라는 것이다. 즉 공공감사는 이렇게 중앙정부와 지방정부에 대한 감사를 포함하고 있는 포괄적인 개념이라 할 수 있다.

최근 정부에서는 '공공감사기관의 감사에 관한 법률안'을 준비하면서 지방자치단체에 대한 공공감사는 지방감사 제도의 독립성 및 전문성 강화, 그리고 중복 감사의 문제를 해결하기 위한 내용을 포함하고 있다. 이 법률안에서는 제주특별자치도특별법에서 규정하고 있는 내용과 비슷한 제도를 포함하고 있다. 감사기구의 장이 자치단체장으로부터 어느 정도 독립성을 확보할 수 있도록 규정하고 있다('공공감사기관의 감사에 관한 법률안' 제4조, 제7조, 제9조). 그리고 감사기구의 독립성 확보('공공감사기관의 감사에 관한 법률안' 제5조, 제6조), 외부 전문가 등의 감사 참여('공공감사기관의 감사에 관한 법률안' 제22조), 중복 감사의 방지('공공감사기관의 감사에 관한 법률안' 제26조, 제27조, 제28조) 등에 대한 내용을 담고 있다. 이 법률에서는 제4조에서 "지방자치단체는 그 지방자치단체의 조례가 정하는 바에 따라 감사기구를 합의제 감사기구로 할 수 있다"고 규정함으로써 지방자치단체가 선택적으로 감사위원회를 둘 수 있도록 하고 있다.[8]

이러한 시대적 상황으로 볼 때 제주특별자치도에서 새로운 제도로 받아

---

6) 이 개념은 이경섭(1997)이 정리한 감사의 개념에 오영균(2005.8)이 공공감사의 영역으로 연결시켜 정리한 것이다. 오영균(2005. 8), "지방자치단체 감사 시스템 개선에 관한 연구: 공공감사에 관한 법률(안)을 중심으로," 서울행정학회, 한국사회와 행정연구, 제16권 제2호, p.324.

7) 김병국·금창호, (2000), "지방자치단체에 대한 중앙감사기능의 재조정 방안," 한국지방자치학회 2000년도 기획세미나 발표논문집 별쇄본, p.64; 하상균(2004), "지방자치단체의 자체감사 기능 개선 방안" 한국지방행정연구원, 지방행정연구, 18(2), p.93에서 재인용.

8) 이 내용은 2006년 2월 국회 법사위에 심의 대기 중이던 '공공기관의 감사에 관한 법률안'을 참고하여 정리하였다.

들이고 있는 감사위원회 제도는 머지않아 광역자치단체 정도의 범위까지는 확대될 것으로 예측할 수 있겠다. 즉 감사 비용을 충분히 감당할 수 있으며, 자체감사를 독립기구에 의해서 실시하는 것이 바람직한 만큼 규모가 있는 자치단체의 경우 가능할 것이다.

2) 자체감사

지방자치단체의 자체감사란 공공감사 중 자체감사기구에 의하여 지방자치단체의 건전한 행정을 유도하고, 국민의 이익을 보호하기 위한 직무감찰 및 회계감사 등의 행정작용이 수행되는 것을 말한다. 이렇게 볼 때 지방자치단체의 자체감사는 두 가지 측면의 한정적 의미가 내포되어 있는 것으로 규정할 수 있다. 즉 하나는 피감사 대상기관이 지방자치단체라는 것이고, 다른 하나는 감사 주체가 지방자치단체의 자체감사기구라는 점이다.

3) 자치감사

지방자치법 제171조에는 행정안전부장관이나 시·도지사는 지방자치단체의 자치사무에 관하여 보고를 받거나 서류·장부 또는 회계를 감사할 수 있다. 그리고 '지방공무원법' 제81조에는 교육과학기술부장관 또는 행정안전부장관은 시·도의 인사행정이 이 법에 의하여 운영되도록 지도·감독하고, 시·도지사는 당해 시·도의 관할구역 안의 시·군·구의 인사행정이 이 법에 의하여 운영되도록 지도·감독하게 되어 있다. 이러한 관련법의 규정에도 불구하고 제주특별자치도 특별법에서는 감사 대상 기관 및 그 기관에 속한 자의 제반 업무와 활동 등을 조사·점검·확인·검증할 수 있고, 그 결과를 처리하는 행위를 '자치감사'라는 이름으로 수행할 수 있도록 하고 있다. 따라서 여기에서 '자치감사'란 제주특별자치도 특별법에 의해서 제주특별자치도의 소속하에 있는 감사위원회가 독립된 지위를 가지고 감사하는 행위를 칭하는 것이라 할 수 있다.[9]

이러한 제주특별자치도특별법에 의하여 자치감사를 할 수 있도록 규정하고 있는 감사위원회와 다른 시·도의 감사관실과 비교하여 구성과 역할

---

9) 이 개념은 어떻게 보면 학술적인 개념이라고 하기보다는 법률적으로 규정하기 위한 개념이라고도 할 수 있으며, 다만 제주특별자치도 특별법에 의한 개념으로서 감사 관련 유사법과 다른 내용이고 제주특별자치도에 적용된다는 것으로써 차별성이 있다고 할 수 있다.

에서 차이점을 살펴봄으로써 제주특별자치도에 적용하고 있는 자치감사의 특징을 살펴보면 다음과 같다.

첫째, 설치 근거로, 감사위원회는 '제주특별자치도특별법' 제66조에 따라 설치된 반면, 시 · 도 감사관실은 '지방자치법' 제102조에 따라 해당 지방자치단체의 조례로 설치되었다.

둘째, 감사 대상기관으로, 감사위원회 설치 취지와 관련되겠지만, 감사위원회는 도청뿐만 아니라 도교육청도 감사할 수 있는 반면, 시 · 도 감사관실은 도교육청을 감사할 수 없다

셋째, 중앙행정기관의 감사와 관련된 것으로, 제주특별자치도에 대하여 중앙행정기관이 감사를 실시할 수 없으므로 중앙행정기관의 장이 국가사무 및 국가의 보조를 받은 사업에 대한 감사가 필요하다고 인정하는 경우에는 감사위원회에 감사를 반드시 의뢰하여야만 하는 반면, 시 · 도 감사관실에 대해서는 그러하지 아니하다.

넷째, 조직 구성 형태로, 감사위원회는 위원장 1인을 포함한 7인 이내의 위원으로 구성된 합의제 행정기관인 반면, 시 · 도 감사관실은 독임제 형태다.

다섯째, 인적 구성 형태로, 감사위원회의 위원장은 정무직 지방공무원이고, 도의회의 동의를 얻어 도지사가 임명하는 반면, 시 · 도 감사관은 일반직 지방공무원이고, 시 · 도의회의 동의를 얻을 필요가 없다.

여섯째, 규정 제정으로, 감사위원회는 자치감사에 필요한 세부적인 사항을 감사위원회의 의결을 거쳐 감사위원회의 위원장이 정할 수 있는 반면, 시 · 도의 감사관실은 별도의 규정을 정할 수 없는 차이가 있다(박영욱, 2003: 173).

다시 정리해 보면 자치감사를 담당할 제주특별자치도 감사위원회의 경우는 설치를 위한 법적 근거가 다르다는 것에서 시작하여 제주도의 감사위원회의 경우 교육청을 감사할 수 있다는 것, 그리고 중앙행정기관의 감사를 받아야 되는가 그렇지 않은가의 여부에서 제주특별자치도 감사위원회의 경우 중앙행정기관으로부터 감사를 받지 않도록 하고 있다는 것이 큰 차이다. 그리고 제주특별자치도의 감사위원회의 경우는 자치감사에 필요한 세부적인 사항을 감사위원회의 의결을 거쳐 감사위원회의 위원장이 정할 수 있도록 하고 있다. 이러한 점에서 제주특별자치도 감사위원회는 다른 시도에 적용되고 있는 감사관실과 큰 차이를 보이고 있다.

나. 외국의 사례

외국의 사례를 국가별로 특징을 정리하고, 미국과 일본의 사례를 검토한 정세욱(2004)의 글을 중심으로 시사점을 찾아보도록 하겠다.

1) 국가별 지방자치단체 감사에 대한 특징

지방자치단체에 대한 감사와 관련하여 영국에서는 중앙의 감사기구와 별개로 독립된 지방감사기구가 조직되어 여러 지방자치단체를 관할하는 지방감사위원회가 일괄적으로 감사를 실시하는 방식을 택하고 있다. 이 감사위원회는 주 장관에 의하여 임명된 15~20명 정도의 의원으로 구성되어 활동하고 있다. 이 위원회에는 위원회에 속한 관료, 그리고 위원회에 속하지 않은 개인, 그리고 법인과 같은 회사 등도 포함되도록 하고 있다.[10]

미국은 각 지방정부가 회계사, 변호사 등을 활용해서 개별적으로 감사를 실시하는 방식을 취하고 있다.

프랑스의 경우는 국가감사원이 지방감사원과 매년 감사 사항에 대해서 사전 협의하고, 지방감사원의 자율성을 저해하지 않는 범위 내에서 국가감사원이 함께 개선책을 검토하는 방식을 택하고 있다.

일본에서는 '감사위원'을 설치하여 행정조직상 지방자치단체장의 지휘 감독에서 벗어난 독립성과 위원 단독으로 직무를 수행할 수 있는 독임성을 핵심으로 한다. 그러나 감사위원 제도의 시행에도 불구하고 지방자치행정의 일선에서 공무원의 부정과 비리에 충분히 대처할 수 없게 되자, 일본은 1998년부터 지방자치단체의 조직 내에 속하지 않고 신분도 지방자치단체의 직원이 아닌 외부 전문가에 의한 감사를 내용으로 하는 '외부감사 제도'라는 감사 체제를 도입하고 있다(최봉석, 2007: 277-288; 박영욱, 2008: 192-198에서 재인용).

2) 외국의 지방자치단체 자체감사기관의 유형별 특징

정세욱(2004)은 그의 글에서 첫째, 뉴욕 시와 같이 주민직선형으로 감사관(auditor)과 회계검사관(comptroller)을 뽑는 형, 둘째, 워싱턴 D.C.에서와 같이 시의회가 선출함으로써 감사관에게 의회의 강력한 신임을 주고 감사하도록 하는 의회감사관형, 셋째, 지방자치단체장이 지방의회의 동의를

10) 스코틀랜드 입법부 홈페이지(http://www.scottish.parliament.uk/home.htm), 2008. 5.

얻어 감사위원들을 선임하되 그 지위와 신분을 단체장으로부터 독립성을 가진 행정위원회 또는 독립규제위원회 형태로 하는 행정위원회형, 넷째, 프랑스에서처럼 지역회계법인에 의해서 사후통제와 같은 감사 체제를 가지는 방법인 지역회계법인형을 검토한 후 다음과 같은 제안을 하고 있다. 물론 검토한 내용을 살펴보면 기초자치단체에 대한 내용의 범위에서 논의하고 있음을 알 수 있지만 그 내용을 보면 다음과 같다(정세욱, 2004: 4-20).

첫째, 지방자치단체의 감사 체계는 다르지만 지방자치 이념의 범위 안에서 집행기관의 책임성을 보장하고 있다는 점이다. 뉴욕 시에서는 민선회계검사관이 집행기관(시장과 보조기관, 소속 행정기관, 행정위원회 등)을 감사하고, 워싱턴 D.C.에서는 의회가 선임한 의회 소속의 D.C. 감사관이 의회의 신임을 배경으로 철저한 감사를 하며, 일본에서는 지방자치단체장이 의회의 동의를 얻어 임명한 독립기관이 감사를 한다. 일본의 지방자치단체 감사위원의 직무상 독립성은 미국의 감사기관에 미치지 못하지만 지방자치 이론에 충실한 감사 체계를 갖추고 있다.

둘째, 중앙정부가 지방자치단체에 대하여 감사하는 예는 없다는 점이다. 전술한 미국과 일본의 예는 물론 프랑스의 예를 보더라도 중앙정부는 지방자치단체에 대한 감사권이 없다. 프랑스의 각 부처장관은 지방자치단체의 결정 또는 처분이 위법하다고 인정되면 관할 행정법원에, 예산집행이 잘못되고 있으면 지역회계법원에 제소하는 권한만 있을 뿐 우리나라처럼 이를 취소·정지시키거나, 직무이행명령을 내리고 대집행하거나 감사를 실시하지 못한다.

셋째, 특히 광역자치단체와 기초자치단체는 상호 대등한 지위를 가지며, 광역자치단체가 기초자치단체를 감사하는 예는 없다는 점이다. 프랑스는 지방자치단체 간의 감독 금지를 명문으로 규정하여 감사는 물론 어떠한 형식으로도 관여하지 못한다.

넷째, 자체감사 이외에 외부감사를 하는 경우에도 외부 전문가들로 구성된 감사기관을 구성하여 실시하며, 중앙정부 또는 상급자치단체에 의한 외부감사를 일절 금지하고 있다.

이러한 맥락에서 정세욱은 지방자치제를 실시하는 한 자치입법권, 자치조직권, 자치행정권, 자치재정권과 같이 자치감사 제도를 확립하여야 한다고 강조하고 있다.

이상의 고찰에서 제주특별자치도는 외국의 사례들과 지방자치단체의 감사에 대해서는 상당히 유사한 제도를 가지고 있음을 알 수 있다.

3 제주특별자치도 특별법에서 규정하고 있는 내용

특별법에는 제8장 자치감사 체계 확립이라는 제목으로 제1절 감사위원회의 설치 및 자치감사계획과 제2절 자치감사의 결과 처리에 대하여 규정하고 있다. 그 내용을 중심으로 정리하면 다음과 같다.

가. 감사위원회의 설치와 사무국

도지사 소속하에 감사위원회를 두도록 하고 있다. '지방자치법' 제171조와 지방공무원법 제81조의 규정에도 불구하고 감사 대상 기관 및 그 기관에 속한 자의 제반 업무와 활동 등을 조사·점검·확인·분석·검증하고 자치감사 결과의 처리에 대하여 규정하고 있는 제68조의 규정에 의하여 그 결과를 처리하는 행위를 수행하기 위하여 설치하고 있다.

제44조에는 도의회가 인사청문특별위원회에서 감사위원회 위원장에 대한 임명동의안을 심사하도록 규정하고 있다. 즉 청문회를 통해서 감사위원장을 임명하도록 하고 있는 것이다.

이 감사위원회에는 위원장 1인을 포함하는 7인 이내의 위원으로 구성하도록 하고 있다. 위원은 도조례가 정하는 자격을 갖춘 자 중에서 도지사가 임명 또는 위촉하되, 위원 중 3인은 도의회에서 추천하는 자를 위촉하도록 하고 있다. 다만, 위원장은 도의회의 동의를 얻어야 한다.[11)]

감사위원 중 공무원이 아닌 위원의 임기는 3년으로 하고 있고, 다만, 보궐위원의 임기는 전임자의 잔여 기간으로 하도록 하고 있다.

감사위원회의 업무를 지원하기 위하여 사무국을 두고, 사무국에 두는 사무국장과 직원은 일반직·계약직·특정직 또는 교육행정직 지방공무원으로 구성하도록 하고 있다.

---

11) 이와 관련 제주특별자치도 설치 및 국제자유도시 조성을 위한 특별법(이하 특별자치도 특별법) 제44조(인사청문회)에서는 도의회가 인사청문특별위원회에서 감사위원회 위원장에 대한 임명동의안을 심사하도록 규정하고 있다.

나. 감사위원회의 감사와 결과 처리

감사위원회는 자치감사를 체계적·효과적으로 수행하기 위하여 그 감사를 수행하기 전에 자치감사의 목적·대상·기관 및 범위 등 도조례가 정하는 사항을 포함한 자치감사계획을 수립하여야 한다. 수립된 자치감사계획은 감사 예정일 30일 이전에 감사 대상기관의 장에게 통보하도록 하고 있다(특별자치도특별법 제67조). 자치감사계획(계획을 변경한 때에는 변경계획이 된다)은 감사원, 교육과학기술부장관, 행정안전부장관 및 도지사(교육·학예에 관한 사항인 경우 도교육감을 포함)에게 그 계획을 수립한 날부터 2주일 이내에 통보하도록 하고 있으며, 전문지식이나 실무 경험 요구 분야의 업무 감사시 외부 전문기관이 참여할 수 있도록 하고 있다.

다. 자치감사 결과의 처리

감사위원회는 자치감사 종료 후 60일 이내에 도지사에게 자치감사의 결과를 보고하도록 명시하고 있으며, 교육과 학예에 관한 자치감사의 결과는 도교육감에게 통보하도록 하고 있다. 도지사는 자치감사 결과 조치 사항이 타기관 권한인 경우 그 기관장에게 관련 사실을 통보하도록 하고 있다(특별자치도특별법 제68조).

라. 징계·문책 사유의 시효정지

감사위원회는 특정 사건 조사의 개시와 종료 10일 이내에 도지사 및 감사 대상 기관 또는 부서의 장에게 그 사실을 통보하고, 도지사는 감사위원회가 조사 중인 특정 사건에 대하여는 조사 개시의 통보를 받은 날부터 징계 또는 문책 절차를 진행하지 못하도록 하고 있다.

그리고 징계 또는 문책 절차를 진행하지 못하여 징계 또는 문책 사유의 시효 기간이 만료되거나 그 잔여 기간이 1개월에 미달하게 되는 때에는 그 시효 기간은 조사 종료의 통보를 받은 날부터 1개월이 경과한 날에 만료되는 것으로 하고 있다(특별자치도특별법 제69조).

마. 감사 등에 대한 특례

감사 등에 관한 특례(특별자치도특별법 제71조)에서는 중앙행정기관의 장은 제주특별자치도에 대하여 감사를 실시할 수 없도록 하고 있다. 다만, 국정감사 및 감사원 감사는 예외로 하고 있다. 중앙행정기관의 장은 감사 필요시 그에 대한 감사를 감사위원회에 의뢰하도록 하였고 감사위원회는 의뢰받은 감사 결과를 감사원과 의뢰를 한 중앙행정기관의 장, 도지사 및 감사 대상기관에 통보하도록 하였다. 중앙행정기관의 장은 통보받은 감사 결과가 미흡하다고 판단시 재감사를 의뢰할 수 있도록 하였으며, 그러한 상황 하에서 감사위원회는 60일 이내 재감사를 실시하고, 중앙행정기관의 장이 추천하는 감사담당 공무원을 재감사에 참여시키도록 하였다.

감사 등에 대한 특례에서 논란이 있었던 것은 주민감사 청구의 경우 감사를 해당 중앙부처의 장이 하여야 할 것인가와 관련된 사항이다. '지방자치법' 제16조 즉 주민감사 청구와 관련한 감사의 주체는 주무부장관이므로 감사위원회에서 주민감사 청구에 관한 감사를 할 수 없다고 주장하는 논의가 있었다. 반면 제주특별자치도특별법 제71조 제1항에서는 중앙행정기관의 장은 제주특별자치도에 대하여 감사를 할 수 없도록 되어 있으므로, 주무부장관은 감사를 실시할 수 없다고 할 수 있다는 논의도 있었다(박영욱, 2008: 195).

이러한 논란 중에 2007년 8월 3일 개정시 제주특별자치도특별법에서는 감사 수행 주체가 명확하지 아니하여 주민감사 청구시 발생하는 혼란을 없애는 한편, 주민감사 청구의 경우 좀더 객관적이고 주민들이 납득할 만한 기관에서의 감사가 이루어져야 한다는 이유 등으로 제71조 단서를 개정하여 '지방자치법' 제16조에 따른 주민감사 청구 사항의 경우에는 주무부장관이 하도록 명시하였다.

4 감사위원회 운영과 성과

가. 감사위원회 운영의 특징

1) 감사요원의 전문화

기존 5개 직렬(행정, 건축, 토목, 보건, 전산 등)로 구성되었던 감사요원이 현재는 14개 직렬(행정, 건축, 토목, 보건, 수산, 사회복지, 기계, 전산, 지적, 환경, 농업, 화공, 소방, 교육행정)로 구성되어 종합행정을 수행하는 자치단체의 제반 업무를 감사할 수 있는 인적 구성을 갖추게 되었다. 특별자치도 내 총 감사요원을 살펴보면 특별자치도로 개편되기 전 총 32명에서 현재 총 48명으로 확대되었다.

특별자치도로 개편되기 전인 종전 도감사관실에는 1과 3담당 14명(감사, 조사 업무 외에 공직윤리 업무까지 수행)이었고, 4개 시군 감사과 인원은 모두 합하여 18명이었다. 즉 종전에는 총 32명의 감사요원들이 감사를 담당하고 있었다고 할 수 있다. 특별자치도 추진 후인 현재에는 현재 도감사위원회의 구성원이 2팀 6담당 43명(감사, 조사 업무만 수행)이고, 현재 2개 시의 감사담당 인원 5명을 합하여 총 48명이 감사 업무에 종사하고 있다.

〈표 10-1〉 종전 시·군 감사관실 조직

구 분	실과명	담 당	정 원					
			계	행정6	행정7	토목7	건축9	기능
계			18명	5	6	4	1	2
제 주 시	기획감사과	감사담당 조사담당	8명	2	3	1	1	1
서귀포시	기획감사실	감사담당	4명	1	1	1		1
북제주군	기획감사실	감사담당	3명	1	1	1		
남제주군	기획감사실	감사담당	3명	1	1	1		

주) 현재 행정시 감사조직 - 제주시: 감사담당(행정6급, 토목7급, 기능1)
서귀포시: 감사담당(행정6급, 행정7급)
자료: 제주특별자치도 내부자료, 2008.

[그림 10-1] 종전 감사관실 조직

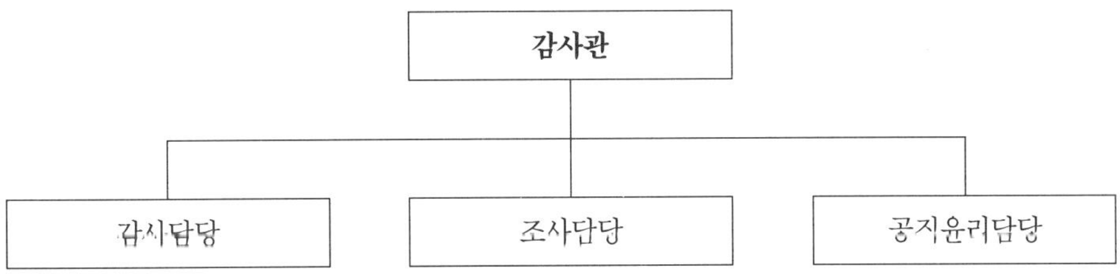

자료: 제주특별자치도 내부자료, 2008.

종전의 감사관실 조직은 감사관 밑에 감사담당, 조사담당, 공직윤리담당을 두고 있었다.

〈표 10-2〉 종전 제주도청 감사실 정원과 현원

구분	계	4급	5급			6급					7급				기능직
			소계	행정	건축	소계	행정	토목	건축	별정	소계	행정	환경	전산	
정원	14	1	3	2	1	6	2	2	1	1	3	1	1	1	1
현원	14	1	3	2	1	6	2	2	1	1	3	1	1	1	1

자료: 제주특별자치도 내부자료, 2008.

[그림 10-2] 현재 특별자치도 감사위원회 조직

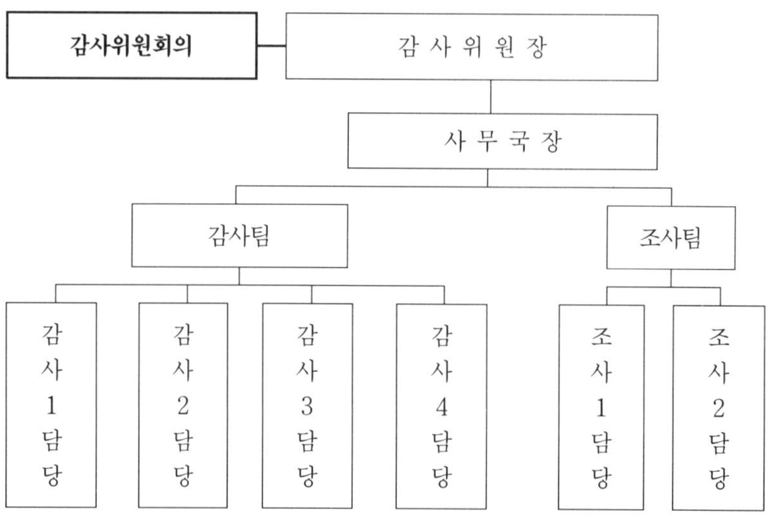

자료: 제주특별자치도 내부자료, 2008.

현재의 감사위원회에는 감사위원장과는 별도로 감사위원회의라는 기구를 두고 있고, 감사위원장 밑에 사무국을 두고 있다. 사무국장 밑에 감사팀과 조사팀을 배치하여, 감사팀에 4개의 담당과 조사팀에 2개의 담당을 각각 두고 있다.

〈표 10-3〉 2008년 제주특별자치도 감사위원회 정원과 현원

구분	합계	정무직	3급	4급	5급				6급													소방	7급	기능직
				행정	소계	행정	건축·토목	행정·교육행정	소계	행정	교육행정	사회복지	공업	농업	해양수산	보건	환경	시설	행정·세무	행정·전산·통신	공업·보건·환경	소방경	행정	
정원	43	1	1	2	6	3	2	1	25	7	2	1	1	1	1	1	3	7	1	1	1	1	2	5
현원	43	1		3	6	3	2	1	25	7	2	1	1	1	1	1	3	7	1	1	1	1	2	5

자료: 제주특별자치도 감사위원회, 주요 업무보고, 2008.2.

종전 제주도 감사관실에서는 14명의 소수 인력으로 감사 업무를 수행하다보니 감사교육원 교육 등 전문교육을 받을 여력이 없었으나, 현재 43명의 인력이 배치됨에 따라 교대로 전문교육을 이수하는 등 감사요원으로서의 전문 역량이 강화된 상황이라 할 수 있다. 종전 감사관실 당시에는 인원이 많지 않아 결원에 대한 부담감이 컸기 때문에 연 2~3명 감사요원만이 교육 이수를 위하여 자리를 비울 수 있었다.

특별자치도로 개편 후인 현재는 인원이 많이 충원되어 직원들 교육이 비교적 자유로운 상황으로, 2007년에는 17명이나 되는 감사요원이 교육을 이수한 것으로 나타나고 있다. 특히 2006년 8월에는 감사교육원 교수 6명을 초빙하여 감사위원회 전 직원을 대상으로 3일간 감사 업무 전반에 대한 특별교육을 실시하였다.

그리고 종전 감사관실 당시에는 도 내 실과의 하나로서 감사 업무 이외에 각종 행사 참석 및 도정 시책사업 업무에 관여하여 왔으나 현재 직무상 독립됨에 따라 감사위원회 본래의 목적인 감사 또는 조사 업무만을 수행하게 되어 감사요원의 전문 역량 강화에 기여하고 있다.

2) 감사기구의 독립성

가) 직무상 독립

종전 감사관실 당시에는 '제주도행정기구 설치조례 시행규칙'상 행정부지사 보좌기관으로 되어 있어 도청 내 다른 실과처럼 업무 보고를 하고, 정기적인 간부회의에 참석하여 도지사 또는 부지사에게 현안 사항을 보고하고,

업무지시 등을 받아 왔다. 감사위원회 출범 이후 합의제 행정기관으로 독립됨에 따라 도지사 또는 부지사에게 업무 보고를 하지 않고, 간부회의 등에도 참석하지 않음에 따라 도지사(부지사)의 지시를 받지 않도록 행정 체계가 마련되어 행정조직상의 직무독립성을 확보할 수 있는 여건이 마련되었다.

또한, 사무의 결정 권한을 합리적으로 배분하고 사무집행상의 권한과 책임 소재를 명백히 하기 위한 '제주특별자치도 사무전결 규칙'상에도 감사위원회의 사무에 대하여는 도지사의 결재 사항이 없는 등 직무상 독립성 확보를 뒷받침하고 있다.

그 외 도정 주요 시책과 민원처리 등과 관련하여 과거에는 도지사(부지사)의 개별적 특명 사항 등의 업무를 처리하여 왔으나, 현재는 감사위원회 사무국 직원(감사요원)에 대하여 감사위원장이 독립적으로 지휘 감독할 수 있도록 '제주특별자치도 감사위원회 구성 및 운영에 관한 조례' 제2조 제2항에 규정됨에 따라, 도청 내 그 누구로부터도 직무에 있어서는 지휘 감독을 받지 않게 되어 완전한 독립성을 확보하였다고 할 수 있다.

현재 감사위원회는 의회와 더불어 집행부를 견제하는 제3의 기관으로서, 집행부와 의회로부터 독립된 별도기관으로[12] 감사위원회의 설치 목적에 부합되게 효율적으로 운영되고 있다고 할 수 있다.

나) 공간적 분리가 감사의 독립성 확보에 긍정적 기여

종전 감사관실 당시에는 도청 내 타실과와 혼재하여 배치되어 있었으나 감사위원회 출범으로 별도의 독립된 청사에서 업무를 수행하게 되어 피감사기관에 소속된 공무원과 근무 시간 내 접할 기회가 없음에 따라 감사 업무 수행시에 부정적 요소인 온정주의적인 면을 일정 부분 배제할 수 있는 등 긍정적 요인으로 작용하고 있다.

다) 인적 구성에서의 독립성 확보

종전 감사관실 당시에는 감사요원은 물론 지휘 감독 책임자까지 공무원

---

12) 이렇게 감사위원회의 독립성 확보를 위하여 노력하고 있지만 계속 도전받고 있는 실정이다. 예를 들어 제주특별자치도 도지사가 "감사위원장이 간부회의에 참석할 필요가 있다"는 발언을 하였고, 그 발언에 대해서 언론에서는 제주특별자치도가 '감사위원회 길들이기'라는 오해를 불러일으키고 있다고 비판하고 있다. 인터넷신문, 제주의 소리, 2007년 7월 13일자, "감사위원장, 간부회의 참석 필요 발언 논란."

내부 직원으로만 구성되어 업무를 수행함에 따라 도청 등 집행기관의 업무를 감사하는 데 자유로울 수 없었다. 현재는 감사위원회의 주요 업무인 감사계획, 감사 결과 처리 등에서는 의결권을 가진 감사위원장과 감사위원(6명) 전원이 공무원 내부 출신이 아닌 외부에서 임명된 분야별 전문인(변호사, 기술사, 대학교수, 전직 교육위원, 전직 고위공무원 등)들로 구성됨에 따라 감사위원회의 주요 업무를 처리・결정하는 데 있어 도청 등 집행기관의 구속을 받지 않을 수 있는 환경 조성에 기여하게 되었다.

3) 감사 결과 처분결정의 신중성과 객관성 확보

가) 민간인 신분의 감사위원들에 의한 제3자적 입장에서의 객관성 확보

기존에는 감사 관계자가 처벌에 대한 결정까지 하였다. 그 결과 처분의 내용이 너무 과하거나 혹은 축소되거나 하는 문제가 있었다고 할 수 있다. 감사위원회에서 근무하는 공무원들의 의견을 종합해 볼 때, 현재는 분야별 전문가인 민간인 신분의 감사위원들이 제3자적 입장에서 감사 내용을 분석하고 처분 결정을 하기 때문에 처분의 객관성, 적절성, 신중성이 담보되고 있다고 할 수 있다. 이것은 절차적으로 볼 때 다른 자치단체들과는 달리 감사와 처분이 분리된 과정으로 조정・추가된 것을 의미한다. 그렇지만 절차의 복잡성 문제보다는 감사위원회의 역할이 추가된 것이며, 그 결과 사안별로 볼 때, 심의・의결의 객관성이 구조적이고 제도적으로 확보된 것을 의미한다. 이러한 절차의 강화를 통하여 신중한 검토와 심의 의결이 될 수 있는 여건이 마련되었다.

나) 민간인 신분의 감사위원 활용으로 공무원들이 부담 감소

기존에는 공무원 신분인 감사요원이 처분 사항까지 결정하게 됨으로써 감사요원은 물론 피감사자인 공무원이 불이익을 볼 수 있었던 점도 있었으나 이제는 그러한 불신이나 편향에서 자유로울 수 있게 되었다.

감사 결과 처분 과정을 종전과 비교하면 다음과 같다.

과거에는 감사계획 수립 후에 감사를 실시하였다(확인서 징구). 그리고 감사관실 내부에서 징계 수위 및 처분 요구 사항을 결정하고 부지사 결재를 받아서 피감사기관에 처분문서를 시행하는 절차를 밟았다.

현재는 감사계획을 수립한 후 감사위원회의 의결을 거쳐 감사를 실시한

다(확인서 징구). 감사에 따라 감사위원회 사무국에서 징계 수위 및 처분 요구 사항을 작성하고 감사위원회 심의 의결을 거쳐 피감사기관에 처분문서를 시행하도록 하고 있다.

다) 감사위원회의 신중한 논의와 검토

실제 감사위원회 사무국에서 감사하고 작성한 감사 결과에 따른 징계 수위 및 처분 요구 사항이 감사위원회에서 수정되는 사례가 면접 결과 많은 것으로 나타났다. 사안에 따라서 그 수위가 낮아진 경우도 있고, 높아진 경우도 있다. 감사위원회에서 신중하게 논의하고 검토해서 의견을 모으는 작업이 충실히 이루어지고 있는 것으로 보인다. 이러한 과정에 감사위원회의 사무국에서 보고한 내용에 대하여 위원들의 질문에 대응하여야 하는 절차가 추가되었기 때문이다. 위원들이 처분요구 사항이 왜 이렇게 높은지(낮은지) 물어보면 사무국에서 설명을 하여야 하기 때문이다. 이러한 과정을 통하여 사무국의 부담은 다소 커졌지만 결과적으로는 객관성, 신중성 등을 담보할 수 있는 제도가 되고 있다고 할 수 있다.

나. 감사위원회 운영의 성과

감사위원회에서 발표한 자료를 중심으로 감사위원회 운영의 성과를 살펴보도록 하겠다.[13] 우선 감사위원회 회의는 <표 10-4>와 같이 개최되었다.

〈표 10-4〉 감사위원회 회의 운영 현황

연도별	횟수(회)	안건 처리 실적(건)		
		소계	의결	보고
합계	61	137	88	49
2006. 7. 1 이후	8	15	15	-
2007. 10월 말	53	122	73	49

자료: 제주특별자치도 감사위원회(2007. 11), 주요 업무보고, p.159.

13) 이 성과에 관한 내용은 제주특별자치도 감사위원회가 2007년 7월 책자로 발간한 「감사위원회 출범 1년간의 성과와 과제」라는 소책자에서 발췌·정리하였다. 그래서 이 성과 부분에서 특별자치도 출범 이전 상황에 대한 논의가 부분적으로 비판적일지라도 그 내용은 제주특별자치도 감사위원회에서 발간한 자료에 의한 것을 인용하는 것에 의지하였음을 밝혀둔다. 제주특별자치도 감사위원회(2007. 7). 감사위원회 출범 1년간의 성과와 과제, pp.15-30.

2006년 7월 1일 이후 12월 말까지는 총 8회 개최하여 15건을 의결하였다. 그리고 2007년 1월 1일 이후 10월 말까지는 53회 122건을 처리하고, 그 중에서 73건의 의결과 49건의 보고를 실시하였다.

1) 일반행정 분야 종합감사

특별자치도의 출범으로 제주특별자치도 산하 전 행정기관에 대한 자치감사권이 감사위원회로 통합·부여되었다. 중앙행정기관의 감사권이 배제됨에 따라 기존에 실시하던 정부합동 감사 및 수시 실시하는 중앙부처의 감사 역할을 감사위원회가 대행하여 수행하게 되었다.

특별자치도 출범 이전에는 감사원 감사, 행정자치부 주관 정부 각 부처의 합동감사 등 제주도 행정 사무 전반에 대한 감사를 기관별로 정기 또는 수시로 실시함에 따라 빈번한 수감과 분산된 감사로 행정 업무 수행상의 지장 초래 등 감사 수감에 많은 행정력이 소요되었다고 할 수 있다.

그리고 자체감사기구가 도 본청 과 단위 기구로서 행정부지사 직속하에 5개 직렬 7~8명이 배치되어 지방행정 전반에 대한 감사를 실시함에 따라 전문성 부족 등 전문적이고 내실 있는 감사에 어려움이 많았다. 특히 기술 분야 감사시 타과 직원을 차출하는 등의 급조된 감사로 인하여 감사의 실효가 미약하였다고 할 수 있다. 특히 정부합동감사 실시로 도 본청에 대하여는 감사관실에서 자체감사를 실시하지 못해 온 것이 실상이라 할 수 있다.

특별자치도 출범 이후의 성과를 정리하면 다음과 같다.

가) 자치감사 기틀 마련

제주자치도 본청에 대한 첫 자체 종합감사 실시로 자치와 분권의 핵심사항의 하나인 자치감사 기틀을 마련하게 되었다. 2006년 감사 결과 도 본청 집행사무에 대하여 188건을 지적하였다. 2005년도에 행정자치부 주관으로 도 본청과 4개 시·군을 포함한 제주도 행정 전반에 대한 정부합동감사시 지적 사항은 166건이었다. 자치감사의 결과 위법 부당 사항 지적으로 기존 자체감사의 한계를 극복하였다고 할 수 있다.

나) 내실 있는 감사기구 구성

감사팀과 조사팀을 운영함으로써 각 분야별 감사요원 전문화로 내실 있는 감사기구를 구성하고 있다. 감사팀은 일반행정, 교육행정, 기술감사 등

〈표 10-5〉 2006년 · 2007년 감사 결과 신분상 및 행 · 재정상 조치 현황

<table>
<tr><th rowspan="3">연도별</th><th colspan="7">행정상 조치(건)</th><th colspan="3">신분상 조치(명)</th><th colspan="2">재정상 조치</th></tr>
<tr><th rowspan="2">합계</th><th colspan="5">본처분</th><th rowspan="2">현지 처분</th><th rowspan="2">계</th><th rowspan="2">징계</th><th rowspan="2">훈계 등</th><th rowspan="2">건</th><th rowspan="2">금액 (천 원)</th></tr>
<tr><th>소계</th><th>시정</th><th>주의</th><th>개선</th><th>권고 등</th></tr>
<tr><td>합계</td><td>1,333</td><td>901</td><td>472</td><td>332</td><td>41</td><td>56</td><td>432</td><td>209</td><td>19</td><td>190</td><td>180</td><td>7,906,001</td></tr>
<tr><td>2006</td><td>515</td><td>350</td><td>190</td><td>146</td><td>11</td><td>3</td><td>165</td><td>98</td><td>9</td><td>89</td><td>71</td><td>1,658,718</td></tr>
<tr><td>2007 (10월 말)</td><td>818</td><td>551</td><td>282</td><td>186</td><td>30</td><td>53</td><td>266</td><td>111</td><td>10</td><td>101</td><td>109</td><td>6,247,283</td></tr>
</table>

자료: 제주특별자치도 감사위원회, (2007.11), 주요 업무보고, p.106.

분야별 전문직렬별로 3개반 24명을 구성하여 감사반을 운영하고 있다. 그리고 조사팀으로는 2개반 12명으로 공직기강 확립을 위한 직무감찰반, 주민 불편 해소를 위한 민원처리반 등 전담반을 구성하여 운영하게 되었다.

다) 감사 효율성 확대에 기여

감사 결과가 생산성과 효율성을 제고할 수 있도록 주민 불편 사항, 예산 낭비 사례, 제도 개선 등에 초점을 맞추어 감사의 효율성을 기하였다.

2006년도는 행정상 조치 515건이었던 것이 2007년 10월 말 현재 818건으로 크게 증가하였다. 2006년도 특별자치도 추진 이후 2007년에 이르러서 감사위원회의 활동의 결과 행정상 조치가 크게 증가하였다고 할 수 있다. 그리고 신분상 조치는 2006년 98건에서 2007년에는 111건으로 증가하였고, 재정상 조치도 2006년 16억5천 여만 원, 2007년 62억4천 여만 원으로 증가하였다.

라) 업무 추진 우수 수범 사례 발굴 전파

감사위원회에서는 예산 절감, 취약 계층 시혜 확대, 세수 증대, 재해 예방 등의 사례를 발굴하는 데에도 노력하여 그 건수가 41건에 이른다.

2) 교육행정 분야 종합감사

제주특별자치도 출범과 함께 제주특별자치도특별법에 의거, 교육 · 학예에 관한 자치사무의 감사 권한이 감사위원회에 통합 · 부여되고, 중앙행정기관의 감사권이 배제됨에 따라 교육인적자원부에서 실시해 오던 제주특별자치도 교육행정 분야에 대한 감사역할을 감사위원회가 수행하게 되었다.

특별자치도 추진 이전, 교육인적자원부에서는 매 2년 주기로 도교육청에 대하여 정기적 종합감사를 실시해 왔다. 또한 도교육청에서는 관할 지역교육청과 직속기관 등에 대하여 2~3년 주기로 자체감사를 실시하였다. 2004년 이후 3년 동안 징계 이상 처분 조치가 없었고, 재정상 조치 등이 미약했었다고 평가할 수 있다. 예를 들어 총 지적 건수 68건 중 현지처분이 41건으로 60.3%를 차지하였고, 이에 따른 신분상 조치는 41건(경고 8, 주의 33), 재정상 조치는 14건 34,494천 원이었다.

특별자치도 출범 이후 성과를 살펴보면 다음과 같다.

가) 교육행정에 대한 종합감사 실시

제주특별자치도에 걸맞은 지방교육자치 실현을 위한 자치감사 체제를 구축하고 교육행정기관에 대한 첫 종합감사를 실시하였다.

감사는 7개 기관(도교육청, 제주시·서귀포시교육청, 학생문화원 등)을 대상으로 실시하였으며 지적 건수는 총 136건(도교육청 100여건 처분검토중으로 제외)이었다. 행정상 조치는 136건(본처분 69, 현지처분 67)으로 본처분이 51%를 차지하였다. 이 중 신분상 조치 23건(경고 7, 주의 16)이며, 재정상 조치는 9건 16,843천 원(행정상 조치와 병행)이었다.

나) 하나된 공직 분위기 조성

교육기관에 대한 감사권이 감사위원회로 통합됨에 따른 자치권 강화와 특별자치도가 지향하는 "하나된 공직 분위기 조성" 계기가 마련되었다.

다) 교육의 자주성 유지

각급 학교인 경우에는 교육의 특수성·전문성 등을 고려, 교육감 또는 지역교육장에게 대행 감사토록 하여 교육의 자주성을 유지할 수 있도록 하였다.

이 부분에 대해서는 그동안 논의가 많았다. 2008년 4월 16일에 이르러 교육청의 일선학교 감사 권한 문제에 대한 조정안이 마련되어 일단락되었다. 감사위원회와 제주특별자치도 교육청 양 기관은 교육청과 지역교육청 등 교육행정기관에 대한 감사는 감사위원회가 맡고, 교육기관에 대해서는 교육감이 자체감사를 실시키로 하였다. 다만 교육감은 감사 실시계획의 사전통보 및 처분 결과를 분기별로 감사위원회에 통보하는 것을 부대 조건으로 달았다. 또한 감사위원회는 교육청과 지역교육청 감사시 필요한 경우와 특정 사안에 대한 학교감사는 실시할 수 있도록 하였다. 이렇게 함으로써 교육청이 요구하였던 교육의 자주성 유지를 위한 요구 사항은 부분적으로 받아들여졌다고 할 수 있다.[14)]

라) 교육행정 일반 분야 감사에 대한 개선 효과

교육의 자율성, 전문성, 특수성 등 교권의 침해라는 논란이 있었으나, 대부분의 지적 사항은 일반행정 분야와 유사한 사항으로서 기관별 감사 결과를 비교해 보면 그간 교육행정 일반 분야의 적절치 못한 사안에 대하여 많은 시정·개선 등의 조치가 이루어졌다고 볼 수 있다.

감사위원회에서 발표한 사항을 보면 <표 10-6>과 같다. 도교육청과 각 시교육청에 대한 지적 건수가 크게 증가하였음을 알 수 있다.

〈표 10-6〉 감사 실적 비교

감사기관 / 피감사기관	2004 자체감사(도교육청, 교육인적자원부)					감사위원회				
	지적 건수			재정상 (천 원)	신분상	지적 건수			재정상 (천 원)	신분상
	계	본 처분	현지 처분			계	본처분	현지 처분		
제주시 교육청	24	7	17	2,913	21	50	25	25	9,696	12
서귀포시 교육청	13	4	9	26,274	14	46	24	22	6,412	9
도교육청	8	8	0	81,51	2	100 여건	65	35	33,004	

자료: 제주특별자치도 감사위원회(2007.7), 감사위원회 출범 1년간의 성과와 과제.

마) 교육 현장의 변화와 혁신 유도

교육청 자체감사의 부분적·답습적·형식적인 감사 행태에서 교육행정

14) 인터넷신문, 제주의 소리, 2008. 4. 18일자. "감사위·교육청 감사권한 분쟁 40일만 '일단락.'" 그렇지만 감사위원회가 요구한 '교육행정 전담팀' 신설과 교육청에서 요구한 '감사위원 추천 권한 부여' 및 '도교육청을 제외한 지역교육청 등 소속기관과 교육기관(학교) 감사를 도교육청이 직접 할 수 있도록 하는 조례 개정' 등은 도민 합의가 전제되어야 하는 점을 감안하여 지속적인 협의를 거쳐 제도 개선을 추진키로 함으로써 앞으로도 논의하여야 할 사항은 남겨두게 되었다.

전 분야에 대한 감사 형태로 확대하고, 특별자치도 출범에 걸맞은 제도 개선 차원의 종합감사 실시로 교육 현장의 변화와 혁신을 유도하였다고 할 수 있다. 한 예로 종전의 자체감사와 감사기법 차별화로 수감기관의 호응을 유도한 측면도 있다.

3) 예방 위주의 일상감사

각종 건설공사 등을 추진하는 과정에서 현지 여건과 부합되지 않는 설계 및 공법 등에 대하여 충분한 검토 없이 사업을 발주하여 예산 낭비 및 행정 불신을 초래하는 경향이 있어 온 것이 사실이다. 이러한 문제를 해소하기 위하여 효율적인 사전 일상감사를 실시할 필요성이 대두되었다.

특별자치도 출범 이전에는 건설공사 등이 발주된 이후에 사후 일상감사를 실시함에 따라 당초의 일상감사 취지인 사전 예방적 성격의 감사행정 실현에 미흡하였었다. 즉, 공사 착공 후 매 분기별 감사를 시행하는 형태를 취하였다. 이에 따라 공사 착공시 감사 지적 사항으로 인한 설계 변경 등 행정력 낭비를 초래하였고, 이미 시공된 사항은 설계 변경을 할 수 없으므로 재정적 낭비를 초래하기도 하였다.

감사 대상기관은 도청 산하기관 및 시·군이었고, 감사 인력은 감사관실 감사담당 소속 건축·토목직 2명이 일반행정기관에 대한 종합감사 업무 수행과 더불어 일상감사 업무까지 수행함에 따라 일상감사 대상 사업에 대한 심도 있는 검토를 하기에 미흡한 실정이있다.

특별자치도 출범 이후의 성과를 정리하면 다음과 같다.

가) 공사 발주 전 일상감사 실시

특별자치도 출범과 함께 일상감사 제도(2006. 11. 13, 감사위원회 자치감사규정 제정)에 대한 규정을 만들어 감사 요청 시기를 종전 공사 착공 후에서 공사 발주 전으로 변경하였다. 그리고 조기 발주 등 시급한 사업인 경우에는 착공 후 90일 이내 신청하게 하여 감사를 받도록 하고 있다. 감사 결과 송부는 감사 요청일로부터 30일 이내에 하도록 하였으며 일상감사 지적사항을 당해 사업에 반영하여 공사를 발주하도록 권고하게 되었다.

나) 일상감사 대상기관의 확대

일상감사의 대상기관을 도본청과 산하 일반행정기관에서 도 본청과 소속 행정기관은 물론 특별자치도 교육청과 소속기관에까지 확대하였다. 그 결과 특별자치도 출범 이전 도 본청과 산하 일반행정기관 82개 기관에서 교육청과 산하 교육행정기관 및 각급 학교를 포함하여 286개 기관으로 확대되었다.

대상 사업은 건설공사(토목, 건축)의 경우 총 공사비 10억 원 이상의 경우, 상하수도 · 어항시설 · 인공어초공사의 경우는 총 공사비 5억 원 이상을 대상 사업으로 하였다. 그리고 조경 · 전기 · 통신 · 소방 · 기계 · 기타 공사는 공사비 3억 원 이상을 대상 사업으로 하였다.

다) 추진 실적

2006년 7월에서 2007년 6월까지의 1년간 추진 실적을 보면 도로 개설사업, 하천 정비사업, 재해위험지구 정비, 학교 증 · 개축 등 77개의 대상 사업 중 설계 및 공법 불합리와 과다 설계에 대한 지적 63건이었다. 그 중 36건에 대하여 3,140백만 원을 절감하였다.

4) 공직기강 확립 직무감찰

행정환경의 변화에 대응하는 새로운 감찰 패러다임 정립과 기관별 · 시기별 집중 감찰로 열심히 일하는 공직자상 정립을 위한 시스템이 필요하였다. 이러한 배경에 따라 감사위원회에서는 특별자치도에 걸맞은 깨끗한 공직사회가 조성되도록 예방 위주 감찰을 추진하게 되었다.

특별자치도 출범 이전에는 제주도 산하 일반행정기관에 대하여 고질적 · 구조적 부조리 척결 위주의 공직자 복무기강 감찰에 초점을 맞추었다. 감사관실 조사담당 소속 3명의 소수 인력으로 도 산하 전체 기관에 대한 직무감찰 실시로 인하여 내실 있는 암행감찰 활동에 어려움이 있었다. 전반적으로 공직자를 대상으로 한 공직관 확립 교육 프로그램이 미흡한 실정이었다.

특별자치도 출범 이후의 성과를 정리하면 다음과 같다.

가) 특별자치도 출범에 따른 감찰 대상기관 확대

특별자치도 출범 이후 감찰 대상기관이 교육청 및 교육행정기관, 행정시, 출자 및 출연기관 등을 포함하여 380개 기관(도 · 행정시 82, 교육청 286, 출자 · 출연 12)으로 확대되었다.

그 감찰활동을 통하여 조치한 결과는 <표 10-7>에 제시되어 있다.

〈표 10-7〉 공직기강 관련 감찰활동 결과

(2007년 10월 말 기준)

구 분	기간	조치 결과													
		합계	신분상 조치							행정상 조치					
			소계	중징계	경징계	기관(장)경고	훈계	경고	주의	소계	시정	개선	주의	권고	통보
합계	11회	171 (10)	18	-	-	2	6	-	10	153 (10)	102 (9)	12	39 (1)	-	-
소계 (2006년 7월 1일 이후)	4회	112 (10)	14	-	-	2	2	-	10	98 (10)	61 (9)	6	31 (1)	-	-
특별자치도 출범 이후 공직기강 특별점검	8.23 -8.25	28 (6)	-	-	-	-	-	-	-	28 (6)	25 (6)	2	1	-	-
공직기강 특별점검	9.6 -9.9	62	14	-	-	2	2	-	10	48	23		25	-	-
추석 대비 공직기강 점검	10.4 -10.5	13	-	-	-	-	-	-	-	13	8	4	1	-	-
연말연시 공직 기강 점검	12.28 -1.3	9 (4)	-	-	-	-	-	-	-	9 (4)	5 (3)	-	4 (1)	-	-
소계 (2007년 1월 1일 이후)	7회	59	4	-	-	-	4	-	-	55	41	6	8	-	-
설연휴 공직기강 특별점검	2.16 -2.17	9	-	-	-	-	-	-	-	9	9-	-	-	-	-
상반기 공직기강 점검	4.25 -4.27	6	1	-	-	-	1	-	-	5	3	-	2	-	-
공중보건의 특별 점검	6.7 -6.8	13	3	-	-	-	3	-	-	10	4	-	6	-	-
여름철 공직기강특별점검	7.31 -8.28 (5일)	15	-	-	-	-	-	-	-	15	15	-	-	-	-
추석절 대비 공직기강점검	9.18 -10.1	-	-	-	-	-	-	-	-	-	-	-	-	-	-
태풍 피해 복구 상황 점검	10.1 -10.3	16	-	-	-	-	-	-	-	16	10	6	-	-	-
불량 감귤 열매 솎기 추진실태 점검	10.16 -10.30	-	-	-	-	-	-	-	-	-	-	-	-	-	-

주: ( )은 교육청 감찰활동 내용임.
자료: 제주특별자치도 감사위원회(2007. 11), 주요 업무보고, p.148.

특별자치도 추진 이후 2007년 10월 말까지 감찰활동을 총 11회 실시하여 신분상 조치를 취한 것은 18건이었고, 행정상 조치는 153건이었으며 교육청에 대한 신분상의 조치는 없었고, 행정상의 조치는 10건 있었다.

표에서 알 수 있듯이 신분상의 조치는 많지 않았고, 특히 2007년 1월 1일 이후 신분상의 조치는 4건으로 크게 줄어든 것을 알 수 있다. 행정상의 조치도 2006년 7월 1일부터 12월 말까지 98건이었던 것이 2007년 1월 1일 이후 10월 말까지 55건으로 줄어든 것을 알 수 있다.

나) 기동감찰반 확대 운영

특별자치도 출범 이후 기동감찰반을 확대 운영하였다. 조사담당 외 8명(사안에 따라 인력 보강)을 할당하여 설, 추석, 연말연시 등 취약 시기, 기타 특정 시기를 선정하여 암행감찰을 실시하였다. 이렇게 기동감찰반을 운영한 결과 2007년 1월 1일부터 2007년 10월 말까지 받은 민원감찰 실적을 보면 <표 10-8>과 같다.

〈표 10-8〉 기동감찰반 운영에 따른 민원 유형과 감찰 실적

구분	계	회계계약	건설시공	지역경제	사회복지	도로교통	지방세및주택건축	환경(상하수도 등)	관광	보건위생	일반(불친절 등)	기타
합계	152	3	3	3	11	34	22	17	3	7	40	9
문서	88	2	2	2	6	20	14	10	2	3	13	4
전화	64	1	1	1	5	14	8	7	1	4	17	5

기간: 2007년 1월 1일부터 2007년 10월 말).
자료: 제주특별자치도 감사위원회(2007. 11), 주요 업무보고, p.144.

표에서 알 수 있듯이 기동감찰반에 민원을 제공하고 그에 따라 감찰한 내용을 보면 도로교통 관련 민원, 지방세 및 주택건축 관련 민원, 환경, 불친절 등 일반민원과 감찰이 많았던 것으로 나타났다.

다) 범죄 예방 및 공직관 확립을 위한 교육 프로그램 운영

공무원의 범죄 예방 및 공직관 확립을 위한 교육 프로그램을 운영하였다.[15] 각급 교육기관의 공무원 교육이나 직장에서의 교육시 공직기강 교육

에 대한 지원을 실시하였다. 실적을 보면 범죄 예방 및 공직관 확립 교육을 특별자치 출범 이후 1년간 24회 실시하여 2,087명의 대상자를 교육하였다.

라) 처벌 강화 및 감찰 방법의 다양화

감사위원회에서는 공직기강 관련 사항 적발시에는 엄정한 처벌을 가하였다는 주장을 하고 있다.[16][17] 공무원 범죄 및 비위, 위법부당행위자 엄정조사 및 상응한 처분 요구를 실시하여 징계(문책) 및 훈계・경고 등 특별자치 1년간 192건을 처리하였다. 그리고 감찰 방법을 다양화하고 효율적 정보 수집이 이루어지도록 하였다. 사업의 일환으로 공직부조리 신고센터를 설치 운영하였고, 언론 및 인터넷 자료를 활용하여 자료를 수집하는 데에 노력을 기울였다.

5) 도민과 함께하는 열린 감사

현장 체험 및 감사 제보 창구 설치 등 도민의 다양한 의견을 수렴하여 감사에 반영하는 등 도민과 함께 하는 열린 감사를 실시하여 신뢰받는 감사행정 구현이 필요한 상황이었다.

특별자치도 출범 이전에는 도지사의 지휘 감독을 받는 실과 중 하나로서 감사관실이 설치 운영되고, 도 홈페이지를 이용하여 제보하여야 함에 따라

---

15) 이러한 노력에도 불구하고 예방감찰이 부족하다는 지적을 받고 있다. 2007년 11월 '공무원 징계 솜방망이, 제 식구 감싸기 심각'이라는 도의회 의원의 지적에 감사위원회에서 징계를 많이 했다고 제시한 해명 자료를 제출하자 구성지의원은 "징계는 최소화해야 한다. 왜 공무원들을 잡아먹으려고만 하나, 예방감찰은 말로만 하냐"며 예방감찰을 강조한 사례가 있었다. 앞으로도 이러한 예방감찰의 수요는 더 많아질 것으로 보인다. 인터넷신문, 제주의 소리, 2007년 11월 23일자 "공무원들 왜 잡아먹으려고만 하나!."

16) 처벌을 강화하고 있다는 감사위원회의 평가에 대해 '솜방망이 감사'라는 도의회 의원이 지적이 있었다. 특별자치도가 출범 이후 감사위원회가 징계처분을 요구한 건수는 총 72건, 이 가운데 11건에 대해서만 중징계 처분이 내려졌고, 나머지 61건은 경징계 처분된 것을 두고 도의회 하민철 의원이 지적하였다. 이에 대해 감사위원회 사무국장은 '쇠방망이 감사'로 응수한 일이 있었다. 이는 감사위원회의 처벌 강화라는 홍보가 지역사회에 그대로 받아들여지고만 있는 것은 아니라는 것을 짐작할 수 있다. 인터넷신문, 제주의 소리, 2007년 11월 23일자. ""솜방망이" vs "쇠방망이" 장군・멍군 '웃음 바다.'"

17) 감사위원회가 엄격한 처벌을 하고 있다는 것에 대하여 그렇지 않다는 비판이 많았다. 도의회 김병립 의원은 "감사위원회가 중립적인 위치에서 감시하기보다 도지사 또는 공무원 조직의 눈치를 보고 자기 식구 감싸기라는 비난과 조직의 기강 해이를 스스로 초래했다"고 지적하며 감사위원회의 중립과 엄격한 감사행위 및 집행을 주문하기도 했다. 인터넷신문, 제주의 소리, 2007년 11월15일자. "道 감사위 '제 식구 감싸기' 지나치다."

감사 결과 처리에 대한 공정성이 의심되고 감사 제보 접수 절차와 내용면에서 미흡한 실정이었다. 그리고 감사와 관련하여 시민단체와의 간담회 등 의견 수렴 과정이 전무하였다.

특별자치도 출범 이후의 성과를 정리하면 다음과 같다.

가) 감사위원회 독자적인 홈페이지 개설

감사위원회가 독자적으로 활용할 수 있는 홈페이지를 개설하여 감사 제보 접수 및 감사 예고와 결과 공개 등 투명한 감사행정 및 열린 감사 기회를 확대하였다. 홈페이지 개설 이후 감사 제보 및 민원 접수의 실적을 보면 2005년 34건에서 특별자치도 출범 1년간 183건으로 증가하였다.

나) 외부 전문가 감사 참여

외부 전문가들을 감사에 참여시킴으로써 감사의 투명성 확보 및 전문성을 보완할 수 있도록 하였다. 회계사, 세무사, 장학관 등 외부 전문가 등이 참여한 실적은 <표 10-9>와 같다.

그렇지만 일각에서는 다른 자치단체에서 초빙되어 온 감사관이 제주특별자치도의 업무를 잘 알지 못하는 상태에서 감사관으로서의 현장에서 감사하는 것은 문제가 있다는 지적도 있다. 일선 공무원들이 감사를 받을 때 다른 자치

〈표 10-9〉 시민단체 등 외부 전문가 감사 참여 실적 및 계획

감사 참여기관	참여 인원	참여자	감사 분야	참여 일수
합계	9			
서귀포시	2	공인회계사	지방세 분야	10
		세무사	지방세 분야	10
제주지방개발공사	1	공인회계사	경영관리	5
도 본청	3	전라남도청	예산·회계 분야	10
		광주광역시청	지방세 분야	10
		인천광역시청	건설공사, 도시계획 분야	10
도교육청	2	전직 장학관	초등학부	10
		전직 교장	중등학부	10
제주의료원	1	공인회계사	경영관리	5

자료: 제주특별자치도 감사위원회(2007.11), 주요 업무보고, p.128.

단체 공무원에게 감사받는 것이 심정적으로 순응하기 어렵다는 지적이다.[18)]

다) 설문조사를 통한 감사 방향 설정

감사위원회에서는 감사ITEM 설문조사로 감사 방향을 설정하고, 실제 감사에 반영하도록 하였다. 일례로 2007년 1월 22일부터 2월 5일까지 15일간 인터넷 전자설문 및 서면설문을 병행하여 설문조사를 실시하였다. 설문 참여자는 1,140명(전자설문 318, 서면설문 822)이었다. 결과를 보면 중점적으로 감사하여야 할 항목으로 일반행정 분야에서는 ① 인사관리 290명(25%), ② 회계/계약 194명(17%), ③ 건설 시공 180명(16%) 순으로 나타났고, 교육행정 분야에서는 ① 학교운영위원회 운영 263명(23%), ② 인사관리 231명(20%), ③ 회계/계약 59명(14%)의 순으로 나타났다.

라) 시민과 함께하는 감사와 정보의 수집

시민과 함께하는 감사가 될 수 있도록 시민사회단체와의 간담회를 4회에 걸쳐 51개 단체가 참여하도록 하여 감사계획을 설명하고 감사 방향을 설정하기 위한 의견을 교환하였다. 그리고 농촌일손돕기 현장 체험으로 농민애로 사항 파악 등 지역 주민과의 대화 통로를 마련하여 감사자료로 활용할 수 있도록 하였다. 예를 들어 대정읍 무릉리 마늘농가 1가구, 약 2,000㎡에 직원 25명이 참여하여 일손돕기와 더불어 주민과의 대화의 시간을 가졌다. 중국산 마늘 수입으로 인한 가격 하락과 농촌 인력의 고령화 및 일손부족 등 삼중고를 겪고 있어 이들 농가에 대한 지원책이 마련되어야 할 것을 직접 체험한 뒤에 제안하였다.

6) 시민감사관 제도 운영

2006년 7월 1일 제주특별자치도 출범에 따라 '제주특별자치도 설치 및 국제자유도시 조성을 위한 특별법' 제66조의 규정에 의한 직무상 독립기관인 감사위원회의 직무 범위에 맞게 재정립이 필요함에 따라 기존에 운영되어온 주민 옴부즈맨 제도를 폐지하고 시민감사관 제도를 도입할 필요성이 나타났다.

특별자치도 출범 이전에 주민 옴부즈맨 제도는 1999년부터 제주도 옴부

18) 감사를 받은 적이 있는 제주특별자치도 일선 공무원과의 면담(2007년 11월).

즈맨 운영에 관한 규정에 의거 제주도지사가 운영하였다. 2006년까지 총 4기 220명을 주민 옴부즈맨으로 위촉, 활동하여 610건의 제보 사항을 접수·처리하였으나, 위법한 행정처분이나 공무원 비리에 대한 제보 건수가 극히 적고 일반적인 주민 불편 사항이나 행정 개선에 대한 단순한 의견 제시 수준에 머무르고 있는 측면이 있었다.

특별자치도 출범 이후의 성과를 정리하면 다음과 같다.

가) 시민감사관 제도 도입

특별자치도 출범 이후 직무상 독립기관인 감사위원회 기능에 맞춰 감사위원장이 위촉하는 시민감사관 제도를 도입하여 운영(2007. 4. 26)하게 되었다. 추진 경위를 살펴보면 2006년 11월 13일에 감사위원회 자치감사규정에 시민감사관 운영 근거를 마련하고, 2007년 2월 21일 제주특별자치도 감사위원회 시민감사관 운영규정을 제정하였으며, 2007년 3월 8일~16일까지 9일간 감사위원회 시민감사관 추천 요청 및 인터넷 공모를 실시하였다. 이러한 과정을 거쳐 2007년 4월 9일 감사위원회 시민감사관을 선정하였고, 2007년 4월 26일 시민감사관을 위촉하게 되었다.

나) 시민감사관 운영 내용

감사위원회에서는 38명을 위촉하여 시민감사관 제도를 운영하고 있다. 시민단체 5명, 전문가 11명, 읍·면 12명, 행정시에서 10명을 각각 임명하였다.

시민감사관들의 주요 기능 및 임무를 살펴보면 다음과 같다.

첫째, 자치감사 대상기관의 위법·부당한 행위, 공무원 비위 및 민원부조리 제보, 둘째, 도민 고충 사항에 대한 시정·개선·건의 요구, 셋째, 감사위원회 활동과 관련한 협력 지원 및 홍보, 넷째, 주민 여론 동향 제보와 도정 발전 방안에 대한 의견 제시, 다섯째, 감사 위원회 필요시 현장조사 공동 참여 등 감사 자문 의견 제시였다.

활동실적을 보면 <표 10-8>에서처럼 네 건이 있었는데, 주로 생활민원과 관련한 사항을 제안하는 것이었다.

이와 같은 실적에도 불구하고 시민감사관 1인이 1건도 제출하지 못하는 상황이 노정되어 보완계획을 수립하고 있는 실정이다.[19] 감사위원회에서는

19) 감사위원회(2008.2), 주요 업무보고, p.35.

〈표 10-8〉 시민감사관 활동 실적

번호	제안/건의 내용	처리 결과(조치 계획)
1	WHO안전도시기 게양 검토	WHO안전도시 공인 선포식(2007.7.30) 이후 사용(게양 방법은 결개그림 및 각종 안전 관련 행사시 사용)
2	버스정류장 행선지 표기 혼돈	동복리 및 함덕리 버스 정류장 안내판 표지 정정
3	제주시 대형 폐기물 처리 체계를 인터넷 이외에 휴대폰과 연계 처리	무선통신비 민원인 부담 가중으로 향후 무선통신료 인하 등 여건 개선 후 모바일(휴대폰)과 연계토록 전산 시스템 보완
4	남문로타리 벽화 훼손되어 있어 오래 지속될 수 있도록 점검	벽화는 전체적으로 코팅된 상태이며 장마 후 재정비하여 도시미관 조성

자료: 제주특별자치도 감사위원회, (2007.11), 주요 업무보고, p.125.

향후 계획으로 첫째, 제보 사항 등 활동 실적 평가 및 우수 시민감사관 표창, 둘째, 자질 향상 및 전문성 배양 능력 강화를 위한 워크숍 등 실시, 셋째, 시민감사관 분과 구성·운영으로 적극적인 참여 유도, 넷째, 홈페이지 '시민감사관 신고센터'를 적극 활용하고 신속한 제보가 가능하도록 하는 방침을 구상하고 있다.

7) 감사요원의 전문 역량 강화

특별자치도 출범으로 고도의 자치권이 부여되고, 중앙부처의 감사권이 배제됨에 따라 내부통제기관으로서의 감사위원회가 자치 이념에 부합하는 자기책임성 강화를 위하여 감사요원의 전문 역량 배가 노력이 필요한 상황이었다.

특별자치도 출범 이전에는 5개 직렬의 감사요원만 감사관실에 배치되어 있어 행정 전 분야에 대하여 전문적이고 심층적인 감사 실시에 어려움이 있었다. 그리고 도의 지휘 감독을 받는 부서의 하나로서 감사관실이 운영됨에 따라 본연의 감사·조사 업무 이외의 공직윤리, 평가 업무 등 일반행정 업무 수행으로 감사요원의 전문성 제고에 어려움이 많았다.

10여 명의 감사요원이 감사 수행, 직무감찰, 중앙감사 지원, 일반행정 업무 수행 등 업무 가중으로 감사 전문교육 참석과 자체 연찬회 등의 운영에 미흡하였다. 실제 연간 1~2명 정도만이 교육을 이수할 수 있었다. 그리고 감사 대상기관에 대한 사전 직무 연찬 및 감사 결과에 대한 토론 시간을 갖기가 어려웠다.

특별자치도 출범 이후의 성과를 정리하면 다음과 같다.

가) 특별직무 교육 실시

특별자치도 출범 이후 감사위원회 감사관들의 인원이 확보되면서 2006년 8월 16일~18일까지 전국 최초로 감사원 산하 감사교육원 교수 6명을 초빙하여 현지 특별직무 교육을 실시하게 되었다. 이 때 초빙한 교수들의 분야는 회계, 계약, 공사, 직무감찰, 감사 일반 등에 대한 것이었다.

이외에도 감사교육원 및 행정자치부 감사관을 초빙하여 행정환경 변화에 따른 시스템 감사기법 및 감사사례 특별교육을 2회 실시하였다. 그리고 직무 분야별로 중앙부처 주관 전문교육을 이수하도록 하여 감사 역량을 강화하였다. 중앙부처 및 중앙의 교육기관은 감사교육원, 자치경영평가원, 지방혁신인력개발원 등이 있고, 교육 이수자의 경우 2005년 2명에서 특별자치도 출범 후 1년간 21명(감사 14, 조사 7)이 교육을 받았다.

나) 전문 역량 강화를 위한 활동

감사관들의 감사 역량 제고와 실무 능력 향상을 위하여 다양한 활동을 실시하여 연찬회를 3회 개최하였고, 연찬회시 자체감사 운영 실적과 문제점을 토의하였으며 개선 방안을 마련하였다. 그리고 감사사례 발표 및 분야별 감사 방향 분임 토의를 실시하였다.

이뿐만 아니라 실제 감사에 앞서 사전 직무 연찬을 정례화하여 감사 실효성을 제고하도록 하였다. 실적으로는 특별자치도 출범 이후 1년간 58회의 연찬회를 개최하였고, 사전 직무연찬에서는 감사 착안 사항 발굴과 감사자료 분석 및 문제점을 토의하였다.

8) 주민 불편 해소 현장활동 강화

특별자치도 출범에 따른 행정구조 개편으로 도-행정시-읍·면동 간 일부 민원사무가 재분장됨에 따라 이에 따른 다양한 불편 사항이 따랐다.

특별자치도 출범에 따라 도민 편의가 증대될 것이라는 기대가 높아 이에 따른 상대적 불편 민원과 불편한 심리가 증가할 우려가 있다.

특별자치도 출범 이전에는 감사관실 조사담당 소속 3명의 직원이 직무감찰과 병행하여 민원처리를 위한 현장조사 활동을 병행함으로써, 다수의 주민 불편 사항 해결에 적극적인 대처가 미흡한 실정이었다.

그리고 감사관실이 도 본청에 소속되어 있어 대부분의 주민 불편 사항 신고에 대하여 그 원인을 제공한 해당 부서에서 다시 직접 처리하게 됨으로써 민원 처리 결과에 대한 도민 만족도가 저하되는 상황이었다.

특별자치도 출범 이후의 성과를 정리하면 다음과 같다.

가) 현장활동 강화

특별자치도 출범 이후 감사위원회 조사팀 조사2담당 외 4명으로 민원처리 전담반 기동감찰반을 구성하여 현장활동을 강화하였다. 2005년 36건의 생활 불편 민원을 처리하였던 것이 출범 후 1년 사이에 278건을 수행하였다. 수행 내용은 감사원 등 중앙부처 이송 26건, 자체 접수 191건, 언론보도 사항 61건이었다.

나) 일선행정기관 점검

행정구조 개편에 따른 읍·면·동 등 일선행정기관을 점검하였다. 이는 불합리한 제도 개선 및 일선행정기관 기능을 강화하기 위한 것으로서, 그 결과 14개 일선 읍·면·동 점검 주민 불편 및 제도 개선이 13건에 이르렀다.

다) 도의 정책집행을 위한 지도단속 및 점검

감사위원회에서는 제주특별자치도에서 추진 중인 정책 중 지도 단속을 필요로 하는 사업에 대하여 지도 단속과 점검을 실시하게 되었다. 대표적인 사례로 감귤 유통 지도단속 운영 실태 점검을 통하여 유통지도 단속 관련 문제점 및 개선 사항 18건을 지적하고 조치를 취하도록 하였다. 그 주된 내용은 행정시의 민간인 단속반 지도 강화와 비상품 감귤의 유통행위 근절 및 단속 강화였다.

라) 고충민원 도우미 제도 운영

감사위원회에서는 고충민원 도우미 제도를 운영하여 고객만족 행정을 실현할 수 있도록 노력하였다. 2007년 3월 독립 청사 이전 고충민원상담센터 개설과 도우미방 운영을 통해서 고충을 처리할 수 있도록 하였다. 그 실적은 <표 10-9>에 나타나 있다.

〈표 10-9〉 고충민원 도우미 제도 운영 현황

건수	반복 민원 (2회 이상)	다수 민원	소외계층	직접 방문	비고
30	3	2	7	18	

기간: 2007년 3월-2007년 10월 말.
자료: 제주특별자치도 감사위원회(2007.11), 주요 업무보고, p.145.

고충민원 도우미방 및 상담센터는 상담관(조사팀장), 그리고 도우미(조사팀원)를 두어 운영하였다. 실적을 보면 직접 방문하여 민원을 제기한 경우가 18건이었고, 소외계층 관련 민원이 7건, 그리고 반복 민원도 상담센터를 이용하였다는 것을 알 수 있다.

마) 언론보도 사항에 대한 신속한 조사와 조치

행정의 잘못에 대한 주요 언론보도 사항에 대하여 신속한 조사와 조사결과 공개, 시정조치 등 공정한 감사 처리로 감사위원회 역할을 제고할 수 있도록 하였다. 그 특별자치도 추진 1년간의 내용을 보면 분야는 중산간 훼손, 하수 무단 방류, 무단 형질 변경, 무단 벌채, 축산 분뇨 무단 투기 등이었고, 조사처리 61건, 신분상 조치 17건, 행정상 조치 2건, 기타 42건이었다.

5 자치감사 제도의 확립을 위하여 추후 논의하여야 할 과제

감사위원회의 활동으로 제주특별자치도의 감사활동은 독립기구에 의하여 지역 실정에 맞는 감사활동을 해왔다. 그 결과 많은 새로운 제도와 그에 따른 실적을 만들어냈다. 이러한 감사위원회의 감사활동을 더욱 활성화시키기 위하여 앞으로 추가적으로 논의하여야 할 과제를 정리하면 다음과 같다.

첫째, 감사위원회 소속에 대한 논의다. 감사위원회의 감사활동의 객관성과 신뢰성을 확보하기 위하여 도의회 소속으로 이관하여야 한다는 논의가 있다.

현재는 집행기관의 장인 제주특별자치도 도지사가 임명하되, 집행기관으로부터의 독립이 보장될 필요가 있어서 감사위원회 위원장을 임명할 때 도의회의 동의를 얻도록 하고, 위원 중 3인은 도의회에서 추천한 자로 위촉하도록 하는 견제 장치를 두고 있는 정도다(제주특별자치도특별법 제66조

제1항과 제3항). 만일 도의회로 이관하는 경우에는 도감사관실 신설 문제, 감사위원회의 직무감찰 기능도 도의회로 이관할 수 있는가 하는 문제 등이 검토되어야 할 것이다.

둘째, 감사위원장의 위상 찾기와 임기다. 감사위원장 임명시 의회의 청문과 동의 절차를 거쳐 도지사가 임명하고 있고, 감사위원장이 사무국 소속 직원에 대한 지휘 감독과 직원 임명시 감사위원장의 추천을 받도록 제도화되어 있어 감사위원장으로서의 독립적인 역할 수행과 위상이 확보되어 있다. 현재 감사위원장은 교수 출신으로서 정무직 지방공무원으로 임용되었으나 임기가 규정되어 있지 않다. 정무직 지방공무원이어서 위원회 운영에 있어서 일반직 공무원 출신보다 공정한 운영을 기할 수 있는 측면이 있다.

특별법 제66조 제4항의 규정에 감사위원 임기가 3년으로 규정되어 있으나 공무원이 아닌 위원인 경우에 한하여 적용하게 됨에 따라 조례 제2조 규정에 의하여 정무직 지방공무원으로 임명하게 된 감사위원장은 공무원 신분으로 사실상 임기가 규정되어 있지 않은 실정이다.

이를 해결하기 위하여 1) 감사원, 국민고충처리위원회, 중앙인사위원회 등 중앙의 합의제 행정기관에서와 같이 특별법에 감사위원장의 임기를 규정하는 방안이 있다. 이 방안에 대해서는 법제처 등에서 정무직에 대하여 임기를 규정하는 것은 문제가 있다는 해석을 받은 상태(한라일보, 2007년 5월 30일자)여서 중앙부처에서 소극적인 상태라는 것을 짐작할 수 있다. 또 2) 제주특별자치도 감사위원회 구성 및 운영에 관한 조례 제정시 감사위원장의 임기를 규정하는 방안이 있다. 이 방안은 감사위원회가 조례 제정 과정(현재 추진 중임)에서 제안했으나, 제주특별자치도 조례규칙심사위원회에서 특별법의 규정이므로 특별법 개정시 하도록 하여 수정안을 감사위원회에 요구한 상태다.

따라서 현재 감사위원장 임기의 제도화는 중앙부처에서 받아들여지지 않고 제주특별자치도 법제 실무부서에서도 부정적인 의견이 있는 상태라 할 수 있다. 국무조정실에서는 지방자치단체 소속하의 기관의 정무직 공무원에 대한 임기를 규정하는 것은 부적절하고, 감사위원회 도입 초기로 시기가 부적절하다는 이유로 반대하여 신설하지 못하였다(박영욱, 2008: 177).

도의회에서는 감사위원회의 독립성을 확보하기 위하여 감사위원장의 임기를 규정하도록 하는 조례가 제정되지 않으면 의원입법으로 할 의사가 있는 것으로 파악되고 있다(한라일보, 2007년 5월 30일자). 2007년 3월 입법예고한 '제주특별자치도 감사위원회 구성 및 운영에 관한 조례(안)'에 임기를 3년으로 하려고 하였으나 특별법상에서 규정하여야 할 사항이라는 논리가 우세하여 지금도 해결하지 못하고 있다.

결과적으로는 감사위원장의 임기는 규정되어야 하며, 조례로 제정하더라도 중앙부처가 특별법에 규정하기 어려운 경우 어떻게 해야 하는지 방안을 제시해 줄 필요가 있다.

셋째, 감사에 대한 거부 및 방해에 대한 제도적 보완이다. 특별법 제67조 제4항의 규정에 의하여 감사 대상기관 및 그 기관에 소속한 자에 대하여 정당한 사유가 없는 한 감사에 응하도록 수감 의무가 규정되어 있으나 수감 의무를 지키지 않을 경우 이에 대한 제재 조항이 없어 제도적 실효를 확보하지 못하고 있는 실정이다. 수감 불응자에 대한 벌칙 규정 등 제재 조항이 없어 감사 거부 및 원활한 감사 업무 수행 방해 사례 발생시 적극 대처하지 못할 우려가 있다. 따라서 감사 거부 및 감사 업무 수행 방해 사례를 사전 차단하기 위하여 특별법에 수감 불응자 및 방해자에 대한 벌칙 조항을 신설할 필요가 있다.

넷째, 감사위원회 소속 공무원들의 업무 몰입을 위한 제도 보완이다. 감사위원회가 도지사 소속하에 있으나 직무상 독립되어 있어 제도적으로는 독립적인 감사 업무를 수행할 수 있는 여건이 되었으나, 승진·전보 등 인사에서는 사실상 도 인사부서의 통제를 받으며, 언젠가는 다시 집행부서로 전보되기 때문에 감사 및 조사를 함에 있어 자유로울 수만은 없는 여건이다. 감사·조사 등의 업무 수행 특성상 동료 직원으로부터 평가 등에서 불이익이 있을 것임에도 불구하고, 타부서 직원과 마찬가지로 승진인사 시 동료 직원의 다면평가를 받게 됨에 따라 적극적인 감사·조사활동 수행에 장애 요인이 될 우려가 있다. 감사부서 직원에 대하여는 동료직원의 다면평가를 제외하고, 근무성적평정위원회에 감사위원회 사무국장이 도청 실국장과 같이 당연직으로 참여하여 감사위원회 사무국 공무원들의 불이익을 최소화하고 사무국 공무원들의 의견을 대변할 수 있도록 관련 규정 개정이 필요하다.

다섯째, 감사위원회의 감사 결과를 피감사자들이 수긍할 수 있는 여건 마련이다. 중앙정부의 감사를 받지 않은 것에 대한 효과는 아직은 경험이 없어서 인지하지 못하고 있는 상황이다. 다만 중앙감사는 전문성이 있어 수긍할 수 있거나 논리를 개발해서 대응할 수 있는데, 현 감사위원회의 감사의 경우는 감사관들이 외부에서 파견으로 영입되어 해당 감사만을 하고 가버리는 스쳐가는 감사원 신분의 형태인 경우도 있어 현재 공무원들이 감사 결과를 수긍하지 못하는 상황이 부분적으로 나타나고 있었다.

개선하여야 할 사항으로는 감사관에 대한 교육이 필요하며, 전문성 있는 사람을 내부 공채 형식으로 뽑을 필요가 있다고 본다. 외부에 위탁할 때도 외부 자치단체 공무원을 초빙하는 것은 문제로 지적받고 있다. 다른 자치단체에서 온 감사관은 전문성은 있지만 제주에서 해당 정책이 결정되는 과정을 모르고 있다는 점이 제약 요소라 할 수 있다. 그리고 피감사자들이 타 자치단체에게 제주특별자치도의 치부를 모두 공개하는 것은 문제가 있다고 인식하고 있다. 따라서 외부에 감사요원을 초빙할 때도 이러한 정서를 읽을 필요가 있다.

중앙부처의 감사의 경우 사무관급이 중심이 되어 감사를 받는데, 감사위원회 감사의 경우는 실무자들 위주로 감사를 받기 때문에 정책 과정에 대한 합리성까지 감사하기가 쉽지 않다. 따라서 감사위원회 감사를 받을 때에도 사무관급이 중심이 되어 책정결정 과정과 정책의 특수성까지도 이해시키는 작업이 필요하다고 본다.

제 11 장 제주특별자치도 복지정책의 운영

1 특별자치도와 사회복지정책

우리나라에서 지방자치 시대의 개막은 경제성장 제일주의에 치중하여 지역 주민들의 복지 욕구에 무관심하고, 획일주의적인 복지 제공을 통하여 지역사회의 특수한 복지 욕구를 무시한 중앙집권적 국가행정 체계를 탈피하여, 지방정부들이 주민들의 욕구에 민감하게 대응하고, 지역복지의 활성화와 지역 주민의 복지 수준을 향상시킬 수 있는 지방분권적 복지행정 시스템이 구축될 것이라고 기대하였지만, 현재 지방정부의 복지사업 실태를 종합하여 보면 이러한 기대는 지역복지 발전이라는 긍정적 측면보다는 부정적 측면이 더 강하게 드러나고 있는 실정이다(김교성 · 이재완, 2000, 68-92; 조영훈, 2001: 1-9).

특히 조영훈(2001: 1-19)은 우리나라의 경우 지방자치단체가 실시된 이후 사회복지와 관련하여 나타나고 있는 두 가지의 문제점을 지적하고 있다. 첫째, 지방정부들은 지방자치 제도의 이념에 걸맞게 주민들에 대한 사회서비스 제공에 전념하기보다는 단기간의 치적 위주의 지역 개발에 더욱 몰두하고 있으며, 둘째, 무엇보다 중요한 것으로 중앙정부는 지방자치 제도의 실시와 함께 지역의 문제들을 단순히 지방정부에게 전가하고 있으며, 사회복지 수준에서의 지역 간 불평등을 해소하기 위한 적극적인 대책을 마련하지 않고 있다고 지적한다.

2006년 2월 21일 '제주특별자치도 설치 및 국제자유도시 조성을 위한 특별법(이하 "특별법")'이 공포됨에 따라 제주도의 지역적·역사적·인문적 특성을 살리고 자율과 책임, 창의성과 다양성을 바탕으로 고도의 자치권이 보장되는 제주특별자치도(이하 "특별자치도")가 2006년 7월 1일 출범하게 되었다. 특별법의 내용 중 사회복지와 관련된 주요 내용은 특별자치도 출범 당시에는 제15장 '환경·교통·보건복지·안전'의 제4절 '보건복지 제도에 관한 특례'에서 다루어졌으나, 2007년 8월 3일 개정으로 제4절 '보건복지 및 소비자 보호 등에 관한 특례'에서 다루어지고 있다.

개정 특별법의 사회복지 제도 운영과 관련된 특례 조항은 제328조에서 342조까지와 342조의2에서 제시되어 있다. 구체적으로 보면, 제328조는 사회복지사업법과 관련된 사회복지사업에 관한 특례, 제329조는 국민기초생활보장법과 관련된 국민기초생활보장에 관한 특례, 제330조는 아동복지법과 관련된 아동복지에 관한 특례, 제331조는 노인복지법과 관련된 노인복지에 관한 특례, 제332조는 장애인복지법과 관련된 장애인복지에 관한 특례, 제333조는 정신보건법과 관련된 정신보건에 관한 특례, 제334조는 입양촉진 및 절차에 관한 특례법과 관련된 입양 촉진 및 절차에 관한 특례, 제335조는 장애인·노인·임산부 등의 편의 증진 보장에 관한 법률과 관련된 장애인·노인·임산부 등의 편의 증진 보장에 관한 특례, 제336조는 농어촌 주민의 보건복지 증진을 위한 특례법과 관련된 농어촌 주민의 보건복지 증진에 관한 특례, 제337조는 한부모가족지원법과 관련된 한부모가족복지에 관한 특례, 제338조는 영유아보육법과 관련된 영유아 보육에 관한 특례, 제339조는 성매매 방지 및 피해자 보호 등에 관한 법률과 관련된 성매매 방지 및 피해자 보호 등에 관한 특례, 제340조는 성폭력범죄의 처벌 및 피해자 보호 등에 관한 법률과 관련된 성폭력범죄의 처벌 및 피해자 보호 등에 관한 특례, 제341조는 가정폭력 방지 및 피해자 보호 등에 관한 법률과 관련된 가정폭력 방지 및 피해자 보호 등에 관한 특례, 제342조는 건강가정기본법과 관련된 건강가정 지원에 관한 특례, 그리고 342조의2는 청소년활동진흥법과 관련된 청소년활동 진흥에 관한 특례 등이다.

이 중 제332조는 장애인복지법의 전부 개정으로 인하여 전문 개정되었다. 제329조, 제334조, 제337조 그리고 제341조는 개정되었으며, 제342조의

2(청소년활동 진흥에 관한 특례)는 2007년 8월 3일 특별법 개정시 본조가 신설되었다. 이상의 사회복지 제도 운영과 관련된 특례 조항들은 각각의 관련법에서 대통령령, 보건복지부령 그리고 여성가족부령으로 정하도록 한 사항을 특별자치도의 조례로 정할 수 있도록 규정하고 있다. 특례 조항에서 제시되고 있는 내용들은 시설의 설치 및 운영, 시설의 위탁운영, 운영위원회의 조직과 운영에 관한 사항, 노인·장애인·아동복지·보육 및 청소년수련시설의 대표자 자격 요건 등의 사항 등이다. 또한 기초생활보장 수급자 선정, 장애의 종류 및 기준 등 전국적 통일이 필요한 사항은 이양 대상에서 제외되어 있다.

결론적으로 보면, 사회복지 제도 운영과 관련해서는 특별자치도를 통하여 중앙정부로부터 다른 자치단체와는 차별화된 고도의 자치권을 이양받았다고 할 수 없으며, 또한 종전의 제주도와 4개 시·군이 폐지되고 지방자치단체인 제주특별자치도와 하부행정기관인 2개의 행정시[1] 체제로 변화됨에 따라 자치권을 가졌던 기존의 4개 시·군에 설치되어 운영되던 사회복지사업법에 근거한 지역사회복지협의체의 존립 근거가 사실상 없어짐으로써 관할지역 안의 사회복지사업에 관한 중요 사항과 지역사회복지계획을 심의 또는 건의하고, 사회복지·보건의료 관련 기관·단체가 제공하는 사회복지 서비스 및 보건의료 서비스의 연계·협력을 강화하기 위한 기능을 자치권이 있는 특별자치도에서 수행하여야 되는 결과를 가져오게 되었다. 그러나 현재 2개의 행정시에 지역사회복지협의체를 구성하여 운영하고 있는 실정이다.

아래에서는 특별자치도와 행정시의 보건복지 관련 업무 조직의 변화와 현황, 보건복지여성국 소관의 사회복지 관련 입법 조례 현황, 사회복지예산 현황, 사회복지시설 설치 운영 현황 등에 대하여 기술하고자 한다.

---

1) 특별자치도의 행정시와 다른 시·도의 자치권을 가진 시에 대한 차이점에 대한 내용은 박영욱(2008: 18-20)을 참조할 것

2 특별자치도와 행정시의 보건복지 관련 업무조직의 변화와 현황

가. 보건복지 업무조직의 변화

특별자치도 출범 이전의 보건복지여성국은 3과(사회복지, 여성정책, 보건위생) 10담당이었으나 특별자치도 출범과 함께 보건복지여성국은 기존의 사회복지과가 복지청소년과와 노인장애인복지과로 분리되고 담당이 신설되어 4과 16담당으로 조직을 개편하여 운영하였으나, 2007년 7월 25일 조직의 부분 개편으로 노인장애인복지과에 양지공원관리담당이 신설되어 4과 17담당으로 운영되었다.

그리고 2008년 3월 5일 조직 개편으로 복지청소년과에 저출산고령화담당이 신설되었고, 노인장애인복지과에서는 경로복지담당과 노인요양담당이 경로요양담당으로 통합되고, 장애인재활지원담당이 재활복지담당으로 변화되어 기존의 5담당에서 4담당으로 되었으며, 여성복지과는 명칭이 양성평등정책과로 변경되어 여성정책담당 역시 양성평등정책담당으로 변경되었다. 보건위생과는 특별자치도 출범 이후 조직 개편 없이 출범 당시 조직 그대로 유지되고 있다. 따라서 2008년 3월 5일 조직 개편으로 보건복지여성국은 과 명칭의 변경과 담당의 신설 및 통합 과정을 거쳐 4과 17담당으로 운영되고 있다([그림 11-1] 참조).

행정시의 경우에는 주민생활지원국에서 사회복지 업무를 담당하고 있다. 2008년 3월 5일 조직 개편 이후 제주시와 서귀포시의 주민생활지원국을 살펴보면 다음과 같다.

제주시 주민생활지원국의 경우 4과 17담당으로 운영되고 있다. 주민생활지원과는 4개(총괄기획, 복지서비스 연계, 통합조사, 평생학습)의 담당으로, 사회복지과는 5개(사회복지, 자활복지, 장애인복지, 경로복지, 노인요양)의 담당으로, 양성평등지원과는 5개(양성평등, 가족 지원, 보육, 아동, 청소년)의 담당으로, 위생관리과는 3개(공중위생, 식품위생, 위생관리)의 담당으로 운영되고 있다.

그리고 서귀포시 주민생활지원국의 경우 5과 26담당으로 운영되고 있다.

주민생활지원과는 4개(총괄기획, 복지서비스 연계, 통합조사, 평생학습)의 담당으로, 사회복지과는 7개(사회복지, 장애인복지, 노인복지, 장묘문화, 복지관 운영, 공중위생, 식품위생)의 담당으로, 양성평등지원과는 4개(양성평등, 아동복지, 청소년, 가족 지원)의 담당으로, 문화예술과는 3개(문화예술, 문화시설, 문화재)의 담당으로, 그리고 도서관운영사무소는 도서관총괄담당과 서귀포 소재 7개 도서관장(담당) 등 8담당 체제로 운영되고 있다.

나. 보건복지여성 분야의 성과와 과제

특별자치도 보건복지여성국[2]의 주요 업무보고 자료에 제시된 특별자치도 출범 후 2007년 보건복지여성 분야의 자체 성과와 과제를 살펴보면 아래와 같다.

첫째, 복지청소년 분야는 1사 1사회복지시설 자매 결연으로 사회봉사 기능 강화, 사랑의 열매 공직자 1계좌 갖기 운동으로 기부문화 확산, 전국 최초 저출산 고령사회 중기계획(2007~2010) 수립, 보건복지혁신 현장보고회 개최, 전국 최초 무담보·무보증 융자 제도 시행, 의료급여혁신사업 추진, 청소년 중장기 쉼터와 청소년 성문화센터 개관으로 청소년 복지 인프라 확충, 청소년 동반자 프로그램 운영 등의 성과가 있었으며, 그러나 2007년도 시행 목표로 추진하던 다자녀 가정 우대카드제 도입 지연(2008년 6월 현재 시행 중), 저소득층 대상 복지시책의 통·폐합 문제, 건전 청소년 육성에 대한 심층적인 접근 등에서는 향후 보완 및 발전시켜 나가야 할 것으로 평가하고 있다.

둘째, 노인장애인복지 분야는 노인의 복지 수준 향상을 위한 기초노령연금 준비 및 장기요양보험 제도 기반시설의 확충, 독거노인생활지도사 파견사업, 노인돌보미 바우처 및 실비요양시설 이용료 지원, 차상위 계층 건강보험료 지원 등 신규 사업 시행으로 노인의 건강과 안전에 최상의 서비스를 제공하고, 건강한 노인을 위한 전국 최초 노인고용촉진장려금 제도 시행 등으로 1,970여 개의 노인일자리 제공, 그리고 장애인 일자리 창출사업, 장애인 활동 보조사업, 특수아동지도사 교육과정 운영, 무장애시설 인증제

---

2) 제주특별자치도 보건복지여성국(2008), 제246회 제주특별자치도의회 복지안전위원회 업무보고 자료.

[그림 11-1] 제주특별자치도 출범 전·후 보건복지여성국 조직의 변화

특별자치도 출범 이전			특별자치도 출범 이후				
			출범 직후 (2006. 7. 1 기준)			조직 개편 (2008. 3. 5 기준)	
사회 복지과 (3담당)	·사회복지 ·경노복지 ·장애인복지	⇒	복지 청소년과 (3담당)	·복지정책 ·생활보장 ·청소년 육성	→	복지 청소년과 (4담당)	·복지정책 ·생활보장 ·저출산고령화 ·청소년 육성
			노인 장애인 복지과 (4담당)	·경로복지 ·노인요양 ·장애인복지 ·장애인재활 지원		노인 장애인 복지과 (4담당)	·경로요양 ·장애인복지 ·재활복지 ·양지공원관리
여성 정책과 (3담당)	·여성정책 ·여성복지 ·보육		여성 정책과 (4담당)	·여성정책 ·여성활동 지원 ·아동보육 ·가족지원		양성평등 정책과 (4담당)	·양성평등정책 ·여성활동 지원 ·아동보육 ·가족 지원
보건 위생과 (4담당)	·보건정책 ·의약 ·건강관리 ·위생		보건 위생과 (5담당)	·보건정책 ·의약 ·건강관리 ·질병관리 ·위생관리		보건 위생과 (5담당)	·보건정책 ·의약 ·건강관리 ·질병관리 ·위생관리

추진 및 재활전문센터 건립 추진 등 장애인의 삶의 질 향상에 노력하여 장애인 복지인권 수준 평가에서 우수기관, 장애인활동보조사업 우수지자체로 선정되는 성과를 거둔 것으로 나타났으며, 그러나 2008년 7월 노인장기요양보험 제도 전면 실시에 대비한 시설 인프라 구축을 위한 신축 및 증개축 등 기능 보강사업의 조기 착공이 지연되는 점 등에 대해서는 보완하여야 것으로 평가하고 있다.

셋째, 여성정책 분야는 여성문화의 전당 '(가칭)제주종합문화센터' 건립 기공, 성별 영향평가 확대 실시, 주거지역 중 농어촌지역 보육시설 특례 인정 확대, 지역아동센터 운영 확대 지원, 아동발달 지원 계좌 지원 등의 성과가 있었으며, 그러나 여성단체가 추진하는 여성의 사회 참여 확대 및 복지증진 사업에 행정 지원을 함에 있어 소규모 예산으로 다양한 단체 지원

의 한계로서 생산성 있는 프로그램 운영에 미흡한 점을 보완하여야 하는 것으로 평가하고 있다.

3 특별자치도 보건복지여성국 소관 사회복지 관련 입법 조례 현황

특별법의 제정으로 특별자치도에 위임하여 제주특별자치도 추진기획단에서 제정하여야 하는 조례는 모두 98건이었다. 제주특별자치도 추진기획단[3]의 조례 제정 추진계획에서 나타난 사회복지 관련 조례 제정 계획에서는 특별법 통과 직후 제정하여야 하는 조례 9건과 장기 과제 1건으로 총 10건이었으며, 행정구조 개편과 관련하여 제・개정이 요구되는 사회복지 관련 조례는 신규 제정 2건과 개정 6건이었다.

신규 조례 9건은 제주특별자치도 사회복지조례, 제주특별자치도 국민기초생활보장조례, 제주특별자치도 아동복지 및 입양 촉진 등에 관한 조례, 제주특별자치도 노인복지조례, 제주특별자치도 장애인복지 등에 관한 조례, 농어촌 주민의 보건복지 증진을 위한 조례, 제주특별자치도 모・부자복지에 관한 조례, 제주특별자치도 영・유아보육조례, 제주특별자치도 여성복지 기본조례 등이며, 장기 과제 조례 1건은 제주특별자치도 외국인 자녀 전용 보육시설의 설치 및 운영에 관한 조례다.

위 조례 중 제주특별자치도 아동복지 및 입양 촉진 등에 관한 조례는 제주특별자치도 아동복지시설에 관한 조례와 제주특별자치도 입양시설 및 입양 촉진 등에 관한 조례로 분리하여 제정되었고, 제주특별자치도 여성복지 기본조례는 제주특별자치도 성・가정폭력 피해자 보호에 관한 조례로 제정되었으며, 제주특별자치도 사회복지조례를 제외한 이상의 조례는 제정되어 운영되고 있다. 제주특별자치도 사회복지조례는 이상의 조례와 같이 2006년 2월 10일 입법 예고되었으나 제정되지 못하고 2008년 5월 현재 제주특별자치도 사회복지관 설치 및 운영에 관한 조례로 입법 예고되어 있는 상황이다. 그리고 장기 과제 조례 1건은 제정되지 않은 상태다.

2008년 5월 말 현재 특별자치도 보건복지여성국 소관 입법 조례 현황을

3) 제주특별자치도추진기획단(2006), 제주특별자치도특별법 관련 조례 목록.

살펴보면, 복지청소년과 8건, 노인장애인복지과 17건, 양성평등정책과 11건, 보건위생과 11건으로 총 47건의 조례가 제정되어 있다(<표 11-1>, <표 11-2>참조).

〈표 11-1〉 특별자치도 보건복지여성국 소관 입법 조례 현황

구 분	계	복지청소년과	노인장애인복지과	양성평등정책과	보건위생과
조 례	47	8	17	11	11
조례시행규칙	8	2	3	1	2

자료 : 제주특별자치도 보건복지여성국 홈페이지와 행정안전부 자치법규정보시스템(ELIS).

〈표 11-2〉 특별자치도 보건복지여성국 소관 사회복지 업무 관련 부서별 조례

소관 부서	조 례 명
복지 청소년과	• 제주특별자치도 의료급여기금 특별회계 조례 • 제주특별자치도 청소년 수련시설 설치 및 운영 조례 • 제주특별자치도 농어촌 주민의 보건·복지 증진을 위한 조례 • 제주도사회복지위원회 조례 • 제주특별자치도 청소년 육성 및 지원 조례(시행규칙) • 제주특별자치도 기초생활보장 조례 • 제주특별자치도 맞춤형 사회복지 통합서비스 실시에 관한 조례 • 제주특별자치도 자활 및 생활안정기금 조례(시행규칙) • 제주특별자치도 사회복지관 설치 및 운영 조례안(2008. 5. 입법 예고 중)
노인 장애인 복지과	• 제주특별자치도 애향묘지 조례(시행규칙) • 제주특별자치도 공공시설 내의 매점 및 자동판매기 설치에 관한 조례 • 제주특별자치도 장애인복지기금 조례 • 제주도 공공시설 내 장애인 최적관람석 지정 설치에 관한 조례 • 제주특별자치도 노인복지기금 조례 • 제주도 장사 등에 관한 조례 • 제주특별자치도 노인복지조례 • 제주특별자치도 장애인복지위원회 조례 • 제주특별자치도 장수노인수당 지급 조례(시행규칙) • 제주특별자치도 장애인복지 등에 관한 조례 • 제주특별자치도 노인복지회관 조례 • 제주특별자치도 차상위계층 국민건강보험료 지원 조례(시행규칙) • 탐라장애인종합복지관 설치 및 운영 조례 • 제주도장애인종합복지관 설치 및 운영 조례 • 제주특별자치도 장한 장애인 대상 등 시상 조례 • 제주특별자치도 화장장 주변지역 주민 지원 조례

	• 제주특별자치도 건축물의 허가 등에 있어 장애인 등의 편의시설 설치 사항 검사에 관한 조례
양성평등 정책과	• 제주특별자치도 아동학대 예방 및 보호에 관한 조례 • 제주도 건강가정지원센터 조직 및 운영 조례 • 제주특별자치도 입양시설 및 입양 촉진 등에 관한 조례 • 제주특별자치도 여성발전 기본조례(시행규칙) • 제주특별자치도 아동복지시설에 관한 조례 • 제주특별자치도 영유아보육시설 설치 및 운영 등에 관한 조례 • 제주특별자치도 성·가정폭력 피해자 보호에 관한 조례 • 제주특별자치도 모·부자복지에 관한 조례 • 제주특별자치도 다문화가족 지원 조례 • 제주특별자치도 김만덕상 조례 • 제주특별자치도 참사랑문화의 집 설치 및 운영 조례

자료 : 제주특별자치도 보건복지여성국 홈페이지와 행정안전부 자치법규 정보시스템(ELIS).

4 특별자치도의 사회복지 예산[4] 변화 추이

가. 지방자치와 사회복지 예산

지방자치 제도의 실시가 지방정부의 사회복지 지출에 미친 영향은 자치단체의 유형에 따라 상이하게 나타나고 있다(강윤호, 2000: 299-313). 1991년 지방의회의 구성은 광역시를 제외한 모든 자치단체에서 사회복지 지출의 감소가 초래되었으며, 1995년 민선 자치단체장 선출 이후에는 지방정부의 사회복지 지출은 자치구의 경우는 증가된 반면, 도와 군의 경우는 감소되었고, 광역시와 시의 경우는 유의미한 변화가 없는 것으로 나타났다. 자치구의 사회복지 지출이 증가된 것은 대도시 지역인 자치구의 경우 지역개발이 어느 정도 이루어졌기 때문에 단체장들이 득표 극대화 전략으로 지역개발정책보다는 사회복지정책에 정책 우선순위를 두었기 때문으로 풀이하고, 도와 군의 사회복지 지출이 감소된 것은 중소도시와 농촌지역을 포괄하는 도와 농촌지역의 군의 경우에는 지역 주민들의 개발 수요가 높고, 개발의 여지가 높기 때문에 단체장들이 득표 전략으로 사회복지정책보다는

4) 여기에서 예산은 세출결산 기준으로 작성하여 2007년 이후 예산을 제시하지 못하였음을 밝혀둔다.

지역개발정책을 우선적으로 추진하였기 때문이라고 풀이하고 있다.

또한 지방정부의 사회복지 지출은 단지 전년도의 지출 규모에 기초하여 중앙정부의 보조금 정도에 따라 증가하고 있을 뿐, 그 상대적인 지출 규모는 경제개발비의 증가에 의하여 오히려 축소되고 있으며, 또한 지역 주민의 복지 욕구나 지방정부와 관련한 정치적 요인들은 사회복지 지출의 확대 과정에 아무런 역할을 하지 못한다는 지적도 있다(김교성 · 이재완, 2000: 68-92).

나. 세출결산 기준 예산 현황

이러한 지적들과 연계하여 특별자치도의 일반회계를 세출결산 기준으로 2001년 이후 최근 6년간(2001년~2006년)[5]의 도 전체예산 대비 사회개발비와 경제개발비의 구성비를 살펴보면, 사회개발비의 경우 도 전체 예산에서 차지하는 비율이 2001년 33.2%, 2002년 33.8%, 2003년 32.9%, 2004년 29.4%, 2005년 32.8%, 그리고 2006년에는 32.0%인 것으로 나타났으며, 경제개발비의 경우에는 2001년 37.9%, 2002년 37.0%, 2003년 36.6%, 2004년 35.4%, 2005년 33.0%, 2006년 38.6%를 차지하고 있음을 알 수 있다(<표 11-3> 참조).

〈표 11-3〉 특별자치도 일반회계 세출결산 현황(2001~2006년)

(단위: 백만 원)

구 분	2001년	2002년	2003년	2004년	2005년	2006년
도 전체 예산 (A)	716,134	840,486	835,112	775,951	818,089	1,853,342
일반행정비	109,023	132,437	132,771	154,782	162,739	414,856
사회개발비(B)	238,017	283,949	274,298	228,183	268,188	593,595
경제개발비(C)	271,436	311,320	305,853	274,363	270,073	715,851
민방위비	28,696	40,946	48,613	48,165	36,404	40,893
지원 및 기타 경비	68,962	71,834	73,577	70,458	80,685	88,147
B/A(%)	33.2	33.8	32.9	29.4	32.8	32.0
C/A(%)	37.9	37.0	36.6	35.4	33.0	38.6

자료: 특별자치도 회계연도 결산서(각년도).

5) 지금부터 제시되는 특별자치도 예산에서 2005년까지 예산은 도본청 예산이며, 2006년 예산은 기존 시 · 군 예산이 통합된 도 전체 예산이다.

도 전체 예산에서 사회개발비보다 경제개발비가 차지하는 비중이 상대적으로 높은 것을 알 수 있다. 도 전체 예산 대비 사회개발비와 경제개발비의 증감률에서도 경제개발비의 경우 2001년부터 2005년까지 1~2% 수준에서 완만한 감소율을 보이다가 2006년에 5% 이상 증가한 것으로 나타난 반면, 사회개발비의 경우 29.4% 수준으로 감소한 2004년을 제외하고 2001년부터 2006년까지 32~33% 수준에서 정체되어 있는 것을 알 수 있다.

다음은 특별자치도의 일반회계 세출결산 기준으로 최근 6년간(2001년~2006년)의 도 전체 예산 대비 사회보장비와 사회개발비 대비 사회보장비의 구성비를 살펴보면 <표 11-4>와 같다.

도 전체 예산 대비 사회보장비가 차지하는 비율에서는 2001년 10.1%, 2002년 9.3%, 2003년 11.4%, 2004년 11.6%, 2005년 12.8%, 그리고 2006년 12.9%인 것으로 나타나 2002년에 0.8% 감소한 반면, 2003년에 2.1% 증가한 후 2006년에는 세출결산 결과 12.9%를 차지하고 있는 것으로 나타났다.

또한 사회개발비 대비 사회보장비가 차지하는 비율에서는 2001년 30.3%, 2002년 27.5%, 2003년 34.6%, 2004년 39.3%, 2005년 39.2%, 그리고 2006년 40.2%인 것으로 나타나 2002년의 감소를 제외하고 정체 또는 증가하여 2006년 세출결산 결과 40.2%인 것으로 나타났다.

〈표 11-4〉 특별자치도 일반회계 사회개발비 세출결산 현황(2001~2006년)

(단위: 백만 원)

구 분	2001년	2002년	2003년	2004년	2005년	2006년
도 전체 예산(A)	716,134	840,486	835,112	775,951	818,089	1,853,342
사회개발비(B)	238,017	283,949	274,298	228,183	268,188	593,595
교육 및 문화비	46,962	62,189	43,168	41,382	45,209	110,623
보건 및 생활환경개선비	44,000	59,321	40,061	27,859	29,348	141,390
사회보장비(C)	72,103	78,180	94,793	89,678	105,004	238,792
주택 및 지역사회개발비	74,952	84,259	96,276	69,264	88,627	102,790
전년대비 도 전체 예산 증감율(%)	-	17.4	△0.6	△7.1	5.4	126.5
C/A(%)	10.1	9.3	11.4	11.6	12.8	12.9
C/B(%)	30.3	27.5	34.6	39.3	39.2	40.2

자료: 특별자치도 회계연도 결산서(각년도).

다. 사회보장비 예산 변화 추이

다음은 최근 6년간(2001년~2006년) 일반회계를 기준으로 중앙정부와 특별자치도의 사회보장비 예산 비율의 변화 추이를 비교하여 살펴보고자 한다 (<표 11-5>, <표 11-6> 참조).[6]

〈표 11-5〉 중앙정부 일반회계 사회보장비 세출예산 변화 추이(2001~2006년)

(단위: 억 원)

구 분	2001년	2002년	2003년	2004년	2005년	2006년
정부예산(A)	991,801	1,096,298	1,181,323	1,201,394	1,352,156	1,469,625
사회보장비(B)	107,460	106,768	115,723	128,298	135,858	151,560
B/A(%)	10.8	9.7	9.8	10.7	10.1	10.3
GDP 대비 사회보장비(%)	2.0	1.8	1.8	1.9	1.6	1.8

자료: 보건복지부(2007). 보건복지통계연보.

최근 6년간 중앙정부 일반회계 세출예산에서 전체 정부예산 중 사회보장비가 차지하는 비율은 2001년 10.8%, 2002년 9.7%, 2003년 9.8%, 2004년 10.7%, 2005년 10.1%, 그리고 2006년 10.3%인 것으로 나타나, 2004년 이후 10%대를 유지하고 있는 것을 알 수 있다. 특별자치도의 일반회계 세출결산에서 사회보장비가 차지하는 비율은 2001년 10.1%, 2002년 9.3%, 2003년 11.4%, 2004년 11.6%, 2005년 12.8%, 그리고 2006년에는 12.9%로 나타났다. 중앙정부와 특별자치도를 비교하여 볼 때, 특별자치도의 도 전체 예산 대비 사회보장비가 차지하는 비율이 정부예산 대비 사회보장비가 차지하는 비율보다 2001년과 2002년에는 낮은 것으로 나타났으나, 2003년부터는 특별자치도의 사회보장비 비율이 상대적으로 높은 것으로 나타나고 있음을 알 수 있다.

사회보장비 대비 일반사회복지비와 여성정책 및 가정복지비의 구성비를 살펴보면, 일반사회복지비의 경우 2001년 8.1%, 2002년 7.2%, 2003년 8.5%, 2004년 8.5%, 2005년 9.1%, 그리고 2006년 8.2% 수준이었으며, 여성

6) 중앙정부의 예산은 세출예산 기준이며, 특별자치도의 예산은 세출결산 기준임.

〈표 11-6〉 특별자치도 일반회계 세출결산 사회보장비 현황(2001~2006년)

(단위: 백만 원)

구 분		2001년	2002년	2003년	2004년	2005년	2006년
도 전체 예산(A)		716,134	840,486	835,112	775,951	818,089	1,853,342
사회보장비(B=C+D)		72,103	78,180	94,793	89,678	105,004	238,792
일반 사회 복지 (C)	소계	57,726	60,310	71,111	66,013	74,323	152,576
	사회복지	33,972	33,919	38,222	36,549	39,095	65,999
	경로복지	9,771	11,152	17,159	14,568	18,270	58,318
	청소년 육성	4,918	4,010	2,877	2,376	4,506	5,059
	장애인 복지	9,065	11,229	12,853	12,520	12,452	23,200
여성정책 및 가정복지 (D)	소계	14,377	17,870	23,682	23,665	30,681	85,923
	여성복지	1,764	1,612	2,737	2,039	2,719	8,098
	유아복지	11,937	15,548	20,178	20,790	27,046	76,581
	여성교육 문화 센터운영	676	710	767	836	916	1,244
기타	보훈청 운영 등	-	-	-	-	-	293
전년 대비 도 전체 예산 증감률(%)		-	17.4	△0.6	△7.1	5.4	126.5
전년 대비 사회보장비 증감률(%)		-	8.4	21.3	△5.4	17.1	127.4
B/A(%)		10.1	9.3	11.4	11.6	12.8	12.9
C/A(%)		8.1	7.2	8.5	8.5	9.1	8.2
D/A(%)		2.0	2.1	2.9	3.1	3.8	4.6

자료: 특별자치도 회계연도 결산서(각년도).
참고: 2006년의 경우 시와 도의 예산과목이 통일되어 있지 않아 필자가 재구성하여 제시하였다.

정책 및 가정복지비의 경우에는 2001년 2.0%, 2002년 2.1%, 2003년 2.9%, 2004년 3.1%, 2005년 3.8%, 그리고 2006년 4.6% 수준인 것으로 나타났다.

일반사회복지비의 경우 2002년에 약간 감소하였다가 2005년에 9.1%까지 증가하였으나 2006년에는 8.2% 수준으로 약 0.9% 감소한 것으로 나타났으며, 여성정책 및 가정복지비의 경우 2001년부터 낮은 수준의 증가세를 보이다가 2006년 4.6% 수준까지 증가한 것으로 나타났다.

일반사회복지비를 구체적으로 살펴보면, 사회복지비는 2001년 33,972백만 원, 2002년 33,919백만 원, 2003년 38,222백만 원, 2004년 36,549백만 원, 2005년 39,095백만 원, 2006년 65,999백만 원으로 2004년에 약간 감소하였다가 바로 2003년 이상으로 증가한 것으로 나타났으며, 경로복지비는 2001년 9,771백만 원, 2002년 11,152백만 원, 2003년 17,159백만 원, 2004년 14,568백만 원, 2005년 18,270백만 원, 2006년 58,318백만 원으로 사회복지비와 마찬가지로 경로복지비 역시 2004년에 약간 감소하였다가 2005년과 2006년에는 큰 폭으로 증가한 것으로 나타났다. 그리고 장애인복지비는 2001년 9,065백만 원, 2002년 11,229백만 원, 2003년 12,853백만 원, 2004년 12,520백만 원, 2005년 12,452백만 원, 2006년에는 23,200백만 원으로 2004년과 2005년에는 예산이 약간 감소한 것으로 나타났다.

그리고 여성복지비는 2001년에 1,764백만 원, 2002년 1,612백만 원, 2003년 2,737백만 원, 2004년 2,039백만 원, 2005년 2,719백만 원, 2006년 8,098백만 원으로 2002년과 2004년에 약간 감소한 후 2006년에는 큰 폭으로 증가한 것으로 나타났다. 유아복지비는 2001년 11,937백만 원에서 2006년 76,581백만 원으로 예산이 매년 꾸준히 증가한 것으로 나타났다.

다음은 특별자치도의 도 일반회계 세출결산의 현황을 전국 16개 시·도 중 광역시를 제외한 9개 도의 2006년도 일반회계 세출결산을 기준으로 9개 도의 전체 예산 대비 사회보장비의 비율을 살펴보면, 9개 도의 전체 예산은 31,106,546백만 원으로서 사회보장비 예산은 4,548,743백만 원으로 14.6%를 차지한 것으로 나타났으며, 특별자치도의 경우 12.9%로 전체의 평균보다 낮은 것으로 나타났으며, 그리고 9개의 도 중 16개 시·도의 재정자립도 평균보다 높은 경기도를 제외한 8개 도의 전체예산 대비 사회보장비가 차지하는 비율을 비교하여 살펴보고자 한다.

<표 11-7>에서는 9개 도 중 경기도를 제외한 8개 도의 2006년 일반회계 세출결산 현황을 제시하고 있다. 8개도 중 재정자립도는 경상남도가 38.8%로 가장 높은 것으로 나타났으며, 다음은 충청남도, 제주특별자치도, 충청북도, 경상북도, 강원도, 전라북도, 전라남도 순으로 나타났다.

〈표 11-7〉 8개 도의 일반회계 세출결산 사회보장비 예산 현황 비교(2006년 기준)

(단위: 백만 원)

구 분	특별자치도	경상남도	경상북도	전라남도	전라북도	충청남도	충청북도	강원도
도 전체 예산 (A)	1,853,343	3,702,308	3,092,367	3,187,538	2,363,935	2,385,956	1,799,138	3,718,405
일반행정비	414,856	522,641	349,954	184,197	285,906	319,152	233,761	578,214
사회개발비	593,595	1,083,945	1,296,416	1,488,169	1,001,778	766,630	591,150	878,808
사회보장비(B)	238,792	493,780	517,570	569,085	534,182	365,422	305,463	320,520
경제개발비(C)	715,851	1,629,635	1,034,403	1,334,700	849,079	972,396	713,030	1,989,332
민방위비	40,893	132,631	158,690	96,466	90,834	97,037	73,934	95,736
지원 및 기타 경비	88,147	333,455	252,905	84,006	136,337	230,741	187,263	176,314
전체 인구 (천 명) (D)	562	3,173	2,718	1,955	1,882	2,001	1,495	1,516
재정자립도	33.8	38.8	27.8	20.2	23.9	35.3	31.3	26.7
B/A (%)	12.9	13.3	16.7	17.9	22.6	15.3	17.0	8.6
C/A (%)	38.6	44.0	33.5	41.9	35.9	40.8	39.6	53.5
C/A-B/A(%)	25.7	30.7	16.8	24.0	13.3	25.5	22.6	44.9
B/D(백만 원)	0.43	0.16	0.19	0.29	0.28	0.18	0.20	0.21

자료: 행정자치부 지방재정세제본부(2007) · 국가통계포털(KOSIS) 홈페이지 자료 재구성.

각 도의 일반회계 전체 예산 대비 사회보장비가 차지하는 비율을 살펴보면, 전라북도가 22.6%로 가장 높은 것으로 나타났으며, 다음은 전라남도, 충청북도, 경상북도, 충청남도, 경상남도, 특별자치도, 강원도 순으로 낮은 것으로 나타났다. 특별자치도의 경우 특별자치도보다 재정자립도가 낮은 경상북도, 전라남도, 전라북도, 강원도보다도 사회보장비의 비율이 낮은 것으로 나타났다.

각 도의 인구 1인당 평균 사회보장비를 비교하여 보면, 제주도의 경우에는 43만 원 정도로서 재정자립도가 가장 높은 경상남도보다 약 27만 원 정도 많은 사회보장비로 지출되고 있는 것으로 나타났다. 전라남도 29만 원, 전라북도 28만 원, 강원도 21만 원, 충청북도 20만 원, 경상북도는 19만 원,

충청남도 18만 원, 경상남도는 16만 원 수준의 순으로 나타났다.

5 특별자치도의 사회복지시설 설치 및 운영 현황

사회복지사업법 제2조에 의하면, 사회복지시설이란 사회복지사업을 행할 목적으로 설치된 시설이다. 사회복지사업이란 국민기초생활보장법, 아동복지법, 노인복지법, 장애인복지법, 한부모가족지원법, 영유아보육법, 성매매방지 및 피해자 보호 등에 관한 법률, 정신보건법, 성폭력범죄의 처벌 및 피해자 보호 등에 관한 법률, 입양 촉진 및 절차에 관한 특례법, 일제하 일본군 위안부 피해자에 대한 생활안정 지원 및 기념사업 등에 관한 법률, 사회복지공동모금회법, 장애인·노인·임산부 등의 편의 증진 보장에 관한 법률, 가정폭력 방지 및 피해자 보호 등에 관한 법률, 농어촌 주민의 보건복지 증진을 위한 특별법, 식품기부 활성화에 관한 법률, 의료급여법 등의 법률에 의한 보호·선도 또는 복지에 관한 사업과 사회복지상담·부랑인 및 노숙인 보호·직업보도·무료숙박·지역사회복지·의료복지·재가복지·사회복지관 운영·정신질환자 및 한센병력자 사회 복귀에 관한 사업 등 각종 복지사업과 이와 관련된 자원봉사활동 및 복지시설의 운영 또는 지원을 목적으로 하는 사업을 말한다.

특별자치도 내에서 사회복지사업을 행할 목적으로 설치되어 운영되고 있는 사회복지시설에 대한 분야별 현황은 <표 11-8>에 제시되어 있다.

분야별 사회복지시설의 설치 운영 현황을 살펴보면, 아동복지시설은 총 9개소가 설치 운영되고 있다. 아동양육시설(6개소)은 제주시에 4개소, 서귀포시에 2개소, 아동보호 전문기관(2개소)은 제주시와 서귀포시에 각 1개소씩, 그리고 가정위탁지원센터는 제주시에 1개소 설치 운영중이다. 청소년복지시설은 총 5개소가 설치 운영되고 있다. 청소년 쉼터는 제주시에만 3개소, 청소년복지 전문기관(상담기관)은 제주시에만 2개소 설치 운영중이다.

장애인복지시설은 총 39개소가 설치 운영되고 있다. 장애인생활시설은 정신지체인시설, 중증요양시설, 그리고 실비 장애인생활시설 등으로 11개소이며, 정신지체인 시설(7개소)은 제주시에 4개소, 서귀포시에 3개소, 중증요양시설은 제주시에만 3개소, 실비 장애인생활시설은 제주시에 1개소 등이 설치 운영중이다. 장애인직업재활시설은 근로작업시설, 보호작업시설, 그리고 작업활동시설 등으로 8개소이며, 근로작업시설은 제주시에 1개소, 보호작업시설(3개소)은 제주시에 2개소, 서귀포시에 1개소, 작업활동시설(4개소)은 제주시와 서귀포시에 각 2개소씩 설치 운영중이다.

그리고 장애인지역사회재활시설은 장애인복지관, 장애인의료재활시설, 장애인주간보호시설, 장애인단기보호시설, 장애인공동생활가정, 장애인체육시설, 장애인심부름센터, 수화통역센터 등 20개소가 설치 운영되고 있다. 장애인복지관(5개소)은 제주시에 4개소, 서귀포시에 1개소, 장애인의료재활시설은 제주시에 1개소, 장애인주간보호시설(5개소)은 제주시에 4개소, 서귀포시에 1개소, 장애인단기보호시설은 제주시에 2개소, 장애인공동생활가정은 제주시에만 5개소, 장애인심부름센터와 수화통역센터는 제주시에만 각 1개소 개설되어 운영되고 있으며, 장애인체육시설은 설치되어 있지 않는 것으로 나타났다.

노인복지시설은 총 420개소가 설치 운영되고 있다. 노인주거복지시설은 제주시에만 2개소, 노인의료복지시설(20개소)은 제주시에 13개소, 서귀포시에 7개소, 노인여가복지시설(376개소)에는 노인복지회관, 경로당, 노인교실, 노인휴양소 등이 포함되며, 노인복지회관(5개소)은 제주시에 3개소, 서귀포시에 2개소, 경로당(352개소)은 제주시에 225개소, 서귀포시에 127개소, 노인교실(19개소)은 제주시에 17개소, 서귀포시에 2개소가 운영되고 있으며, 노인휴양소는 운영되지 않고 있다.

여성 및 모자보호시설은 총 13개소가 설치 운영되고 있다. 여성복지시설에는 모자보호시설, 성매매 피해자 지원시설, 피해여성상담소 등이 포함되며, 모자보호시설(3개소)은 제주시에 2개소, 서귀포시에 1개소, 성매매 피해자 지원시설은 제주시에 1개소, 가정폭력 상담소(5개소)는 제주시에 4개소, 서귀포시에 1개소, 성폭력상담소는 제주시에 3개소, 그리고 성매매 피해여성상담소는 제주시에 1개소가 운영되고 있다.

부랑인시설(2개소)은 제주시와 서귀포시에 각 1개소씩 운영되고 있으며, 정신보건시설은 총 4개소로서 정신요양시설은 제주시에 1개소, 정신보건사회복귀시설은 제주시에 3개소 설치 운영되고 있다. 그리고 지역자활센터(4개소)는 제주시와 서귀포시에 각 2개소씩 운영되고 있으며, 사회복지관(9개소)은 제주시에 7개소, 서귀포시에 2개소가 설치 운영되고 있다.

〈표 11-8〉 특별자치도 사회복지시설 설치 운영 현황(2007년 12월 기준)

(단위: 개소)

구 분		계	제주시	서귀포시
아동복지시설	아동양육시설	6	4	2
	아동보호 전문기관(가정위탁지원센터 포함)	3	2	1
	소 계	9	6	3
청소년복지시설	청소년쉼터	3	3	-
	청소년복지 전문기관	2	2	-
	소 계	5	5	-
장애인복지시설	장애인생활시설	11	8	3
	장애인직업재활시설	8	5	3
	장애인지역사회재활시설	20	18	2
	소 계	39	31	8
노인복지시설	노인주거복지시설	2	2	-
	노인의료복지시설	20	13	7
	노인여가복지시설	376	245	131
	재가노인복지시설	22	14	8
	소 계	420	274	146
여성 및 모자 보호시설	여성복지시설	4	3	1
	여성폭력상담소	9	8	1
	소 계	13	11	2
부랑인 시설	부랑인시설	2	1	1
	소 계	2	1	1
정신보건 시설	정신요양시설	1	1	-
	정신보건사회복귀시설	3	3	-
	소 계	4	4	-
지역자활센터	지역자활센터	4	2	2
	소 계	4	2	2
사회복지관	사회복지관	9	7	2
	소 계	9	7	2
총 계		505	341	164
비 율(%)		100.0	67.5	32.5

자료 : 제주통계연보(2007)와 보건복지가족부 자료를 중심으로 재구성하였다.
참고 : 영유아보육시설과 자원봉사센터는 제외시켰다.

특별자치도에서 운영되고 있는 사회복지시설의 지역별 분포 현황을 살펴보면, 아동복지시설은 총 9개소 중 제주시에 6개소, 서귀포시에 3개소가 설치되어 있으며, 청소년복지시설은 총 5개소 중 모두 제주시에 설치되어 있다. 그리고 장애인복지시설은 총 39개소 중 제주시에 31개소, 서귀포시에 8개소가 설치되어 있으며, 노인복지시설은 총 420개소 중 제주시에 274개소, 서귀포시에 146개소가 설치되어 있다. 여성 및 모자보호시설은 총 13개소 중 제주시에 11개소, 서귀포시에 2개소가 설치되어 있으며, 정신보건시설은 총 4개소 중 모두 제주시에 설치되어 있다. 사회복지관의 경우에는 총 9개소 중 제주시에 7개소, 서귀포시에 2개소가 설치되어 운영되고 있다.

6 특별자치도 보건복지여성의 비전과 목표

가. 보건복지여성의 비전과 목표

2008년도 제주특별자치도의 도정 역점 추진 방향에서 사회복지 분야는 "도민이 체감하는 생산적 복지정책 강화"가 추진 방향이며, 보건복지여성의 비전은 "체감형 복지 강화로 도민 만족지수 Top"으로 제시하고 있다. 보건복지여성의 비전을 달성하기 위하여 네 가지 목표를 설정하고, 목표를 달성하기 위하여 목표별 다섯 가지 과제를 제시하고 있다.[7] 여기에서는 특별자치도 보건복지여성의 비전과 목표에 대하여 간략하게 소개하고 사회복지 분야 목표에 대한 과제 중심으로 기술하고자 한다.

먼저 특별자치도 보건복지여성 비전을 달성하기 위하여 내세우고 있는 목표 네 가지는 민·산·관이 함께하는 참여복지 추진, 취약계층 복지 사각지대 제로화 도전, 함께 참여하고 나누는 양성평등 사회 실현, 평생건강과 행복을 보장하는 건강도시 구현 등이다.

첫 번째 목표인 민·산·관이 함께하는 참여복지 추진을 달성하기 위한 과제 다섯 가지는 특별자치도에 걸맞은 복지행정 체계 구축, 저출산·고령사회 정책 추진 강화, 사회복지 공무원 역량 강화, 저소득층 희망 주기로

7) 제주특별자치도보건복지여성국(2008), 제246회 제주특별자치도의회 복지안전위원회 업무보고 자료.

안정된 삶 부여, 미래를 책임지는 창조적 청소년 육성 등이다.

두 번째 목표인 취약계층 복지 사각지대 제로화 도전을 달성하기 위한 과제 다섯 가지는 안정적인 노후생활 보장과 사회 참여 확대, 완벽한 노인 부양 체계 구축, 장애 장벽 없는 통합사회 추진, 장애인 자립생활·사회 참여 증진, 선진 장사문화 조기 정착 등이다.

세 번째 목표인 함께 참여하고 나누는 양성평등 사회 실현을 달성하기 위한 과제 다섯 가지는 도민이 체감하는 양성평등 의식 확산, 여성의 경제활동 참여 촉진, 보육 욕구 충족하는 양질의 보육환경 조성, 아동 권리 증진 복지서비스 확대, 건강한 가정 육성 및 여성 인권 증진 등이다.

네 번째 목표인 평생 건강과 행복을 보장하는 건강도시 구현을 달성하기 위한 과제 다섯 가지는 WHO 건강도시사업 추진 강화로 도민건강 수준 향상, 지방의료원 육성 및 경쟁력 강화, 취약계층 보건의료 서비스 제공, 건강도시 제주 전염병 제로화 달성, 고객만족의 선진 위생환경 조성 등이다.

나. 사회복지 분야 목표의 과제

다음은 사회복지 분야의 목표에 대한 주요 과제를 중심으로 살펴보고자 한다. 사회복지 분야와 직접적으로 관계되어 있는 목표는 첫 번째 목표인 특별자치도의 복지정책, 두 번째 목표인 노인 및 장애인복지, 그리고 세 번째 목표인 양성평등정책 등으로 나누어 볼 수 있다.

첫 번째 목표의 주요 과제 중 특별자치도에 걸맞은 복지행정 체계의 구축을 살펴보면, 특별자치도 출범 2년차에 접어들면서 사회복지환경, 예산 등 여건이 많이 달라지고 있으며, 특히 복지 서비스 이용자 만족도 향상과 복지 사각지대 해소를 위하여 종전과는 다른 복지행정 체계의 구축이 필요하기 때문에 사회복지위원회 등 관련 위원회와 단체와의 대화를 정례화하여 사회복지 관련 단체나 협회와의 유기적 네트워크를 구축하고, 복지 서비스 질 향상을 위해 사회복지 공무원의 역량을 강화시키며, 대형사고 및 위기 등 긴급 지원시 현실성 있는 지원 방안 마련 등의 추진계획을 수립하고 있다. 특별자치도에 걸맞은 복지행정 체계 구축을 통하여 수요에 부응하는 복지 서비스 제공으로 도민의 복지만족도를 향상시키고, 사회복지 발전을 위한 도민 역량 결집으로 살기 좋은 사회를 구현할 수 있는 효과를 기대하고 있다. 그리고 또 다른 과제인 지속 가능한 창조적 복지행정 만들기를 살펴보면, 저소득층에게 실감나고 감동을 주는 다양한 복지시책의 개발과 빈곤 근로자의 일을 통한 빈곤 탈출과 신뢰하는 복지 인프라 구축을 통하여 고객(저소득층)들이 필요로 하는 것을 제공하고 문제를 해결하는 창조적 복지행정 구축으로 도민들의 만족지수 향상을 도모하고자 사회안전망 시책 개발을 위한 스터디 그룹을 구성 운영과 빈곤 탈출을 위한 자활사업 발전 동력 구축으로 자활사업 활성화, 저소득층 소액 창업자금 융자 마이크로 크레딧 연구, 빈곤층 인적 자원 육성 프로그램 운영 등의 추진계획을 수립하고 있다.

두 번째 목표의 주요 과제 중 안정적인 노후생활 보장과 사회 참여 확대를 살펴보면, 기초노령연금 제도의 차질 없는 시행으로 노인의 생활 안정 및 복지 증진을 도모하고, 노인의 사회 참여 확대를 위한 노인일자리사업 확대 및 여가문화 환경을 개선하기 위하여 기초노령연금 제도의 차질 없는 추진과 노인 일자리 사업 확대, 경로당 기능 활성화 및 여가환경 개선 등의 추진계획을 수립하고 있으며, 또 다른 과제인 장애 장벽 없는 통합사회 추진을 살펴보면, 장애인들에 대한 장애 장벽을 해소함으로써 장애인이 차별받지 않고 더불어 살아가는 통합사회 실현 여건 조성과 장애인의 재활 및 생활 능력 향상으로 삶의 질 향상을 위하여 장애 장벽 허물기 범도민 운동 추진, 장애인 일자리 창출사업 지속 추진, 장애인 복지시설 환경개선 등 인프라 구축, 장애인 재활 및 생활기반 구축 등의 추진계획을 수립하고 있다.

세 번째 목표의 주요 과제 중 여성의 사회경제적 일자리 참여 기회 확대를 살펴보면, 여성의 잠재 능력을 개발할 수 있는 기회를 제공함으로써 경제활동 참여를 통한 자립 능력 배양과 여성취업의 고용 안정, 경제활동 지원을 위한 여성 친화적 고용환경 조성으로 여성의 경제활동 참여를 제공하기 위하여 여성 사회적 기업 창설 지원, 여성근로자의 일과 가정 양립에 기여한 우수기업 인증패 수여와 사업장 내 근로자를 위한 탁아·수유시설 운영 지원 등의 여성 친화적인 고용환경 조성, 여성인력 개발 및 취업 지원 협의지원단 운영과 취업상담사 양성 과정 교육훈련 프로그램 운영 등의 여성 희망 일터 지원사업 추진 등의 추진계획을 수립하고 있으며, 또 다른 과제인 보육 서비스 질 향상 및 아동 권리 증진을 살펴보면, 수요자 중심의 맞춤형 보육 서비스 제공 및 보육의 공공성 강화로 안심하고 자녀를 맡길 수 있는 보육환경 조성과 지역사회 자원을 활용한 아동 중심 보호 체계 구축으로 아동이 존중받으며 성장할 수 있는 사회 분위기 조성을 위하여 영아, 장애아 등 특수보육시설 확대와 저소득층 아동 보육료 확대 지원, 보육시설 종사자 능력 향상비 상향 지원 등의 보육 서비스 질 향상을 위한 맞춤형 보육 서비스 제공과 아동복지 전문기관 운영, 지역아동센터 운영 및 아동복지교사 지원, 아동 급식 지원 확대, 아동학대예방보호위원회의 운영, 아동학대 추방의 날 운영 등의 추진계획을 수립하고 있다. 그리고 또 다른 과제인 건강가족 육성 지원 및 여성 권익 증진의 과제를 살펴보면, 핵가족화 및 저출산, 이혼 증가 등 다양한 가족 출현에 따른 건강하고 행복한 가족문화 조성과 저소득 한부모 가족의 자활지원 강화와 폭력 피해 여성에 대한 인권 보호 강화를 위하여 건강가정지원센터 운영, 결혼이민자가족지원센터 운영, 한부모가족 복지시설 운영, 자립정착금, 자녀학습비 등의 한부모가족 자활지원사업, 가정・성폭력 피해여성 보호시설 운영, 여성폭력 예방교육 등 피해 여성 보호, 여성폭력 예방 강화사업 등의 추진계획을 수립하고 있다.

7 특별자치도 복지정책의 추진 방향

가. 차별화된 사회복지 발전전략 수립

2006년 7월에 출범한 특별자치도는 중앙정부로부터 다른 자치단체와는 차별화된 고도의 자치권을 이양받아 국제자유도시를 성공적으로 추진하여야 한다. 특별자치도로서 국제자유도시를 조성하기 위한 사회복지 분야에서의 1차적 과제는 제주 사회복지의 모델에서 이원화에 의한 접근 방안을 모색하여야 하는 노력이 필요하다. 먼저 다른 시・도와 차별성, 특별성을 담보할 수 있는 국내의 모범적인 사회복지 표준 모델(domestic standard model) 개발을 통한 접근이며, 다음은 국제자유도시로서의 위상을 갖춘 국제 사회복지 표준 모델(international standard model) 개발을 통한 접근이라 할 수 있다.

특별자치도 보건복지 여성 비전과 목표에서 제시하고 있는 목표 중 첫번째 목표인 민・산・관이 함께하는 참여복지 추진은 민・산・학・관 공동으로 추진하는 특별자치도 복지 추진으로 변경하여 다양한 주체들이 참여하는 시스템을 구축하여야 할 것이다. 한 가지 방법으로 제주지역의 경우에는 정책기획 및 수립 과정에 참여할 수 있는 복지 인력의 인프라가 타 시·도보다 부족한 것이 현실이다. 이러한 현실을 극복하기 위해서는 대학교수, 민간기관의 전문가 등으로 구성된 보건복지여성국의 부서별 자문 제도를 구성하여 특별자치도 내의 복지정책에 대한 책임을 지고 참여할 수 있는 시스템 구축이 요구된다.

또한 특별자치도 보건복지 여성 비전과 목표에서 제시하고 있는 과제 중 특별자치도에 부합하는 과제는 특별자치도에 걸맞은 복지행정 체계 구축 과제 정도다. 이 과제를 추진하기 위한 계획을 살펴보더라도 타시·도와 차별화되는 정책을 추진하기 위한 노력이 요구된다. 특별자치도 출범과 함께 행정구조 개편으로 자치권이 있는 시·군이 통합되어 자치권이 없는 행정시로 전환되었다. 행정시로 전환됨에 따라 나타나는 지역 주민들의 사회복지 욕구를 수렴할 수 있는 기능을 가진 조직 구성의 법적 근거가 없어짐에 따라 나타나는 문제점을 개선하기 위한 장치를 마련하기 위한 노력이 요구된다.

나. 사회복지 예산의 확충

우리나라의 복지지출 규모는 외국의 복지 선진국에 비하여 낮은 수준이지만, 최근 복지 제도의 확대, 복지 수요의 급증 등으로 재정지출의 확대가 요구되고 있다. 지금까지 특별자치도 사회복지 예산은 중앙정부의 보조금에 많은 영향을 받아왔으며, 또한 참여정부의 지방분권과 재정분권화 정책, 사회복지사업 중 포괄보조사업에서 지방이양사업으로 전환되는 사업의 증가 등으로 사회복지 재정의 확충에 많은 걸림돌이 작용하고 있는 것이 현실이다.

사회보장에 투입되는 예산을 살펴보면, 2006년의 경우 정부예산 중 사회보장 예산의 평균이 10.3% 수준이고, 특별자치도는 12.9% 정도다.

앞에서 16개 시·도 중 광역시를 제외한 9개 도의 2006년 도 일반회계 세출결산을 기준으로 9개 도의 전체 예산 대비 사회보장비의 비율을 살펴본 결과에서 나타났듯이 9개 도의 평균 사회보장비 차지 비율은 14.6%였으나, 특별자치도의 경우에는 전체 평균에도 미치지 못하는 12.9%인 것으로 나타났다. 경기도를 제외한 8개 도 중에서 재정자립도가 특별자치도보다 낮은 경상북도, 전라남도, 전라북도, 충청북도보다도 도 전체 예산 중 사회보장비가 차지하는 비율이 낮은 것으로 나타났다.

결국 지금까지의 사회복지사업이 중앙정부에 대한 의존성이 높았던 것과 마찬가지로 특별자치도의 사회복지 예산 확충은 광역자치단체장의 관심과 의지에 달려 있다고 할 수 있다. 그리고 타시·도와 차별화된 사회복지사업을 하기 위해서는 사회복지 예산의 확충과 동시에 확충된 복지예산의 효율적인 운영이 필요하다고 본다.

다. 사회복지시설 불균형 해소

현재까지의 특별자치도 내 사회복지시설의 설치 현황을 살펴보면, 행정구조 개편으로 나타나는 제주시와 서귀포시 간에 사회복지시설의 지역 간 불균형 문제가 나타나고 있음을 알 수 있다. 이러한 지역 간 불균형 현상은 지역 거주 인구의 불균형에서 기인한다고 할 수 있지만, 사회복지시설은 사회복지 대상자가 거주하는 장소에서 대부분의 의·식·주를 해결하고 필요한 사회복지 서비스를 제공받는 시설로서, 서비스를 필요로 하는 대상자와 사회복지 서비스를 제공하는 이용시설 간의 접근성이 매우 중요하다고 할 수 있다. 특별자치도의 사회복지시설의 분포는 서귀포 지역보다는 제주지역에 편중되어 있다. 이러한 불균형 상태를 해결하기 위해서는 꼭 필요한 시설을 제외하고는 사회복지이용시설의 설치를 가급적 서귀포 지역으로 유도하는 방안을 검토하여야 할 것이다. 이러한 방안을 실현시키기 위해서는 현재 제주도 내에 설치되어 운영되고 있는 사회복지위원회를 활용하여 제주도 내 사회복지시설 및 기관의 설치 수급계획을 수립할 때 사회복지위원회에서 사전 심의 과정을 거쳐 사회복지시설의 지역 간 불균형을 해소할 수 있는 방안을 강구하여야 할 것이다.

무엇보다도 사회복지란 사회복지 대상자들, 즉 지역사회 주민들의 욕구에 기초한 서비스가 제공되어야 한다. 그러기 위해서는 지방정부의 사회복지 시책을 집행하는 공공기관은 도민들로부터 폭넓은 의견을 수렴할 수 있는 제도적 장치의 마련과 아울러 의견 수렴을 위한 노력이 요구된다. 이러한 많은 요구에 대한 수용 노력은 사회복지에 대한 사회적 책임감 인식의 토대 위에서 접근하여야 할 것이다. 특별자치도의 사회복지정책을 발전시키고 원활하게 사회복지사업을 수행하기 위해서는 다양한 주체들의 관심과 참여, 그리고 사회복지를 발전시키고자 하는 의지가 요구된다고 할 수 있다.

제12장 제주특별자치도 중점산업

1 4+1 핵심산업 선정 과정

제특별자치도는 특별한 자치지역으로 설정하면서 동시에 국제자유도시에 걸맞은 산업 체제를 갖추기 위하여 중점산업을 선정하였다. 중점산업은 국제자유도시의 추진과 운영을 활발히 하기 위한 동력산업을 말한다. 정부혁신지방분권위원회는 2005년 5월 20일 제주도를 국제자유도시로 육성하고 이상적 분권 모델로 발전시킨다는 내용을 담은 '제주특별자치도 기본구상안'을 확정, 발표하면서[1] 제주지역 특성에 적합한 3대 핵심산업(관광・교육・의료)과 이에 기반한 IT, BT, ET 등 첨단산업이 발전된 '친환경적 동북아 중심도시'로 육성해 나간다는 이른바 3+1 핵심산업 육성전략이 제시되었다.

핵심산업 선정은 국무총리실 제주특별자치도 추진기획단이 수립한 '제주특별자치도 기본 계획'(2005.10)에서 청정 1차 산업이 추가되어 4+1 핵심산업으로 자리매김하게 되었다.

이에 따라 제주특별자치도를 고도의 자치권이 부여되는 국제자유도시로 육성하여 21세기 한국의 새로운 성장 거점으로 육성하기 위한 전략 마련[2]

---

1) 정부혁신지방분권위원회(2005), 보도자료.

2) 제주특별자치도(2006), 제주국제자유도시 종합계획 보완계획, p.3.

을 위하여 4+1 핵심산업을 중심으로 한 제주국제자유도시 종합계획 보완계획이 수립되었다.

〈표 12-1〉 기존 계획에서 제시된 제주도의 특화산업

관련 계획	제시된 특화산업
제4차 국토종합계획 (대한민국 정부, 2000)	· 친환경적 농축산업, 첨단 생명공학산업(바이오산업), 지식기반산업(관광, 물류, 교역, 금융 등)
제주국제자유도시 기본 계획 (국무총리 국무조정실, 2001)	· 관광산업, 첨단지식산업(BT · IT)
제주국제자유도시 종합계획 (제주도, 2002)	· 지식기반산업(바이오산업, 문화산업), 관광산업, 유통산업, 정보 · 통신산업, 스포츠산업, 교육산업, 금융서비스산업, 1차 산업(일반농업, 감귤업, 축산업, 해양 · 수산업, 산림 · 임업), 의료산업, 에너지산업
국가균형발전의 비전과 과제 (국가균형발전위원회, 2003)	· 관광산업, 생물산업
상생과 도약을 위한 신국토 구상 (국가균형발전위원회, 2004)	· 관광산업, 생물산업
제주특별자치도 기본 구상안 (정부혁신지방분권위원회, 2005)	· 3대 핵심산업(관광 · 교육 · 의료) + 첨단산업(IT, BT 등)
제주특별자치도 기본 계획 (국무총리실 제주특별자치도추진기획단, 2005)	· 4대 핵심산업(관광 · 청정 1차 산업 · 교육 · 의료) + 첨단산업(IT, BT 등)
제주국제자유도시 종합계획 보완계획(제주특별자치도, 2006)	· 4대 핵심산업(관광 · 청정 1차산업 · 교육 · 의료)+ 첨단산업(IT, BT 등)

자료 : 제주도(2004), 제1차 지역혁신발전 5개년계획, p.49.의 내용 추가 작성

2 4+1 핵심산업 추진 현황

가. 관광산업

관광산업에 대한 수요 제도 개선 및 규제 완화는 내국인 면세점 운영, 무사증 입국 국가 대상 국가 확대, 투자진흥지구 운영 등에서 차별화되었으나 전국적인 규제 완화 추세에 의하여 선점 효과가 희석되고 있는 실정이다.

〈표 12-2〉 국제자유도시 추진 이후 관광산업 주요 제도 개선 및 육성 현황

구 분	주요 내용
관광산업의 활성화를 위한 차별적 제도 개선	• 여행업 등록 기준을 강화하여 건전관광 질서를 확립하고 여행사 난립을 차단하는 등 관광업계의 경쟁력 제고 • 외국인 전용 카지노 설립 허가, 관광사업 등록, 관광호텔업 등급 결정 등 권한 이양, 가칭 제주관광공사 설립 추진 • 지정·운영 제도 시행 : 관광사업체에 대한 품질인증제 실시 근거 마련
무사증 입국허가 대상 국가 확대	• 제주특별자치도 이외 국내지역의 무사증입국 대상 국가는 133여개국인데 반하여, 제주특별자치도는 외국인 관광객의 자유로운 제주 출입을 위하여 무사증 입국 허가 대상 국가가 180개 국가로 확대 • 무사증 입국 확대(2006. 7.1~2007. 3.31) 결과 무사증 입국자가 전년 동기 (2005. 7.1~2006. 3.31) 대비 385%, 외국인 관광객은 107% 증가 - 무사증 입국자 추이 : 4,649명 → 22,537명(증 17,888명, 385%) - 외국인 관광객 추이 : 16,778명 → 34,726명(증 17,948명, 107%)
관광개발사업 시행 승인 기간 단축	· 관광개발사업 시행 승인 기간 22개월 → 13개월로 9개월 단축 - 제2종 지구단위계획 및 통합영향평가 동시 실시, 종전 시·군을 거쳐 처리하던 인·허가 시스템을 행정시 경유 없이 도(일괄처리과)에서 직접 처리 - 2008년도에는 10개월까지 단축 추진
관광진흥개발기금 확충	• 종전 정부 재원인 관광진흥개발기금을 특별자치도로 이양받아 영세한 관광숙박시설·관광 사업체 등에 시설개선자금 지원이 가능 - 2007년 44억 원의 기금을 조성하여 400억 원의 융자 지원 : 예년 대비 118% 증가 - 2008년 이후는 매년 80억 원 기금을 안정적으로 조성
회의산업 육성	• 제국국제컨벤션센터(ICC)가 2003년 8월 개관하였고, 2006년 9월 22일 제주특별자치도 전역이 국제회의도시로 지정 • 2007년에 제주에서 개최된 국제회의는 ASTA총회, 아시아광고대회, UCLG총회 등 총 107건으로서 2006년도 79건보다 35%가 증가함. 외국인 100명 이상 참가하는 대형 국제회의도 42건으로 전년(24건) 대비 75% 증가
내국인 면세점 운영	• 제주의 쇼핑관광 활성화를 도모하기 위하여 제주특별자치도 여행객에 대하여 면세 혜택을 부여하는 내국인 면세점이

	2002년 12월 개점되어 제주도민 446명의 고용을 창출 • 2003년 1,008억 원의 매출을 기록한 이후 연 1,000억 원 이상의 매출 실적을 기록하고 있으며 2006년에는 1,815억 원의 매출을 기록

최근 중앙정부의 서비스산업 선진화 방안 1단계 대책(2008년 4월 25일)에 의하면, 제주도가 세계적 관광도시로 발전할 수 있는 법적 기반을 마련(2008년 7월, 개정안 국회 제출)하기 위하여 '제주특별자치도 설치 및 국제자유도시 조성 특별법' 내에 관광 3법(관광진흥법, 국제회의산업육성법, 관광진흥개발기금법)을 적용 배제하고, 규제와 권한의 일괄 이양을 추진한다.

이에 따라 관광개발계획 수립, 관광지·관광단지 개발 절차 및 권한, 관광사업자 등록에 대한 권한이 중앙정부에서 제주도로 이양된다.
또한 휴양펜션업, 관광사업자단체 설립, 관광숙박업 등급 관리, 관광종사원 자격에 대한 제도적 자율성(법 → 도조례)이 확대된다.

나. 1차 산업

제주도 지역총생산(GRDP)에서 농림어업 부문이 차지하고 있는 비중은 다른 시·도와 마찬가지로 경제 성장에 따라 점차 감소해 왔으나, 절대적인 비중은 다른 시·도에 비하여 여전히 월등히 높은 수준이다.[3)]

제주도 지역총생산에서 농림어업이 차지하는 비중(2000년 가격 기준)은 1985년 약 35%에서 2005년 17%, 2006년 16%로 지난 20년 동안 절반 수준으로 감소하였으나, 제주도를 제외한 전국의 약 3%와 비교해서는 5.5배 수준으로 여전히 높은 수치다.

문제는 지역총생산 대비 농림어업 비중이 감소하는 속도에서 제주도가 다른 시·도에 비하여 현저히 떨어진다는 사실이다. 제주도는 지난 20년간 농림어업에서 제조업 또는 서비스업으로의 산업구조 전환 속도가 다른 시·도에 비하여 상대적으로 뒤처져 왔다.

제주특별자치도특별법에 의하여 1차 산업에 대한 주요 제도 개선이 이루어져 왔으나, 실질적인 산업 성장에 도움을 주기에는 한계가 있었다. 1차, 2차, 3차 산업을 연계한 산업 영역을 발굴하고, 육성 방안에 필요한 제도적 개선

3) 대외경제정책연구원, "FTA 대응산업 경쟁력 강화방안 연구," pp.128-129.

이 이루어져야 할 것이다.

〈표 12-3〉 1차 산업 주요 제도 개선 및 육성 현황

구 분	주요 내용
동(洞) 지역에도 농어촌지역 지원 혜택 부여	• 동의 주거지역 중 일정 조건을 갖춘 지역을 농어촌지역으로 지정(2007. 2) - 제주시 도남동·서귀포시 보목동 등 39개 동(2,300여 가구) - 영유아 양육비·자녀학자금 지원, 지역 건강보험료 50% 감면 등
조건 불리지역 직접지불제 시행	• 타지역은 읍면 지역 중 산촌 또는 도서지역에만 지원 - 대상 : 경지율 22% 이하, 경사도 14% 이상, 농지면적이 50% 이상 • 제주의 경우는 2007년부터 읍면 전지역 지원
산지의 효율적 관리	• 산지 전용 허가(협의) 등 권한 이양 - 산지 전용 허가 및 변경·취소·연장 허가(협의), 용도 변경 권한 - 산지 재해 방지 명령 등 권한 이양
농지전용 허가 기준 특례 운영	• 농지·산지 관련 사무를 도지사의 권한과 책임하에 수행할 수 있도록 권한 이양
여성농어업인 지원과 가축 방역 및 축사관리	• 여성농어업인 관련 시설 운영비 지원 기준과 가축 방역 및 축사관리 권한 이양
수산업 환경 변화 대응 여건 조성	• 어장관리 자율성 강화, 연안정비사업 실시계획의 승인 권한 이양으로 수산업 환경 변화에 탄력적으로 대응할 수 있는 여건 조성

자료 : 제주특별자치도(2007), 특별자치도 출범, 그간의 성과와 과제, p.14.

다. 교육산업

재정경제부가 '서비스산업 경쟁력 강화 종합대책'(2006. 12.12)의 일환으로 제주영어교육도시 조성계획을 발표하였다. 제주특별자치도 영어교육도시 프로젝트는 교육 내용과 거주환경을 해당 국가와 유사하게 제공하여 내국인과 동북아시안인의 영미권 유학 수요를 흡수하고 국제자유도시 조성에 필수적인 영어 상용화를 달성하기 위한 사업이다.

국가 차원의 체계화된 영어학습 환경을 조성하여 다양한 해외 유학연수 수요를 흡수함으로써 동북아 교육 중심지로 도약하는 기반을 마련하고 지

역경제 활성화에 기여할 것으로 예상된다. 중앙정부에서도 시범학교의 성공적 개교와 사립 및 외국 교육기관의 적극적인 유치를 통하여 동북아의 교육특구로 육성하고자 하고 있다.4)

서귀포시에 교육과 생활을 모두 영어로 하는 정주형 영어교육도시를 조성(2007.9~2013.2)하고, 영어전용학교 12개교를 설립하여 연간 9천 명 교육(1단계 시범학교 개교 2010.3), 영어교육센터를 설립(2010.2)하여 영어교육 과정 개발과 영어교사 및 성인 연수 담당을 추진할 예정이다.

〈표 12-4〉 영어교육도시 추진 상황 및 향후 계획

구 분	주요 내용
개 요	• 위치 : 서귀포시 대정읍 보성리 산 1번지 일원(4,258천㎡) • 사업 기간 및 사업비 : 2007~2013(7개년), 7,850여 억 원 • 주요 시설 : 교육시설(영어전용 초중고, 외국교육기관, 영어교육센터), 기타 지원시설(주거 및 상업, 문화·체육, 공공시설 등)
추진 상황	• 추진 상황 - 2007.9.4 : 제주영어교육도시 조성 기본 방안 확정 - 2007.12.18 : 제주영어교육도시 사업실행계획 수립 - 2008.1.4 : 제주영어교육도시 사업 이행 협약(MOU) 체결. 공립학교 설립비(기숙사 포함) 및 운영비 정부 지원
향후 계획	• 2007.10 - 2008. 하반기 : 개발계획 및 실시계획 수립 등 - 1단계 사업착공(3개 시범 공립학교 및 지원시설 등) : 2009.1 • 2010.3 : 시범학교 3개 교(초 1, 중 1, 국제고 1) 개교 • 2013.2 : 제주영어교육도시 조성사업 완료

자료 : 제주특별자치도, 현황 자료.

라. 의료산업

제주자치도의 의료산업화는 제주도를 '국제의료 중심화'하겠다는 것으로 외국과 국내자본의 의료기관 설립 허용, 내국인 진료 허용, 외국인 의사의 국내 면허 인정, 사보험의 도입, 광고 규제 완화, 부대사업 허용 등 가능한 특례를 모두 도입하여 규제를 완화한다는 내용이다. 이를 토대로 국내외

4) 중앙부처 합동(2008), 성장동력 확충과 서비스 수지 개선을 위한 서비스산업 선진화 방안, p.24.

유수 의료기관을 유치함으로써 해외 의료 수요 흡수 및 도민 의료 복지를 향상시키고, 나아가서는 의료와 관광을 하나로 묶어서 지역 산업의 발전과 국가 이미지를 제고한다는 것이다.5)

의료관광산업과 연계된 제주헬스케어타운 프로젝트는 서귀포시 동홍동 일원에 건강을 테마로 한 세계적 수준의 의료휴양복합단지를 개발하는 사업이다. 제주특별자치도 핵심산업인 관광(휴양), 의료, R&D 등이 연계된 의료복합단지 조성을 통하여 '의료관광(Medical Tourism) 중심지'로 발전할 수 있는 인프라를 구축하고 지역경제 활성화를 위한 새로운 산업 기반을 조성하는 것을 목적으로 한다.

〈표 12-5〉 의료산업 주요 제도 개선 및 육성 현황

구 분	주요 내용
외국법인 영리병원 개설 허용	• 도 조례가 정하는 외국법인에 대해 영리병원을 허용함으로써 해외 우수의료기관 유치 기반 마련
의료요양 비자 제도 도입	• 무사증(無査證)으로 입국한 외국인 환자 및 가족에 대하여 최장 4년까지 체류 기간을 연장(2007. 4)
비전속 진료 제도 도입	• 특화된 전문병원 유치와 도외 유명 의료인의 도내 진료를 허용하여 지역 의료 서비스 수준 향상 추진
보건의료 발전계획 수립	• 보건의료 발전계획을 수립하여 공공의료 등 주요 시책 강화
의료법인 부대사업 확대	• 의료법인의 부대사업 범위를 확대하여 호텔업 등 운영 허용
외국병원 설립·운영 여건 개선	• 외국 영리병원에 외국 간호사 종사를 허용하여 언어 문제 해소 등 외국 병원 설립·운영 여건 개선
특수의료장비 설치 기준 권한 이양	• 외국 영리병원의 CT·MRI 등 특수의료장비 설치 기준 권한 이양
내국인도 외국인 전용약국 이용 허용	• 외국 영리병원의 처방전을 받은 내국인도 외국인 전용 약국을 이용할 수 있도록 허용
외국 영리병원 국내 의사 수련병원 지정 허용	• 외국 영리병원을 국내 의사 수련병원으로 지정할 수 있도록 허용

자료 : 제주특별자치도(2007), 특별자치도 출범, 그간의 성과와 과제, p.13.

5) 한라일보, 2005년 9월 12일자.

마. 첨단산업

1) 건강 · 뷰티생물산업

제주지역 생물산업은 정부와 제주특별자치도의 지역전략산업진흥사업 추진에 따라 급성장하고 있으며, 특히 제주특화바이오산업인 건강 · 뷰티생물산업 육성에 따라 향장품 및 기능성 식품 관련 기업체들이 지속적으로 증가하고 있다.6)

제주특별자치도와 (재)제주하이테크산업진흥원은 '제주생물산업기술발전 10개년계획'을 수립하여 제주특화 '건강 · 뷰티생물산업' 클러스터를 체계적으로 육성 · 발전시키기 위한 중 · 장기 발전계획을 마련하였다.

6대 분야(향장품, 기능성 식품, 농업바이오, 감귤바이오, 해양바이오, 인프라)의 산업기술지도(macro-, micro- TRM)가 작성되었고, 35개의 중점사업이 발굴되어 추진되고 있다.

〈표 12-6〉 건강 · 뷰티생물산업 분야의 주요 추진사업

세부 사업명	사업 내용
(재)제주하이테크 산업진흥원 설립 운영	• 제주지역 생물산업 육성 종합거점기구 • 제주전략산업기획단, 제주지역특화센터, HTS센터, Inno-Cafe, RIS사업 • 제주생물종다양성연구소 등 운영
제주전략산업기획단 운영	• 지역전략산업 중장기 발전종합계획 수립 • 생물산업 클러스터 육성정책 기획, TRM 작성 • R&D 기획 및 평가관리 • 지역산업 모니터링
제주생물자원 산업화지원센터	• 바이오기업 육성을 위한 창업보육, 공용실험실, 시험생산 시설 구축 • 행정지원동 126평, 연구 지원 및 기업보육동 374평, Pilot plant 131평 · 바이오기업 15개 업체 입주 · 장비 구축 HPLC 등 120여 종 • Pilot Plant : 화장품 제조 시설 구축(cGMP)
바이오리서치 빌딩 건립 운영	• 제주지역 post-TBI 기능 수행 • 규모; 연건축면적 2,000평(기업 임대공간 및 Pilot Plant 구축)

6) 제주도(2006), 제주국제자유도시 종합계획 보완계획, p.183.

초고속 스크리닝 센터 건립	• 생물자원산업화지원센터 내에 GLP 시설 100평 • HTS 장비 구축 46평 구축 • 제주생물자원의 기능성 초고속 스크리닝
제주생물자원 공동연구개발사업	• 화장품 소재 개발 분야 R&D사업
지역산업 기술개발사업	• 생물산업 분야에 대한 지역소재 기업의 기술 수준과 경쟁력을 제고하고, 지역의 혁신 인프라 및 산학연 연계를 통하여 지역 내의 산업 클러스터를 활성화하고 지원하는 지역산업 진흥사업 • 생물산업 분야 33개 과제 추진 중(2005년)
지역혁신특성화(RIS) 사업	• 제주 건강·뷰티생물산업 혁신역량 강화 사업
제주생물종다양성 연구소 설립 운영	• 제주생물종다양성자원 보존 및 활용 연구기관 • 추출물은행 및 유전자은행 구축 • 바이오 소재 개발
이노카페	• 산·학·연·관 만남의 장 제공
기술혁신센터 운영	• 제주대 TIC 운영 • 시설장비 및 기술개발 지원 • 인력 양성
누리사업 운영	• 제주대 아열대생물산업 및 친환경농업생명산업 인력양성 사업 운영

자료 : 제주특별자치도(2006), 제주국제자유도시 종합계획 보완계획, p.186.

2) IT산업[7)]

제주지역 IT산업은 지리적으로 육지와 떨어진 독립적인 섬으로서 전파 간섭지역과 전파 청정지역의 공존하는 특성을 가지고 있으며, 모바일 및 전파를 활용한 다양한 테스트베드를 하기 위한 최적의 조건을 가지고 있다 (김인환, 2008: 5).

2007년 기준으로 도내 IT·CT(Culture Technology) 관련 업체는 모두 2백76개소(IT 1백69개·BT 1백7개)다. IT 분야의 경우 정보통신 서비스 48개, 정보통신기기 33개, S/W및 컴퓨터 관련 서비스 88개다. 코스닥에 상장된 업체는 없으며, 대부분 영세성을 면치 못하고 있다.[8)]

7) 한국지방행정연구원(2007), 지방자치단체의 u-City 추진전략과 과제, pp.83-85.
8) 한라일보, 2008년 4월 21일자.

도내 대학에서 IT · CT 관련 전문인력을 연간 약 1천5백 여명 배출하고 있으나 IT · CT산업 관련 기업의 영세성 등으로 인하여 대부분 다른 지방으로 진출하고 있다. ITRC, DCRC를 통한 인력 양성 및 기술 개발 등으로 지역에서의 취업 · 창업도 미미하다.

2006년 4월 국내 최초로 텔레매틱스 서비스를 시작한 제주도는 텔레매틱스 · 디지털멀티미디어방송(DMB) · 전자태그(RFID)를 종합한 u-City 구축을 선언하였다.

유비쿼터스 테스트베드사업을 추진하면서 'u-제주' 구상의 일환으로 유비쿼터스 핵심도시 공간화(Cool Town City)와 첨단관광도시 모델(Cool Travel City)을 기획하고 있다.

Cool Town 세부 추진전략으로는 제주도민의 '생활형 유비쿼터스 제주' 구현을 목표로 첫째, 교통 및 텔레매틱스와 도시환경, 관리 시스템을 연계하는 u-도시와 농수축산 유통관제 시스템 구축, 둘째, 내국인 면세점 및 쇼핑 아울렛 · 항공 · 선박 · 물류 시스템 등을 연계하는 u-커머스로 구성되어 있다. 또한 문화관광자원 관리 시스템, 전시관람 시스템, 회의산업 시스템 등을 연계하는 u-관광과 동식물 생태정보 시스템, 토양오염 측정 시스템, 기상 · 재난 시스템 등을 연계하는 u-환경 등이 포함되어 있다.

실행계획으로서 텔레매틱스 융합 지상파 DMB 구축, 텔레매틱스 기반 u-City 구축, RFID 기반 u-Ecology 구축 등을 목표로 하고 있다.

Cool Travel 계획은 500만 관광객을 위한 '휴양형 유비쿼터스 제주' 구현을 목표로 텔레매틱스 연계 관광 시스템 구축, u-Tour 시스템 구축, 안선한 관광을 위한 u-Safe 시스템 구축을 추진하고 있다.

3 핵심산업 육성 과제 및 발전 방안

가. 관광산업

첫째, 제주자치도 실정에 적합한 관광산업 관리 체계 구축이다. 관광 3법 일괄 이양에 따른 관광산업 발전계획 수립, 관광사업체 인허가, 관광통계 구축 등 제주도 실정에 적합한 관리 체계 확립이 필요하다.

둘째, 국내・외 직항노선의 지속적인 확충과 신공항 건설, 외국인 관광객을 확대・유치하기 위해서는 24시간 이용이 가능한 공항 인프라와 외국 주요 도시와의 항공노선 확충이 필수 조건이다. 기존 제주공항은 폐쇄하여 다른 용도로 사용하고, 새로운 신공항을 건설하여 24시간 이용이 가능한 여건을 조성하여야 한다.

셋째, 제주관광에 큰 영향력을 미칠 수 있는 전도 면세화, 핵심・전략 프로젝트 등의 선도사업을 조속히 추진하여야 한다. 또한 계절적 약점을 극복할 수 있는 쇼핑, 카지노, 실내 위락시설, 공연 등이 내재된 복합 리조트인 실내 테마파크 조성을 선도사업으로 추진할 필요가 있다.

넷째, 지상, 해양, 항공 공간을 연결하는 레저스포츠관광 활성화로 제주를 레저스포츠관광의 천국으로 조성할 필요가 있다. 이에 따른 산악자전거 경주장, 카트장, 윈드서핑장, 활공장 등의 조성과 미지정 레저스포츠 공간의 체육시설화 추진, 제도권으로 유입, 해양관광의 거점 역할을 수행할 수 있도록 마리나 리조트, 해중공원 조성사업 등이 필요하다. 아메리카스 컵(America's Cup), 볼보 오션 레이스(Volvo Ocean Race) 등과 같은 세계적 요트경기의 유치와 골프, 요트, 하버 크래프트 등 레저・스포츠 박람회・전시회 개최를 활성화할 필요성이 있다.

다섯째, 전략적 투자사업에 대한 인센티브 강화를 들 수 있다. 지금은 사람과 자본이 살기 좋고, 투자하기 좋은 환경을 따라 끊임없이 이동하는 '노마드 시대'다. 노마드 시대에서 생존하기 위해서는 다른 지역과는 차별화된 매력과 강점을 가지고 있어야 한다. 세율이 낮고, 규제가 없으며, 노사의 갈등이 없는 '3무'는 투자 유치의 기본이다. 단순히 투자 금액, 업종 등을 기준으로 인센티브를 부여하기보다는 관광산업의 발전을 위하여 반드시 필요하다고 판단되는 전략사업에 대해서는 두바이 수준의 파격적인 인센티브를 부여하는 방안 마련이 필요하다.

여섯째, 관광산업과 타산업과의 복・융합화 집중 지원이다. 관광산업을 농어촌, 의료, 교육, 회의 등과 복융합함으로써 산업의 부가가치를 증대하고 새로운 관광 수요 및 시장 창출 전략이 필요하다. 관광산업+핵심산업(1차 산업, 의료, 교육, 첨단산업)을 연계하는 관광지 조성사업과 새로운 산업을 발굴하는 데 중점 지원하여야 한다. 예를 들어 개발된 혹은 기존의 콘텐트, 문화유산(문화재) 등을 단지 보존하고 관리하는 것에 머물지 말고 문화산업으로 발전시키는 전략과 노력이 필요하다.

일곱째, 도내 서비스업체, 관광지 등에 관광품질관리 시스템 구축이다. 관광객을 주로 상대하는 모든 서비스업체, 관광지 등에 글로벌 스탠더드(global standard) 기준을 적용하여 단계적 관광품질 인증 제도를 시행하여야 한다. 설립 예정인 제주관광공사 내에 관광품질관리센터를 설치하여 관광품질에 대한 지속적 관리 체계 강화가 필요하다.

여덟째, 정부에서 추진중인 U-TOURPIA 사업 추진, 제주웰컴센터를 중심으로 U-관광의 통합 시스템 구축, U-관광 마케팅팀 구성 등 U-Tourism 구축이 필요하다. 관광안내, 관광지·관광시설 관광정보, 예약·결재 시스템 등 모든 분야에 U-Tourism 구축이 필요하다.

나. 1차 산업

첫째, 농업을 포함한 1차 산업도 직접 농산물을 생산하는 1차 산업 형태를 뛰어넘어 2차 산업과 3차 산업을 아우르는 복합산업으로 육성이 필요하다. 농업·농촌 및 식품산업기본법 개정안(2007년 말)에는 농업정책의 범위에 식품산업과 농업 자재산업을 포함하였으며, 농업의 정의를 "국민의 경제·사회·문화의 기반인 농업·농촌의 지속 가능한 발전을 도모하고, 농업인의 소득과 삶의 질 향상 및 안전한 농산물과 품질 좋은 식품의 안정적 공급"이라고 규정하고 있다. 식품산업진흥법(제정)에도 농림부장관이 '식품산업진흥 기본 계획'을 수립해 식품산업의 진흥 및 농업과의 연계를 강화하도록 규정함으로써 농업의 영역을 넓힐 수 있는 법적 토대를 마련하였다. 농업(1차), 가공·제조(2차), 서비스(3차) 등 농업의 6차 산업화가 필요하다.

둘째, 제주는 이미 아열대기후대에 진입한 것으로 보고되고 있으며, 주력산업이 농업인 점을 감안한다면 기후 변화는 제주 농업구조에도 적지 않은 변화를 예고하고 있다. 감귤의 경우, 한라봉 재배지역이 전라·경상도지역까지 확대됨에 따라 독점적 생산·유통 체제에서 경쟁적 체제로 바뀌었다. 육지부 한라봉 재배 면적은 전남 고흥 등에 40ha, 경남 거제 등에 10ha를 포함하여 모두 50ha에 이른다. 농업 안정 생산을 위한 기후 변화 적응 품종과 대체작물 개발을 확대하고 기상재해 및 병해충 종합방세 조기대응 체계를 구축하는 등 대응대책이 필요하다.

셋째, 지역개발은 국제자유도시 개발전략과 부합되고, 제주도의 정체성을 유지할 수 있도록 하되, 개발이익의 지역 환원이 실현될 수 있도록 제도와 운영을 개선할 필요가 있다. 뉴제주운동 1차년도 사업으로 추진한 명품·명소만들기 운동의 지속적 전개가 필요하다. 관광산업과 1차 산업의 복융합화로 지역소득 증진에 기여할 수 있을 것이다.

다. 교육산업

첫째, 공교육은 도교육청이, 교육산업은 지역경제에 대한 기여라는 차원에서 제주자치도가 주도하는 구분된 전략이 필요하다. 교육 규제를 대폭 완화하여 동북아의 허브로 발전할 수 있는 제도적 기반이 마련되고 좀더 공세적인 교육산업 전략이 추진되어야 한다.[9]

둘째, 국내·외 교육기관의 도내 진출 활성화 유도를 위한 적극적인 노력이 필요하다. 싱가포르는 1998년 교육의 국제경쟁력 제고라는 목표 아래 WCUP(World University Program) 계획을 수립 및 발전시켰으며, 영리를 목적으로 한 학교법인 허용, 대학원의 경우 분교 및 본교 형태의 설립 제한 철폐, 학교 운영에 대한 무간섭, 내외국인에 대한 차별적 입학 제한 철폐, 해외 송금 허용 등의 조치 강구, 비영리 대학에 대한 구체적인 혜택 및 보조금 지원 등의 세부 과제를 제시하였다(정형곤·나승권, 2008: 5). WCUP 사례를 참조로 외국 교육기관 유치 및 교육 허브로의 발전을 위한 적극적·구체적 계획을 수립할 필요가 있다.

셋째, 학교법인 설립과 운영에 있어 과실 송금 및 국내 대학과의 합작 투자 허용 등 파격적인 규제 완화를 추진하여야 한다. 싱가포르의 경우 결산상 이익 배당이 가능하며, 이에 따라 외국 대학 및 영리법인의 학교 설립을 위한 자본 참여를 유도하고 있다. 또한 국내자본과의 합자 투자를 허용하여 공동 설립에 따른 위험 분산, 초기 투자자금의 부담 감소 등을 추진하고 있다(허향진, 2005: 28). 과실송금과 관련해서는 중앙정부 차원에서 외국 교육기관의 설립·운영과 관련된 규제를 대폭 완화(2008. 12. 31까지)하고 유치 노력을 강화하며, 외국 교육기관의 과실송금을 허용할 계획이다.

넷째, 영어교육도시 조성사업은 국책사업이면서도 국립이 아닌 공립 초·중고교 4개교를 구상하고 있음에 따라 국책사업으로서의 위상 확보에

9) 한라일보, 2007년 6월 25일자.

〈표 12-7〉 주요국 해외 대학 유치 환경 비교

구 분	두바이	싱가포르	중 국	한 국
과실 송금	가능	가능	가능	불가
영리학교 법인 설립	가능	가능	가능	불가
세금	세금 면제	세금 면제	세금 면제	세금 면제 없음
기타 정부 지원	• 부지 무상 제공 • 민간기업으로부터 자금 조달 가능 • 유학생에게 졸업후 입사를 전제로 장학금을 주는 '기업 스폰서'제도 운영	• 부지 무상 제공 • 연구비 50% 지원 • 정부부처가 비용 차입을 위한 재정보증 등 행정 편의 제공	• 부지 무상 제공 • 건설비용 제공 • 민간기업(영리법인)과의 합작 설립 허용 • 해외 인재 유치 장려금 지급(베이징시)	• 지자체가 홍보 및 학생 유치 지원 • 설립운영비 부분 지원
성과	• 미시간 대학, 호주 울릉공 대학 등 20개 대학 유치 • 87개국 출신의 유학생 유인 (2007년 1만 명)	• 스탠퍼드, MIT, 존스홉킨스 등 35개 대학 유치 • USB, 도이체방크 등 다국적 금융기업들이 인재 유치를 위하여 아시아본부를 싱가푸르로 옮김	• 스탠퍼드대 등 100개 이상 해외대학 유치·교류 • 민간자본 유입을 통한 교육경쟁력 강화	• 네덜란드 국제물류대학원 분교 (1개) 설립 추진

자료 : 기획재정부, 주요국의 서비스산업 육성 동향 및 정책적 시사점, 2008. 5.

어려움이 뒤따를 가능성이 크다. 차후 운영에 따른 예산 확보가 관건이 될 것이다. 또한 주거·상업·문화 복합시설이 들어서는 고품격의 교육도시를 개발하는 데 드는 막대한 재원 조달도 과제다. 사립학교를 유치하기 위하여 제주영어교육도시에 대해서는 교육 규제가 완전 철폐된 본격적인 교육 규제 자유지역으로서 교육산업적인 차원에서 운영될 수 있도록 교육 과정 운영과 학생 선발 그리고 납입금이 자율화된 사립 운영을 권장하는 방안도 적극 검토할 필요가 있다(양진건, 2007: 4-5).

다섯째, 교육산업과 관광산업을 연계 발전시켜 나가기 위하여 영어교육도시에 외국 유명 관광대학 유치, 골프 아카데미, 승마 아카데미, 요트 아카데미, 크루즈 승무원 아카데미, 미래 교통 수단인 위그선 승무원 아카데미 등 유치 및 프로그램을 기획하여 연계할 필요성이 있다.

라. 의료산업

세계 해외 환자 시장을 선점하기 위해서는 의료 서비스를 산업화하여 질적 수준을 향상시키고 적극적인 마케팅 전략을 추진하여야 한다. 또한 국내 고소득층의 해외 의료 수요를 흡수함으로써 고소득층의 국내 서비스 소비를 진작시켜야 한다.

첫째, 언어소통 등 해외 환자들의 애로 사항을 해소하여 서비스 수준을 향상시켜야 한다. 의료 서비스 받기를 희망하는 고객들에 대하여 교통, 숙박, 관광 등 관련 산업을 불편함 없이 제공해 주는 것은 고객관리 차원에서 매우 중요하다. 태국과 싱가포르의 주요 병원들은 서비스센터를 운영하고 통역 서비스, 병원 내 비자 처리 등을 위한 서비스 창구 개설, 동반가족을 위한 콘도 제공 등 외국인 환자를 위한 원스톱(one-stop) 서비스를 제공하고 있다.[10] 이러한 서비스를 고객이 일일이 접촉하는 것이 아니라 의료산업을 관장하는 가칭 의료산업서비스센터를 개설하여 통합·관리하여야 한다.

둘째, 의료 서비스의 경쟁력 강화를 위한 투자 확대가 필요하다. 질 높은 의료 서비스를 저렴하게 공급하기 위하여 의료기관에 대한 민간 투자를 활성화시켜야 한다.

셋째, 해외 환자의 유치를 위한 기반 조성이 필요하다. 의료관광상품 개발, 유인·알선 허용 등 해외 환자의 적극적인 유치활동 강화가 필요하다.

넷째, 서울 등 다른 지역의 의료기술 수준이 높은 병원을 제주도로 유치하여야 한다. 최근 제주 의료산업 육성 및 제주헬스케어타운 조성사업의 성공적 추진을 위한 제주자치도-제주국제자유도시개발센터-서울대병원 간에 양해각서(MOU)를 체결(2008. 4. 25)하였다. 3개 기관은 MOU를 바탕으로 제주지역에서 세계적 수준의 의료 인프라 구축을 위해 의료 관련 국책사업과 투자자 유치, 의료 관련 제도 개선을 통한 비즈니스 모델 수립 등 기관별로 역할을 분담, 추진하기로 하였다. 이러한 의료산업 협력 성공 모

---

10) 기획재정부(2008), 주요국의 서비스산업 육성 동향 및 정책적 시사점, p.20.

델을 지속적으로 발굴하여 투자 유치를 활성화시켜야 할 것이다.

다섯째, 제주도가 가지고 있는 지정학적 조건 및 천혜의 자연환경을 적극 활용하고, 장기간 휴양을 즐기면서 건강관리를 받기 원하는 외국의 고소득 은퇴 노인들을 표적 시장을 삼을 필요가 있다(강기춘, 2007: 12). 또한 우리나라가 가지고 있는 IT기술(유무선 네트워킹 기술)의 강점을 최대한 활용하고 4+1 핵심산업 중 하나인 첨단산업과 연계하여 언제나, 어디서나 의료 서비스가 가능한 유헬스(u-Health)를 추진하는 전략도 필요하다

마. 첨단산업

1) 건강・뷰티생물산업

첫째, 향장품을 개발한다면 제주도의 자생자원 또는 다른 지역보다 재배관리에 유리한 생물자원을 소재로 한 특정 분야의 기능성 화장품으로 국한하여 집중 육성할 필요가 있다. 가까운 장래에 제주도에 대규모 화장품 생산공장의 설립이나 고용 창출 효과를 기대하기 어렵기 때문에 산업화를 위한 분명한 로드맵(road map)이 필요하다.

둘째, 생물산업에 대한 연구개발(R&D) 및 기반 조성사업 투자의 경우에도 산업화의 기능성 여부, 지역경제에 파급 효과, 고용 창출 효과 등을 고려한 산업 분야에 선택과 집중의 원칙에 따라 투자계획이 마련되어야 한다.

2) IT산업

첫째, 지역시장이 좁기 때문에 도외 마케팅을 해야 하지만 시간과 비용, 지리적 여건 등으로 한계에 부딪치고 있어 마케팅 부분에 대한 지자체 차원의 지원 확대가 필요하다.

둘째, 방송・통신기술의 테스트 베드 육성은 제주자치도가 천명한 IT산업 전략이나, 텔레매틱스 시범사업의 사례를 교훈삼아 선택과 집중의 전략이 필요하다.

셋째, 기업의 유치만큼 중요한 점은 제주에 안착할 수 있도록 지원하는 방안과 제주지역 기업들과의 상호 보완적 상생 환경을 조성하여야 한다. 협력적인 네트워크 형성으로 기술경쟁력을 높임은 물론 지속적인 육성을 위한 시드머니(seed money) 조성도 시급하다.

4 맺으며

중앙정부 차원에서 제주도만 특혜를 주는 시대는 지나갔다. 동·서·남해안 특별법, 경제자유구역법, 기업도시특별법 등 전국이 권역별 특성에 맞게 관광산업, 의료산업, 교육산업, 물류산업 등을 육성하고 있다.

최근 중앙정부 부처 합동 서비스산업 선진화 방안 1단계 대책(2008. 4. 25), 중앙정부 부처 합동 경제자유구역 활성화 방안(2008. 5. 23) 등의 선진화 방안을 깊게 들여다보면 전국적으로 규제 완화를 통하여 무한경쟁을 유도하는 측면이 강하다.

제주특별자치도에서 제도 개선을 통하여 규제 완화를 추진하려던 내용들이 전국에 공통적으로 적용되거나, 강화됨에 따라 선점 효과를 누릴 시간도 없는 형편이다.

제주특별자치도 특별법 3단계 제도 개선의 핵심 과제인 법인세 인하, 전도 면세화 등은 제주도만 다른 조세 제도를 적용하기 어렵고, 기업체가 전국적으로 판로망을 갖고 있어 세금 계산 방식이 어렵다는 인식 등을 갖고 있다고 알려져 난항이 예상되고 있다.

어쨌든 4+1 핵심산업을 육성하고자 하는 제주자치도는 핵심산업 육성에 대해서도 우선순위를 정하여야 하며, 타지역과 차별화할 수 있는 부문에 특화 육성하는 방안을 조속히 마련하여야 할 것이다. 또한 핵심산업 외에 해양산업, 물산업, 청정에너지산업, 금융산업 등을 핵심산업과 연계·발전시킬 수 있는 방안을 고려하여야 할 것이다.

제13장 제주특별자치도의 전망과 과제

1 제주특별자치도의 현재

제주특별자치도는 참여정부와 제주도가 각자의 목적을 달성하기 위해서 만들어진 제도다. 다시 말하면, 정부와 제주도가 '상생(相生, win-win)'이라는 희망을 갖고 의기투합하여 만들어 내놓은 작품인 것이다. 참여정부는 개방화와 분권화라는 정권의 화두를 제주특별자치도를 통해서 선도하려는 의지가 있었다. 그리고 제주도는 개방화·세계화로 인하여 침체되어 가는 지역경제를 일거에 탈출하는 전략으로서 제주특별자치도를 선택한 것이다. 오월동주라고도 할 수 있지만 그러나 분권화, 개방화가 중앙정부나 지방정부가 지향하여야 할 방향이라는 점에서 보면 의기투합했다는 말이 맞는다(양영철, 2006).

이를 반영하듯이 제주특별자치도는 준비 단계에서부터 중앙 지원, 특히 청와대 지원이 매우 강했다. 노무현 대통령[1]은 제주도 방문 시마다 제주특별자치도에 대한 강한 의지를 밝혔고, 총리면 총리, 장관이면 장관, 참여정부의 실세 모두가 제주특별자치도의 전도사같이 제주특별자치도에 대한 적

1) 2003. 2. 12. 지역토론회(당선자 전국순회토론회) - 제주도가 먼저 분권 또는 자치권에 강한 의욕을 보인다면 제주도를 분권의 시범도, 지방자치의 시범도로 구상.
2005. 8. 23. 전국지방언론사 편집국장 간담회(청와대) - 굉장히 수준 높은 자치도, 일종의 연방주에 가까운 자치도를 만든다는 것이 대통령의 구상임.

극적 지지와 협력을 강조하였다.

중앙정부가 제주특별자치도 추진에 이렇게 적극적으로 나서는 반면, 오히려 제주도 내에서는 찬·반 양론이 뚜렷이 나누어져 있었다. 개방화가 필수적이기 때문에 제주특별자치도를 추진해야 한다는 세력과 제주 역사의 산물이며 자치단체의 시작점인 시·군을 폐지해서는 안 된다는 세력 간에 갈등은 행정 대 행정, 주민 대 주민, 지역 대 지역, 주민 대 행정 등 복잡한 양태를 나타내었고 심지어 기초자치단체가 광역자치단체에 대항해서 헌법소원을 제출하는 초유의 사태까지 벌어졌다. 이러한 갈등은 끝내 주민투표에 의해서 일단락되었다. 주민투표의 결과는 제주특별자치도에 대한 지지가 57%로 과반수 찬성이었다(양영철, 2005b: 299-323).

이렇게 과반수 이상의 도민이 제주특별자치도에 대한 지지는 제주지역경제에 대한 위기감과 함께 정부와 제주도가 내놓은 화려한 도약의 청사진이 있었기 때문이다. 대통령을 비롯한 중앙정부의 확고한 의지, 제주도의 강력한 개혁 의지 등이 있으면 제주특별자치도는 성공할 것이며 이는 "제2의 제주도 도약"을 맞이한다는 기대가 있었기 때문이다.

이러한 기대를 한몸에 안고 2006년 7월 1일에 컨벤션센터에서 국무총리를 비롯한 중앙 유력인사들과 도민 등 3천 여 명이 참석한 가운데 제주특별자치도의 서막이 올랐다. 그날 거의 모든 중앙언론들이 제주특별자치도를 제1면 톱기사로 다루었을 정도로 제주특별자치도는 제주도와 중앙정부만의 기대와 희망 속에 출발한 것이 아니라 전 국민의 성공 바람 속에 출발하였던 것이다(양영철, 2007c: 196-197).

제주특별자치도는 참여정부의 분권정책에 대한 선도적 의미와 이미 기술한 바와 같이 제주도민들이 제주도 지역 발전의 장기적 침체에 대한 획기적 정책에 대한 요망이 서로 맞아떨어진 결과라고 볼 수 있다. 정부의 입장에서 보면 전국적인 단위에서 대대적인 분권 정책을 펼치기에는 너무나 부담이 된다. 특히 정부가 제주도에 실시하려는 교육과 의료의 개방은 국민 간에 첨예한 문제로서 심한 갈등과 분열이 야기될 가능성이 큰 정책이다. 따라서 정부의 입장에서 보면 이 부분에 대한 시범적·선도적 실시가 절실히 필요하다 하겠다. 반면에 제주도 입장에서 보면 오래된 지역경제의 침체 탈피, 국제자유도시의 실현, 다른 지역과의 확연한 차별화 등을 위해서는 지금까지의 통치구조와는 완전히 다른 구조를 추구할 수밖에 없는 것이다.

〈표 13-1〉 제주특별자치도 1·2단계 제도 개선 주요 추진 내용

구 분		주요 내용
1단계 제도 개선	행정체제 개편	• 단일광역 체제인 특별자치도의 출범으로 국제자유도시 추진을 뒷받침할 효율적인 행정체제 기반 마련(1도 4시군 → 1도 2행정시 체제 전환)
	새로운 선진분권 제도의 시범적 도입	• 전국 최초로 관광·환경 중심의 자치경찰 운영 • 직무상 독립된 감사위원회의 설치 • 7개 특별지방행정기관을 도로 이관하여 유사·중복사무 조정 • 자치도의회의 독립적 인사운영과 정책자문위원제 도입 • 주민자치센터의 법정기구화와 주민자치위원회의 기능 강화
	자치 분야의 대폭적 권한 이양 (총 1,062건)	• 지방교부세 법정률(3%), 제주계정 설치 등 국고 지원 방식 개선 • 4급 이상 직무성과계약제 등 능력과 성과 중심 공직풍토 조성 • 법률 개정 건의보다 한 차원 높은 법률안 제출 요청권 부여
	4+1 핵심산업 육성 기반 마련	• 관광산업: 출입국 관리 제도 개선 및 관광진흥개발기금 이양 • 교육산업: 초중등과정 외국교육기관 설립 허용, 자율학교·국제고등학교 설립 • 의료산업: 외국영리의료법인 설립 허용, 비전속진료·원격진료 등 도입 • 청정 1차산업: 친환경농업 육성 및 수산자원 관리체계 강화 • 첨단산업: 투자진흥지구 인센티브 강화
2단계 제도 개선	특별자치도 로드맵 본격 추진	• 당초 계획한 로드맵의 착실한 실행 → 단계적 발전 기대
	3대 핵심 과제 추진	• 항공자유화: 이국 항공사에 대한 제5자유 운수권 확대 허용 • 관광객의 내국인 면세점 이용 확대: 구입 한도 및 이용 횟수 제한 완화 • 제주지역 기업에 대한 법인세 감면 우대 방안 마련
	4+1 핵심산업 제도 개선	• 외국 교육기관의 내국인 입학 비율 상향 조정, 국제중학교 등 설립 허용 • 신종 레저스포츠(ATV, 모형 경주차 등)를 관광산업으로 육성 • 의료법인 부대사업 범위 확대, 의료요양 비자 도입
	물산업 육성	• 물산업 육성 기반 마련 및 환경영향평가제 개선

자료: 제주특별자치도·한나라당 제주도당(2008), 국가 경제발전 전략과 제주 미래, pp.2-3.

이 두 가지의 필요성이 결합하여 탄생한 것이 제주특별자치도인 것이다.

제주특별자치도의 추진 방향은 다음 두 가지다.[2)]

- 제주도를 자치입법, 자치재정, 자치조직 및 인사 등 자치행정 전 분야에 걸쳐 파격적인 자치권을 갖는 '자치 파라다이스'로 육성
- 규제 완화와 글로벌 스탠더드 도입을 통하여 이상적 자유시장 경제모델을 구축함으로써 동북아의 친환경적 국제자유도시로 발전

즉, 중앙정부가 가지고 있는 자치권과 지역 개발권을 국방·외교 분야를 제외하고 전부 이양한다는 것이다. 이러한 방향에서 추진하였던 제주특별자치도가 얼마나 권한을 이양받았는지를 살펴보자. 제주특별자치도 출범 당시인 2006년도 7월 1일을 기하여 중앙정부가 제주특별자치도에 1,062개의 자치권 등을 이양하였는데 이를 제1단계 제도 개선이라고 한다. 그리고 2007년 8월에 핵심산업 육성에 필요한 제도 및 권한 등 278건이 개선·이관되었는데 이를 제2단계 제도 개선이라고 한다. 제1단계, 제2단계 제도 개선에 대한 중요한 내용은 앞의 <표 13-1>과 같다.

제주특별자치도와 국무총리 국무조정실 제주특별자치도 지원위원회는 지속적인 권한 이양과 제도 개선을 하기로 결정하고 연도별 권한 이양 기본계획을 수립하였다. 검토 결과 이양 대상의 사무는 총 4,107건이었으며, 이를 2011년까지 <표 13-2>와 같이 단계적으로 추진하기로 하였다.

〈표 13-2〉 연도별 이양 대상 사무 건수

연 도 별 (2008 ~ 2011)	2008년	2009년	2010년	2011년
사무 건수(총 4,107건)	1,578건	912건	993건	624건

자료: 제주특별자치도, 2008.

2008년도에는 이 중 1,578건 대상으로 이양 검토하여 추진하였다. 이것이 바로 제3단계 제도 개선이다. 제주특별자치도는 경쟁국 수준 이상의 규제 자유화를 통한 국제자유도시 조성을 골자로 하는 내용의 제3단계 규제자유화 추진과제는 4+1 핵심산업, 투자환경 조성, 미래산업 육성 및 역외수입원 확충, 자치분권 실현 등 5대 분야 210여 건을 선정, 2007년 12월 12일 국무총리실 제주특별자치도 지원위원회 사무처에 제출하였다. 특히, 3단계 규제

2) 국무조정실 제주특별자치도 실무추진위원회(2005), 제주특별자치도 기본 계획, 자료.

〈표 13-3〉 제주특별자치도 3단계 제도 개선(안) 주요 추진 내용

구 분		주요 내용
3단계 제도 개선(안)	관광산업의 고부가가치화	• 제주지역에 현행 관광진흥법 적용을 배제, 특별법에 그 내용을 전면 수용하는 일괄이양 방식 도입 • 관광 면세특구 지정·운영을 통하여 도 전역 면세화를 단계적으로 실현 • 대외무역법에 의한 수입물품 승인면제 특례를 통하여 지정면세점 운영, 제주투자진흥지구 등 관세면제 물품의 통관절차 간소화
	교육·의료 산업 관련 맞춤형 규제 완화	• 제주영어교육도시 사업의 성공적 추진과 국내외 우수 교육기관 및 교사·학생 유치를 위한 규제 완화 추진 - 영어전용 초·중학교 설립 근거 마련, 영어교육도시 부지 양도시 양도세액 감면, 학력 인정 및 교과서 사용 등에 대한 특례, 사립학교 및 국제학교 부지 임차 설립 허용 - 국제학교 설립 허용 범위 확대, 외국 교육기관 영리법인 허용 등 • 의료산업 본격 육성을 위한 토대 구축 - 국내 의료기관에 대하여 영리법인이 설립할 수 있도록 하고, 외국인 면허 소지자 종사 인정 범위 확대, 의약품 등의 수입 허가 기준 개선
	국제자유도시에 걸맞은 투자환경 구축	• 국내외 타지역과 차별화된 낮고 단순한 법인세율 제세 구축(현행 25%·13% → 13% 단일 세율화) • 도지사에 대하여 제한적 범위 내 국세(법인세) 감면권 부여 - 일정 기간 내에서 투자신흥지구 등 입주기업에 대한 법인세 감면권 부여를 통한 투자 협상력 제고<예시: 투자금액이 5백만 불 이하일 경우 5년간 감면, 1천만 불 이상시 7년간 감면 등 차등 인센티브 제공(도지사 재량)>
	미래산업 육성 및 역외수입원 창출 등 재정 확충	• 제주의 청정 지하수를 활용한 물산업 육성 토대 구축(주세율 하향 조정 등을 통한 지역 맥주사업 활성화 • 제도 보완(국제선박 승선 선원에 대한 소득세 비과세 범위 확대 등)을 통한 국제적 선박 특구로 자리매김 • 지주회사 유치를 통하여 금융산업 육성기반을 조성하고, 제주지역으로 이전한 지방 이전기업 및 제주자치도에서 설립한 지방공사와 제주개발센터 등에서 징수되는 법인세액을 지역에 환원하여 지방재정 확충에 기여

자료: 제주특별자치도 특별자치도추진단(2007), 제주특별자치도 제3단계 규제자유화 본격 추진 보도자료.

자유화 과제는 그동안 1, 2단계 제도 개선시 반영되지 않은 법인세 특례, 도 전역 면세화 관련 사항도 포함되어 국제자유도시 경쟁력 강화에 초점이 맞추어졌다. 제3단계 제도 개선안은 앞의 <표 13-3>과 같다.

3단계 제도개선안도 최근에 확정되어 2008년 하반기 입법 일정으로 관계 부처 협의를 추진해 나갈 것으로 전망된다.[3] 금번 제3단계 제도 개선에서는 제주특별자치도에 대한 차등적 분권을 확대하고, 관광·교육·의료 등 핵심산업 육성 및 투자 여건을 개선하기 위하여 428개 과제를 추진하기로 하였다. 금번 제도 개선으로 관광·교육·의료 등 핵심산업 분야에 대한 파격적 권한 이양과 규제 완화가 이루어졌으며 제주특별자치도에 대한 차등적 분권이 확대되었고, 관광, 교육, 의료 분야에 대한 제도 개선을 통하여 장기간 미결 과제들이 대부분 수용되었다. 그러나 아직도 법인세 인하, 도 전역 면세화, 내국인 카지노 설치 등 지역개발과 관련된 권한은 이번 3단계 제도개선안에 포함되지 못하였으며 앞으로 과제로 남겨 두었다.

2 제주특별자치도에 대한 평가

제주특별자치도가 출범한 지 2년이 되었다. 그러면 현재의 모습은 어떠한가. 대체로 부정적인 평가가 많은 편이다. 중앙정부는 중앙정부대로 많은 권한을 이관하였고, 지원도 했지만 제주도의 능력 부족 때문에 제주특별자치도가 제대로 진행되지 못하고 있다면서 실망을 많이 한다. 제주도의 불만은 훨씬 강하다. 그 당시 중앙정부의 지원 의지는 찾아볼 수가 없고 심지어 제주특별자치도를 강력하게 밀어 주었던 세력들도 보이지도 않는다고 불평을 한다. 제주도민들의 불만은 제주도의 불만에 훨씬 더하다. 특별자치도 한다고 그렇게 요란스럽더니 불편만 하다는 것이다. 심지어 공무원들만 진급 많이 해서 좋은, 공무원을 위한 특별자치도가 되었다고 조소를 금치 못하는 사람도 있다(양영철, 2005b: 197).

그러나 이러한 평가가 옳으냐 그르냐 판단하기에는 너무 이르다. 이 점

---

3) 제주특별자치도 특별자치도추진기획단(2008), 제주특별자치도 제3단계 규제자유화 본격 추진 보도자료.

에 대해서는 전문가들뿐만 아니라 중앙정부나 지방정부 그리고 도민들이 대체로 동의한다. 그럼에도 불구하고 정부는 제주특별자치도 특별법에 의하여 매년 성과평가를 하도록 하고 있다. 금년도에는 한국정책평가학회가 제주특별자치도에 대한 평가를 하였는데 이 중에 중요한 것만 요약하면 다음과 같다.[4)]

가. 목표달성도 평가 결과

제주도에 특화된 자치분권과 핵심산업 육성을 위한 제도적 기반은 상당부분 마련된 것으로 평가받고 있다. 특별법 시행에 따라 필요한 위임조례를 대부분 제・개정(97개 중 90개)하였고, 핵심산업 육성을 위한 기본 계획이 수립되어 있다. 그러나 현재는 출범 초기로서 가시적인 성과를 실현하는 데는 한계를 노출하고 있다. 예를 들면, 이양권한 활용 실적, 특사경 위반사범 단속률 등에 대한 성과평가는 우수하지만 고용률은 상대적으로 미흡한 것으로 나타나고 있다.

부여된 권한과 특례를 특별법 취지에 맞게 좀더 적극적으로 활용하려는 노력과 전향적 수용 태세가 부족하며 심지어 기존 법령 및 규제 내용 단순인용, 진입 규제 강화 사례가 발생하고 있다는 평가도 나왔다.

나. 주민만족도 조사 결과

주민들은 특별자치도의 출범 2년에 대한 평가는 특별자치도 완성을 위한 도(道)의 노력 인정도에 비하여, 특별자치도 추진에 대한 주민 만족도는 기대 수준에 못 미치고 있다.

주민만족도 설문 결과(7점 만점)를 보면 다음과 같다.

- 이해도 4.7, 기대 수준 4.33, 출범 만족도 3.61, 정책 방향 적정성 3.85, 발전 노력도 4.38, 추진정책 성과 3.85

반면에 도민들은 특별자치도 출범 이후 민원 서비스 개선도(개선 43.2%, 미개선 16.4%)와 만족도(만족 43.1%, 불만족 16.1%)는 긍정적으로 평가하고 있다.

4) 국무총리실 제주특별자치도 지원위원회 사무처(2008), 제주특별자치도 2007년 성과평가.

주민의 민원 서비스 분야별 만족도를 보면 다음과 같다.

- 처리절차 간소화(만족 39.5%, 불만족 19.6%), 처리 시간 단축(만족 41.2%, 불만족 16.2%), 처리 과정 공정성(만족 47.6%, 불만족 15.7%), 기관방문 수월성(만족 37.4%, 불만족 22.2%)

다. 평가 결과 분석

평가된 결과를 요약해 보면, 성과지표에 의한 목표달성도는 높은 데 반해, 제주도민의 만족도는 대체로 낮아 상반된 결과로 나타나고 있다. 이와 같은 요인은 2007년은 특별자치도 출범 초기로서 제도 정비와 기반 구축 등 여건 조성에 중점을 두고 추진하였기 때문에 주민이 체감할 수 있는 가시적인 추진 성과를 실현하는 데에는 시간적·현실적으로 한계가 있을 수 밖에 없다는 점이다. 그러나 제주도민이 지속적으로 요구해 온 법인세율 대폭 인하, 도 전지역 면세화, 신공항 건설 등 다른 지역과 확연하게 차별화된 권한 이양과 지원이 없었던 점도 불만족의 요인으로 작용하고 있다.

3 제주특별자치도의 성공을 위한 과제

가. 중앙정부의 제주특별자치도 성공에 대한 강력한 실천 의지

제주특별자치도 추진 세력인 참여정부도 임기가 종료되어 퇴장하였고, 제주특별자치도의 완성에는 아직도 멀었다는 평가를 받고 있다. 반면에 아직도 제주특별자치도의 추진 중추 세력인 중앙부처에는 부처 이기주의, 자기 업무 수성에는 최고 전문가인 중앙공무원들이 자리를 차지하고 있다는 점에서 전망은 그렇게 밝지 않다. 이들의 비협조로 안건 하나 고치는 데 담당 공무원이 모든 업무를 팽개치고 중앙부처를 셀 수도 없이 찾아다녀야 한다. 열심히 찾아다녀 보지만 그들이 하는 말은 "제주도만 대한민국이냐"라는 항의성 핀잔을 받는다. 막무가내로 형평성에 맞지 않는다는 논리만을 펴는 중앙공무원들 앞에 제주도 공무원들은 유구무언일 수밖에 없다.[5] 중

5) 제주도청 특별자치도 담당 공무원과의 면담(2007. 7. 2).

앙정부는 제주특별자치도 수요자는 국제자유도시를 방문하는 외국 관광객, 외국투자자, 외국 의료 관광객, 조기 유학생들인데 권한을 이양해 주면 마치 제주특별자치도 공무원들이 특혜를 받는 것처럼 생각하는 경향이 많아지고 있다.

제주특별자치도의 창업자인 참여정부 대신 이명박 정부가 들어섰다. 물론 이명박 정부도 제주특별자치도에 대한 변함없는 지원을 거듭 강조하지만 도민이나 제주도정은 불안한 눈으로 바라보고만 있다. 즉, 이명박 정부는 시장 원리인 경쟁을 정권의 운영 기조로 삼고 있기 때문에 제주도만 특별한 지원을 하겠느냐에 대하여 불안하다는 것이다. 벌써 이명박 정부는 참여정부에 제주도에만 부여하였던 획기적인 권한을 전국화하려는 준비를 하고 있다. 제주도에 대한 독점적 지위를 부여하기보다는 다른 지역도 규제를 대폭 완화하여 전국을 동시에 출발시키겠다는 의지를 천명하고 있다. 이러한 자세는 제주특별자치도의 출범 의의를 사장시킬 가능성이 있다. 대대적인 분권과 세계 수준의 기업하기 좋은 조건 조성이라는 제주특별자치도의 출범 의의는 아무리 강조하여도 부족함이 없을 것이다. 그렇기 때문에 정부가 나서서 제주특별자치도의 성공을 위한 적극적인 의지와 노력을 보여야 한다. 제주특별자치도의 성공을 통해서 정부는 대대적인 분권의 장점과 단점과 세계 수준의 규제와 환경 조성을 위한 요건들을 학습하여 이를 전국화한다면 분권과 개방으로 인한 혼란을 예방할 수 있을 것이라 사료된다. 따라서 이명박 대통령을 비롯한 중앙정부는 제주특별자치도는 전 정부의 작품이라는 이유로 홀대한다는 인상을 도민에게 줄 것이 아니라 가일층 파격적인 권한 이양으로 제주특별자치도를 성공시키겠다는 실천 의지를 확연하게 보여 주는 일이야 말로 제주특별자치도의 재출발을 위하여 최우선적으로 할 일이라고 생각한다.

나. 지원 체제의 정비

1) 국회의 제주특별자치도 특별위원회 신설

제주특별자치도의 실시는 지방분권의 종합정책이라고 할 수 있다. 지방분권이 자치조직권, 자치행정권, 자치인사권, 자치재정권에 의해서 그 정도를 평가할 수 있는데 제주특별자치도에는 이에 대한 권한이 망라되어 있다. 따라서 제주특별자치도의 성공 여부가 우리나라 지방분권의 성공 여부와 직결된다고 할 수 있다. 지방분권은 중앙정부의 권한을 지방정부로 이관하는 것이기 때문에 강자인 중앙정부가 약자인 지방정부에 그들이 가진 권한을 쉽게 이관할 리가 없다. 따라서 중립적인 기관인 국회가 분권 과정에 개입하여 중앙과 지방정부 간에 적절하게 기능과 권한을 배분해 주어야 한다. 실제로 세계의 분권정책은 국회에 의해서 성공한 사례가 많다. 대표적인 나라가 일본이다.

일본은 1993년 6월, 국회의 지방분권 추진에 관한 만장일치 결의를 바탕으로, 1995년 5월에 지방분권추진법을 제정・공포하고, 같은 해 7월에 시행하였다. 이 법률에 따라 지방분권을 추진하는 기관으로 '지방분권추진위원회'가 설치되었다. 이 위원회는 6년간의 조사심의 활동을 통하여 기관위임사무 제도의 폐지를 비롯한 지방분권개혁안을 중앙정부(내각)에 권고하고, 내각은 그 권고에 따라 지방분권 추진계획을 책정하여 국회에 보고하는 한편, 그 구체적인 실현을 위하여 관계 법률을 일괄 개정하는 이른바 '지방분권일괄법(地方分權の推進を図るための關係法律の整備等に關する法律)'을 국회에 제출하였다. 지방분권일괄법은 국회의 심의 과정을 거쳐 1999년 7월에 제정・공포되고, 2000년 4월 1일에 시행되었다. 이 법률의 시행으로 일본은 '메이지유신(明治維新)'과 '민주개혁'에 이은 제3의 개혁이라고 불리는 '분권개혁'을 달성하였다.

분권개혁에 의하여 일본의 지방자치 제도는 중앙과 지방정부의 관계를 상하・주종의 관계로 특징짓는 기관위임사무 제도가 폐지되고, 지방정부의 사무처리에 대한 중앙정부의 관여의 법정주의와 제3자 기관에 의한 계쟁처리 제도가 도입되었으며, 필치규제 제도의 폐지・완화와 지방사무관 제도의 폐지 등으로 종래의 중앙집권적인 행정제도가 개혁되었다(최낙범, 2005). 그 어느 나라보다도 중앙집권주의가 강한 일본이 국회가 중심이 되어 지방분권을 성공적으로 이룬 것이다. 따라서 우리나라 국회에도 '제주특별자치도 지원위원회'를 설치하여 제주특별자치도에 대한 법률적 지원을 하여야 한다.

2) 제주특별도자치청의 신설

최근에는 그 조직이 격하되었지만 일본은 몇 년 전까지만 해도 홋카도(北海道)와 오키나와의 특수한 사항을 고려하여 홋카이도와 오키나와 개발청을 총리부에 설치하였다. 우리나라도 이와같이 한시적이라도 (가칭)제주특별도자치청을 신설하여야 한다. 이 이유는 다음과 같다.

첫째, 제주특별자치도 지원위원회(이하 “지원위원회”)의 한계다.

지원위원회는 국무총리 국무조정실 산하에 있다. 설치할 때는 행자부 산하, 심지어 청와대 산하에 설치하느냐 등 논란이 많다가 결국 국조실에 설치하게 되었다. 국조실에 설치한 목적은 국무총리 산하라는 상징적인 점과 국무조정실이 각 부처의 이해 관계를 조정하는 곳이기 때문에 이곳에 설치한 것이다.

그러나 실제 운영은 기대 이하다. 국무총리가 누구냐에 따라 제주특별자치도에 대한 관심 정도가 크게 차이가 나고 있다. 그뿐만 아니라 국무조정실은 자체의 공무원을 가지고 있는 수보다 각 부처의 공무원들이 파견된 수가 많다. 따라서 국무조정실은 각 부처의 이해 관계를 조정하는 역할도 하지만 안건에 따라서는 각 부처의 권한을 지키는 마지노선 역할을 하기도 한다. 약자인 제주도에 관한 한 각 부처들은 마지노선 역할을 하고 있는 것이다. 따라서 현재와 같이 제주특별자치도 지원체제가 국조실에서는 중앙정부와 제주도 간에 이해 관계를 조정하기가 쉽지 않다는 것은 매번 권한 이관 과정마다 이미 결론이 났다고 생각된다.

둘째, 일관성 있는 업무 추진 때문이다.

현재 지원위원회도 구성원들이 모두 파견되어 와 있는 공무원들이다. 이들은 일정 기간이 지나면 소속기관으로 돌아가야 한다. 재직해 봐야 2년 전후다. 따라서 이들은 재직할 시기에는 제주특별자치도에 대한 업무를 열심히 할지라도 그 기간이 단기간이기 때문에 일관성이 있을 수 없다. 그러나 청 수준의 조직은 고유 업무와 소속 공무원이 있기 때문에 업무의 일관성과 함께 조직의 권한 확대를 위해서 진력을 다할 것이다.

셋째, 소관 부처의 난립이다.

최근에 제주특별자치도의 추진 현황을 평가하기 위하여 도청과 일선조직 담당 공무원을 상대로 면접조사를 실시해 오고 있다. 이들이 공통된 의견은 제주특별자치도와 관련된 부처가 너무나 난립되어 있다는 것이다. 이들의 이야기를 들어 보자.[6]

---

6) 본 연구자가 2007년 5월과 6월에 걸쳐 일선기관을 방문하면서 얻은 자료다.

- 어느 기업인은 과거에는 노사 관계 일은 제주노동사무소에 가면 모든 일이 해결되었는데 지금은 어떤 일은 제주도청에, 어떤 일은 광주사무소까지 가야 해결되는 등 혼란스럽다고 했다.
- 제주항에 여객선이 들어오면 들어와서 움직일 때까지는 국가공무원인 국토해양부 제주해양관리단 직원들이 관리하고, 정박하면 그 후로는 3층에 있는 제주도청 공무원이 관리하기 시작한다. 왜냐하면 해상 안전에 관한 사무가 아직도 이관되지 않았기 때문이다.
- 자치경찰의 업무로 당연히 행정안전부 소관인 줄 알고 담당 공무원을 찾아 갔더니 "행정안전부는 전국 단위의 사무를 처리하지 어느 특정 지역의 사무를 처리하는 곳이 아니다"라고 정중하게 거절하고, 경찰청은 당연하게 자치단체의 일이기 때문에 행정안전부 소관이라고 하고, 국무조정실 제주특별자치도 지원위원회는 집행 업무를 다루지 않기 때문에 행정안전부나 경찰청에 가라고 하였다. 전국적으로 자치경찰이 이루어지지 않고 있기 때문이라고 하였다.

청 단위의 조직이 있으면 중앙 단위에서 부처 간에 대등한 관계에서 권한 이양이 이루어져서 이처럼 기능의 난립이거나 불분명하지 않기 때문이다.

이 밖에도 지원위원회는 위원회의 본래적인 약점 때문에 강력한 추진력을 발휘할 수 없기 때문에도 위원회 조직이 아닌 집행 중심의 조직이 하루 빨리 설치되어야 한다.

다. 제주특별자치도 일괄이양법의 제정

현재와 같이 개별적인 권한 이양은 매우 시간이 많이 걸리고 실현가능성이 낮을 수밖에 없다. 2단계 제도 개선 과정을 살펴보자.

1. 2006. 11. 8	2단계 제도개선안 정부 제출
2. 2006. 11~2007. 3	중앙부처 관계 국·과장회의 15회 1급 회의 2회, 차관회의 2회 제주특별자치도 실무위원회, 지원위원회
3. 도지사 중앙부처 방문· 면담 현황	재경부, 교육부, 건교부, 보건복지부 등 20여 회
4. 국회 의결	6월 또는 9월

최근에 정부안으로 확정된 제3단계 제도 개선은 근 1년이 소요되었다.

이 과정을 보면 권한 이양하는 데 1년여라는 세월이 소요된다. 이렇게 막대한 시간과 노력이 소요되었음에도 불구하고 지역 개발에 매우 중요한 권한은 이양받지 못한 것이 많다. 현재와 같은 방식으로 하면 앞으로 갈수록 시간은 길어지고 이관되는 권한은 적어질 수밖에 없다. 설령 권한이 이관되더라도 이미 다른 법률에 의해서 다른 지역까지 확산되어 있는 사례들이 더욱 늘어날 것이다. 이미 중앙부처는 "왜 제주도만 특별하게 권한을 더 주어야 하느냐"에 대한 주장을 견고히 하기 시작하였다.

참여정부에서는 중앙정부와 지방자치단체 간의 권한 이양을 담당하고 있는 정부권한이양추진위원회가 활동력을 잃은 지 오래다. 이 위원회는 강력한 추진을 위해서 위원장을 국무총리와 민간인 공동위원장으로 하였지만 몇 년이 지나가자 추진력을 잃어버린 것이다. 그나마 이 위원회도 이명박 정부가 폐지하였다.

일본처럼 일괄이양법(김순은, 2003: 315)을 제정하거나 지방분권기본법을 제정하여 한시적으로나마 제주특별자치도에 적용하지 않은 한은 현재처럼 소득 없는 지리한 싸움은 계속될 것이다. 우리나라에서는 일괄이양법과 같은 법률의 제정도 중앙정부가 추진할 리가 없기 때문에 결국 일본처럼 국회의 용단에 의해서 결정하는 것이 유일한 방법이다. 그렇지 않은 한 제주특별자치도의 성공은 보장할 수 없다. 제주특별자치도의 실패는 곧 우리나라 지방자치의 실패이며 개방화의 지연을 말한다. 이는 곧 우리의 지방분권의 속도는 더딜 수밖에 없고 개방화에 따른 지방자치단체들의 자생력은 고사하고 점점 중앙정부에만 의존하는 가장 후진적인 국가 운영군에서 벗어나지 못할 것이다.

이러한 불명예를 갖지 않기 위해서는 제주특별자치도에 관련한 법령은 일괄이양법을 조속히 제정하여 시행하여야 할 것이다.

라. 도정과 도민의 항시적인 혁신

제주특별자치도는 우리나라 행정혁신 사례 중에서도 가장 혁신 사례라고 할 수 있다. 여타의 지방정부 개혁 중에 가장 큰 혁신 사례는 구역의 폐치・분합이었다. 1995년도의 40여개의 도・농 통합이 그 대표적인 사례다(박종관, 2001: 53-101). 그러나 제주특별자치도는 지방정부나 중앙정부 모두가 혁신의 주체와 객체일 정도로 매우 혁신적인 사례다. 제주도는 모든 기초자치단체를 폐지하고 계층을 단층화하는 큰 혁신을 단행하였다. 중앙정부는 중앙정부의 벽을 깨고 특별지방행정기관의 이관을 비롯한 조직과 정원, 예산에 관한 많은 권한을 과감하게 이양하였다. 그뿐만 아니라 지방분권이 오랜 숙원이었던 교육자치의 의결기관 단일화, 자치경찰의 신설, 감사위원회의 신설 등이 실현되어 명실공히 지방자치의 모델을 실천하고 있는 것이다.

이러한 혁신적인 제도는 혁신적인 관리에 의해서 운영되어야 한다. 제도만 혁신적이고 운영하는 공공조직이 혁신적이지 않으면 최고의 혁신 사례인 제주특별자치도는 용두사미에 그칠 가능성이 농후하다. 이를 위해서는 다음과 같은 전략이 선행되어야 한다.

첫째, 제주도정과 도의회는 새로운 환경에 대한 이해가 선행되어야 한다.

예를 들면, 제주특별자치도의 목적이 침체일로에 있는 지역경제를 살리려고 시작한 정책이다. 따라서 이 정책의 대상인 지역경제에 대한 이해를 새롭게 하여야 한다. 개방화, 세계화로 인하여 해외자본이나 기술이 들어오는 것이 아니라 더 좋은 환경을 제공하는 지역으로 빠져나가기 바쁘다. 서비스 산업의 급속한 발전으로 제조업의 경쟁력이 급격하게 줄어들고 있다. 기술의 발전으로 과거 입지론에서 가장 큰 고려 요인이었던 시간과 물류 비용이 줄어들고 IT와 같은 기술산업이 지역경제에 선도적으로 기여하고 있다. 이러한 인식 전환 없이 기존의 산업 전략에 의해서 지역정책을 수립할 때는 국제자유도시는 고사하고 현상 유지하기가 매우 어려운 시기다(Hall, 2007: 630-639).

둘째, 행정조직이 혁신형으로 탈바꿈하여야 한다.

지금 제주특별자치도의 조직은 역삼각형이다. 즉, 기획부서인 도청 내에 근무하는 공무원 수가 50%를 상회한 반면에 일선조직인 행정시와 읍·면·동에 근무하는 공무원 수는 매우 적은 형태다. 이러한 조직은 반혁신조직이다. 혁신조직은 고객의 수요가 있는 현장, 즉 일선조직이 강화됨으로써 결국 수요자 중심의 조직 운영을 하는 조직을 말한다. 예를 들면, 특별지방행정기관이 이관되기 전에 서귀포시 항에는 지방해운항만청 서귀포 출장소에는 사무관을 소장으로 하는 5~7명의 공무원이 근무하였다. 그러나 특별지방행정기관이 이관되면서 여기에는 기능직 공무원 1명만 근무하고 있다.

당연히 고객들이 반응은 고객으로부터 멀리 떨어진 특별자치도에 대하여 평가 절하를 할 수밖에 없다. 따라서 제주특별자치도 조직은 조속히 일선 조직이 강화되고 고객 중심의 조직으로 혁신하여야 할 것이다.

셋째, 대학과의 연대를 강화하여야 한다.

제주도는 5인 이하 종업원을 고용하는 기업이 95%를 상회한다. 즉, 다시 말하면 혁신의 인큐베이터가 전무하다고 할 수 있다. 따라서 혁신을 주도할 수 있는 곳은 지역대학이 유일하다고 할 수 있다. 왜냐하면 대학은 언제나 혁신할 수 있는 이론과 인력을 지니고 있다는 평가받고 있기 때문이다. 그러나 지역대학도 혁신 수요가 없으면 역시 혁신 예외 지역으로 남을 수밖에 없다. 그래서 많은 학자들은 훌륭한 대학이 없이 잘사는 지역은 없다고 주장한다(McDonald, Parkes & Patton, 2004: 285). 대학과 지방정부가 협력하여 공무원 혁신 프로그램을 만들어서 지속적으로 운영하여야 한다. 대표적인 예가 조지아대학교가 조지아 주정부와 1974년에 설립하여 운영하는 행정·평생교육·직업공무원 제도(Institute of Government and the Center for Continuing Education and Georgia State Merit System) 연구소다. 이 연구소는 조지아 주정부와 계약하여 선출직 공무원과 직업공무원들을 모이서 행정에 대한 지식 전달만 하는 것이 아니라 평생교육적 차원에서 교육을 하면서 직업공무원으로서 능력을 향상케 하는 프로그램을 운영하는 연구소다. 이 연구소는 단순하게 교육만 시키는 것이 아니라 이 과정을 이수하는 공무원에게는 학점을 부여하여(CPM) 학위를 수여하는 등 인센티브를 제공하기 때문에 공무원들이 적극적이다.

이렇게 대학은 현재처럼 단순하고 주입식 교육이 아니라 정부와 개인에게 도움을 주는 프로그램을 제공함으로써 지역 발전을 주도하고 있는 것이다.

따라서 제주특별자치도와 지역의 대학들이 연계하여 지금처럼 용역 중심 관계가 아니라 실행 중심적 관계를 형성하여야 할 것이다.

참고 문헌

국내 문헌

강기춘(2007), "제주경제의 성장경로와 신성장동력의 모색," 제주발전포럼 겨울호.

강윤호(2000), "지방자치의 실시가 지방정부의 사회복지 지출에 미친 영향," 한국행정학회 하계학술대회논문집.

강창민(2007), "제주특별자치도 1년의 성과와 과제," 제주발전포럼 여름호.

곽채기(2005), "주민참여예산제도의 기본모형과 운영시스템 설계 방안," 한국지방재정논집 10(1).

국무총리실 제주특별자치도추진기획단(2005), 제주특별자치도 기본 계획.

김교성 · 이재완(2000). "지방정부 사회복지비 지출 수준의 결정요인 분석," 한국사회복지학 제41호. 한국사회복지학회.

김병국 · 금창호(2000) "지방자치단체에 대한 중앙감사 기능의 재조정 방안," 한국지방자치학회 2000년도 기획세미나 발표논문집 별쇄본.

김부찬(2006), "제주특별자치도의 출범과 국제자유도시 추진과제," 제주특별자치도 설치 및 국제자유도시 조성을 위한 특별법 제정기념 학술세미나 자료집.

김성배(2006), "공공서비스 전달의 적정 거버넌스 모형 모색: 특별지방행정기관의 기능 조정을 중심으로," 한국지방자치학회보, 제18권 제2호.

김성준 · 양덕순(2007), "제주특별자치도 의회의 조직 및 인사권 강화," 제주특별자치도의 성공적 추진을 위한 도의회의 역량 강화 세미나 자료집.

김순은(2003), "일본 지방분권의 평가와 시서점: 지방분권 모형을 중심으로," 한국지방자치학회 학회보, 제15권 제3호(통권 43호).

김순은(2006), "정치 · 행정적 의미에서의 제주특별자치도의 위상과 과제 : 외국 특별자치법제의 비교분석을 통하여," 한국정치학회 발표 논문.

김순은(2007), "제주특별자치도의 법적 지위와 향후 전망," 제주특별자치도 정착을 위한 법률적 · 제도적 지원 방안 국회 공동토론회.

김순은(2007), “제주특별자치도의회의 의정 활성화 방안,” 제주특별자치도의 성공적 추진을 위한 도의회의 역량 강화 토론회 자료집.

김영수 · 금창호(2002), “특별지방행정기관의 조정 방안,” 한국지방정부학회, 지방정부연구, 제6권 제4호, 겨울.

김영환(2004), 자치경찰제도론, 현남.

김용찬 외(2006), 주민소송, 서울: 박영사.

김원중(2004), “자치경찰제도의 법리적 검토,” 한국지방행정학회보, 제16권 제1호.

김인환(2008), “제주 ICT산업의 발전전략,” 제주발전포럼 봄호.

김종성(2000), “특별지방행정기관과 지방자치단체 간의 기능배분,” 서울대학교 행정대학원, 행정논총, 제38권 제2호.

김진호(2000), “홍콩 발전의 국제정치경제: 제주도 국제자유도시에 주는 함의,” 제주: 제주대학교출판부.

박영욱(2008). 쟁점으로 보는 제주특별자치도법. 서울: 한국학술정보.

보건복지가족부(2008). 2007년도 장애인복지시설일람표.

보건복지부(2007). 보건복지통계연보.

부만근(2007), 제주행정사, 제주: 제주대학교출판부.

손진상 · 김창승(2003), “국가와 지방자치단체 간의 사무배분에 관한 연구,” 지역발전연구, 제2권 제2호.

안성호(2005), “주민자치제도 개선 방안,” 정부혁신 · 지방분권위원회 읍 · 면 · 동 주민사치활성화 T/F 회의자료.

양덕순(2008), “이명박 정부 시대의 특별자치도 발전전략,” 제주일보사 주최 제주특별자치도 추진전략 토론회자료집.

양덕순 · 김부찬(2008), “참여정부의 지방분권 수준 진단 연구: 제주특별자치도를 중심으로,” 한국지방자치법학회.

양영철(1991), “내생적 개발에 관한 연구,” 건국대학교 대학원 박사학위 논문.

양영철(1999), “국제자유도시정책에 대한 비판적 고찰,” 법과 정책, 제5호.

양영철(2005a), “참여정부의 자치경찰,” 한국사회와 행정, 제15권 제4호.

양영철(2005b), “제주특별자치도 주민투표 사례연구,” 한국사회와 행정연구, 제16권 제3호.

양영철(2006), “제주특별자치도 출범: 전망과 과제,” 서울행정대학원 정책과 지식 포럼 제280회(2006. 6. 12).

양영철(2007a), “자치경찰제 도입 과정상 나타난 갈등과 해결 방안,” 자치경찰제 추진평가 토론회, 행정자치부.

양영철(2007b), 주민투표제도론, 서울: 대영문화사.

양진건(2007). “제주영어교육도시의 성공적 촉진을 위한 과제,” 제주발전포럼 가을호.

오영균(2005) “지방자치단체 감사 시스템 개선에 관한 연구 : 공공감사에 관한 법률(안)을 중심으로," 서울행정학회, 한국사회와 행정연구 제16권 제2호.

오준근(2006), "제주특별자치도 관련 각종 특별법의 법적 쟁점에 관한 약간의 고찰," 제주특별자치도법제와 주민참여법제 자료집.

윤성식(2007), "제주특별자치도의 성공을 위한 제언," 한국지방자치학회 국제자유도시를 향한 제주특별자치도의 과제와 전망.

윤양수(2007), 지방자치법과 제주특별자치도법, 서울: 온누리.

윤철수(2006), "제주특별자치도의회 입법정책 기능 강화 방안," 의회보 제21호, 제주특별자치도 의회.

이기우(2007), "지방자치 활성화를 위한 헌법 개정안의 제안," 헌법 다시 보기, 창작과비평사.

이기우・하승수(2007), 지방자치법, 서울: 대영문화사.

이승종(2003), 지방자치단체와 특별지방행정기관과의 관계 재정립을 위한 기준과 절차, 지방행정.

이승종・오승은(2007) "제주 행정구조 개편에 대한 평가와 향후 과제," 제주특별자치도 조직운용 방향 모색을 위한 전문가 초청 포럼 자료집.

이시철(2007), "특별지방행정기관 기능 이관 논의의 쟁점과 방향," 한국지방정부학회, 지방정부연구, 제11권 제2호.

이윤호(2006), 경찰학, 서울: 박영사.

이창원・최창현(2005). 새 조직론. 서울: 대영문화사.

정균환(1996), 자치경찰, 서울: 신유영사.

정부혁신지방분권위원회(2005a), 참여정부의 지방분권.

정부혁신지방분권위원회(2005b). 제주특별자치도 기본 구상안.

정세욱(2004), "지방자치단체의 감사체계 연구:「공공감사에 관한 법률안」을 중심으로" 한국지방자치학회, 공공감사에 관한 법률 제정 관련 지방감사제도 개선토론회.

정주택(2003), 행정계층간 사무재배분 개선 방안: 특별지방행정관사무의 재배분을 중심으로, 한국지방정부학회, 지방정부연구, 제7권 제4호.

정형곤・나승권(2008), "경제자유구역의 성공적 추진을 위한 신정부의 정책과제," 대외경제정책연구원, 오늘의 세계경제(Vol.8, No.19).

제17대 대통령직인수위원회(2008), 백서 1.

제주도(2001), "국제자유도시 추진 상황 보고."

제주도(2003). "제주형 지방자치모형 개발 등 행정개혁에 관한 연구."

제주도(2005), "마데이라・아조레스 출장보고서."

제주발전연구원(2004), "제주특별자치도 기본 방향 및 실천전략."

제주특별자치도 감사위원회(2007.7) "감사위원회 출범 1년간의 성과와 과제."

제주특별자치도 교육청(2007.12), "제주형 자율학교 운영 보고서."

제주특별자치도(2001~2006). 제주도 회계연도 결산서.
제주특별자치도(2006), "제주국제자유도시 종합계획 보완계획."
제주특별자치도(2006), 제주자치경찰의 이해 보고서.
제주특별자치도(2007a), 제주특별자치도 추진백서.
제주특별자치도(2007b). 제주통계연보.
제주특별자치도(2007c). "특별자치도 출범, 그간의 성과와 과제."
제주특별자치도(2008), "이양된 권한 및 특례를 활용한 성과관리 추진 상황보고회 자료."
제주특별자치도 보건복지여성국(2008). "제246회 제주특별자치도의회 복지안전위원회 업무보고 자료."
제주특별자치도 사회복지협의회(2007). 제주사회복지편람.
제주특별자치도 추진기획단(2006). "제주특별자치도특별법 관련 조례 목록."
조영훈(2001), "지방분권화와 복지 수준의 지역적 격차: 지방자치제도 도입 이후 서울시와 4대 광역시를 중심으로," 사회보장연구 17(2).
천병태(2005), 지방자치법, 서울: 삼영사.
최기문(2000), "한국적 자치경찰제 확립 방안에 관한 연구," 동국대학교 대학원 박사학위 논문.
최낙범(2005), "일본의 분권개혁과 기초지방정부의 합병," 지방자치학회보, 제17권 제2호.
최민호(2003), 지방분권의 추진계획과 과제, 한국정책학회, 2003년 동계학술대회, 논문집.
최병태(2003), "지방의회의 전문성 제고 방안: 지방위원 유급제와 의회 직렬 신설을 중심으로," 한국지방자치학회 학술대회 자료집.
최봉석(2007), "감사의 법리에 따른 제주특별자치도 감사체계의 진단," 제주특별자치도법 시행 1주년의 경험과 과제 국제학술대회.
최창호 · 하미승(2006). 새 행정학. 서울: 삼영사.
하상균(2004), "지방자치단체의 자체감사 기능 개선 방안," 한국지방행정연구원, 지방행정연구, 18(2).
하승수(2007), 지역, 지방자치, 그리고 민주주의, 서울: 후마니타스.
행정안전부(2008), 지방교부세 산정 해설.
행정안전부(2008), 특별지방행정기관의 지방이관, 왜 추진하는가?
행정자치부 지방재정세정본부(2007). 지방재정연감.
허향진(2007), "제주특별자치도의 새로운 경제 패러다임," 제주발전포럼 겨울호.
허향진 · 양덕순(2007), "제주국제자유도시의 추진 성과와 과제," 제주특별자치도 주최 제주국제자유도시 진단과 향후 전략방안 모색 세미나 자료집.
홍정선(2002), 지방자치법학, 서울: 법영사.

외국 문헌

Daft, R.(1992), *Organization Theory and Design*(4th ed.). (Singapore: info Access & Distribution Pte Ltd).

Gray, Glive(1994), *Government Byond the Centre*, Macmillan Press.

Hall, Jermy(2007), "Informing State Economic Development Policy in the New Economy: A Theoretical Foundation and Empirical Examination of State Innovatation in the United States," *Public Administration Review*, July/August.

Johnson, Van R.(2002), "Competition, Canflict, and Entrepreneurial Public Managers," *Public Administratian Quaterly*, spring.

Klockers, Carl(1985), *The Idea of Police*(Beverly Hills: Sage Publication).

Luttwak, Edward N.(1990), "From Geopolitics to Geo-Economics: Logic of Conflict, Grammar of Commerce, *The National Interest*, No. 20(2).

McDonald, Kristien M., Sandra J. Parkers, & W. David Patton(2004), "Strengthening the University: Public Sector Partnership: Giving Credit where credit is Due, *Public Administration Quarterley,* fall.

Morash, Merry & J. Kevin Ford(2002), *The Move to Community Policing.* (Sage Publications).

Reith, Charles(1956), *A New Study of Police History*(Edinburg, UK).

Stevens, Dennis J.(2003), *Applied Community Policing in the 21st Century* (Boston: Pearson Education).

Wall, David S.(2000), *The Chief Constables of England and Wales*(Dartmouth : Ashgate).

Wallace, Harvey, Cliff Roberson, & Craig Stechler(1995). *Fundamentals of Police Administration*(N.J. : Prentice-Hall).

松下圭一(1996), 日本の自治・分權, 東京: 岩波書店.

신문보도 자료

매일경제(2005. 7. 20), (2005. 12. 29).

제민일보(2004. 1. 19), (2005. 6. 13), (2005. 9. 8, 9. 16), (2007. 8. 7).

제주의 소리(2007. 10. 13).

제주일보(2004. 9. 25), (2005. 8. 3), (2005. 10. 13), (2005. 11. 10).

한라일보(2004. 8. 13), (2005. 7. 25)

찾아보기

ㅅ

ㅇ

ㅈ

저자 소개

양영철(梁永哲, Young-Chul Yang)

제주대학교 행정학과 졸업
건국대학교 졸업(행정학박사)
제주대학교 행정학과 교수
대통령자문 정부혁신지방분권위원회 위원
서울행정학회 회장

[주요 저서]
주민투표론(2007. 대영문화사)
자치경찰론(2008. 대영문화사)

허향진(許香珍, Hyang-Jin Huh)

제주대학교 관광경영학과 졸업
세종대학교 대학원 졸업(경영학박사)
제주대학교 관광경영학과 교수
제주발전연구원 원장
제주대학교 경상대학 학장
미국 펜실베이니아주립대학교 객원교수

[주요 저서]
호텔관리회계(공저, 2004, 대왕사)
관광지 벤치마크 개발과 실제(공저, 2005, 도서출판 각)

민기(閔基 Kee Min)

단국대학교(행정학사)
미국 컬럼비아대학교 졸업(행정학석사)
켄터키대학교 졸업(행정학박사)
국무총리실 국장(산업진흥관)
제주대학교 교수
국회사무처
한국토지공사 근무

[주요 논문]
시장실패와 제주도 지방정부의 항공운송산업 참여에 관한 이론적 고찰(한국행정학보, 2003)
제주도 감귤농가의 특성이 지방정부 농업정책 순응에 미치는 영향(지방정부연구, 2006) 등.
한국지방정부학회 학술상 수상(2007)

김효명(金孝明, Hyo-Myung Kim)

건국대학교 행정학과 졸업
University of Missouri-Kansas City 대학원 (행정학석사)
국무총리실 고위공무원(국장)
국무조정실 제주특별자치도 지원위원회 사무처 총괄기획관
국무조정실 인적자본개발・연구개발기획단 총괄국장

남진열(南辰烈, Chin-Yeol Nam)

중앙대학교 사회복지학과 졸업
중앙대학교 대학원 졸업(사회복지학박사)
제주대학교 행정학과 조교수
한국사회복지협의회 기획연구과장
제주특별자치도사회복지공동모금회 배분분과 실행위원

[주요 저서]
한국 사회복지의 현황과 쟁점(공저, 2000, 인간과복지)
사회복지학개론(공저, 2005, 학현사)

황경수(黃京洙, Kyung-Soo Hwang)

제주대학교 행정학과 졸업
서울시립대 대학원(공학박사)
제주대학교 행정학과 조교수
제주발전연구원 연구원

[주요 저서]
카툰 행정학의 이해(2005, 도서출판 오디콤)
제주교통사 소고(2004, 도서출판 온누리)

하승수(河昇秀, Seung-Soo Ha)

서울대학교 경영학과 졸업
제주대학교 법학부 부교수
공인회계사, 변호사

[주요 저서]
지역, 지방자치, 그리고 민주주의(2007, 후마니타스)
지방자치법(공저, 2007, 대영문화사)

오승은(吳承恩, Seung-Eun Oh)

연세대학교 행정학과 졸업
연세대학교 대학원 졸업(행정학박사)
제주대학교 행정학과 조교수
일본 와세다(早稻田)대 초빙학자
서울대학교 한국행정연구소 선임연구원

[주요 저서]
지방정부론(공저, 2001, 대영문화사)
지방정부 생산성의 이론과 실제(공저, 2003, 집문당)

제주특별자치도의 이해

펴낸날 / 제1판 제1쇄 2008년 6월 25일
제1판 제2쇄 2009년 2월 5일
지은이 / 제주발전연구원
펴낸이 / 임춘환
펴낸곳 / 도서출판 대영문화사
주소 / 서울 용산구 청파동 1가 178-2 ㊒ 140-869
등록 / 1975년 12월 26일 제3-16호
전화 / (02)716-3883, (02)714-3062
팩시밀리 / (02)703-3839
우체국 온라인 / 011353-02-009106

© 제주발전연구원, 2008
ISBN 978-89-7644-283-3

〔값 18,000원〕

* 잘못된 책은 바꾸어 드립니다.
* 이 책의 내용은 저작권법의 보호를 받습니다.